经济与社会微观调查

方 | 法 | 和 | 应 | 用

周晔馨　沈扬扬 ◎ 编著

Methods and Applications of Socio-Economic Survey

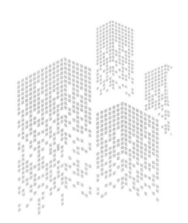

北京大学出版社
PEKING UNIVERSITY PRESS

图书在版编目（CIP）数据

经济与社会微观调查：方法和应用 / 周晔馨，沈扬扬编著 . —北京：北京大学出版社，2023.7
ISBN 978-7-301-34187-2

Ⅰ.①经… Ⅱ.①周… ②沈… Ⅲ.①经济—调查研究—中国②社会调查—调查研究—中国 Ⅳ.①F12②D668

中国国家版本馆 CIP 数据核字（2023）第 122465 号

书　　名	经济与社会微观调查：方法和应用
	JINGJI YU SHEHUI WEIGUAN DIAOCHA：FANGFA HE YINGYONG
著作责任者	周晔馨　沈扬扬　编著
策划编辑	王　晶
责任编辑	王　晶
标准书号	ISBN 978-7-301-34187-2
出版发行	北京大学出版社
地　　址	北京市海淀区成府路205号　100871
网　　址	http://www.pup.cn
微信公众号	北京大学经管书苑（pupembook）
电子信箱	编辑部：em@pup.cn　总编室：zpup@pup.cn
电　　话	邮购部 010-62752015　发行部 010-62750672　编辑部 010-62752926
印刷者	北京圣夫亚美印刷有限公司
经销者	新华书店
	720 毫米×1020 毫米　16 开本　22.75 印张　434 千字
	2023 年 7 月第 1 版　2023 年 7 月第 1 次印刷
定　　价	65.00 元

未经许可，不得以任何方式复制或抄袭本书之部分或全部内容。
版权所有，侵权必究
举报电话：010-62752024　电子信箱：fd@pup.cn
图书如有印装质量问题，请与出版部联系，电话：010-62756370

推 荐 序

《经济与社会微观调查：方法和应用》由周晔馨博士等编著。本书的重要特色是把丰富的社会调查实践经验与调查研究理论结合起来，对社会调查组织和管理进行了系统分析。

经济和社会微观调查研究在中国已有近百年历史了，开启先河的是20世纪20年代在北京成立的社会调查部——中国社会科学院经济研究所的前身。社会调查部以社会问题的学术性研究与调查为主要宗旨，借鉴和运用国外调查及研究社会问题的科学方法，组织和开展了多项调查和研究，包括对"社会调查方法"的系统研究、对劳工生活和乡村家庭的微观调查研究，出版了《社会调查方法》（樊弘著）、《北平生活费之分析》（陶孟和著）和《北平郊外之乡村家庭》（李景汉著）三部研究报告，以及《第一次中国劳动年鉴》（社会调查部，1928）（引自《中国社会科学院经济研究所所史》）。百年来，积极探索和推进经济和社会调查研究的学人前赴后继，他们追随先贤经世济民的情怀和科学精神，不断完善经济和社会调查研究方法；他们深入城市和乡村，足迹遍布各行各业，以独特的方式和丰厚的研究成果，为民族复兴和经济社会健康发展建言献策、贡献智识。

我曾多次组织和参与经济和社会调查研究。20世纪90年代中期，北京大学经济学院安排我担任发展经济学教学工作。从主讲政治经济学向主讲发展经济学转变，不仅推动我学习和拓展相关理论及历史知识、掌握更多经济学研究方法和分析工具，而且激励我沿着先贤的足迹，将课堂教学与经济社会调查研究结合起来，将经济理论学习与现实经济问题研究结合起来。在这一过程中，最值得一提的是"在京进城务工人员经济和社会调查"，这是"发展经济学"教学组组织选课学生、老师及助教共同参与的微观调查实践，从21世纪初开始到2019年，坚持了近20年。组织开展这项社会调查的初衷，是对学生综合素质，尤其是人文精神、家国情怀的培养。这项社会调查实践包括三个环节：第一，配合课堂教学内容，在学习发展经济学经典理论的基础上，结合我国经济社会转型过程中凸显的农民工问题进行问卷设计；第二，按统计抽样要求确定北京市各区访谈地点，与农民工面对面交流访谈并开展问卷调查；第三，在进一步阅读文献的基础上，对数据进行整理、整合和分析，撰写调查报告或学术论文。在社会调查实践中，师生都将面对许许多多与课堂学习、书本学习所不同的问题，比如，如何获得陌生、忙碌的农民工的信任，开展有效的问卷访谈？如何用科学方法收集数据？如何基于样本选择适合的方法检验经典理论结论或政策实施结果？如何基于中国国情的经验事实对经典理论进行拓展或构建新的理论？……北大学子大都出身于非农民工家庭，通过与若干农民工面对面的访谈，倾听他们的心声，体会他们的忧愁，分享他们的喜悦，学生可以超越自身成长家庭环境的有限经历，接触诸如贫困、不平等、发展不平衡、制度改革等重大社会问题，这对培育他们的关爱弱势群体之心和经世济民之社会责任感，大有裨益。一些学生完成的优秀研究成果，发表在《经济学（季刊）》《经济科学》等国内著名经济学刊物上，为国家相关政策提供了依据和决策支持。

周晔馨博士有着丰富的经济与社会微观调查的实践经历。他在攻读博士学位期间担任我主讲的"发展经济学"课程助教，并承担了该年度"在京进城务工人员经济和社会调查"的问卷设计、组织和数据整理的主要工作，和同学们顶风冒雪在北京各区域访问农民工，初步积累了较为全面的调查经验。周晔馨还参加了2009年暑期由我担任领队的云南省彝良县（当年的国家级贫困县）社会调查，协助我做好"2009年北京大学国家发展研究院农村金融调研项目"的组织和实施。这次调查过程中出现了一个意想不到的情况，即部分非抽样农户听邻居说有奖励活动，就自发地从山上下来，步行数公里来参加问卷调查（问卷调查安排在一所小学的若干教室里，以避免农民回答问题时受到外界干扰），我们发现问题后即对非抽样农户问卷做了全部作废的处理，以保证这项调查样本抽取的随机性及代表性。这次调查让周晔馨不仅对贫困农村及农民的经济状态有了更直接的了解，同时还经历了一场以严谨、严肃的态度组织和参加经济社会调查以保证调查数据质量的锤炼。任职于北京师范大学后，周晔馨博士曾多次主持、组织和参与大、中、小型各类社会调查项目，包括2016年和2017年中国真实进步微观调查（CGPiS）以及2017年中国家庭金融调查（CHFS）等，还有大大小小的各种网络调查和田野实验，积累了较为丰富的社会调查实践经验。同时，周晔馨还是研究生课程"社会调查方法与微观数据处理"的主讲人，他不断追踪国内外相关学术前沿、掌握最新研究方法，并将其充实到教学内容中。丰富的实践经历和理论积累，都为周晔馨博士编写好这本书打下了坚实基础。

从更为一般的意义上看，社会经济调查至少具有三方面的重要价值。首先，社会调查是政府、高校和企业等各类机构收集社会、经济、人口等多方面数据的主要方法，也是这些机构促进理论、政策和应用研究从而提升其决策能力、管理水平以及竞争力的重要手段之一。政府需要了解和掌握各地人口的发展变化，各产业的发展规模、结构和效益,民生发展状况,经济、政治及社会生活中的民众意见等多方面信息,从而为国家发展战略规划和政策制定提供参考依据。高校等学术研究机构也需要获取社会、社区、家庭和个体等多个层面的数据,并以此为基础进行研究分析,最终服务于科研、教学和政府决策。企业需要进行客户满意度、消费者行为和态度、品牌健康度、广告媒介和商圈等市场调查和研究,从而提升企业的营运能力和盈利能力。

其次,社会调查方法是诸如经济学、心理学、社会学、政治学和教育学等社会科学领域的重要研究方法之一,是不同学科认识和解释社会现象的重要途径。通过社会调查,经济学学科可以开展个体收入、工资差距、资产配置、健康养老状况等诸多主题的相关研究;心理学学科可以剖析社会人格特征和心理素质、人际关系、自我意识、情绪等,助力社会心理学及情绪调节理论等方面的发展;社会学学科可以深入了解和研究社会系统、社会变迁、社会互动、社会网络以及婚姻等重要内容;政治学学科可以评估地方政府信任水平、政府政策满意度,将政治理论观点建立在充分扎实的社会调查基础之上,构建田野政治学;教育学学科可以跟踪调查教育政策(比如"双减政策")的实施效果、家庭教育现状等。总而言之,社会调查方法在各个领域中都占据重要位置,是一种不可或缺的调查手段。

最后,对个人而言,社会调查是掌握问卷设计、抽样设计、实施调查等技能的实操学习过程,也是一个参与社会实践的过程。这个过程对于调查组织者和年轻学生尤为重要。调查组织者可以通过社会调查的组织过程,制定和完善探索社会现象或事物的具体策略和流程,不断积累组织工作的理论基础和实践经验。对于学生来说,社会调查则是一个接触社会、深入现实和认清自我的重要过程。学生通过在社会调查过程中对"是什么""为什么""怎么办"三个问题的探索与回答,培养了厘清社会问题、寻找深层原因、探索解决办法的能力。在社会调查过程中,无论是开展前期准备工作还是深入社区进行调查,都会锻炼学生理论联系实际的能力,包括对社会问题的感知能力和解决问题的创新思维。

随着社会科学和政策研究的不断深入,微观调查越来越受到学术界、政府机构以及工商界的重视,这些年涌现了一批社会调查领域的译著、专著和教材。这些书籍关于社会调查的侧重点各不相同,有的关注社会调查的某一环节或类型,深入探究了其中的细节、要求和规范;有的是通过介绍完备的社会调查流程体系,较为全面地展现了社会调查的操作实践;有的介绍了适用于社会调查数据分析软件的具体操作方法。总而言之,这些书籍从多个角度阐述和分析了社会调查的理论基础与实践运用,具有较强的参考意义。但这些书籍有的出版年份较早,有的未能跟上最新的发展形势,有的在操作性上欠佳。进入21世纪以来,对学术和政策研究具有重要影响的大型社会经济调查逐步展开,新的技术手段如计算机辅助调查等得到普及,新的调查形式如网络调查、田野实验等也逐渐兴起,这也相应产生了对相关专著和教材的更新、更高的需求。

相比于同类书籍,这本书的重要特色是对社会调查的组织和管理进行了系统分析,并对近年来具有重大影响的国内外社会经济调查与数据进行了介绍和分析。社会调查是一门实践性很强的学问,是一个复杂的系统工程。社会调查从选题、准备等前期工作,到调查、分析、总结等实践操作,涉及调查团队和受访者等多类主体,需要注意诸多细节。例如,如何设计一套科学有效且可以支撑研究的调查问卷?如何组建和培养一支高效的调查团队?如何联系社区保障调查的顺利开展?如何在调查中获得足够的理解和支持?如何赢得受访者的信任,保证受访者如实回答问题?如何进行数据录入、清洗与管理?如何利用社会调查得来的数据做好实证研究?等等。这些都是社会调查过程中不可忽视的关键问题。这本书针对这些问题,进行了全面的梳理以及细致的讲解和说明,相信一定能够为读者开展社会调查实践提供非常有益的参考。

2022 年 6 月 12 日
于正黄旗北大社区

目 录

第1章 社会调查概论 ··· 1
  1.1 社会调查的含义、特征与作用 ····················· 1
  1.2 社会调查方法体系 ······································ 6
  1.3 社会调查的一般流程 ·································· 13
  1.4 我国现代社会调查的发展和展望 ················· 16
  小结 ··· 19
  参考文献 ··· 20

第2章 抽样设计 ·· 22
  2.1 抽样调查 ·· 22
  2.2 抽样设计 ·· 24
  2.3 抽样设计的具体步骤和流程 ························· 26
  2.4 案例介绍 ·· 37
  小结 ··· 42
  参考文献 ··· 43

第3章 问卷设计 ·· 44
  3.1 问卷设计原则 ··· 44
  3.2 问卷设计技巧 ··· 49
  3.3 问卷设计流程 ··· 57
  小结 ··· 63
  参考文献 ··· 64

第4章 社会调查的组织与管理 ·································· 66
  4.1 社会调查的组织 ·· 66
  4.2 社会调查的管理 ·· 72
  小结 ··· 88

参考文献 …… 88

第 5 章 访员招募与调查团队建设 …… 90
5.1 访员招募 …… 90
5.2 调查团队建设 …… 101
小结 …… 109
参考文献 …… 109

第 6 章 调查数据质量控制 …… 111
6.1 数据质量控制的访员因素 …… 111
6.2 数据质量控制的项目因素 …… 117
6.3 数据质量控制的技术因素 …… 122
小结 …… 134
参考文献 …… 135

第 7 章 中小型调查与网络调查 …… 138
7.1 中小型调查概述 …… 138
7.2 现实社会中的中小型调查 …… 143
7.3 网络调查概述 …… 147
7.4 现实社会中的网络调查 …… 157
7.5 大数据时代的社会调查 …… 159
小结 …… 161
参考文献 …… 161

第 8 章 田野实验 …… 163
8.1 田野实验介绍 …… 163
8.2 田野实验的设计、组织实施与原则 …… 171
8.3 田野实验误差的产生与解决 …… 179
8.4 案例：留守儿童偏好发展实验 …… 186
小结 …… 190
参考文献 …… 191

第 9 章 数据管理 …… 194
9.1 数据管理中的问卷设计 …… 194

9.2 数据录入 ·········· 197
9.3 数据清洗 ·········· 209
9.4 数据安全 ·········· 220
小结 ·········· 223
参考文献 ·········· 224

第10章 调查误差与处理方法 ·········· 226
10.1 抽样误差的成因与处理 ·········· 226
10.2 问卷设计中误差的成因与处理 ·········· 234
10.3 调查中误差的成因与处理 ·········· 242
小结 ·········· 246
参考文献 ·········· 247

第11章 国内外社会经济调查与数据 ·········· 249
11.1 社会经济调查数据概述 ·········· 249
11.2 社会经济调查数据的类型 ·········· 251
11.3 国内大型社会经济调查数据 ·········· 253
11.4 国外大中型社会经济调查数据 ·········· 276
小结 ·········· 282
参考文献 ·········· 282

第12章 从数据到问题：如何用调查数据做实证研究 ·········· 285
12.1 科学方法与实证分析 ·········· 285
12.2 数据：实证研究的关键 ·········· 287
12.3 一份扼要的实证研究指南 ·········· 294
小结 ·········· 298
参考文献 ·········· 298

附录 ·········· 301
附录1：CGPiS 2016/2017调查实录 ·········· 301
附录2：2009年在京进城务工人员经济和社会调查问卷 ·········· 313
附录3：2011年在京进城务工人员就业与健康状况调查问卷 ·········· 317
附录4：研究型大学教师创新行为调查问卷 ·········· 322
附录5：流动儿童调查的家长问卷（精简版） ·········· 327

附录6：合作与社会规范田野实验相关材料 …………………… 331
　　附录7：留守儿童调查的家长问卷 ……………………………… 339

重要术语 ……………………………………………………………… 345

后记 …………………………………………………………………… 353

第1章 社会调查概论

【本章导读】

人如何认识世界？是通过自身的观察与探索，还是利用外部信息和权威论断？这些或许都是我们常用的方法，但利用这些方法得到的认知与真实的世界之间可能存在偏差。比如，人具有证实偏差（confirmation bias）[①]倾向，即选择特定证据支持既有观点和信念的倾向，这可能导致与客观事实或规律相违背的结论。那么什么是认识世界的科学方法呢？一般认为包括理论研究（theoretical research）与经验研究（empirical research）[②]。理论研究的主要方式是概念推演和数学推导，而经验研究则通过科学的方法收集数据并用数据来检验理论。科学的研究方法是逻辑性与可重复验证性的统一，不仅要在逻辑上自洽，而且要能经得起事实的检验。

社会调查研究（social survey）是在实证主义（positivism）的方法论指导下，通过问卷、访问或观察等方法来获取调查对象资料的定量研究，在社会学、经济学和人口学等领域得到了广泛运用。本章将对社会调查的含义与作用、方式与方法、一般流程以及我国现代社会调查的发展历程与展望等内容进行简要介绍。

1.1 社会调查的含义、特征与作用

1.1.1 社会调查的概念与含义

科学的社会研究包括四种基本方式：调查研究、实验研究、实地研究和文献

[①] 对证实偏差的讨论多见于心理学文献，例如，Nickerson, R. S., 1998, "Confirmation Bias: A Ubiquitous Phenomenon in Many Guises", *Review of General Psychology*, 2（2），175–220.

[②] 经济学对实证研究和经验研究不做出明确区分，经济学中的经验研究广泛使用计量经济学方法，而计量经济学是在实证主义科学哲学思想的影响下发展起来的，因此利用计量经济学进行的"经验研究"也被称为"实证研究"（路继业和杜两省，2009）。

研究（见表 1-1）。研究方式的选择与研究目的、研究对象的性质和规模密切相关。通过调查研究方式进行的社会研究被称为社会调查研究，它是社会学、经济学以及政治学等社会科学学科的主流研究方法，本书将着重于对社会调查研究的介绍。

表 1-1 社会研究的基本方式

研究方式	方法论	子类型	资料收集方法	资料分析方法	研究性质
调查研究	实证主义	普遍调查、抽样调查	自填式问卷、结构式访问、统计报表	统计方法	定量
实验研究	实证主义	田野实验、实验室实验	自填式问卷、结构式访问、结构式观察、量表测量	统计分析	定量
实地研究	人文主义	参与观察、个案研究	无结构式访问、无结构式观察	定性分析	定性
文献研究	实证主义	内容分析、二次分析、统计资料分析	官方统计资料、他人原始数据、文字声像文献	统计分析、定性分析	定量、定性

资料来源：风笑天，《社会研究方法（第四版）》，北京：中国人民大学出版社，2013 年。

不同学者对社会调查的概念有不同的理解与表述。袁方（1990）将社会调查与社会调查研究加以区分，认为社会调查研究是指在系统地、直接地收集有关社会现象经验材料的基础上，通过材料分析和综合来科学地阐明社会生活状况及社会发展规律的认识活动，而社会调查是社会调查研究的一个阶段，是一种感性认识活动。但更多的学者将社会调查与社会调查研究等同。张彦和吴淑凤（2006）提出，社会调查是人们为改造社会，用实证方法去研究有关社会现象，并对它们进行描述和解释，从中找出社会事物本质及发展规律的一种自觉的认识活动。郝大海（2015）认为，调查研究是一种通过向被访者询问问题来搜集资料，然后对资料进行编码整理和统计分析的定量社会研究方法。吴增基等（2018）提出，社会调查是人们运用特定的方法和手段，从社会现实中收集有关社会事实的信息资料，并对其做出描述和解释的一种自觉的社会认识活动。这些表述都将资料收集和分析的过程包含在社会调查之中，指出社会调查研究与社会调查是两个可以相互替代的概念。

综合比较以上观点，本书将社会调查定义为一种通过问卷、访问或观察方法，系统客观地收集调查对象的信息资料，并运用统计方法对其进行分析，从而认识和解释社会现象或规律的社会研究方法。社会调查通常具有以下几层含义：

（1）社会调查是一种有目的、有组织、系统性的自觉认识活动。它遵循一些基本原则，具有一定的程序和结构，从而区别于随意的、零散的认识活动。

（2）社会调查通过问卷等形式直接从调查对象获取第一手资料信息，这与从某些机构申请获取数据或者查阅文献的研究方法有所区别。

（3）社会调查有多种基本方式，抽样调查是其中最重要的一种。它利用样本信息去推断总体信息，因为样本与总体之间总会存在偏差，即所谓的抽样误差，故通过随机化抽样确定具有代表性的样本十分重要。

（4）社会调查既是一门方法科学，也是一种社会实践。它是认识社会规律的有力工具，能够被广泛运用到经济学、人口学甚至环境科学等领域。在学习的过程中，只有将理论密切联系实际，才能真正掌握这种方法。

1.1.2 社会调查的原则与特征

社会调查研究日趋专业与规范，其内在的原则规则、逻辑结构与程序方法也面临外部的环境约束、条件限制与社会要求。符合基本原则是有效开展社会调查活动、保证调查研究成功的基本条件，社会调查所要遵守的原则可概括为以下五点：

（1）科学性原则。科学的研究是建立在系统的经验观察与严谨的逻辑论证基础上的。社会调查的设计与实施都有理论基础的支撑。这些理论基础包括哲学原理和具体科学原理，它们能够从方法论和实证的角度指导任何一个具体的社会调查活动，从而保证社会调查过程的逻辑合理、结论有效。

（2）客观性原则。客观性原则要求研究者在社会调查过程中实事求是，尊重客观数据和事实，排除主观因素的干扰。例如，在调查过程中，访员不能通过诱导性提问来获取受访者信息；在后期的数据分析中，研究人员不能先入为主地误读数据。

（3）理论与实践相统一原则。理论来源于实践，是对实践经验的总结和对事物本质的抽象，能够指导具体的实践活动。然而，理论也需要在实践中检验与应用。社会调查是具有目的性的主观认识活动。它必须在一定的理论指导下进行，同时它也能够对理论进行检验与修正，以更好地解决社会现实问题。

（4）定性与定量分析相统一原则。定性分析是对事物性质的研究，定量分析则是对事物规模、数量的把握。研究者要通过对经验材料的理解，建立有关研究对象的数理模型，从量的分析中认识对象的质。

（5）法律和伦理道德原则。法律是社会调查研究必须遵守的基本价值规范，无论是调查设计、调查实施还是成果撰写，都应严格遵守国家法律法规。除此之外，研究者还应遵循基本的伦理规范，如客观诚实、社会良知、团队合作、保护受访者等。① 在实施调查的过程中，要特别注重对调查对象信息的隐私保护，避免侵害受访者的合法权益。

随着自然科学与社会科学的发展，社会调查研究的主题、内容、范围、规模日益扩大，呈现多样化发展态势。但各类社会调查仍存在以下共性特征：

（1）系统性。系统性特征体现在两方面。一是社会调查活动的系统性。社会调查是一项具有特定流程和组织框架的社会认识活动，从最初选择研究主题到信息收集，再从数据分析到最后的调查报告撰写，各个步骤之间相互联系、紧密配合。二是资料分析的系统性。社会调查是定性分析与定量分析的统一，对调查对象数据的分析并不是简单分析个体数据，而是将调查对象放在一个系统中去分析，从而了解其内在规律。

（2）客观性。社会调查遵循客观性原则，研究者通过科学设计、实地采访搜集调查对象的第一手数据，从客观事实出发，对数据背后的社会现象进行合理解释。

（3）专业性。现代社会调查研究已经形成了一套成熟的理论体系与技术手段，社会调查的各个环节均有具体明确的规范，许多高校也已开设有关社会调查研究的专业课程。社会调查专业性推动了社会调查职业化，政府、社会组织以及科研机构也开始增设有关社会调查研究工作的专职岗位。

（4）实用性。社会调查的出发点和主要目的往往是解决社会实际问题。来源于社会实践的数据能够反映社会的实际问题，有助于研究者通过多方面、深层次的分析提出解决问题的良策。此外，作为一种专门的社会研究方法，社会调查可以结合不同学科的原理方法和技术工具，从而被广泛应用到社会学、经济学以及心理学等领域。

1.1.3 社会调查的目的与作用

社会调查是一种带有目的性和实践性的认知活动，即通过展现社会生活的真实面貌、发掘社会现象的因果联系、认识社会现象的本质规律，从而找到改造社会的政策方法。其主要目的可以概括为描述事实、分析原因以及提出政策建议。

（1）描述事实。对实际状况进行真实全面的描述是人们认识和理解社会现象的基础。例如，要深入了解我国"单独二孩"政策的实施效果，需对目前社会二胎生育意愿、二胎生育者的背景特征、城乡二胎生育状况区别等情

---

① 王忠武，"论现代社会调查研究的三维规范体系"，《社会科学》，2013 年第 4 期，第 83 - 91 页。

况进行了解，而社会调查可以帮助我们对这些问题有一个基本的认识和判断。

例如，庄亚儿等（2014）基于2013年对全国29省育龄人群生育意愿的调查，收集了基本人口学变量、所在村（居）委会生育政策、本人及配偶是否为独生子女、现有子女数量以及性别等变量，从数量、时间和性别三个维度分析生育行为。研究结果发现，城乡居民的平均理想子女数为1.93、理想子女的男女性别比为1.04，但不同特征、不同地区人群间存在差异。

（2）分析原因。社会调查的任务不仅在于揭示社会事实的面貌，还在于分析社会现象背后的因果关系。因此，在对研究对象整体"是什么"有一个认识的基础上，可以进一步研究"为什么"的问题。比如，如果发现二胎生育情况存在城乡差别，可以研究差别产生的原因；如果连续的调查发现二胎生育率越来越低，也可对这个现象进行探索性的解释。显然，这比单纯描述二孩生育状况要更加深入。

例如，张晓青等（2016）基于2015年对山东省符合"单独二孩"和"全面二孩"政策家庭生育意愿的调查，发现两类政策家庭的二孩生育意愿和理想子女数基本相同，且现有一孩性别、年龄、主观因素以及地区因素等均显著影响两类家庭的二孩生育意愿。"全面二孩"家庭做出二孩生育选择时主要基于对一个孩子的风险性考量，而"单独二孩"家庭则更多从自身养老和精神需求的角度考虑二孩生育。

（3）提出政策建议。描述事实与分析原因是社会调查的理论任务，而提出政策建议是社会调查的实践要求。基于过去和现在的数据，研究者可以通过社会调查找到社会现象的规律，从而对未来的形势发展做出一定的预测，并且提出相应的决策措施与政策建议，达到解决实际问题和社会矛盾的最终目的。所提的政策建议不能脱离社会调查的分析资料，且要具有可行性。

例如，曾毅等（2012）基于2000年的人口普查数据，2005年的全国1%人口抽样调查数据以及2005年、2008年和2009年的中国老年健康影响因素跟踪调查（Chinese Longitudinal Healthy Longevity Survey，CLHLS）数据，对老年家庭结构、生活自理能力状况和家庭照料需求成本进行模拟预测分析。分析结果表明，在现行生育政策不变的方案下，我国未来劳动者平均承担的老年家庭照料负荷将越来越重，比普遍允许二孩与提倡适当晚育方案下的情况高很多。基于此，该文提出应稳步推进二孩晚育软着陆的政策。

如果研究目的基本达成，社会调查能够起到以下作用：

（1）有助于正确了解社会现象和认识社会规律。人们常常通过书报、电视、网络传媒、他人讲述或者亲身体验来认识社会，这些渠道虽然丰富多样，但却是片面的，导致人们可能陷入主观主义和教条主义的误区。科学的社会调查是正确认识社会的重要途径。研究者对社会现实信息进行搜集、归纳整理并做出客观描述，所获取的数据往往是当下最真实的反映。有的信息可能与预期相符，有的信息可能超出既有认知，但它们整合成一个整体所描述的状况却最贴合客观的社会现实，而这些客观事实是难以根据个人经验总结归纳的。例如，通过时间利用调查，我们可以精准地描述出我国居民时间利用的结构特征、性别差异、职业分布以及教育程度分布等情况，也可以结合往期的调查进行对比分析，得出我国居民时间利用的变化趋势。进一步，研究者经过多方面分析得出的普适性结论或者颠覆预期的创造性发现，能够帮助公众更好地认识社会的现实状况，以及理解不同现象之间的因果关系。

（2）有助于制定科学合理的社会治理政策。改革开放以来，我国面临着任务艰巨的体制改革难题，国民经济的增长与居民生活水平的提升对制定科学的社会治理政策提出了更高的要求。社会调查的数据来源于实践，社会调查的指导理论经过实证检验后，能够成为制定政策和管理社会的重要科学依据。处理分析后的社会调查信息能够揭示社会现象变化的一般性规律，依据这一规律可以预见社会未来的状态，从而为政策制定提供建议。例如，翟振武等（2014）利用 2005 年全国 1% 人口抽样调查等人口数据，推算了 2012 年我国独生子女的规模以及全面放开二孩政策的目标人群，进而测算出年度出生人口规模的变动。通过社会调查了解实际情况、掌握客观规律、做到具体情况具体分析，政策制定者能够因地制宜，科学决策，避免"一刀切"政策。

（3）有助于提高研究者认识和分析问题的综合能力。现代调查研究项目通常由多人组成的团队共同完成，这对整个项目的系统性提出了更高的要求。在实施调查前的设计阶段，研究组织者需要思考整个过程中可能出现的问题，并制定各种规章制度与守则办法，合理配置调研资源；团队成员需要明确职责、相互协作形成合力，保质保量地完成调查任务。因此，组织和参与社会调查对提升相关人员的管理执行能力、团队合作能力以及认识问题、分析问题、解决问题的能力具有明显效果。

1.2 社会调查方法体系

社会调查方法体系包括方法论、基本方式以及具体方法三个层次。方法论是指导研究的哲学理论或一般性思想方法，在社会调查方法体系中处于指导地位。社会调查的基本方式是社会调查中一脉相承的程序和方式，在体系中处于中间层次。具体方法则包括从事研究工作使用的一般程序以及技术方法。图1-1描述了社会调查方法体系的框架。

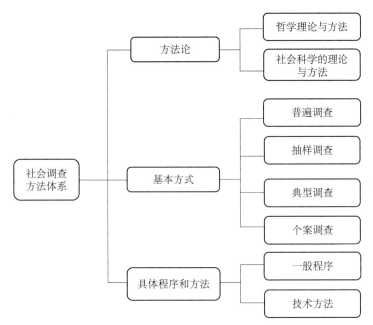

图1-1 社会调查研究方法体系

1.2.1 社会调查的方法论

方法论可以分为经验主义（empiricism）的方法论与实证主义的方法论。经验主义的方法论，或称人文主义方法论，认为人类的知识起源于感觉而非先天观念，强调对经验的归纳和总结，并以此为基础形成理论。实证主义的方法论包括以孔德为代表的老实证主义和20世纪的逻辑实证主义（新实证主义）。逻辑实证主义坚持"可证实性"原则，认为科学研究的对象是可观察的经验现象，而构成理论的前提假设以及理论的推论结果必须经过经验检验，在经验中找到依据，即强调研究的数据收集和资料量化分析过程。[①] 社会科学研究中，实证主义占据着主流地位。

社会调查方法论在社会调查体系中处于指导地位，它包括哲学方法论以及具体学科方法论。哲学方法论是社会调查的理论基础，在不同制度背景下具有不同的代表类型。学科方法论则是指社会科学的专门理论，有助于确定社会调查的具

---

① 胡明，"厘清后危机时代经济学的'实证'——基于方法论演变的比较分析"，《经济研究》，2015年第5期，第147-161页。

体步骤，比如研究主题、调查对象及调查指标等。

1.2.2 社会调查的基本方式

社会调查的基本方式可以依据不同的角度划分为不同类型。如果按照调查对象的范围划分，社会调查可以分为普遍调查、抽样调查、典型调查和个案调查。

普遍调查（general survey）又称全面调查，简称"普查"，它是对调查总体的每个部分进行逐个调查。普查一般由政府出面主持，具有周密的计划和统一的标准。普查具有全面性与准确性的优点，其结论具有概括性与普遍性，但其耗费的时间、人力和财力是巨大的，且调查的资料深度有限。我国常见的普查有人口普查（census）、工业普查、土地资源普查等。人口普查是对全国所有个体进行调查，得出人口总数、性别比例以及出生死亡率等数据。我国分别于1953年、1964年、1982年、1990年、2000年、2010年及2020年进行了七次人口普查。工业普查是对全国所有工业企业进行调查，以了解企业的所有制结构、产品和技术结构、经营方式、组织形式和运行机制等信息。土地资源普查则是对我国土地数量、质量、分布及其利用状况的调查。

抽样调查（sampling survey）是一种非全面调查，它是一种从全部调查对象中随机抽样选中一部分单位进行调查，并以此来估计和推断总体对象特征的调查方法。抽样调查是一种常用的调查方式，具有抽样规则化、抽取随机性、样本代表性以及范围广泛性等特征。与普查相比，它可以节省人力、物力、财力以及时间成本。但它对调查客观条件和抽样程序的要求较高，且抽样部分只能近似而不能等同总体，结果存在一定的误差。本书第2章将详细介绍抽样设计。

典型调查（typical survey）是一种根据调查目的与要求，在对调查对象进行初步分析的基础上，有意识、有针对性地选取少数具有代表性的典型单位进行深入调查的研究方式。典型调查选取了较少的样本单位，能够灵活方便地获取数据信息，但易受调查者主观意识的干扰，结论不具有普遍性。

个案调查（case survey）是一种对某个人、某个组织（如企业、工厂、医院、城镇、乡村）或某个事件进行详尽深入调查的研究方式。个案调查能够深入了解问题的复杂性，主要应用于政府机关、司法监管等部门，也在家庭和企业等场所小规模运用。但为了尽可能记录全面的信息，个案调查采用的观察与记录方法往往不够正式，从而难以排除调查者的主观因素，得出的结论也不具备普遍性。

表1-2对上述社会调查方式的主要特点、优缺点与作用进行了总结。

表1-2 按调查对象范围划分的社会调查方式的主要特点、优缺点与作用

	普遍调查	抽样调查	典型调查	个案调查
主要特点	1. 覆盖全面：每个对象逐一调查； 2. 高度统一：时间和标准统一； 3. 指标简明：因为组织工作复杂、项目简明才能避免资料获取错误； 4. 结论的概况性与普遍性强	1. 抽样规则化：样本的抽取由抽样规则确定； 2. 抽取随机性：每个样本都有被抽取的可能； 3. 样本代表性：由抽样的部分可以推断出总体； 4. 范围广泛性：概率上涵盖总体的各层次与范围	1. 定性选取：对个别事物的性状态进行定性分类后选择； 2. 主观代表性：典型的代表程度取决于调查者对调查总体的了解程度； 3. 系统性深入调查：进行长时间调查、接触少，方式单一	1. 无须了解总体情况； 2. 调查个案不能推论总体，只对认识总体有启发意义； 3. 侧重调查过程与调查环境背景
优点	1. 调查资料具有全面性与准确性； 2. 能够对全面情况做出概况性总结	1. 费用较低； 2. 速度较快； 3. 数据准确性高	1. 节省人力、物力； 2. 调查方式简便灵活； 3. 调查结果系统深入	1. 调查对象分析最为具体、深入； 2. 调查时间、计划和方式更灵活
缺点	1. 对时间、人力和经费的要求高； 2. 只能进行浅层次的一般性调查； 3. 单次调查周期长	1. 对调查者客观条件和抽样程序的要求高； 2. 存在抽样误差	1. 对象选择不完备； 2. 代表性不完整：无法确定单位被抽取概率，无法估算选样误差； 3. 结论适用范围难以确定	1. 无法保证个案的代表性，难以得出普遍性规律； 2. 只说明总体类型，无法涵述总体结构； 3. 分析方式难以统一； 4. 难以排除调查者的主观因素
作用	了解全貌，得出普遍结论	以样本分析结果代表总体情况	研究同类事物的本质属性与特征	达到对调查个体的认识

按照应用领域，社会调查可划分为行政统计调查、研究性调查、市场调查、生活状况调查、社会问题调查以及民意调查等。

行政统计调查是由各级人民政府和相关部门统一领导组织的人口、资源、行业以及社会概况调查，相应的数据可在国家统计部门官方网站上查询。

研究性调查是高校等研究机构组织进行的调查，被广泛运用于社会学、经济学、心理学、政治学、人口学以及教育学等领域。

市场调查（market research）主要围绕企业与消费者展开，服务于企业生产产品的推广和销售。

生活状况调查是对某时期某地区某社会群体的生活状况进行的调查，关注人们日常生活的各个方面。

社会问题调查是针对社会关注话题或热点问题进行的系统调查，目的在于了解社会问题的产生原因，从而对症下药。

民意调查（poll/public opinion poll）也称舆论调查，是对社会民众的观念态度等进行的调查。

除上述划分外，社会调查还有其他的划分方法。按照调查的目的，社会调查可划分为探索性调查、描述性调查和解释性研究。按照调查的时点特征，社会调查可划分为横剖式调查（cross-sectional survey）和纵贯式调查（longitudinal survey）。

1.2.3 社会调查的具体方法

社会调查的具体方法是社会调查体系中更为专业具体的层次，它涉及了社会调查研究的各个方面，包括确定研究主题的方法、设计调查方案的方法、抽样的方法、收集资料的方法、整理分析数据的方法、撰写调查报告的方法等。调查的具体方法要根据调查对象和调查目标确定。在各种调查方法中，收集资料的方法是调查方法的核心，包括访谈法、观察法、实验法、文献法与问卷法。

访谈法，又称调查性谈话法，是指访问者通过直接与被访问者交流沟通进行调查的方法。访谈法直接接触受访者获得第一手资料，更为灵活与直观，能够获得非语言类的社会信息。但访谈法易受受访者情绪与行为的影响，对访员的素质和技能要求更高，存在着记录困难与准确率低的缺点，且收集到的资料不便进行定量分析。

观察法，是指调查者借助感觉器官或使用科学观察工具，有计划、有目的地观察与感知自然状态下的社会现象的方法。观察法时效性强，物资条件相对简单，适合获取其他方式难以获取的信息。与此同时，观察法采集的信息难以进行统计分析，且受观察者主观因素（知识、心理、生理等）的影响，容易产生误差。

实验法，指调查者根据研究目标，在控制无关变量的条件下，有目的地改变实践条件（自变量）来认识调查对象本质及变化规律（因变量）的方法。实验法主要包括实验室实验与田野实验。顾名思义，实验室实验在严格的实验室控制条件下进行。由于实验室是"人为"制造的环境，可能会影响到实验对象的真实行为，故实验室实验的外部有效性备受质疑。而田野实验又称实地实验、现场实验，是一种在真实环境下进行的实验研究，其结合了田野调查和实验研究两种社会科学研究的传统。与实验室实验相比，"自然"是田野实验最主要的优点，但其时间与经济成本更加高昂，在真实情境下面临的未知因素也更多。总体而言，在实验环境下，调查者能够有效控制调查环境和实验条件，同时统一调查使用的工具和方法，使得调查具有重复可验证性，但实验的规模也因此受限。

文献法，是指搜集各种文献资料并从中获取有用信息的方法。文献调查是研究准备阶段的必要一环，它有助于研究者了解已有的研究成果，吸收相关理论与方法，从而站在"巨人的肩膀"上，发展出既一脉相承又有独特创新的成果。文献调查效率高、花费小，具有历史性、间接性、反应中性等特征，能够超越时空条件限制。但文献选择带有主观性，且时效性较差，资料的完整性与真实性有待做进一步的分析。

问卷法，指研究者用统一设计的问卷让受访者作自填式回答或通过访员进行结构式访问，从而收集资料信息的方法。问卷法是一种较为常用的调查方法。问卷采用书面形式，具有特定的结构布局，且问题表述和答案填答预先进行了标准化设计，便于后期的定量处理和分析。按照题目形式，问卷可分为开放式问卷、封闭式问卷和半封闭式问卷。开放式问卷，即无结构型问卷，被调查者不受题目答案的范围限制，只需根据自己的理解回答问题。开放式问卷能够较为真实地反映受访者的特征、态度及观点，因此往往用于较深层次的问题研究。但开放式问卷收集到的答案不具备标准性，难以进行横向比较与统计处理。封闭式问卷，即结构型问卷，调查者提前设置并排列好问题的答案选项，受访者按照题目要求从中选择一项或多项符合的答案。封闭式问卷标准化程度高，回答效率高，便于统计分析。但其设计难度较高，受访者的回答与真实想法之间可能存在偏差，且选项排序可能产生顺序效应。半封闭式问卷兼有固定答案选项和开放式问题。这类问卷主要有三种表现形式：一是在选项中增加"其他"项；二是在列出的答案后面增加理由或动机等问题；三是整个问卷以封闭式为主，辅之以部分开放性问题。

表1-3对上述各种资料收集方法的主要特点与优缺点进行了总结。

表 1-3 各种资料收集方法的主要特点与优缺点

	访谈法	观察法	实验法	文献法	问卷法
主要特点	受访者与访员面对面进行沟通与互动	以感觉器官为主要调查工具；有目的、有计划的自觉活动	1. 实验者能够对调查环境和实验条件进行有效控制；2. 随着实验条件改变，实验对象做出相应反应；3. 标准性统一、可重复性强	1. 历史性：对社会历史以及现有知识的调查；2. 间接性：不直接接触相关事件或当事人；3. 反应中性：不受被调查对象心理和行为影响	1. 标准化：问卷内容与分析标准均统一；2. 书面形式：以文字或图片方式呈现及回答
优点	1. 直接接触受访者，获得第一手资料；2. 现场性信息丰富，能够获得非语言类的动态信息	1. 能够获得第一手资料；2. 时效性强；3. 适合获取其他方式难以获取的信息；4. 方式与物资准备简单	1. 控制性强：通过对自变量的控制减少外部影响；2. 可重复：实验标准和工具、方法等严格一致	1. 以书面形式呈现，相比口头陈述更准确可靠；2. 易得性高：超越时空条件限制，获取安全、自由；3. 效率高，花费小	1. 匿名性（一般情形）：被调查者可以阐述真实情况和想法；2. 客观性较强：问卷顺序、问题内容一致；3. 方便定量分析、答案结构化和数据化
缺点	1. 容易受到受访者情感和行为活动的影响；2. 对访员素质和技能要求高；3. 难以进行定量分析	1. 资料整理分析难度大；2. 受观察者主观影响较大；3. 受时空条件限制	1. 实验样本和规模有限，存在外部有效性问题；2. 测量方法和技术操作比较复杂	1. 文献选择带有主观性；2. 时效性较差；3. 需进一步研究分析完整性与真实性	1. 开放式问卷：答案不具备标准性，难以统计处理、比较；2. 封闭式问卷：回答与真实可能存在偏差，且可能存在顺序效应

1.3 社会调查的一般流程

不同的社会调查方法具有不同的程序,但其遵循的主要流程却是一脉相通的。本节以问卷调查为例,介绍社会调查的一般流程与具体操作程序。

问卷调查一般会经历选题、准备、调查、分析和总结五个阶段,如图 1-2 所示。

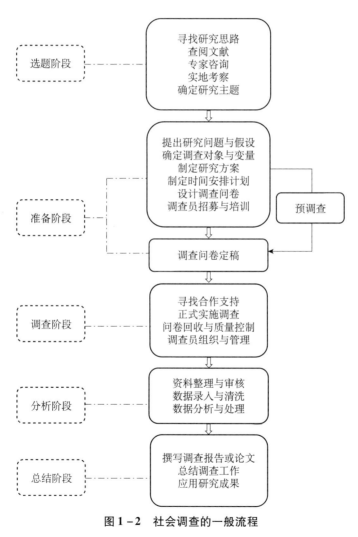

图 1-2 社会调查的一般流程

1.3.1 选题阶段

研究主题的选择不是一蹴而就的，需要研究者基于对事实资料和文献资料的把握，找到待解决的科学问题。一方面，这要求研究者搜集和阅读与研究主题相关的文献，或咨询请教相关领域的专家学者，学习关键的研究工具与方法，从整体上把握研究进展的方向。另一方面，可通过实地考察对调查地点及调查对象形成初步认知，避免研究设计脱离实际。结合以上方法，研究者可提炼出拟解决的科学问题，逐渐确定研究主题，并论证其逻辑性和可行性，从而保证主题具有一定的理论意义或应用价值，为理论研究和社会实践做出贡献。

1.3.2 准备阶段

准备阶段是研究者为实现调查目标进行研究设计与计划安排的阶段。在这个过程中，研究者需要提出研究的具体问题及相应假设、确定分析单位与调查指标，并逐步制定研究方案。

确定研究主题之后，需要从中寻找特定的研究思路，提出具体的研究问题和假设。研究假设是研究者基于科学理论和经验事实对所研究问题的规律做出的推测性论断，或对原因做出的假定性解释。它的提出需要有明确的概念和适用范围，能够被经验事实检验。

分析单位指调查者所要调查的对象，是研究的基本单位，包括个人、组织、地区以及产品等。调查指标或变量用以描述分析单位的基本状况，可分为被解释变量（因变量）和解释变量（自变量）。在以个体为调查对象时，经常调查的变量包括个人的收入、性别、年龄、教育程度、婚姻状况、政治面貌等，以及个人就某事的观点、动机、偏好等；在以企业为调查对象时，则包括企业的产值、资产规模以及利润率等；而在以地区为调查对象时，则包括地区的生产总值、行业分布状况等。

研究方案的制定包括调查方法选择、抽样方案制定、时间进度计划制定、调查问卷设计以及调查员招募和培训等。本书将在第2章、第3章及第5章分别对抽样设计、问卷设计及访员招募与调查团队建设部分进行详细介绍。其中，问卷设计是社会调查中举足轻重的一环，问卷设计的水平决定研究成果的质量。问卷设计不能脱离理论框架，否则设计的问题没有章法、漫无边际，导致收集的数据与研究目的无关；或者问卷设计不够全面、遗漏了重要变量，导致难以对研究主题进行全面深入的分析。在问卷设计的过程中，研究者不仅要从研究目的出发，尽可能全面详细地安排问卷内容，还要懂得从受访者的角度出发，考虑表述是否存在歧义、受访者能否准确理解、排版是否清晰美观等问题。只有妥善处理好这两方面的关系，问卷调查工作才能收到预期的效果。问卷初稿完成后可以进行预调查，根据预调查反映的问题对问卷初稿进行合理修改。问卷定稿后，方可进入正式调查阶段。

1.3.3 调查阶段

调查阶段是实施调查方案与收集资料的阶段，其主要任务是贯彻调查设计的思路与策略，按照研究设计所确定的方式方法与技术工具收集资料。在这个阶段中，研究者一般要进入调查地区发放调查问卷，实施正式调查，因此经常需要提前寻求当地政府或科研机构的支持与配合。问卷填写过程中既要避免对受访者答题造成干扰，也要准确解答受访者的疑问。问卷回收时要注意查漏补缺，控制问卷质量。问卷收集完要及时整理，纸质问卷要求密封装袋、安全运输。电子问卷应及时上传至服务器中。

调查阶段遇到的实际问题可能与调查设计存在偏差，需要研究者根据实际情况及时调整修正，充分发挥主观能动性，在符合规范的基础上灵活变通。社会调查的组织与管理以及调查数据质量控制分别在第 4 章、第 6 章进行详细介绍。针对近年来兴起的网络调查与田野实验，第 7 章与第 8 章会对其进行介绍。

1.3.4 分析阶段

分析阶段的初期是对资料进行整理汇总、审核分类，通过编码实现系统化与符号化，以便于下一步的数据录入与清洗。数据录入可采用 Excel 电子表格、数据库管理软件 Access 或专业的数据录入软件 EpiData 等，一般需要在交叉录入后进行比对，以保证数据录入的准确度。数据录入完成后，需要对数据进行清洗，即检查数据是否存在缺失值与异常值。如果存在缺失值与异常值，则检查是否在数据录入过程中产生，并通过二次调查对数据进行完善与修正。经过清洗后的数据可用于统计描述与分析推论，研究者可结合自身专业知识，运用不同的技术工具对现象结果进行理论性解释。在本书中，数据录入和清洗等数据管理方法将于第 9 章介绍，调查误差与处理方法将于第 10 章介绍。

1.3.5 总结阶段

在总结阶段，研究者需要将自己的研究内容文字化，形式包括调查报告、论文、书籍等。撰写调查报告的目的是将调查工作用文字和图表的形式系统规范地反映出来，撰写调查报告的过程也是研究团队对调查工作进行总结的过程，有助于团队成员吸取经验教训、分享心得感悟、评估调查成果。此外，基于研究结论提出合理的政策建议，将研究成果运用到相关领域中，可为解决社会问题提供实证经验。本书第 12 章将对微观调查数据与研究问题进行专题讲解，以帮助读者将前面章节学习的理论知识系统化。

1.4 我国现代社会调查的发展和展望

我国的社会学研究在 1953 年取消了社会学学科以后，可划分为四个阶段：停滞期（1953—1978 年）、恢复重建期（1979—1985 年）、实践提高期（1986—1999 年）和快速发展期（2000 年至今）。[1]

在社会学学科被取消的停滞期，我国社会调查理论缓慢发展。社会调查活动除了 1953 年与 1964 年两次全国人口普查，少有其他。历经漫长的 25 年停滞期后，在社会学恢复的初期，学习西方先进的社会调查方法成为我国社会学的主要任务。社会学的恢复重建从人才队伍建设、教材论文撰写以及社会调查活动三方面着手。经典理论成果有张世文和张文贤编写的《社会调查概要》（1984）、仇立平编写的《社会调查方法纲要》（1985）等教材，以及费孝通发表的文章"社会学调查要发展"（1983）等。在此期间，社会调查活动逐渐增多，但在科学性和规范性上仍然存在不足。社会学界对研究方法的应用集中在两方面：一是运用以毛泽东农村调查为代表的传统研究方法，即采用座谈会、无结构访问等方式收集若干典型或个案资料，结合当地已有的基本统计资料，得出主观的定性结论；二是运用西方社会学的现代社会调查方法，发放问卷来收集数据资料，通过基础的统计分析得出定量结论。然而许多社会调查只是为了了解社会情况，研究层次仅仅停留在描述分析上，缺乏明确的理论目标，忽视与理论假设之间的联系，从而难以发挥社会调查的解释作用。[2]

在实践提高期，社会调查方法被广泛应用于社会学以外的经济学、教育学等其他领域，促使多个交叉学科产生。有关社会学研究方法的教材也逐步丰富起来，例如卢淑华编著的《社会统计学》（1989）、袁方的《社会调查原理与方法》（1990）、郭志刚的《社会调查研究的量化方法》（1989）和《社会统计分析方法》（1999）。这一时期，社会调查的规范性与学术性明显提升，主要体现在四个方面：一是社会调查研究者的学术水平与专业素养大幅提升；二是采用理论推演而非简单归纳的论文比例增加；三是随机抽样方法得到更为广泛的应用；四是

---

[1] 赵联飞，"中国社会学研究方法 70 年"，《社会学研究》，2019 年第 6 期，第 14－26＋242 页。
[2] 风笑天，"社会学方法二十年：应用与研究"，《社会学研究》，2000 年第 1 期，第 1－11 页。

采用高级统计方法的论文占比提高①。随着社会学研究方法的系统训练逐步推进，多期横截面的大型社会调查开始出现。例如，中国私营企业调查（Chinese Private Enterprise Survey，CPES）于1993年开始实施，每两年左右展开一次。CPES在全国范围内按照一定的私营企业比例（0.05%左右）进行多阶段抽样，对私营企业主的个人特征及社会特征等进行调查，这套数据从2015年9月起面向海内外用户开放使用。与此同时，全国范围的大规模纵贯社会调查也开始出现，例如中国家庭收入调查项目（Chinese Household Income Project，CHIP）和中国健康与营养调查（China Health and Nutrition Survey，CHNS）分别于1988年和1989年开始实施。其中，CHIP由北京师范大学中国收入分配研究院主持②，于1989年、1996年、2003年、2008年和2014年进行了五次入户调查，是迄今中国收入分配与劳动力市场研究领域中最具权威性的基础性数据资料。大型项目的实施推动了社会调查研究方法进一步完备化和系统化，也推动了社会调查技术手段的发展，是社会调查理论和实践的双重进步。

社会调查在过去的20年里快速发展，研究视角的多样性、研究方法的规范性、研究技术的创新度大幅提升。社会调查研究的定量分析由简单的描述统计和相关关系分析转向因果推导，并注重对因遗漏变量、自选择、样本选择和联立性等偏误引起的内生性问题的处理。社会调查的技术手段也随着互联网的发展而逐渐升级，资料收集不再局限于纸笔问卷和电话访谈，问卷星等在线问卷调查平台以及计算机辅助面访系统（Computer Assisted Personal Interviewing，CAPI）得到广泛运用，而SPSS、Stata等数据统计处理软件的普及也进一步提升了社会调查数据的分析效率。

与此同时，近年来全国性的微观调查数据库数量明显增多，本书第11章对这些数据库进行了总结梳理，此处仅试举几例如下：

（1）中国综合社会调查（Chinese General Social Survey，CGSS），由中国人民大学中国调查与数据中心开展，自2003年起每年一期，对社会、社区、家庭及个人等多个层次的数据进行收集并总结社会变迁的趋势，是检测中国社会指标的晴雨表。

（2）中国社会状况综合调查（Chinese Social Survey，CSS），由中国社会科学院社会学研究所自2005年发起，是对全国居民的家庭及社会生活、社会态度、

---

① 李炜，"与时俱进：社会学恢复重建以来调查研究的发展"，《社会学研究》，2016年第6期，第73-94+243页。

② 在2008年以前，中国家庭收入调查项目（CHIP）是由国家统计局农调总队、中国社会科学院经济研究所以及国际学者组成的国际研究小组共同开展调查。2008年以后由北京师范大学中国收入分配研究院联合国内外专家共同完成调查。

就业状况等方面进行的双年度调查。

（3）中国健康与养老追踪调查（China Health and Retirement Longitudinal Study，CHARLS），由北京大学国家发展研究院开展，自 2008 年开始收集 45 岁及以上中老年个体的微观数据。

（4）中国家庭金融调查（China Household Finance Survey，CHFS），由西南财经大学中国家庭金融调查与研究中心开展，自 2011 年起每两年实施一次，侧重于房产与金融资产信息的调查。

图 1-3 总结了国内大型微观数据库的发展时间脉络。大型社会微观调查形成了宝贵、丰富的数据库，数据库的开放与共享为中国社会研究提供了质量上乘的公共学术资源，使得近年来社会科学领域产出了一大批具有影响力的研究成果。这些研究成果不仅描述了国情现状与民意走向，还挖掘了重大现实问题背后的逻辑与原因，为政策制定者提供理论与经验依据，兼备理论与现实意义。

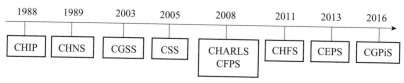

图 1-3 国内大型微观数据库发展时间脉络

值得一提的是，在新一轮的科技革命下，传统微观数据也面临着来自大数据的挑战。传统抽样调查最初受限于数据采集和处理的条件，因此存在抽样变动频繁、多层次抽样推断、调查周期过长、调查目的固定以及多目标调查等问题。[①] 而大数据拥有源源不断的数据流，具有覆盖面广、实时性强、收集速度快等优点。计算机、平板电脑、智能手机乃至智能可穿戴设备成为收集大数据的重要途径，通过互联网或传感器进行云端传输与动态更新，文本内容、地理位置、通信记录、商业行为、健康信息等都成为可调查研究的对象。例如，Michel 等（2011）分析了谷歌图书上 4% 的出版书籍，研究了 1800—2000 年英语世界的文化变化趋势。维克托·迈尔-舍恩伯格等（2013）甚至提出大数据时代"样本＝总体"的观点，对传统抽样调查提出了严峻挑战。具体来说，他们提出了大数据时代的三个思维转变：一是要分析与事物相关的所有数据而不是部分数据；二是要乐于接受数据的繁杂性而非精确性；三是不再追求捉摸不定的因果关系，转而关注事物的相关关系。

但事实上，大数据也存在一些缺点：一是用户渗透率不足，无效信息和噪声

---

① 王莹、万舒晨，"大数据时代抽样调查面临的挑战与机遇"，《统计与信息论坛》，2016 年第 6 期，第 33-36 页。

过多，难以保证数据的准确性；二是提高了数据的收集和使用门槛，研究人员必须掌握相应的数据采集与处理技术，才能对繁杂的大数据进行科学合理的清洗和分析；三是大数据注重相关关系而非因果关系，难以深究事物间的本质联系，以致"知其然而不知其所以然"。因此，未来微观数据的建设将实现大数据与传统数据的优势互补，充分发挥数据资料的价值。[①] 同时，传统抽样调查的研究结论也可作为大数据分析结果的对照，对大数据的推断结论进行有效验证，从而探讨更多现象的因果关系。

小结

本章对社会调查的含义与作用、方式与方法、一般流程以及我国现代社会调查的发展与展望等内容进行了概述性的介绍。社会调查指通过问卷、访问或观察的方法，系统客观地收集调查对象的信息资料，并运用统计方法对其进行分析，从而认识和解释社会现象或规律的社会研究方法。社会调查需要遵循科学性、系统性、客观性及伦理道德原则，具有系统性、客观性、专业性及实用性等特征。社会调查的主要目的在于描述事实、解释原因及预测建议，它有助于研究者正确了解社会现象、认识社会规律，有助于政策制定者制定科学合理的社会治理政策，也有助于提高调查者自身认识和分析问题的综合能力。

社会调查的基本方式包括普遍调查、抽样调查、典型调查与个案调查。本书第2章将对社会调查基本方式中最常见的抽样设计进行详细介绍。社会调查收集资料的具体方法包括访谈法、观察法、实验法、文献法与问卷法，第3章将对社会调查具体方法中最常用的问卷调查进行讲解，包括问卷设计的原则、技巧以及流程等，并辅以具体案例分析。

社会调查一般包括选题、准备、调查、分析和总结五个阶段。从第4章开始，本书将进入对调查过程的介绍部分。第4章将让读者对调查的组织与管理有一个总体的把握。第5章则侧重于人员管理，即访员招募与调查团队建设。第6章讲解了如何进行大型项目的数据质量控制。了解、熟悉大型调查的组织框架能使研究者在中小型调查实践中更加游刃有余。从实用角度出发，本书第7章着重介绍了中小型调查与网络调查。第8章对近年来兴起的田野实验及相应软件进行介绍。调查完成后的数据录入、清洗和安全等数据管理内容被安排在本书第9章，第10章则着重回答了如何对抽样、问卷设计及调查过程中的误差

---

① 甘犁、冯帅章，"以微观数据库建设助推中国经济学发展——第二届微观经济数据与经济学理论创新论坛综述"，《经济研究》，2019年第4期，第204–208页。

进行处理。

在读者熟知社会调查流程及后期的数据处理与分析后，本书第 11 章对国内外著名社会经济调查与数据进行了总结与梳理。在本书的最后一章（第 12 章），我们从研究者的角度出发，以专题的形式为读者解答了一些研究过程中经常遇到的问题。希望读者通过本书能够掌握社会研究的基本过程，并灵活运用到实际的社会调查中去。

参考文献

艾伦·格伯、唐纳德·格林，《实地实验设计、分析与解释》，王思琦译，北京：中国人民大学出版社，2018 年。

范伟达、范冰，《社会调查研究方法》，上海：复旦大学出版社，2010 年。

费孝通，《社会调查自白》，上海：上海人民出版社，2009 年。

费孝通，"社会学调查要发展"，《社会》，1983 年第 3 期，第 10 – 14 页。

风笑天，"社会学方法二十年：应用与研究"，《社会学研究》，2000 年第 1 期，第 1 – 11 页。

风笑天，《社会研究方法（第四版）》，北京：中国人民大学出版社，2013 年。

风笑天，《现代社会调查方法（第四版）》，武汉：华中科技大学出版社，2013 年。

甘犁、冯帅章，"以微观数据库建设助推中国经济学发展——第二届微观经济数据与经济学理论创新论坛综述"，《经济研究》，2019 年第 4 期，第 204 – 208 页。

郭志刚，《社会调查研究的量化方法》，北京：中国人民大学出版社，1989 年。

郭志刚，《社会统计分析方法》，北京：中国人民大学出版社，1999 年。

郝大海，《社会调查研究方法（第三版）》，北京：中国人民大学出版社，2015 年。

侯典牧，《社会调查研究方法》，北京：北京大学出版社，2014 年。

胡明，"厘清后危机时代经济学的'实证'——基于方法论演变的比较分析"，《经济研究》，2015 年第 5 期，第 147 – 161 页。

李炜，"与时俱进：社会学恢复重建以来调查研究的发展"，《社会学研究》，2016 年第 6 期，第 73 – 94 + 243 页。

卢淑华，《社会统计学》，北京：北京大学出版社，1989 年。

路继业、杜两省，"经济学中实证研究、经验研究的联系与不同——基于科学哲学的分析",《当代财经》,2009年第6期,第15-20页。

仇立平,《社会调查方法纲要》,上海:上海大学文学院(内部教材),1985年。

王莹、万舒晨,"大数据时代抽样调查面临的挑战与机遇",《统计与信息论坛》,2016年第6期,第33-36页。

王忠武,"论现代社会调查研究的三维规范体系",《社会科学》,2013年第4期,第83-91页。

维克托·迈尔-舍恩伯格、肯尼思·库克耶,《大数据时代——生活、工作与思维的大变革》,盛杨燕、周涛译,杭州:浙江人民出版社,2013年。

吴增基等,《现代社会调查方法》,上海:上海人民出版社,2018年。

徐云杰,《社会调查设计与数据分析——从立题到发表》,重庆:重庆大学出版社,2011年。

袁方,《社会调查原理与方法》,北京:高等教育出版社,1990年。

曾毅、陈华帅、王正联,"21世纪上半叶老年家庭照料需求成本变动趋势分析",《经济研究》,2012年第10期,第134-149页。

翟振武、张现苓、靳永爱,"立即全面放开二胎政策的人口学后果分析",《人口研究》,2014年第2期,第3-17页。

张世文、张文贤,《社会调查概要》,重庆:重庆出版社,1984年。

张晓青、黄彩虹、张强等,"'单独二孩'与'全面二孩'政策家庭生育意愿比较及启示",《人口研究》,2016年第1期,第87-97页。

张彦、吴淑凤,《社会调查研究方法》,上海:上海财经大学出版社,2006年。

赵联飞,"中国社会学研究方法70年",《社会学研究》,2019年第6期,第14-26+242页。

周德民,《社会调查原理与方法》,长沙:中南大学出版社,2006年。

庄亚儿、姜玉、王志理等,"当前我国城乡居民的生育意愿——基于2013年全国生育意愿调查",《人口研究》,2014年第3期,第3-13页。

Michel, J. B., Shen, Y. K., Aiden, A. P., et al., 2011, "Quantitative Analysis of Culture Using Millions of Digitized Books", *Science*, 331 (6014), 176-182.

第 2 章 抽样设计

【本章导读】

在社会科学研究中，我们很难找到一种研究方法，其发展态势能与抽样调查相比肩。与普遍调查相比，抽样调查应用范围更广，在众多研究和公共政策领域都发挥着重要作用。抽样调查最核心的内容是解决研究对象的选取问题，即如何从总体中选出一部分研究对象作为总体的代表，并以此对总体进行推断。本章将首先介绍抽样及抽样调查的含义，再对抽样设计进行说明，最后通过理论和案例结合的形式详细地介绍抽样设计的一般程序。

2.1 抽样调查

2.1.1 抽样调查的含义及适用范围

抽样（sampling）是从研究总体所有元素组成的集合中，按一定方式抽取一部分元素（即总体的一个子集）的过程。抽样调查（sampling survey）则是按照统计学和概率论原理，抽取样本进行调查和观察，并以样本数据结果为代表来推断总体的一种调查方法。因全面调查工作量大、组织实施过程复杂且成本极高，抽样调查被众多研究者和管理者广泛应用在社会学、经济学、人口学、政治学、教育学及公共管理等领域。总体而言，抽样调查适用于以下几种情况：

（1）实际工作中，需要了解事物的全面资料，但开展全面调查异常困难，几乎不可能，因而不得不应用抽样调查。例如，流动人口调查。

（2）研究对象的数量规模较大，但没有必要开展全面调查，只需应用抽样调查便可达到研究目的。例如，时事热点事件中的民意调查。

（3）需要对全面调查统计资料的质量进行检查和修正时，可以利用抽样调查。例如，利用中国家庭追踪调查（China Family Panel Studies，CFPS）数据对中国全国及城乡贫困率进行测算。

（4）需要利用抽样调查对某种总体的假设进行检验，判断这种假设的真伪以决定取舍的时候。例如，利用田野随机受控实验进行因果推断。

2.1.2 抽样调查的优缺点

与普遍调查相比，抽样调查存在三个较为明显的优势。首先，抽样调查具有良好的经济性。由于抽样调查的数据是从总体中的部分元素得到，调查的整体规模相对较小，对应所需的人力、物力和财力的投入也远低于普遍调查。其次，抽样调查收集的数据具有较强的时效性。相较于普遍调查，抽样调查的组织结构更加灵活、组织过程相对轻松且实施难度更低，数据收集工作更易开展，因此数据收集具有较好的时效性。最后，相比于普遍调查，抽样调查的准确度相对较高。普遍调查由于工作量大且任务繁杂，增加了调查误差的出现概率；同时，抽样调查中样本量的大小和抽样方法的选取都经过了理论检验，可以有效控制其抽样误差，从而保证了抽样调查结果的准确性。

虽然抽样调查解决了普遍调查的一些常见问题，但自身依然存在一定不足，主要表现在样本代表性方面。样本的代表性会直接影响能否对总体特征进行有效推断，一份优秀的样本通常能够充分体现出总体的特征，而当样本代表性较弱时，根据样本所推断出的总体特征也是不真实的。特别地，当总体范围较小且个体之间差别较大时，抽样调查的样本往往代表性不足。

2.1.3 抽样调查的常用术语

抽样调查中经常可以见到一些术语，主要包括总体、元素、样本、抽样单位、抽样框、样本规模、参数值、统计值和抽样误差等，了解和掌握这些术语的概念及内涵有利于开展抽样设计。

（1）总体（population 或 universe），又称全及总体，是研究对象的全部个体构成的集合。元素（element）是构成总体的最基本单元，它是客观存在的，且相互之间具有某种共同特性。例如，需要调查全校学生的学习状况时，总体是全校学生，而每一个学生就是元素。

（2）样本（sample），又称抽样总体，是按照一定的抽样方法，从总体中抽取出来的所有元素的集合。而构成样本的最基本单元被称为抽样单位或抽样单元（sample unit）。抽样单位和元素的概念类似，在某些情况下二者含义相同，在其他情况下，抽样单位和元素有可能不一致。抽样单位是元素的集合。例如，对全校学生进行一次直接抽样，抽样单位是班级，而抽样元素是学生，则抽样单位和元素并不一致。再比如，按户就某小区的物业服务水平进行抽样调查，由家庭成员回答调查问题，这里的抽样单位是家庭而不是个人。

（3）抽样框（sampling frame），又称抽样框架或抽样结构，是指一次直接抽样时所有抽样单位（而非所有元素）的清单，用以规定总体的范围和抽样的界限。每个抽样单位在抽样框中都具有相应的编号和位置。例如，要从全校学生中抽取 800 名学生进行抽样调查，那么全校学生的花名册就是抽样框。

（4）样本规模（sample size），又称样本容量，用于衡量样本中所含元素的整体数量。

（5）参数值（parameter values），又称总体值，是对总体某一变量的综合描述，也可被视为总体中所有元素的某种特征的综合数量表现。例如，学校内所有住宿生的平均身高。因为总体是确定的，所以参数值是唯一且不变的，只能通过普查获得确切信息。

（6）统计值（statistics），又称样本值，是对样本某一变量的综合描述，也可被视为样本中所有元素某种特征的综合数量表现。例如，学校内所抽取的某栋宿舍楼中住宿生的平均身高。因为样本是可替换的，所以统计值是多样且可变的，但相对于参数值更容易获得。

（7）抽样误差（sampling error），用于衡量样本值估计和总体值之间的差异。抽样误差主要取决于抽样方法的选择、样本的分布状况和变异程度等。抽样误差是能够计量的，而且可以控制在一定的允许范围之内。有关抽样误差的来源和处理方式，将在第 10 章进行详细介绍。

2.2 抽样设计

抽样设计是指对抽样方案的各方面进行规划设计，以提升抽样的有效性和抽样调查质量，主要涉及目标总体、抽样方式和估计方法及样本规模等方面的规划设计内容。当抽样设计存在问题时，通常会影响到样本的代表性并导致抽样误差的产生，对抽样结果造成不良影响，最终影响到调查信息的准确性。

2.2.1 抽样设计的形式

由于抽样方法的不同以及抽样框是否可以事先得到等因素的影响，实际的抽样工作既可能在研究者到达实地之前就完成，也可能需要到达实地后才能完成。也就是说，既可能先抽好样本，之后再直接对预先抽好的对象进行调查或研究，也可能一边抽取样本一边开始调查或研究。具体而言，根据调查环境的不同，抽样设计会存在以下三种形式：

（1）抽样设计完备，抽样过程是按照相对完整的抽样框进行的。

（2）抽样设计与抽样过程同步进行，抽样在从事某种行为的群体内进行。

例如，在等候医生治疗的病人中进行抽样调查或者在会议场所对参会人员进行调查。

（3）抽样设计与抽样过程交错进行。这种形式多发生在抽样过程为多阶段的时候，只有前序抽样完成才能执行下一步的抽样。

抽样的第一阶段是将总体划分为若干个一级抽样单位，而不形成最终的个体样本。经过多阶段的抽样后，才能形成最后的抽样框和样本。例如，研究人员需要对某地区的某类个体进行抽样调查，但不知道哪些家庭存在这些个体，此时就需要先对该地区的一部分家庭单位进行选择，筛选具有研究对象特征的家庭单位，再对其进行抽样框的确定和样本的选择。

2.2.2 抽样设计的原则

抽样设计主要解决的是选取什么样本、如何选取样本及选取的样本规模有多大等问题。为得到较为理想的样本和资料，一般抽样设计要遵循以下原则：

（1）目的性原则。在抽样实施之前，要以研究目标和研究方案为依据进行抽样设计，以确定目标总体、选择合适的抽样方式和估计方法，并核算样本容量。

（2）可测性原则。所设计的抽样方案要求其样本是可以进行测量的，研究者能够从样本数据中推断出总体特征，并能计算出抽样的标准误。

（3）可行性原则。所设计的抽样方案，包括抽样的数量、方法以及工具应该是合理可行、切合实际的，即抽样设计在现实中能够行得通，并且能够应对抽样执行过程中可能出现的问题。

（4）经济性原则。抽样方案应该在可行的基础上做到经济和快速，尽可能地节约人力、物力和财力，避免因收集数据而造成的浪费问题。

2.2.3 抽样设计的步骤

抽样设计是抽样调查中最基础性的步骤，这一阶段主要是为了确定合理的抽样方案，并进一步明确怎样在有限的时间和资源条件下达到调查的目标。虽然不同的抽样方法在具体操作中有所不同，但从大方面来看，抽样设计一般可以分为以下步骤：

（1）确定目标总体：掌握总体的结构及各方面情况；

（2）制定抽样框：对名单进行统一编号，如果是多阶段抽样，还需要分别建立抽样框；

（3）选择抽样方法：根据总体的规模、元素分布特点、主要目标量的精确程度等因素确定抽样方法；

(4) 确定样本量：明确该抽样方法下的样本规模；
(5) 评估样本质量：对样本的质量、代表性、偏差进行初步检验和衡量。

2.3 抽样设计的具体步骤和流程

2.3.1 确定目标总体

确定目标总体是对总体范围与界限做出明确的界定，便于确定抽样框和抽取样本。一方面，抽样以了解总体特征为目的，所以界定总体范围实际上是由抽样目的决定的。另一方面，确定目标总体也是保证理想抽样效果的前提条件，如果总体的范围不明确，那么得到的样本代表性也不会稳定。此外，总体边界必须在抽样设计初期阶段决定，因为它还关系到其他许多问题，如抽样框的获得、实地调查员的招聘以及电话调查中电话费的估计等。一般而言，主要从元素、抽样单位、地理边界、时间范围等方面对目标总体进行界定：

(1) 明确元素。依据研究目的确定研究对象，对研究对象的特征进行总结归纳，如年龄、偏好、职业等方面，从而明确总体中元素的界限。在某些调查中，只有处在某一特定年龄段的群体才是符合条件的调查对象。例如，如果研究目的是对尚未退休的人进行某方面调查，那么研究对象应该是年龄在18—64岁的人；如果研究目标是了解女性在高中毕业之后的个人发展情况，那么总体元素的界限应该将其限制在21—49岁的女性。

(2) 明确抽样单位。明确所研究问题关注的抽样单位是个人、家庭还是其他类型的单位。例如，抽样单位是个人，则在后期制定抽样框时应该收集小区所有住户的名单；而如果是家庭，则需要收集户主名单或者小区住房名单。

(3) 明确地理边界。地理边界通常由要概括的研究总体和可利用的时间及资源决定。依据这些限制条件，研究地区可以是一个省、市、县的统计区域，或者是某些其他的地理实体。

(4) 明确调查涉及的时间或时期。比如，在有关流动人口的调查中，确定好调查涉及的时间和时期，才能避免因其流动性较大而带来的总体偏差。

2.3.2 制定抽样框

抽样中目标总体一经确定，接下来的工作便是寻找或制定供抽样使用的抽样框。根据已经明确的总体范围收集总体中全部抽样单位的名单，并通过对名单统一编号来建立抽样框。需要注意的是，当在不同的抽样层次上分阶段抽样时，需要分别对应建立起不同的抽样框。在制定抽样框时，应该从全面性、有效性和抽样单位被选概率三个方面对抽样框的有效性进行评估：

（1）全面性。抽样框中的抽样单元是否全面，可以从总体元素是否均被纳入抽样框中以及所有抽样单元是否均有机会被抽样两方面进行判断和评估。例如，工信部《2021年通信业统计公报》显示，我国固定电话用户总数为1.81亿户，普及率仅为12.8部/百人。若以电话簿作为抽样框对全体国民进行相关抽样调查，则抽样框的全面性不足，调查质量将受到严重威胁。又例如，一些较易获取的名单会排除一部分的社会群体，出租车司机名单将排除私家车出租司机、房屋产权所有者名单将排除租房者，是否以这些名单作为抽样框需要依据调查目的对其进行评估。

（2）有效性。全面性强调的是将需要的样本纳入抽样框，而有效性强调的是将不需要的抽样单元剔除出抽样框。在有些情况下，抽样框包括了研究者不想研究的抽样单元，需要对其进行剔除以确保抽样框的有效性和调查结果质量。例如，在进行老年人的相关调查时，如果将社区住户名单作为抽样框，那么将涵盖家中无老人的住户，因此需要将这些无关住户进行剔除。

（3）抽样单位被选概率。核定抽样框中抽样单位被选概率是否科学合理，有利于提高研究结果的准确性。依据调查目的和研究内容，研究者需要核算出抽样单位在抽样时被抽取的概率。概率的核算可以在核查抽样名单以选取样本时进行，也可以在资料收集时进行。如果研究者不能知道每个抽样单位被抽取的概率，也就不可能准确评估出样本统计数据与总体之间的关系。例如，将某医院的就医记录作为抽样框以调查病人的就医次数，如果将病人作为抽样单位，那么就医次数多的病人被选的概率应该和就医次数少的病人被选的概率一致，这样抽样框才是有效的；而如果将就医记录作为抽样单位，就会使不同病人的被选概率不一致，则抽样框是无效的。

2.3.3 选取抽样方法

1. 抽样方法的选取

在实际操作中，要综合考量调查主题、调查对象性质、调查时间安排和经费等因素来选择抽样方法。以下是一些可供参考的选取技巧：

（1）如果调查要求获得无偏估计值而非概略的估计值，则应采用随机抽样，否则可采用非随机抽样。

（2）如果需要以客观的方法评估抽样设计的精密程度，则应采用随机抽样，否则可采用非随机抽样。

（3）如果预期抽样误差是研究误差的主要来源，宜采用随机抽样；若预期非抽样误差是研究误差的主要来源，则可采用非随机抽样。

(4) 如果调查的客观条件限制太多，比如时间和经费比较紧张、人力和物力等可用资源极为有限，则采用非概率抽样为宜。

2. 抽样方法的分类

根据样本是否按概率被抽取，抽样方法可分为随机抽样和非随机抽样两类，如图 2-1 所示。其中，随机抽样是最科学的抽样方法，应用范围也最为广泛。随机抽样是以概率论为基础理论，并按照随机原则抽取样本的方法。随机原则就是使总体中每一个体都有一个已知不为零的被选机会进入样本，且这个机会对于抽样框中每一个抽样单位都是均等的，故又被称为机会均等原则。随机抽样的优点是能够有效避免抽样过程中的人为因素误差，较为准确地估计抽样误差，最终保证样本的代表性。常用的随机抽样方法包括简单随机抽样、系统抽样、分层抽样、整群抽样和多段抽样。

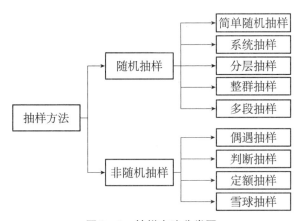

图 2-1 抽样方法分类图

而非随机抽样又被称为非概率抽样，它按照调查者的主观判断或者抽样是否方便等条件进行抽样。因为非随机抽样中个体被抽到的概率不等，样本的代表性难以得到保证，所以相对于随机抽样，非随机抽样的抽样误差往往更大。但非随机抽样具有方便、快捷且节省时间等优点，在随机抽样实施较为困难或者调查只要求对总体有简单了解等情况下，非随机抽样可作为抽样调查的重要补充或备选手段。如果有经验的调查者对调查对象较为熟悉，那么非随机抽样甚至不亚于随机抽样。常见的非随机抽样包括偶遇抽样、判断抽样、定额抽样和雪球抽样等。

3. 常见抽样方法的介绍

这部分首先从常用的随机抽样方法开始介绍，包括简单随机抽样、系统抽样、分层抽样、整群抽样和多段抽样，再介绍常见的非随机抽样方法，包括偶遇抽样、判断抽样、定额抽样和雪球抽样。

(1) 简单随机抽样

简单随机抽样（simple random sampling）又称纯随机抽样，是概率抽样最基本的形式。它的基本原理是从 N 个个体（即总体）中随机抽取出 n 个个体，每个个体被抽取的概率是已知且均等的。该方法适用于总体规模不太庞大、元素差异程度较小以及总体分布相对均匀的调查对象。

当总体元素较少时，简单随机抽样类似于抽签方法，将全部个体作签，均匀混合后进行抽取。抽签法简单易行，是现实生活中常见的抽样形式。但是当总体元素较多时，编写号码并将其混合均匀的工作量较大，准备时间过长，因而此法经常在总体规模较小的情况下使用。具体步骤如下：

① 先编制一个抽样框，把各抽样单位编上号码并写在纸片上搓成纸团，作成签或阄；

② 把签或阄放在一个盒子内混合均匀；

③ 随机从盒子内抽取签或阄，被抽中的签和阄上的号码所代表的单位就是样本，直到抽满规定额度的样本为止。

当总体元素较多时，一般采用随机数表法代替抽签法抽取样本，具体步骤如下：

① 取得一份包含总体所有元素的名单（即抽样框）；
② 将总体中的所有抽样单位一一按顺序编号；
③ 根据总体规模是几位数来确定从随机数表中选几位数码；
④ 以总体的规模为标准，对随机数表中的数码逐一进行衡量并进行取舍；
⑤ 根据样本规模的要求选择出足够的数码个数；
⑥ 依据从随机数表中选出的数码，到抽样框中找出它所对应的抽样单位。

(2) 系统抽样

系统抽样（systematic sampling）又称等距抽样或机械抽样，是把总体的单位编号排序后计算出抽样的间隔，再按照这一固定间隔抽取个体号码组成样本的方法。系统抽样适用于总体规模较大、样本规模大且抽样单位之间无明显差异的情况。具体操作步骤如下：

① 给总体中的每一个个体按顺序编号，即制定出抽样框。
② 计算出抽样间距。计算方法是用总体规模除以样本规模：

$$K = \frac{N}{n} = \frac{总体规模}{样本规模}$$

③ 在最前面的 K 个个体中，采用简单随机抽样的方法抽取一个个体，记下这个个体的编号，假设所抽取的个体的编号为 A，A 被称为随机的起点。例如，若 $K=10$，就从 01—10 号中抽签决定一个号码作为起点，假定为 05。

④ 在抽样框中，自 A (05) 开始，每隔 K (10) 个个体抽取一个个体，所

抽取个体的编号分别为 $A, A+K, A+2K, \cdots, A+(n-1)K$，即 05，15，25，…，将这 n 个个体集合起来，就构成了该总体的一个样本。

系统抽样中一个重要的前提条件是总体中个体的排列相对于研究变量来说应是随机的，即不存在某种与研究变量相关的规则分布。否则，系统抽样的结果将会产生较大偏差。因此，在使用系统抽样方法时，一定要注意抽样框的编制方法，防止因为周期性偏差而造成样本代表性较低的结果。

下面就可能出现的问题进行说明，并提出相应的解决措施。

问题1：总体名单中，个体是依据某种次序进行排列或分布的。

例如，我们从2 000户家庭的社区中抽取50户进行消费状况调查，而2 000户家庭的名单是"按照家庭收入的多少由高到低"进行排列的。

根据 $K=\dfrac{N}{n}$，计算出抽样间距为40（2 000/50 = 40）。如果有两个随机的起点，一个编码是3，另一个编码是38，则以编码3为起点的样本，其家庭平均收入将远高于以编码38为起点的样本。

这种按家庭收入由高到低进行排列的方式，在系统抽样中容易造成偏差，即抽样中偏小的初始号码所得到的样本家庭收入偏高；反之，则偏低。针对这种情况，应该重新编排总体名单，例如按户主姓名拼音排序，避免总体按照等级或者次序进行排列；如果重新编排名单的可操作性不强，则可考虑改用其他抽样方法。

问题2：总体名单中，个体的排列顺序与抽样间隔之间存在相对应的周期性分布情况。

例如，某大学共有3 000名学生，从中抽取100人，抽样间隔为30。如果总体按30人标准的教学班排列，并且各班按照成绩名次排列名单。

如果样本的初始号为2号，那么样本全是成绩较好的学生；如果样本的初始号为25号，则样本全部为成绩较差的学生。在这种情况下，系统抽样出现的周期性偏差显著降低了样本的代表性。同样的，在实际操作中可以对总体名单进行重新排列，或采用其他抽样方法。

（3）分层抽样

分层抽样（stratified sampling）又被称作类型抽样，是先将总体中的所有单位按某种特征或标志（如性别、职业、地理位置或行业等）划分为若干类型或层次，然后在各个类型或层次中采用简单随机抽样或系统抽样抽取子样本，最后将这些子样本的集合作为总体的样本。

当一个总体内部分层较为明显时，分层抽样比简单随机抽样或者单纯的系统抽样更为有效。分层抽样能够把异质性较强的总体分成一个个同质性较强的子总体，提高了总体参数估计值的精确度，抽样效果更好。此外，分层抽样可以满足某些研究要同时了解总体以及某一类型群体特征的需求。因为我们可以将每一类（层）看作一个总体，从而了解到每一类型或者层次的特征。例如，对总体中的个体按照低、中、高收入进行分类（分层），可以在不同收入类型中进行抽样，汇总成样本以研究总体的收入水平，也可以在不同收入类型中抽样，单独研究不同收入类型的收入水平。

根据不同类型或层次中子样本被抽取的概率，分层抽样可分为按比例分层抽样和不按比例分层抽样。按比例分层抽样指的是按照各种类型或层次中单位数目占总体数目的比例来抽取子样本的抽样方法，即每层中样本的占比与该层在整体中的占比相同。不按比例分层抽样要通过专门研究或比较不同类型或层次的子样本来确定该类/层中样本的占比，但层内仍按照等比例进行抽样。当某一小样本的类型或层次对调查结果的意义更大时，可以不按照该类/层占整体的比例进行抽样，并适当调高该层中子样本的比例。

在分层抽样中，类型或层次的划分要遵循以下原则：
① 要以调查所要分析和研究的主要变量或相关变量作为分层的标准；
② 分层变量要体现层次之间和内部的强同质性，并突出总体内在结构；
③ 分层变量要有明显的层次区分。

案例 2-1：某高中共 3 000 人，其中一年级 800 人，二年级 1 000 人，三年级 1 200 人，需要抽取 300 人进行学业调查。抽样调查中，按照年级进行分层。

① 等比例抽样：抽样比例为 0.1（300/3 000 = 0.1），则高一需要抽样 80 人（800 × 0.1 = 80），高二需要抽样 100 人（1 000 × 0.1 = 100），高三需要抽样 120 人（1 200 × 0.1 = 120）。

② 不按比例分层抽样：例如对于学业压力调查，高三学生因面临高考而学业压力更大，相对于高一和高二学生更具有研究意义。因此，在抽样调查中，对高一年级和高二年级按照 0.08 进行抽样，对高三年级按照 0.13 进行抽样。

（4）整群抽样

整群抽样（cluster sampling）又被称为聚类随机抽样或者集体随机抽样，它从总体中随机抽取一些小的群体，所抽取的若干小群体内所有的元素构成抽样样本，所以其抽样单位不是单个的个体而是成群的个体。整群抽样可以根据一些明显的特征划分群体，如地理分布等，而不需要对整体进行排列，在操作层面简便易行且节省费用，整体效率较高。例如研究总体由经济结构、发展模式、人口总量、文化背景及发展水平等相似的多个城市构成，可随机抽取其中一个城市，将其所含的研究对象作为样本进行调查。但是，样本分布面不广也可能造成样本对总体的代表性较差或者样本的代表性不稳定等后果，使调查结果容易产生偏差。整群抽样的步骤如下：

① 先将总体各单位按一定的标准分成许多群体，并将每一个群体看作一个抽样单位；
② 利用简单随机抽样或系统抽样从这些群体中抽取若干群体作为样本；
③ 对样本群体中的每一个单位逐个进行调查。

分层抽样与整群抽样的对比如表2-1所示。

表2-1 分层抽样与整群抽样的对比

	分层抽样	整群抽样
群内	同质	异质
群间	异质	同质
样本来源	所有层	一个或几个群
抽样目的	提高精度	提高效率
适用范围	内部分层明显的总体	内部分层不明显的总体

（5）多段抽样

多段抽样（multistage sampling）又被称为多级抽样或分段抽样，是按照抽样元素的隶属关系或层级关系，把抽样过程分为几个阶段进行。先从总体中随机抽取若干大群，再从大群中抽取小群，依次往复，直到抽到最基本的抽样元素为止。例如，要研究某城市的幸福感，我们需要依据行政单位，城市—街道/乡镇—居委会/村委会—户，进行逐级抽样。

多段抽样方法适用于总体范围特别大、对象层次特别多的社会研究。由于多段抽样不需要总体元素的全部名单，只需要掌握各阶段的抽样框即可，且各阶段的抽样单位数一般较少，因而比较容易进行。特别是当研究对象比较分散时，多段抽样能够较为快速地确定样本，节省时间和费用。在进行多段抽样时，要考虑子总体的同质程度以及研究者所拥有的人力和经费，注意平衡类别和个体之间的数量关系或比例关系。因为每级抽样中都不可避免地会产生误差，所以抽样阶段越多，抽样的误差也会相应越大，这是多段抽样的主要不足。在同等条件下，可以采用相对增加开头阶段的样本数并适当减少最后阶段样本数的方法来降低多段抽样误差。特别地，在研究者的人力和经费允许的条件下，应尽量扩大开头阶段的抽样规模。专栏2-1中介绍了运用多段抽样方法来研究某县计划生育状况的详细内容。

专栏2-1 运用多段抽样研究某县计划生育状况

基本情况：某县下设20个乡镇，每个乡镇设有10个行政村，每个行政村里有 10 个自然村，每个自然村有 50 户家庭。按照 5/1 000 的比例进行抽样调查，共抽取 500 户。

情况分析：全县共有 $20 \times 10 = 200$ 个行政村，$200 \times 10 = 2\,000$ 个自然村，$2\,000 \times 50 = 10$ 万户。

抽样步骤：

(1) 确定抽样单位

根据该县社会组织的 4 个层次，即乡镇、行政村、自然村和户，采取四段抽样抽取样本。

(2) 对各个阶段，采用不同的抽样方法

第一阶段，在县内，由于乡镇之间经济发展差异较大，故采用分层抽样选取乡镇。将乡镇依据一定的标准划分为发展好、中等、较差 3 类，分别对应抽取。

第二阶段，在乡镇内，因为行政村发展异质性低，采用系统抽样抽取行政村。

第三阶段，在行政村内，为节约成本，采用整群抽样选取自然村。

第四阶段，在自然村中，采取简单随机抽样选取户。

(6) 偶遇抽样

偶遇抽样（accidental sampling）又称作方便抽样或自然抽样，是研究者根据现实情况，抽取偶然遇到的人作为调查对象，或者仅仅选择那些离得近、容易找到的人作为调查对象。例如，调查者在交通事故发生现场，对目击者或执勤警员进行调查，了解事故的起因、过程或态度等信息资料。又比如，对过往任意行人调查其对垃圾分类政策的了解情况、自身的执行情况以及对实行该项措施的态度和建议。

(7) 判断抽样

判断抽样（judgmental sampling）又叫立意抽样（purposive sampling），是调查者根据研究的目标和自己的主观分析来选择和确定调查对象的方法。判断抽样中的抽样标准难以确定，完全依靠调查者的研究能力和对调查对象的了解程度。这种抽样方式，一方面能激励调查者发挥主观能动性，另一方面也可能因调查者判断失误导致样本的代表性不足。例如，在研究某地区的旅游业发展情况时，主观选定该地区的某几处景点进行调查。

(8) 定额抽样

定额抽样（quota sampling）又称作配额抽样，指研究者尽可能依据可能影响研究的因素，在总体分层中规定不同特征的成员在总体中所占的比例，然后依据这种划分以及各类成员的比例选择调查对象。

定额抽样与分层抽样两者间存在着相似之处，也存在不同之处。相似之处在于两种抽样方式都是按照总体元素的某种特性或属性进行分类。不同之处在于分层抽样为随机抽样，一般为等比例抽样，或依据研究对象对研究目的的意义，适当提高某层的抽样比例。而定额抽样为研究者按其主观判断或客观事实，规定相应的抽样比例和抽样规模，最终进行任意抽样，即只需要寻找符合划分标准的个体作为调查样本，而不按照随机原则抽取样本。例如，需要对某社区进行定额抽样调查，抽样规模为 100 人，如果需要 50% 的男性样本，50% 的女性样本，10% 的中老年人（45 周岁及以上）样本，90% 的青年（44 周岁及以下）样本。那么，应在该社区调查 45 周岁及以上男性 5 人，44 周岁及以下男性 45 人，45 周岁及以上女性 5 人，44 周岁及以下女性 45 人。在社区选定任意符合标准和分类数量的个体，便可进行调查。

（9）雪球抽样

雪球抽样（snowball sampling）是指当我们无法了解总体情况时，可以从少数目标成员入手进行调查，例如艾滋病患者、戒毒者及同性恋者等，并向他们询问更多满足要求的调查目标，再顺藤摸瓜找到那些调查目标并进行调查，以此类推。这种抽样方法如同滚雪球一样，能够帮助我们找到越来越多具有相同性质的群体成员。

2.3.4 计算样本规模

1. 样本规模的影响因素

样本规模的大小不仅直接决定着其本身的代表性，也决定着社会调查的整体成本。样本规模越大，样本的代表性越高，其成本也越高。那么如何确定合适的样本规模，又如何在样本代表性及调查成本中进行权衡？我们需要先了解样本规模的影响因素包括哪些，主要涉及精确度、总体异质性、经验及客观条件等方面。

（1）精确度的影响

精确度指估计值与总体真实特征的接近程度，某一研究要求的精确度就是这项研究能允许的样本估计误差。精确度要求是决定样本规模最核心的影响因素。一般而言，总体规模一定时，样本精确度要求越高，即所允许的样本估计误差越小，那么样本规模就要越大。若精确度达到一定程度，那么单纯增加样本规模对精确度的提升作用并不明显，调查成本却会显著上升。同时，若精确度要求相同，那么总体规模越大，相应的样本规模要求也越大。但是当总体规模大到一定层级后，样本规模基本上不需要再增加。

（2）总体异质性的影响

总体异质性指的是总体中个体分布的不均匀性和复杂性，其对样本规模的影响呈同趋势变化。具体而言，如果总体是由无差异个体组成，即总体是同质的，则无论总体规模多大，单一个体就能代表总体。如果总体中个体的异质性较小，如士兵,那么样本规模尽管很小也具有很好的总体代表性。但是,如果总体中个体间的异质性程度很高,例如具有不同专业背景组成的科考团,那么样本规模不足会遗漏总体的某些"特征"或类别,此时只有较大的样本规模才能保证样本的代表性。

(3) 经验的影响

精确地确定样本规模需要应用概率论和数理统计知识,进行严格的推导。一般的管理研究中,研究者对精确的样本规模并不关心,只需要凭借经验确定大致的样本规模就能满足研究需要,如客户满意度调查。统计学中通常以 30 为界限,区分大样本和小样本。而社会研究中,不同调查项目的样本规模不尽相同,但不同类型的调查项目总能呈现一些类似性,为样本规模的确定提供了一些经验和借鉴,如表 2 - 2 所示。

表 2 - 2 不同类型抽样样本规模经验

一级分类	二级分类	经验样本规模
调查范围	地区性调查	样本规模为 500—1 000
	全国性调查	样本规模为 1 500—3 000
调查目的	描述性调查	抽样比例≥10%
	相关性调查	总样本规模≥30
	因果关系调查	每组样本规模≥30
总体规模	100 人以下	抽样比例≥50%
	100—1 000 人	抽样比例在 50%—20% 之间
	1 000—5 000 人	抽样比例在 30%—10% 之间
	5 000—10 000 人	抽样比例在 15%—3% 之间
	10 000—10 万人	抽样比例在 5%—1% 之间
	10 万人以上	抽样比例≤1%

数据来源:杜智敏,《抽样调查与 SPSS 应用》,北京:电子工业出版社,2010 年。

(4) 客观条件的影响

客观条件的存在约束了样本规模的上限,包括可利用的人力、物力、财力及时间等方面的可利用资源,是决定样本规模最直接的影响因素。在客观条件允许的情况下,为了满足抽样目的和精确度要求,可通过扩大样本规模来提升样本的代表性。但在客观条件不允许的情况下,能实现的样本规模,就是抽样调查最合适的样本规模。

2. 随机抽样样本量的估计

(1) 一种简单的估计方法

在给定置信区间、置信水平,但对总体标准差的情况不清楚时,Cochran

（1977）给出了一个确定随机抽样样本量的经典方法，如下所示：

$$n = \left(1 - \frac{n}{N}\right) \times \frac{t^2(p \times q)}{d^2} = 有限总体纠正因子 \times \frac{概率水平 \times 方差}{置信区间}$$

其中，n 为样本量，N 为总体规模，$\left(1 - \frac{n}{N}\right)$ 被称为有限总体纠正因子，当 N 足够大时，有限总体纠正因子可以忽略不计；t 为置信水平下所对应的 t 统计量的临界值；p 为指定类别占总体的百分比，$q = 1 - p$，$(p \times q)$ 用以代表方差，适用于两分类变量；d^2 为围绕样本估计值的一般的精度区间的平方值，用以代表置信区间。即样本量等于有限总体纠正因子乘以这一样本发生的概率水平，乘以方差或总体中的变量的变异性，然后除以希望的估计值的置信区间。举例说明，研究新冠疫情期间北京师范大学的本科生对于在线教学的偏好比例，了解到其他高校类似的调查结果约为 7 成，且我们希望调查概率水平 t 为 95%（2 个标准差包含近 95% 的样本值，对应的 t 值为 1.96），置信区间 d 为 ±5%，则需要的样本量有多大？即如果我们有 95% 的把握确信总体的值位于一个 65%—75% 的区间，那么需要的样本量有多大？根据计算，样本量约为 323。

在给定置信区间、置信水平和标准差时，样本量的估计为：

$$n = \left(1 - \frac{n}{N}\right) \times \frac{t^2 \times \sigma^2}{d^2} = 有限总体纠正因子 \times \frac{概率水平 \times 方差}{置信区间}$$

其中，σ 为总体标准差。

（2）样本量调整

当研究总体规模较小时，通过以下公式对上述样本量进行调整：

$$m = \frac{n}{1 + \frac{n-1}{N}}$$

其中，N 为总体规模，n 为简单估计中的样本量，m 为调整后的样本量。假如上述的调查总体为 10 000 人，则调整后的样本量约为 313。假如调查总体为 1 000 人，则调整后的样本量约为 244 人。假如上述的样本量估计为 3 230，调查总体为 10 000，则调整后的样本量约为 2 442。在对精确度（例如置信区间、置信水平、标准差等）提出要求后，样本量也可以依据总体规模进行相应调整。

2.3.5 评估样本质量

样本评估是对样本的质量、代表性、偏差等进行初步的检验和衡量，目的是防止由于样本的偏差过大而导致调查失误。

1. 评估原则

在抽样调查中，通过样本推断总体得到的估计量一般应遵循以下原则：一是一致性原则，即样本规模越大，那么样本的估计量偏离总体的程度越小，在概率上也越接近真实值。二是无偏性原则，即样本的估计量是无偏的，也就是样本的估计尽量在其真实值附近徘徊。三是有效性原则，即样本的估计量方差越小越好。

但在实际工作中，由于客观条件的存在，抽样次数受到限制，往往无法知道估计量的真值，一致性和无偏性原则的应用也存在固有的局限性。而有效性原则无论在直观上还是在理论上都比较合适，是在实际工作中使用较多的标准之一，也是评估抽样方法和对象的最主要的标准。

2. 评估方法

较为简单直接的方法是将可得到的反映总体中某些重要特征及其分布的资料，与样本中的同类指标资料进行对比，来评估样本质量和代表性。例如第7章中介绍的课业调查就对样本进行了评估：该调查将样本数据与2008年全国性的中国乡城人口流动调查（Rural-Urban Migration in China，RUMiC）数据的关键变量进行比对，发现两个数据在关键变量的统计学比对上具有较高的稳健性，证明了该课业调查样本的质量。如果样本的变量不重合，因而无法通过关键变量进行比对，则可通过样本分布、样本的集中程度和离散程度等，对样本质量进行评估。

（1）样本分布分析

对样本分布状况进行分析是为了评估样本是否符合抽样理论。一般情况下，总体分布或者样本均值分布大体上是正态的或者接近于正态的。这样才符合抽样理论要求，可以进行样本抽样和总体推断。如果总体分布不均匀，就需要使用适当的抽样方法，即进行合理的分层，在达到抽样的要求后，再进行样本的抽取，得到合适的样本。

（2）集中程度和离散程度分析

综合考虑样本的集中程度和离散程度，有利于数据质量的正确评估。样本集中程度指的是样本的均值尽量靠近总体的均值。一般情况下，由于没有总体均值数据，通常比较的是样本的中位数和均值。只要两者比较接近，就认为样本在均值两侧分布比较均匀。如果远离均值的样本数量较少或者样本方差越小，就说明样本的离散程度较低，也就是样本的变异程度较低，样本质量较高。

2.4 案例介绍

本小节将以中国综合社会调查（CGSS）和中国真实进步微观调查（China Genuine Progress indicator Survey，CGPiS）为案例，详细展示现实中社会调查在抽样设计环节的整个过程，以便读者对抽样设计的一般流程有直观的感受。

2.4.1 CGSS 抽样框和抽样说明

CGSS 是我国最早的全国性、综合性和连续性的学术调查项目[①]，它通过系统全面地收集社会、社区、家庭和个人多个层次的数据，总结出社会变迁的趋势，为国际比较研究提供数据资料。

1. 抽样单位

CGSS 采用分层四阶段不等概率抽样，各阶段的抽样单位如下：

第一阶段：以区（地级市、省会城市和直辖市的各大城区和郊区）、县（包括县级市）为初级抽样单位（primary sampling unit，PSU）。

第二阶段：以街道、乡镇为二级抽样单位。

第三阶段：以居民委员会、村民委员会为三级抽样单位。

第四阶段：以家庭住户为最终单位，每户确定 1 人。

2. 构建抽样框

根据行政区划资料，全国（含22个省、4个自治区、4个直辖市；不含西藏自治区、港澳台）共有 2 801 个区县单位，这些区县单位构成调查总体，具体划分为 5 个抽样框。

（1）抽样框 1——三大直辖市市辖区

具体包括北京、天津、上海三个直辖市的 44 个市辖区。

（2）抽样框 2——省会城市市辖区

具体包括全国 26 个省会城市和重庆市的共 175 个市辖区。依照各城市的经济地理区域分为东部、中部和西部三层。

（3）抽样框 3——东部地区区县

在京津沪三大直辖市和东部 6 省的所有区县中，除去直辖市和 6 个省会城市市辖区部分，抽样框包括 611 个区县。

（4）抽样框 4——中部地区区县

在中部 11 省和自治区的所有区县中，除去 11 个省会城市市辖区部分，抽样框中包含 1 136 个区县。

（5）抽样框 5——西部地区区县

在西部 10 省和自治区的所有区县中，除去 10 个省会城市市辖区部分，抽样框共包含 835 个区县。

3. 总样本量

由于调查主要是各种比例数据的估计和比较，所以调查样本量的确定是以估

[①] CGSS 的官网为 cgss.ruc.edu.cn。

计简单随机抽样的总体比例 P 时的样本量为基础,在 95% 的置信度下按抽样绝对误差不超过 3% 的要求进行计算。需要抽取样本量:

$$n_0 = \frac{u_\alpha^2 p(1-p)}{d^2} = 1\,067$$

其中 d 为抽样绝对误差,取 0.03,u_α 在置信度为 0.95 时为 1.96,$p(1-p)$ 最大取 0.25。由于采用多阶段的复杂抽样,设计效应 deff[①] 一般会在 2 和 2.5 之间,我们把 deff 定为 2,这样需要的样本量就为 2 000 个。

综合考虑精确度、费用和可行性等因素,以及以往全国社会调查的经验,再考虑到在调查实施中可能无法找到全部样本户等情况,根据对回答率的估计以及抽样框的划分,我们把样本量确定为 10 000 个。这些样本不仅能满足对总体的估计,而且能满足对抽样框各自总体的估计,样本规模比较合适。

4. 样本分配

样本采用四阶段抽样,在每个抽选出的初级抽样单元(区/县)中抽出 4 个二级抽样单元(街道/乡镇),在每个抽选出的二级抽样单元中抽出 2 个三级抽样单元(村委会/居委会),最后在每个抽选出的三级抽样单元中抽出 10 个最终抽样单元。

在抽样框 1(三大直辖市市辖区)中共抽出 15 个初级抽样单元(PSU),每一个直辖市对应抽出 5 个 PSU。在抽样框 2(省会城市市辖区)中共抽出 16 个 PSU,并以东中西三层的省会城市市辖区人口按比例分配,其中东部省会城市抽出 5 个 PSU,中部省会城市抽出 6 个 PSU,西部省会城市抽出 5 个 PSU。在抽样框 3(东部地区区县)、抽样框 4(中部地区区县)和抽样框 5(西部地区区县)中共抽出 94 个 PSU,并以东部、中部、西部各部分的总人口剔除其中包括的直辖市和省会城市的市辖区人口后,剩余人口按比例分配。其中抽样框 3 中抽出 30 个 PSU,抽样框 4 中抽出 42 个 PSU,抽样框 5 中抽出 22 个 PSU。

对应于四阶段抽样方案,样本在各抽样框中的具体分配数目如表 2-3 所示。

表 2-3 样本分配数目

抽样框	初级抽样单元 (区、县)	二级抽样单元 (街道、乡镇)	三级抽样单元 (居委会、村委会)	最终抽样单元
抽样框 1	15	60	120	1 200
北京	5	5×4=20	20×2=40	40×10=400

---

① 设计效应(design effect)是抽样调查设计中的一个重要概念,也是描述抽样设计效率的一个重要系数,简写作 deff。设计效应被定义为一个特定的抽样设计(包括抽样方法以及对总体目标量的估计方法)估计量的方差与相同样本量下无放回简单随机抽样的估计量的方差之比。

(续表)

抽样框	初级抽样单元（区、县）	二级抽样单元（街道、乡镇）	三级抽样单元（居委会、村委会）	最终抽样单元
天津	5	5×4=20	20×2=40	40×10=400
上海	5	5×4=20	20×2=40	40×10=400
抽样框2	16	64	128	1 280
东部	5	5×4=20	20×2=40	40×10=400
中部	6	6×4=24	24×2=48	48×10=480
西部	5	5×4=20	20×2=40	40×10=400
抽样框3	30	30×4=120	120×2=240	240×10=2 320
抽样框4	42	42×4=168	168×2=336	336×10=3 360
抽样框5	22	22×4=88	88×2=176	176×10=1 760
合计	125	500	1 000	10 000

2.4.2 CGPiS 2016 年成都地区抽样方案

中国真实进步微观调查（CGPiS）是一项全国性的综合调查项目，是首项为测算中国真实进步指数而开展的全国性抽样调查。这里以 CGPiS 为例，简单介绍在区县和社区层面的抽样方案，更多的内容请见附录 1 的《CGPiS 2016/2017 调查实录》。作为一个中型调查，CGPiS 于 2016 年在北京和成都展开调查，并将总样本分为城镇、农村两个样本框进行分别抽样。

1. 总述

2016 年，为了与北京地区相对应，项目从成都市抽取一部分社区进行绘图访问，以建立更准确、详实的成都市数据资料库。本次成都市抽样需要满足以下三个要求：一是样本分布与成都市城乡结构贴近；二是能够反映成都市经济发展程度；三是样本社区的区域分布对成都市具有较好代表性。

此次调查项目的抽样方案从经济情况、经纬度等方面着手保证样本的代表性。预计此次调查访问的样本量约 1 000 个，根据成都城乡比例（70.7∶29.3），最终预计抽取城镇样本约 700 个，农村样本约 300 个。

2. 抽样检验过程

（1）区县的抽样检验

通过使用《四川统计年鉴》以及成都市统计局关于市内区县的 GDP、政府财政收入、人口数、非农人口数、性别情况、土地面积、耕地面积等数据，利用人口密度、男性比例、非农人口占比、人均 GDP、人均耕地面积、人均政府财政收入等指标对成都市的 19 个区县进行聚类。以平方欧式距离①约等于 2 为分界，将 19 个区县的样本聚为 6 类。依据聚类结果进行分层，以人口为权重，根据人均 GDP 进行排序，并运用概率比例规模抽样（probability proportional to size, PPS）方法在每一层中抽选 1 个区县，抽选结果为大邑县、金牛区、金堂县、锦江区、龙泉驿区、双流区（见表 2-4）。

表 2-4 抽取的样本区县区域分布情况

区域	区县	是否抽中	城镇	农村	合计
中心城区	锦江区	√	4	0	4
	青羊区				
	金牛区	√	4	0	4
	武侯区				
	成华区				
近郊区	龙泉驿区	√	2	2	4
	青白江区				
	新都区				
	温江区				
	双流区	√	5	2	7
远郊县级市	都江堰市				
	彭州市				
	邛崃市				
	崇州市				
远郊县	金堂县	√	2	3	5
	郫都区				
	大邑县	√	3	3	6
	蒲江县				
	新津区				
合计			20	10	30

分别从上述聚类过程中提及的维度来对抽中的 6 个区县与成都市总体情况进行对比。表 2-5 列出了对比统计结果，在各维度下，均值偏差均较小。

---

① 欧式距离也称欧几里得距离，是最常见的距离度量，衡量的是多维空间中两个点之间的绝对距离。

表 2-5 抽样后成都市样本与总体的比较

指标	来源	样本量	均值	标准差	最小值	最大值
人口密度	总体	19	0.37	0.49	0.04	1.37
	抽中	6	0.39	0.53	0.04	1.14
非农人口占比	总体	19	64.34%	24.03%	36.80%	100.00%
	抽中	6	65.46%	27.28%	36.80%	100.00%
男性比例	总体	19	49.74%	0.63%	48.76%	51.34%
	抽中	6	50.03%	0.71%	49.09%	51.34%
人均 GDP	总体	19	61 966.74	26 109.35	29 778	117 854
	抽中	6	58 936.32	30 321.75	32 703	117 854
人均耕地面积	总体	19	371.68	299.90	2.83	974.45
	抽中	6	350.78	295.44	7.76	783.43
人均政府财政收入	总体	19	4 401.32	1 869.12	1 954.85	7 220.41
	抽中	6	4 256.70	2 137.09	2 277.71	7 220.41

数据来源：四川省统计局及成都市统计局。

(2) 社区的抽样检验

根据城乡结构和各区县的分布情况，社区/村委抽样数量根据抽中的区县进行分配，其中总样本分为城镇和农村两个样本框分别抽样。针对城镇总样本框，对于每个需要抽取城镇样本的区县，组内利用城镇编码、社区编码等指标排序，然后采用等距抽样的办法进行随机抽样，预计抽取 20 个社区，每个社区访问 35 个样本，合计 700 个样本。同理，针对农村总样本框，对于需要抽取农村样本的区县，组内同样采用城镇编码、社区编码等进行排序，依然采用等距抽样的办法进行随机抽样，预计抽取 10 个村委，每个村委访问 30 个样本，合计 300 个样本。预计最终访问成功的样本城乡比例约为 7:3，与成都市整体情况相近。

以功能区为分类变量，对抽中样本与样本框总体的分布进行比较。计算卡方统计量以检验样本的分布是否与区县的总体分布一致，p 值均大于 0.05，结果不显著。这说明抽中样本在抽中的区县分布与抽中区县的总体一致。

小结

本章详细介绍了抽样设计的相关内容，包括抽样的含义、抽样调查和抽样设计的一般程序等内容。首先，抽样是从组成总体的所有元素的集合中，按一定方式选择或抽取部分元素的过程，抽样调查具有经济性、准确性和时效性等优点，但也面临着样本代表性问题。其次，需要遵循目的性、可测性、可行性和经济性原则进行抽样设计，并按照确定调查总体、制定抽样框、选择抽样技术、确定样本量和评估样本质量等步骤进行抽样设计。最后，通过案例介绍的形式，将理论和抽样设计实践结合，进一步对抽样设计的一般流程进行介绍。

参考文献

陈光慧、刘建平，"抽样调查基础理论体系研究综述与应用"，《数理统计与管理》，2015 年第 2 期，第 98 – 110 页。

崔壮、胡良平，"调查研究设计概述"，《四川精神卫生》，2017 年第 5 期，第 393 – 400 页。

风笑天、龙书芹，《社会调查方法（第二版）》，北京：中国人民大学出版社，2016 年。

风笑天，《现代社会调查方法（第三版）》，武汉：华中科技大学出版社，2005 年。

弗洛德·J. 福勒，《调查研究方法（第三版）》，孙振东、龙藜、陈荟译，重庆：重庆大学出版社，2004 年。

水延凯、江立华，《社会调查教程（第六版）》，北京：中国人民大学出版社，2014 年。

孙山泽，《抽样调查》，北京：北京大学出版社，2004 年。

王卫东，《网络调查与数据整合》，武汉：武汉大学出版社，2018 年。

王燕，"抽样调查中的样本评估方法"，《中国统计》，2007 年第 12 期，第 41 – 42 页。

吴增基、吴鹏森、苏振芳，《现代社会调查方法（第五版）》，上海：上海人民出版社，2018 年。

赵雪慧，"抽样调查理论和方法的最新进展"，《统计与信息论坛》，2003 年第 5 期，第 24 – 27 页。

Blair, J., Czaja, R. F., Blair, E., 2013, *Designing Surveys: A Guide to Decisions and Procedures*, London: Sage Publications.

Cochran, W. G., 1977, *Sampling Techniques* (3rd ed.), New York: John Wiley & Sons.

Fowler, F. J., 1984, *Survey Research Methods*, Boston: Sage Publications.

第 3 章　问卷设计

【本章导读】

调查研究中的问卷就像联通现实世界与研究分析之间的中介渠道。正是通过调查问卷所提供的信息,现象与研究才得以建立有效的联系,并揭示出现象之间的因果性或相关性。在第 1 章和第 2 章中,我们分别对社会调查的基本性质和抽样设计方法的技术细节有了初步了解,本章将具体讨论如何设计一套科学有效且可以支撑研究的调查问卷。本章将带领读者了解问卷设计的基本原则和设计技巧,熟悉问卷设计流程,为读者独立设计出符合社会调查研究需求的问卷提供有益的思路。

3.1　问卷设计原则

问卷设计原则包括技术原则和道德原则。设计一份有效的问卷,一方面要求调查团队对所研究问题有较深的理论积累和实践经验;另一方面要求调查团队把握好道德尺度,确保受访者的问卷答案和个人信息得到保护。

3.1.1　技术原则

在问卷形成的早期阶段,需要明确研究主题,并据此设计提问问题。研究主题是一般性概念,决定了哪些问题可以被纳入提问框架之中;提问问题则是手段和工具,需要以具体化形式呈现,以受访者可以接受并且能够理解的方式构造出来。

1. 明确研究主题

明确研究主题既是调查研究项目的起点,也是问卷设计的起点。在操作上,读者可以尝试在纸上写出或者找人清晰地陈述研究的具体目的。这个过程有利于研究者在问卷设计之初清晰把握研究主题的内涵和概念。举例来讲,如果你想要了解社会资本如何影响大学教师的学术能力,那么你可以尝试将研究主题转化为对"高校'近亲繁殖'所构建的强关系社会资本对大学教师学术创新能力的影响"的讨论。① 接下来，为了更好地对研究主题加以表述，还需要理清什么是"近亲繁殖"，什么是"强关系社会资本"，以及哪些维度可以更准确地反映大学教师的学术创新能力，等等。

在问卷设计过程中，要始终围绕下列问题进行思考：我们关心的问题是什么？设计的问卷问题能否充分包含我们所感兴趣的维度？受访者是否会以及如何才能正确地回答我们关心的问题？思考上述问题的过程要始终围绕研究主题展开，并且要具备足够的问卷设计技巧，这样才能够在有限的资源（财力、人力、时间和受访者承受力等）约束下完成高质量的调查研究项目。

2. 根据研究主题设计具体问题

要知道，即便具有相同的研究主题，也可因研究目的不同，去设置不同的提问方式。例如，调查受访者教育程度时，你可以问"您的最高学历是什么？"并配以学历选项。但如果你希望更加准确地研究多一年受教育程度会对工资回报率产生怎样的影响，可以尝试询问以年份作为单位的"受教育年限"。总之，符合研究主题的"标准提问"是没有的，需要将提问方式与调查目的紧密联系在一起。

这个环节中，布拉德伯恩等（2018）给出了一个很好的建议，即始终问自己"我为什么要这么问问题？"，并且"要解释清楚提问方式与研究问题之间的联系"。同时，设计具体问题的过程中要懂得取舍，暂时抛弃"信息越多越好"的思维，学会用经济学思维做成本收益比较。因为成本问题是任何一个调查（无论规模大小）都无法忽视的。而取舍原则的有效掌握，能够使我们在问卷设计中化繁为简，尝试设计最有效的提问方式以探究最为关心的研究问题。

3.1.2 道德原则

请先看如下两个例子。

第一个例子来自国外。布拉德伯恩等（2018）提到一个调查案例，调查向参加第二次世界大战的老兵询问了战争经历对他们态度和长期行为的影响。尽管调查时点距战争结束已经过去了半个世纪，但很多老兵仍然选择跳过有关战争经历的问题。

第二个例子来自国内。假如问卷中有这样的问题：

下面我会读出一个描述人们看法的句子，您对这个句子的同意程度是怎样的？【出示相应的同意程度列表】

"同性恋"是不能由他人批判的个人行为。

---

① 相关研究具体可以参见梁文艳、周晔馨、于洪霞，"社会资本与大学教师学术创新能力研究"，《经济研究》，2019年第11期，第133–148页。

1. 完全不同意　2. 不太同意　3. 无所谓　4. 较同意　5. 完全同意

请读者思考，该句子是否涉及敏感性问题，是否可能会造成受访者的内心波动，以至于对整个调查产生不信任或抵触情绪。

这就涉及本部分所介绍的道德原则。问卷调查在某种程度上可以被理解为具有侵入性（intrusive）的行为，根据不同的侵入性强度和程度，问卷调查从道德层面上被划分出强侵入性和弱侵入性，因此需要为问卷调查的规范界定出道德标尺。也正因如此，充分的知情同意、隐私保护和匿名保证是问卷调查中需要遵守的基本道德原则。

1. 知情同意

所谓知情同意（informed consent），是指受访者在受访前应被告知调查目的、大概会被问到哪些问题，以及所给出的答案将被如何使用等。尊重受访者的知情同意权一般能够避免受访者产生不悦情绪，降低受访者拒绝配合调查或给出虚假答案等行为发生的概率。

知情同意的最重要目的是保障受访者不因某些问题而受伤害，降低恶性风险。因此，调查团队需要对提问过程和结果进行风险控制。在风险控制方面，一种方案是成立审核委员会或类似的第三方机构，由委员会对问卷问题进行评估审核。此类第三方机构的建立最初是为了保障生物实验领域和临床领域中的参与者对实验风险的充分知情权。如今，类似的审核程序逐渐扩展到社会研究领域。

回到本部分开头介绍的两个略带敏感度的例子，在笔者授课课堂的问卷讨论过程中，当学生们以受访者或访员身份对类似问题进行回答或提问时，多数学生会产生以下几种顾虑：①天啊，怎么会问我这样的问题？②我大概知道有关上述问题的社会普世价值观答案，但如果我本人持不同意见，我是否应当表达自己真实的态度？③如果我表达了不同的声音，我的隐私能得到保障？一旦我的信息被泄露，这是否会对我个人造成不利影响？

面对上述三类受访者的真实心理状态，应该如何在问卷设计中进行应对？第一种手段，是从知情同意的角度进行解决。具体反映到问卷设计中，就要在问卷的开篇——通常来讲是问卷的首页，写上调查目的。例如，中国家庭收入调查项目（CHIP）问卷首页以大标题明确了调查内容为"城乡居民收入分配与生活状况调查"，且第二页问卷中印有如下文字："请调查员在调查开始时向调查对象宣读以下内容：您好！为了对当前民生问题进行研究和向有关部门提出政策建议，我们开展此项专项调查。请您按照自家的实际情况和自己的真实想法如实回答问题，认真协助调查员填写调查表。我们将严格遵守《统计法》，对您个人的信息给以保密。谢谢合作！"也就是说，我们可以在问卷设计中添加类似信息，确保受访者了解调查主要内容。

对于一般的社会调查，尊重受访者的知情同意权能够一定程度消除受访者的顾虑，降低拒访概率，提高配合程度。但如果一项调查涉及部分敏感信息，例如需要采集受访者交通违规、非法用药、酒精饮料的使用等信息，受访者能够在多大程度上愿意配合相关问题的调查，以及是否存在隐瞒等现象，则需要通过预调查提前了解情况（对预调查的介绍，可参见本章3.3.5），及时进行提问方式的调整。此外，针对问卷设计中可能引起受访者顾虑或不适的调查问题，要求受严格训练的访员小心谨慎地使用访问技巧，遵循不加评论和不带有主观色彩的提问原则，尽量排除受访者的焦虑和不安（访员技巧可参见第4章和第6章）。当然，如果由于个人原因，受访者无法避免对问题的焦虑性反应，访员能做的就很有限，只能尊重受访者的反馈（福勒，2010）。

专栏 3–1 如果受访者询问"我的回答会被保密吗？"，你该怎么回复？

受访者对自身隐私权的顾虑是访员入户后最常面对的问题，受访者会询问"我的回答会被保密吗？"。对这个尽在情理之中的问题，你该如何回答呢？

在提供参考答案之前，希望你先对道德原则有充分的理解，而不是简单背诵回复以"应对"受访者询问。借鉴《中国家庭动态跟踪调查（2010）访员培训手册》，在此为你提供参考回复：

"绝对保密。我们会严格遵守《中华人民共和国统计法》以及其他政策、法规，您所提供的任何信息，在未获得您允许的情况下，我们不会公开，绝对保密。科学研究、政策分析以及观点评论所发布的信息，是大量问卷的汇总信息，而非您个人、家庭的个案信息，不涉及您个人、家庭和社区信息的泄露。"

---

2. 隐私保护

尽管大多数问卷调查不会对受访者造成危害，但要注意当有些受访者被问及违法或与社会普遍价值观相悖的问题时，有可能会受到非物质性伤害。在这种情况下，如果将受访者的回答泄露给他人，就会对受访者进一步造成实质性伤害。因此，当问卷中涉及与个人隐私相关或敏感的问题时，要特别注意保密，保障受访者隐私权。

例如，如果你想做戒毒人员的生活跟踪调查，这些有吸毒历史的人员可能不希望朋友知晓此事，以调查名义联系他们的朋友会引起戒毒者的紧张和焦虑。这时候，最重要的就是要保护受访者的隐私。不仅要保证受访者的信息不被泄露，访问调查过程独立，还要注意保护受访者家人或朋友不受影响。总之，此类调查研究的设计要非常谨慎，从设计到研究的各个环节都要充分考虑到隐私保护。

如何更好地做到隐私保护呢？首先，社会调查普遍都会在访员守则中做出如下两条规定:"遵守保密原则,不得向与本研究无关的任何人提及受访者的任何资料"和"尊重受访者意愿,不侵犯受访者隐私,不冒犯受访者禁忌",尽可能以守则形式约束访员行为。我国法律对此做出了相关规定,对侵犯隐私的行为加以法律约束。例如,《中华人民共和国统计法》第二十五条规定:"统计调查中获得的能够识别或者推断单个统计调查对象身份的资料,任何单位和个人不得对外提供、泄露,不得用于统计以外的目的。"①《中华人民共和国民法典》第六章第一千零三十二条第一款规定:"自然人享有隐私权。任何组织或者个人不得以刺探、侵扰、泄露、公开等方式侵害他人的隐私权。"第一千零三十四条第一款规定:"自然人的个人信息受法律保护",第二款明确定义"个人信息是以电子或者其他方式记录的能够单独或者与其他信息结合识别特定自然人的各种信息,包括自然人的姓名、出生日期、身份证件号码、生物识别信息、住址、电话号码、电子邮箱、健康信息、行踪信息等。"在实操过程中,在问卷中添加"本调查仅用于研究,受访者受到《中华人民共和国统计法》以及《中华人民共和国侵权责任法》对个人隐私权的保护"相关信息就是一种常用的规范做法。

3. 匿名保证

匿名保证是对受访者更为彻底的隐私保护。在本书所讨论的社会调查范畴中,主要指调查数据生成过程中对个人/社区/机构的脱敏环节。以住户调查为例,为了更好地保护受访者及其家人的信息,可以通过消除或销毁与受访者隐私相关的资料,如姓名、电话、住址等个人档案的方式来实现匿名保证,转而以个人编码(ID code)的形式生成受访者的唯一观测标记。北京大学中国家庭追踪调查(CFPS)和西南财经大学中国家庭金融调查(CHFS)等微观住户调查项目的公开发布数据均对县以下层面识别信息进行了再编码。在这种脱敏处理方式下,拿到公开数据的研究人员是无法识别出受访者究竟居住在中国哪个区县的,从而最大限度地保护了受访者的隐私和数据安全。

最后,综合以上三项道德保障原则,我们以国内某数据申请协议为例,为读者提供一份可借鉴的正规数据使用规范条例:

(1)保证遵守中国有关数据保密的法令法规。

(2)承诺在数据使用申请时提供真实的身份和联系方式等个人信息。

(3)该数据仅用于本人使用,不得以任何形式让第三方使用。

---

① 例如,我国于2010年5月12日国务院第111次常务会议通过的《全国人口普查条例》(中华人民共和国国务院令第576号)中的第4章和第5章条例也对此做出相关规定,其中第三十三条指出"人口普查中获得的能够识别或者推断单个普查对象身份的资料,任何单位和个人不得对外提供、泄露,不得作为对人口普查对象作出具体行政行为的依据,不得用于人口普查以外的目的";第三十四条指出"违法公布人口普查资料的地方人民政府、政府统计机构或者有关部门、单位的负责人"可以"由任免机关或者监察机关依法给予处分,并由县级以上人民政府统计机构予以通报;构成犯罪的,依法追究刑事责任"。

（4）只会将该数据用于个人学术或政策研究活动，不会用于任何商业性活动。

（5）不会以任何形式下载、公布、发表全部或部分数据。绝不泄露数据及数据相关信息。如有违反，将负全部法律责任，并对造成的损失做出相应经济赔偿。

（6）有义务保护和尊重数据库中可能牵涉到的受访者的隐私，不会探究、公开或散布可能确认受访者身份的信息。

（7）承诺在本协议约定范围内任何使用该数据的地方都进行数据来源标示。

3.2 问卷设计技巧

如果读者已经翻阅过市面上有关问卷设计的教材，那么你一定知道，此类教科书中往往开篇就强调"什么是好问题"，即介绍问卷设计需要把握的基本原则和技巧。由此可见，问卷设计技巧非常重要。本节将对此进行介绍。

3.2.1 人口学问题

在住户或个人层面的微观数据调查问卷中设置人口学调查专栏在社会调查中非常普遍，主要目的是了解受访者的基本特征信息，如家庭人口规模、性别、年龄、民族、婚姻状况等。在具体问题设计中，最重要的是对人口特征信息精确程度的把握。提问方式和问题选项尽量设计成闭环且符合基本人口学常识。人口学问题的受访对象可以是家庭中的所有成员，也可以是家庭的主事者/知情人（向他/她询问户内符合条件的其余成员的情况）；问题可以设置在开篇或者末尾。下面，结合几个具体案例来说明人口学问题设置方式和技巧。

1. 询问家庭规模

对于"家庭中居住了多少人"这个看似简单的问题，实则需要考虑多种因素。

例如，中国人口普查（2010年）对入户类型做了如下说明：人口普查以户为单位进行登记，户分为家庭户和集体户。以家庭成员关系为主、居住一处共同生活的人口作为一个家庭户；单身居住独自生活的，也作为一个家庭户。相互之间没有家庭成员关系、集体居住共同生活的人口，作为集体户。集体户以一个住房单元为一户进行普查登记，表内相关信息如下：

本户应登记人数：
2010年10月31日晚居住本户的人数_____人。

户口在本户，2010年10月31日晚未住本户的人数_____人。

与户主关系：_____。

0. 户主　1. 配偶　2. 子女　3. 父母　4. 岳父母或公婆
5. 祖父母　6. 媳婿　7. 孙子女　8. 兄弟姐妹　9. 其他

美国人口普查局统计家庭规模时询问这个问题："昨晚（加载具体日期）有几个人住在这幢房子、公寓或活动房屋里？"这些人包括收养的子女、室友或房友，以及那些昨晚聚在这里的没有其他永久性住所的人。其中，下列人员不计入：在外求学的大学生，昨晚在劳教所、看护所或精神病院的人，单独居住在某个其他地方的军人，那些大多数时间居住或滞留在其他地方的人。

由此可见，由于现实世界中的住户关系非常复杂，制作一张家庭成员统计表并不简单。问卷设计团队需要结合研究需求，清晰界定出哪些人属于家庭成员（或者住户），并明确家庭成员关系：

0. 户主：按家庭日常生活习惯确定户主。

1. 配偶：指户主的妻子或丈夫。

2. 子女：指户主及其配偶的子女。

3. 父母：指户主的父母或继父母、养父母。

4. 岳父母或公婆：指户主配偶的父母或继父母、养父母。

5. 祖父母：指户主或配偶的祖父母、外祖父母、曾祖父母、外曾祖父母。

6. 媳婿：指户主及其配偶的子女的配偶。

7. 孙子女：指户主及其配偶的孙子女、外孙子女、孙媳婿、外孙媳婿、重孙子女、重孙媳婿、重外孙子女、重外孙媳婿。

8. 兄弟姐妹：指户主及其配偶的兄弟姐妹以及他们的配偶。

9. 其他：指本户除以上九种人以外的成员。

2. 询问性别

您的性别是：_____。

1. 男　2. 女

3. 询问年龄

询问年龄的问题设计切忌直接提出"您的年龄是？""请问您几岁了？"等含糊性问题。正确的提问方式如下所示：

出生年份（公历年份，4位阿拉伯数字，例如1960）_____。

出生月份（填写相应月份的阿拉伯数字）_____。

例如，我国人口普查在其《填表说明》中补充：出生年月按公历填写，只知道农历的，要换算成公历。按照一般的规律，农历与公历相差一个月左右，农历的月份加1即可换算成公历的月份，但要注意农历的12月应当是公历下一年的 1 月。

而一些调查会询问额外的几个问题，作为年龄交叉印证的方式。例如，美国人口普查局会同时询问如下两个问题：

1. 按照（几月几日）算，您的年龄是：_____。

2. 您出生的时间是：_____。（年/月/日）

回归我国案例，CFPS 调查在询问年龄时，结合了中国人对属相的使用习惯，对年龄的调查中采集包括阳历（公历）出生年、月以及属相等信息。综合上述信息，再通过 CFPS 提供的调查年和调查月份，可以帮助数据使用者更准确地得到个体年龄信息。

4. 询问民族

结合我国实际情况，询问民族可以有多种方式。如果是简单分类，问题可被设计为：

您的民族是：_____。

1. 汉族 2. 少数民族

或者将选项设置为：

1. 汉   2. 壮   3. 蒙古族   4. 回   5. 维吾尔   6. 彝   7. 苗

8. 满   9. 其他①

但更常见的提问方式是（并在这个问卷后给出民族统计表）：

您的民族成分是：_____。

访员注意：（1）调出民族成分表；（2）以户口本上登记的为准；（3）如果受访者为非中国国籍，选择"不适用"。

此外，要注意的是：①民族指被登记人的民族成分。填写民族时不要写简称，要填写全称，如哈萨克族不要简填为哈族。②加入中国籍的外国人，其民族和我国的某一民族相同的，就填这一民族；没有相同民族的，按加入中国籍填写，简填"入籍"②。

5. 询问婚姻状况

很多调查都会问及婚姻状况，问题设计方式为：

您的婚姻状况是：_____。

1. 未婚   2. 有配偶（在婚）   3. 同居   4. 离婚   5. 丧偶

当然，在我国"婚姻状况"这个问题上也有个很有趣的设计变化。如果退回到 30 年前，我们在婚姻状况分类上可以不设置"同居"；但伴随着社会发展，这个选项与时俱进地被作为重要内容补充进来。以 CHIP 问卷为例，其 1995 年、

---

① 参见 2018 年 CHIP 问卷。
② 参考《第六次全国人口普查表填写说明》。

2002 年问卷中对婚姻状况的选项分类是：

1. 已婚　　2. 未婚　　3. 离婚　　4. 丧偶　　5. 其他

在 2007 年和 2013 年问卷中对婚姻状况的选项分类是：

1. 未婚　　2. 初婚　　3. 再婚　　4. 离异　　5. 丧偶　　6. 同居

2018 年选项分类变成：

1. 初婚　　2. 离异再婚　　3. 丧偶再婚　　4. 同居　　5. 分居
6. 离异　　7. 丧偶　　　　8. 未婚　　　　9. 其他

3.2.2 态度问题

个人态度不易被观察，受访者回答是否与其内心真实想法一致，很难被证实或证伪。这意味着设计出反映受访者真实想法的态度问题具有难度。下面，结合几个具体案例来说明此类问题的设置方式和技巧。

1. 态度的客体

设置态度问题，首先要明确态度客体。什么是态度客体？态度不是抽象孤立存在的，态度必须与某个事物相关，或指向某个事物，"事物"即态度客体。但有时确定态度客体并非易事，因为态度的客体很可能是含糊不清的。例如，当询问：

"您认为您家的生活水平与其他家庭的生活水平相比更好，没变还是更坏？_____。"

这个问题的态度客体是什么呢？第一眼你可能会觉得是在询问生活水平变化。但是与谁比呢？是与同小区、同街道的家庭比，还是与其他省份的家庭比？如何定义生活水平？是指收入还是包含其他诸如健康程度或教育水平的变化？很多此类态度问题都存在模糊之处，因此如果想展现出含义清晰的态度，必须提前明确态度客体。在技巧上，要注意对关键词的清晰表述，避免使用具有多层含义的关键词，影响受访者对问题的理解。对于上述案例，可以修改为①：

您认为您家的生活水平比同村（社区）其他家庭的平均生活水平：_____。

1. 高很多　2. 略高　3. 持平　4. 略低　5. 低很多　6. 不清楚

2. 区分态度问题中的认知、评价和行为

设计态度问题时，要区分不同类型的研究目的：认知、评价和行为。认知与对态度客体的了解和理解相关（例如，您认为生活水平应该包含哪些维度？）。评价主要询问受访者认为是好是坏，喜欢或者不喜欢（例如，您认为您的生活水平是否发生了改善？）。行为与受访者下一阶段的行动有关（例如，您会为了改

---

① 参见 2018 年 CHIP 问卷。

善生活采取哪些行动？）。尽管上述问题都涉及信念或评价，但问卷设计者一定要提前思考清楚到底希望了解哪个层面的态度问题。这是因为，在受访者的态度认知体系下，认知、评价和行为三者未必是一致的。下面举个例子帮助读者理解：

问题1：你赞同垃圾分类吗？_____。
1. 非常赞同　2. 一般赞同　3. 不赞同　4. 强烈反对

问题2：你充分了解垃圾的具体分类吗？_____。例如，请列举如下选项中哪些是有害垃圾？（略）

问题3：如果你所在区域即将成为垃圾分类试点，你会积极配合进行垃圾分类处理吗？_____。
1. 做分类处理　2. 不做处理

试想，尽管某个受访者在问题1中的回答为"非常赞同"垃圾分类（评价），但这位受访者却未必能充分了解什么是有害垃圾、什么是厨余垃圾（认知）；并且他/她也未必会在垃圾分类开展试点期间进行垃圾分类处理（行为）。从垃圾分类的例子可知，个体态度与行为可能存在不一致性。即便我们搜集到的均为真实信息，但内在态度与外在行为之间仍可能存在不一致性，并且这种不一致性普遍存在。这也再次提醒我们，在设计态度问题时一定要结合研究目的来设置具体问题。

3.2.3　行为问题

1. 可能性问题与频次问题

行为问题可以有两种提问方式，分别是"可能性问题"与"频次问题"。这两种提问方式所达到的目的有所不同。例如，询问在垃圾分类试点项目结束后受访者是否还会认真执行垃圾分类，属于询问可能性的问题；如果询问受访者还会在垃圾分类上坚持多久，则属于频次问题。再举个例子：

问题1：你计划在下一年给孩子报学习班吗？_____。
1. 是　2. 否

问题2：在未来一年中，你有多大可能会给孩子报学习班？_____。
完全不可能　1－2－3－4－5－6－7－8－9　非常可能

很显然，前者属于是否类问题，后者属于频次问题。是否类问题的主要目的是甄别（screening）。相比于频次问题，是否类问题获取的信息简单，忽略了对概率的考虑。一旦受访者对提问持暧昧或不确定态度，是否类问题的回答就会掺杂复杂因素，影响到数据分析结果。频次问题更好地解决了概率难题，为持中间立场的受访者提供了更多选择空间。

当然，并不是说频次问题设置方式更好，因为如果从政策含义的角度来看，是否类问题能够给出具有明确含义的统计分析结果。例如，结合问题1，我们或许可以得到这样的结论："在未来一年中，有60%的家长计划给孩子报学习班"；但频次问题的分析结果往往被表述为：在1—9从低到高可能性量表上，家长未来一年中计划给孩子报学习班的可能性为5.8。很显然，这一表述并不直接也不清晰。Wansink和Ray（2000）发现对低频行为而言，是否类提问方式下得到的精确结果要优于频次问题。基于此我们的建议是，读者可以结合预调查结果进行预判；如果有必要，也可以同时使用两种提问方式以获得更加充分的信息。

2. 频次问题的两种问法

先看两个对春节后健身频次的调查例子：

问题1：未来一个月中，你会去几次健身房：_____次

问题2：未来一个月中，你会去几次健身房？

请在对应次数上打钩：0次；1—2次；3—5次；6—10次；11—20次；20次以上。

问题1的问法是填空式问法，问题2的问法是带有固定频次间隔的频次问法。其中，填空式问法可以避免范围偏倚（range biases）、间距偏倚（interval biases）或者锚定效应（anchoring effects）。尽管填空式问法具有上述优点，但在纸质问卷中带有固定频次间隔的频次问法更为常见，这是因为这种问法能够以选项的形式避免后期人为因素的干扰。当然，如果选用带有固定频次间隔的频次问法，就必须要仔细选择间距，以及类别（即选项）数量问题，这通常取决于实践经验和文献支撑。

3. 单极与双极问题

单极问题是指采集受访者对某一客体对象（正反）的观点，例如"你对取消住房公积金制度是支持还是反对呢？"；双极问题则是指在问题中提到两个客体对象，例如"你赞同保留现有住房公积金制度，还是赞同企业将住房公积金直接以工资形式发放到个人账户上？"

很显然，单极问题具有令受访者集中精力考察单一态度客体的优势，适用于客体对象态度选项单一的情况；但如果希望在问题中得到其他条件的信息，则可以使用双极问题。但需要谨慎使用双极问题。因为双极问题相当于设置了封闭选项，需要穷尽受访者所考虑的备选方案。一旦无法穷尽备选方案，就容易影响受访者回答的准确性。因此，建议使用问题过滤器（即跳转问题）来改进双极问题。在这里给读者举"全民基本收入"（universal basic income）调查项目问卷一例作为参考。

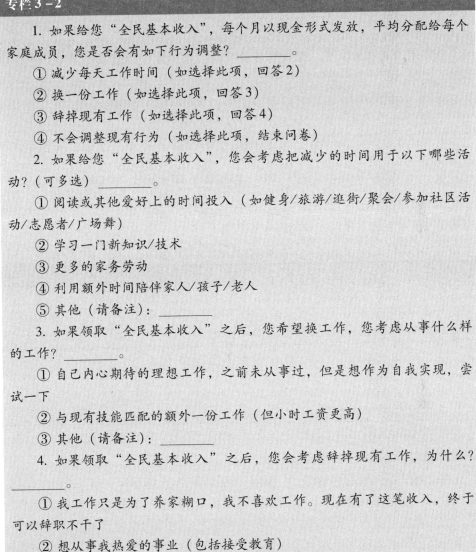

3.2.4 开放/封闭式问题

开放式问题的特点是不将答案内容限定在预先指定的选项中,优点是有利于搜寻出潜在信息,帮助研究者发现一些不寻常的结果。例如,在评价对政府工作满意度时,开放式问题可以搜集到公民对于政府服务方方面面的评价信息。但开放式问题存在信息不集中、数据录入不便利以及分析分散的风险。例如,如果询问"您周末主要做什么?",那么受访者可能给出无数种开放式答案。如果选项不加以限制,很可能多数回答会背离研究者所设定的主题,导致调查失效。

此外,封闭式问题选项设计需要注意如下细节:

1. 排序法

如果希望了解受访者对某个态度客体的偏好程度等级,排序法是比较合适的问题设置方式。表3-1展示了排序法的一个应用。这种方法以对病人焦虑程度排序的方式开展问卷调查。受访者一看到问卷,就会对排序内容有直观的印象,所有排序等级也直接出现在受访者视野当中。排序法也有很多衍生形式,例如极端偏好排序设置法、配对比较排序设置法等。

表3-1 汉密尔顿焦虑量表(HAMA)

填表注意事项:在最适合病人的情况中画一个钩"√",所有项目采用0—4分的5级评分法,各级的标准为:(0)无症状;(1)轻;(2)中等;(3)重;(4)极重。

	无症状	轻	中等	重	极重
焦虑心境	□	□	□	□	□
紧张	□	□	□	□	□
害怕	□	□	□	□	□
失眠	□	□	□	□	□
记忆或注意障碍	□	□	□	□	□

资料来源:汉密尔顿焦虑量表(Hamilton Anxiety Scale,HAMA)节选。

2. 选项互斥原则

在设置单项选择题的时候,一般要保证所有的选项互斥,既不包含也不交叉,组成一个完备的集合。如果选项之间不互斥,就会出现受访者难以回答的情况,研究者将难以识别受访者的真实情况;不完备的选项则会导致受访者找不到符合自己情况的选项,可能会随便选择一个与真实情况不相符的答案,影响数据的有效性。此外,违背选项互斥原则还会导致受访者思考判断时间延长,降低受访者对问卷的答题耐心和配合程度。

3.2.5 知识测量问题

知识测量问题常用于政治学、教育学、公共健康和职业调查等领域。例如,调查某个教育项目实施的成效、民众对某个公共健康宣传项目的了解度,以及入职者对工作单位的基本了解等。

有关知识测量问题的设计要重点关注如下四个要点:其一,要补充调查与受访者教育程度、生活背景等相关的问题。其二，要充分考虑受访者对知识测量问题的接受度。如果涉及新概念，要将问题设计得更简单一些，甚至进行必要的概念说明。其三，如果条件允许，可以询问受访者的观点，或"您是否知道""如果方便的话，请您回忆一下"之类的问题前导语，减弱问题本身可能给受访者带来的威胁性。其四，尽量不要用远程调查方式（如网络调查、电话调查、邮寄调查等形式）对受访者进行知识测试，避免发生"作弊"情况。

在询问知识测量问题时，可以参考如下技巧。首先，知识测量问题一般先于态度问题。因为知识测量问题有助于调查和筛选受访者，看其是否有表达意见的资格或可能性。最简单的提问方式是"您是否知道（听说过）……"。以这种问题作为第一个知识测量问题，同时通过设置跳转选项的方式，可以在有效的时间内检验合格受访者的知识信息程度。当然，以"您是否知道（听说过）……"作为问题的开头也存在风险。因为这本身就蕴含"不知道"的选项，一些受访者可能会偷懒，直接回答"不知道"。其次，要尽量减弱知识测量问题的威胁性，避免受访者拒绝给出与常识不符的实际答案，或防止因显得愚笨而拒绝承认自己在某些问题上的无知。可设置"请您简单回忆一下……"作为导语，或者加设"我不清楚/不记得了"选项，降低问题本身的威胁性。如果仅仅是一个评价性的问题（间接涉及知识程度），也可以这样提问："您只需要猜测一下……"。最后，如果要增强知识测量的准确性，那么注意使用多个问题。人们出于规避自己显得无知的风险，倾向给出超出自身知识范围之外的选项，例如"知道""听说过"等回复。为了降低这种可能性，可以通过增加提问数量的方式对结果进行确认。例如，面对"你是否知道现任美国总统是谁？"一些人可能会直接选择"是"。但如果追问"他/她叫什么名字？"，则可以排除那些实际上不知道美国总统是谁的人。

3.3 问卷设计流程

与抽样设计、调查执行等其他部分类似，问卷设计要经过细心的步骤安排。对没有太多问卷设计经验的研究人员来讲，遵循一套系统的步骤来设计问卷是行之有效的方式。不同的问卷设计专家对标准问卷设计流程有不同的归类形式。例如，布拉德伯恩等（2018）建议的步骤有十八条；扎加和布莱尔（2007）建议的步骤是十二条。万变不离其宗，看似复杂烦琐的操作步骤背后所传达的思想是希望调查设计者重视问卷设计。本章所建议的问卷设计流程体现了作者参与调查设计的经验以及阅读大量文献后所总结的思路。图 3−1 列出了基本的问卷设计步骤。

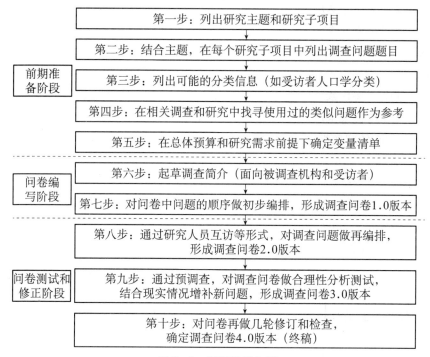

图 3-1 问卷设计步骤

图 3-1 将上述十个步骤整合为三大阶段：前期准备阶段（第一步到第五步）、问卷编写阶段（第六步到第七步）、问卷测试和修正阶段（第八步到第十步）。上述系统性步骤能够帮助研究人员合理安排时间，有条不紊地进行问卷设计，下面逐一分析。

3.3.1 前期准备阶段

磨刀不误砍柴工。在一份科学有效的问卷完成之前，要充分做好前期准备工作，切忌迫不及待去开展数据搜集。

第一个步骤要求研究者在设计问卷过程中紧密围绕研究主题，并将特定的社会调查项目细化为一组特定的研究子项目，也就是说，研究者需要结合研究主题，列出下属子项目（或问题模块）。

在第二个步骤中，研究者需要将每个子项目转化成具体的描述性信息，从而生成问题。在这个阶段设计的问题可以是不成熟的，可以是闭环问题也可以是开放问题。总之，需要研究者集思广益尽可能多地思考如何用适当的方式提出具体问题。例如，在做关于居民对"全民基本收入"态度、领取意愿和使用途径调查研究的问卷设计中，可以列出如下研究子项目：

居民"全民基本收入"调查
√ 对"全民基本收入"的了解情况
√ 对"全民基本收入"的基本态度
√ 对"全民基本收入"的领取意愿
√ 如果"全民基本收入"发放,希望领取到的金额
√ 领取"全民基本收入"后,是否会有行为调整
√ 对"全民基本收入"的施行建议

列出上面的问题框架和清单将更有利于预判调查结果,引发对下设具体题目的思考。

进入第三个步骤,列出调查主题下的分类信息。这一阶段需要细化到被调查组的细分类型当中。最简单、最普遍的是对不同人群之间差异性的考察。这些信息包括样本中的人口学分布信息,如年龄、性别、教育程度、民族、收入等。继续以"全民基本收入"的领取意愿为例,让我们先思考一下引入什么样的分层信息是有用的:比如,尽管同样居住在同一个区域,但经济条件差的居民相较于经济状况良好的居民可能有更强的领取"全民基本收入"的意愿,这意味着收入组的分类考虑是有必要的。再如,老年群体可能会希望通过领取"全民基本收入"的方式降低自身对子女赡养的依赖,故不同年龄组居民的领取意愿会有差别。如果进一步扩展思路,对某些看似间接却重要的特征加以分类,可能对整体研究有所帮助。例如,某位居民有正在领取"全民基本收入"的朋友,经由这位朋友了解了领取"全民基本收入"的种种好处,该居民就可能有更强的"全民基本收入"领取意愿。

第四个步骤,要求研究者做综述工作,寻找类似主题下的可参考资源。要注意两个误区:一是不要因为类似主题已经被研究过了,就否定所拟定的研究计划;二是不要因为类似主题已经出现过,就默认已有研究是完美无瑕的。要合理利用既有参考材料,为问卷设计提供参考。

第五个步骤,以总体预算和研究需求为前提,制定变量清单。任何研究都是搜集信息越丰富越好。但在既定预算约束之下,变量选择需要进行取舍,故这一步骤要求研究者和问卷设计人员共同确定出核心变量、分类变量和其他控制变量,围绕上述信息列出变量清单,为下一阶段做准备。

3.3.2　问卷编写阶段

这一阶段的主要目标是初步设计出调查问卷的1.0版本。第六个步骤与真实访问息息相关。编写调查简介这个步骤很容易被研究者忽视,但这个步骤其实很重要。从概念上看,调查简介(survey introduction),又称问卷说明,其目标是

以精简的语言向受访者说明调查目的和调查内容，措辞尽量言简意赅，高度概括，并且要具有一定吸引力，能够引起受访者对调查的兴趣和重视。该环节对语言组织的要求很高，要求问卷设计者更好地思考并澄清调查目标。调查简介不宜过长，否则受访者会失去耐心。此外，调查简介需强调调查结果的保密性。在此以 2018 年的 CHIP 问卷为例：

农村住户调查问卷（2018 年）

请调查员在调查开始时向调查对象宣读以下内容：

您好！为了对当前民生问题进行研究和向有关部门提出政策建议，我们开展此项专项调查。请您按照自家的实际情况和自己的真实想法如实回答问题，认真协助调查员填写调查表。我们将严格遵守统计法，对您个人的信息给以保密。谢谢合作！

如果说第六个步骤是真正开始编写调查问卷，那么问卷第一页编写完成后，就可以进入问卷的主体，即第七个步骤对问卷中的问题顺序进行初步编排。从这个步骤开始，要回归研究主题这颗"初心"，重点考虑单个问题与整体问卷框架之间的关系。此处主要强调问卷设计步骤中的基本思路，即在问卷编写过程中要时刻关注调查对象的回答过程（response process）和单个问题的效用（utility of individual question）。问题编排过程中，要重视把握所设计问题本身的方便性、趣味性和适用性，注重问题之间的逻辑和衔接。此外，要充分考虑问卷长度与受访者的（心理和生理）负担，避免受访者因为要应对一份过长且复杂的问卷而放弃参与调查。

3.3.3 问卷测试和修正阶段

这个阶段的基本目标是通过测试问卷进一步修正问卷。在这个阶段中，一个操作必须被加以强调，这就是"预调查"。预调查可以追溯到 20 世纪 30 年代中期，基本上伴随现代调查方法的出现而产生。扎加和布莱尔（2007）所给出的概念为：预调查是"在态度、行为和研究者感兴趣特征的量度有效和可信的前提下，以确定问卷是否能符合研究者设想方式运作的一组测试程序。"其中，预调查可以选取符合调查研究的潜在真实受访者，也可以选择非潜在真实受访者。

在第八个步骤中，研究者可通过互访等形式，对所设计的问题进行再编排。互访，即要求对调查问卷 1.0 版本做测试性的互相访问，这个过程的操作方式很简单，在项目组内部（或找寻相熟的亲戚朋友同事）即可完成。例如，找项目组的问卷设计者、访员、参与问卷设计的咨询专家等参与互访测试，以受访者和访员身份进行模拟访问。受访者可以结合自身身份，或虚拟身份尝试对问题作回答，判断问题的逻辑性、相关性及其效用，以便查缺补漏，指出问卷设计、提问排序、访员对问题的询问方式、调查时间舒适度等方面存在的缺陷。访员在调查过程中需要对提问方式、提问技巧、提问合理性以及提问效用进行分析和总结，最终提交给问卷设计团队进行调整和改善，做问卷的第一轮修正，形成调查问卷 2.0 版本。

第九个步骤，通过预调查，对调查问卷做合理性分析测试，结合现实情况增补新问题，形成调查问卷 3.0 版本。很显然，仅在团队内部或找寻身边的人做调查问卷的互访测试所带来的改善效应是有限的。团队内互访可以解决部分逻辑问题，但无法充分融入现实情境，缺乏"接地气"的现实感。

最后，进入第十个步骤。经过上述九个步骤对问卷设计结构和提问方式的不断修正，最后阶段需要对问卷做最终的调整和筛查。在这个阶段，问卷中已经不太可能存在严重的问题。重点要再检查一下问卷的排版美观度、问题序号的正确性、跳转问题设置、错别字和标点符号等问题。但是所有步骤完成也不意味着调查问卷设计完美。一旦问卷成型后又发现问题要如何处理呢？如果是纸质问卷且已经印刷完毕，可以采用插页或访员备注的方式做一些修正或补救——只有在问题比较严重的情况下才建议采用插页方法，因为这可能导致新的问题的出现。如果仅是一些小瑕疵，可以采用修正或增加访员补充说明的形式，或者在访问现场先忽略这些问题，在分析过程中做特殊编辑处理（如改成缺失值）。

需要说明的是，本书所介绍的问卷设计流程仅供初学者参考，对于有经验的问卷设计者来讲，这套标准化流程并不完全适用。问卷设计既需要遵循一些通用流程，同时也可以结合不同项目的特殊性采用非常规流程。例如，如果某个问题特别难以度量但十分重要，就可以考虑优先设计这个问题，再设计问卷的整体结构。

最后，再次回到本章一开始所表达的思想：调查问卷是现实世界与研究分析的重要中介，要重视问卷设计，否则中介渠道作用一旦消失，研究者就无法准确获取实现研究目标所需要的信息。

3.3.4 问卷编排细节

问卷编排非常重要。它决定了访员、受访者和数据处理者是否能有效阅读和理解问卷。问卷编排应该遵循受访者需求、访员需求和数据处理者需求的顺序排序。

1. 排版和字体

简单的规则是排版清晰，字体足够醒目。如果是计算机辅助系统，可以用其他字体或颜色等标注受访者或访员需要注意的关键性信息。对跳转等选项问题的设置，可以使用加粗或者斜体作为转换提示。还需要注意的一个细节是，尽量把问题及选项完整地放在一页中，不要跳转页面形成阅读障碍。

2. 访员提示

访员提示有助于更好地指引访员在调查过程中使用合适的操作方式，例如，使用提示卡片、提前介绍特定概念、朗读选项等。

专栏 3-3

请访员先向受访者介绍"全民基本收入"的基本概念：全民基本收入是一种由政府或其他公共领域机构向所有公民或居民定期提供的固定现金资助。换言之，全体国民无论穷人还是富人，在固定时间段都可以从国家领取一笔固定收入。其主要特性包括全民性、个体性和无条件性。其中，全民性是指基本收入应当能够覆盖所有人口；个体性是指基本收入应当以个人为单位发放；无条件性是指基本收入的发放应当是无条件的。

您个人认为，如果国家有一笔钱（如14亿元人民币），那么这笔钱用于发放"全民基本收入"与"最低生活保障"（低保）哪个更好？_____。

1. "全民基本收入项目"　　2. "最低生活保障"

---

3. 问题编号

问卷设计中一般会涉及几个不同的模块，比如基本人口学调查模块和主要信息调查模块。因此，要对问题进行系统性编号以突出模块之间的区别。如果有三个问题模块，可以编成 A. 人口学信息；B. 工作和收入；C. 主观感受调查，并且在下属模块下以 A1，A2…；B1，B2…；C1，C2…进一步编排。问题编号的一个好处是可以确保顺序性问题不被遗漏（比如如果某受访者在回答了第 2 题后直接回答了第 4 题，那么他/她就会意识到第 3 题被遗漏了）。

4. "无回答""不知道"和"不适用"

在选项中，尤其要注意区分"无回答""不知道"和"不适用"。首先，以筛选条件甄别"不适用"的适用群体。例如，对于那些没有孩子、孩子已经毕业或去世的家庭而言，孩子读书成绩就是"不适用"问题。在确定了适用群体后，"无回答"是指受访者有资格回答却没有就指定问题给出任何答案的情况。而"不知道"则是有资格回答某问题的受访者不知道该如何选择信息，故回答"不知道"。

例如，在家庭访问中，由于全家人都在家的可能性比较小，会让家庭主事者或熟悉家庭情况的受访者代答家庭成员的信息。对农村家庭在家老年户主进行调查的时候，如果他/她的孩子外出务工了，询问其孩子"外出务工工资"，老年户主极有可能填写"不知道"。

3.3.5 重要的预调查

预调查是呈现受访者真实世界的窗口。预调查可以追溯到 20 世纪 30 年代中期。最早记载预调查的文献来自 Katz（1940），其举例指出当时美国民意调查研究所盖洛普通过预调查提前测试所设计问题，以确保公众甚至包括街头流浪汉们能够理解问卷。

进行预调查的主要好处有：第一，令设计问卷更贴近受访者的真实世界。截至调查问卷 2.0 版本，设计出的问题都建立在研究者立场下的假定和预判。但研究者仍然不能保证问卷 2.0 版本中的每一个问题都与受访者的认知贴合。例如，受访者所生活的确切环境是怎样的、什么样的语言表述方式是受访者能够理解和接受的、什么样的信息是受访者愿意提供并且能够保证真实性的、什么样的选项框才能够充分覆盖受访者的全部潜在选项，等等，都是研究者需要考虑的问题。不难想象，问卷 2.0 版本中的很多设计问题对受访者而言可能信息不全面甚至错误。第二，了解受访者对问题的理解程度和回答问题的能力。大多数受访者是否知道他们自己、配偶以及父母每月的实际开支？受访者是否知道什么是"全民基本收入"？大多数受访者能否回忆起他们过去半年参加过多少次聚会？对此，可以通过预调查来提前感知受访者的知识水平、记忆能力及记账习惯等内容，确保调查能够获得更加充分的信息。

同时，客观认识预调查本身并非完美。早在 20 世纪 50 年代，Cannell 和 Kahn（1953）就指出"没有针对个体特性的精确（预）检验"，并对预调查提出了一些可采用的建议，例如通过有经验访员的汇报及时补充信息。持类似观点的包括 Moser 和 Kalton（1971）、Fowler（1984）等。而对于是否一定要选择有经验的访员做补充信息工作这一问题，DeMaio（1983）持不同的观点。他提出，预调查中增加缺乏经验的访员也是必要的，缺乏经验的访员会发现一些有经验的访员在处理过程中下意识忽略的问题。

整体上，预调查用于确定受访者对调查问题的理解程度，其具体形式丰富，但目前尚无研究指出哪一种预调查方法是最佳的（Presser 等，2004）。正因如此，调查团队在采取预调查时需要结合实际情况。在资源允许的条件下，预调查的方式应该尽可能丰富，预调查轮次应尽可能多。问卷设计中，应在预调查过程中学会通过朗读问题和倾听提问，评估问题的有效性和逻辑性，确保正式调查中受访者能够有效理解问题并作答。

小结

本章围绕问卷设计中的基本问题，首先对技术原则、道德原则进行了介绍。

进一步，结合社会调查中常用的问题采集主题，对特定类型问题的设计技巧进行了介绍。本章重点向读者介绍了标准人口学问题、态度问题、行为问题、开放/封闭问题和知识测量问题几个类型，同时从实际操作角度提供了问卷设计需要遵循的流程。最后，问卷草稿设计完成，在正式调查之前通过预调查测试问卷质量。

参考文献

弗洛德·J. 福勒，《调查问卷的设计与评估》，蒋逸民等译，重庆：重庆大学出版社，2010 年。

梁文艳、周晔馨、于洪霞，"社会资本与大学教师学术创新能力研究"，《经济研究》，2019 年第 11 期，第 133–148 页。

罗纳德·扎加、约翰尼·布莱尔，《抽样调查设计导论》，沈崇麟译，重庆：重庆大学出版社，2007 年。

诺曼·布拉德伯恩、希摩·萨德曼、布莱恩·万辛克，《问卷设计手册——市场研究、民意调查、社会调查、健康调查指南》，赵峰、沈崇麟译，重庆：重庆大学出版社，2018 年。

孙妍、严洁等，《中国家庭动态跟踪调查（2010）访员培训手册》，北京：北京大学出版社，2011 年。

Cannell, C. F., Kahn, R. L., 1953, "The Collection of Data by Interviewing" in Leon Festinger and Daniel Katz, ed., *Research Methods in the Behavioral Sciences*, New York: Dryden, 327–380.

DeMaio, T. J., 1983, "Approaches to Developing Questions", *Statistical Policy Working Paper* 10, Washington DC: Statistical Policy Office, U. S. Office of Management and Budget.

Fowler, F. J., 1984, *Survey Research Methods*, Newbury Park, CA: Sage.

Katz, D., 1940, "Three Criteria: Knowledge, Conviction, and Significance", *Public Opinion Quarterly*, 4 (2), 277–284.

Moser, C. A, Kalton, G., 1971, *Survey Methods in Social Investigation*, London: Heinemann.

Presser, S., Couper, M. P., Lessler, J. T., et al., 2004, "Methods for Testing and Evaluating Survey Questions", *Public Opinion Quarterly*, 68 (1), 109–130.

Sudman, S., 1983, "Applied Sampling." in Peter Rossi, James Wright, and Andy Anderson, ed., *Handbook of Survey Research*, New York: Academic Press, 145–194.

Wansink, B., Ray, M. L., 2000, "Estimating an Advertisement's Impact on One's Consumption of a Brand", *Journal of Advertising Research*, 32 (3), 9–16.

第4章 社会调查的组织与管理

【本章导读】

在社会调查过程中,建立一支高效的调查团队并进行科学有效的团队管理,是获取有效问卷和真实数据的关键前提。调查的组织与管理影响着调查数据的质量,科学的组织与管理能够提高调查效率,节约时间和经济成本。本章将围绕社会调查流程阐述调查的具体组织实践,并介绍各类调查项目管理中的注意事项,希望能为读者开展社会调查实践提供有益参考。

4.1 社会调查的组织

根据实施步骤,可将社会调查分为四个阶段:准备阶段、执行阶段、研究阶段和总结阶段,图4-1清晰地列出了这四个阶段的主要任务、关注重点和项目执行程序,本节将对每个部分进行详细介绍。

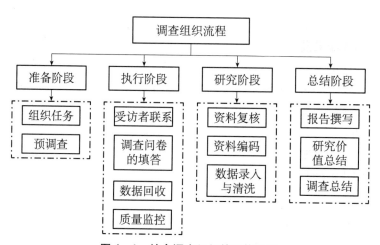

图 4-1 社会调查组织的总体流程

4.1.1 准备阶段

1. 组织任务

在社会调查的准备阶段，我们需要把握好阶段性的重点，理清步骤规律，尤其关注组织任务的两个执行重点和三个关注重点。

(1) 两个执行重点

调查组织任务的两个执行重点分别是"明确调查任务"和"完善调查执行设计"。第一，调查任务的明确大体可分为调查课题的选择和对调查的初步探索两个基本内容。根据调查课题敲定调查方向，然后可朝着调查方向做一些初步的探索与尝试，在积累中深化自身对课题的认知。有时，初步的探索会使我们对课题有重新的认识，帮助我们确定研究的意义和价值，即思考课题任务是否值得投入精力。

第二，社会调查的顺利执行离不开严密的调查设计。调查设计通过资源整合、工具选取、步骤设计以及程序规范等形成一套完整的执行方案，并且能够明确调查组织模式、物资渠道和团队形式等具体内容。需要特别说明的是，社会调查的特点决定了执行方案不可能是完全周密的。尽管如此，我们还是需要尽量周全系统地统筹和考虑执行方案的内容，避免出现重大遗漏而导致执行不便。另外，调查的组织形式和团队结构没有固定的方案和模板，需要遵循"具体问题具体分析"的原则。

(2) 三个关注重点

社会调查任务关注的三个重点是研究价值、操作可行性以及调查环境。如果研究没有意义和价值，就容易导致"竹篮打水"，造成资源不匹配甚至资源浪费。此外，调查如果没有充分考虑操作可行性和客观实际环境，比如调查对象、执行手段和执行渠道等，就会变成"纸上谈兵"，可能会产生因客观条件限制而导致调查举步维艰甚至中断的风险。因此，需要提前考量这三个关注重点，这样才能够完成高质量的调查研究项目。

2. 预调查

预调查，又称试调查或初步调查，是指在目标人群中选择少数代表性样本进行调查，利用获得的数据来测试和完善调查问卷、调查指导手册、数据处理手册以及调查计划等。预调查是为大规模调查探索先导的调查。它是正式执行调查前的试验阶段，也是对前期准备和执行计划的检验。进行预调查的主要好处可以概括为以下三点：

第一，预调查可以增强调查科学性。预调查是调查方案的检验工具，我们可以通过预调查中发现的实际问题来调整调查方式、步骤或调查问卷。例如，预调查发现问卷回收率低，那么是不是由于问卷设计不合理所导致的？这就可能需要重新考虑问卷问题设置是否合理、回收方式是否简易等因素。如果收集的问卷有填答错误或者填答不全，则需要分析造成这些情况的具体原因。是问卷用词不清晰还是定义过于复杂导致"不接地气"，等等。通过预调查，我们可以更有针对性地调整方案，使得方案设计更加合理，数据采集更加顺利。

第二，预调查可以提高调查经济性。社会调查，尤其是入户问卷和实地调研等，需要耗费大量人力和财力。我们可以通过预调查的实地观察分析，重新调配调查执行和资源配置方案，从而减少正式调查过程中的资源浪费，节约调查成本，增强调查的经济性。例如，在方言地区调查时，我们可以根据预调查反映的方言使用率和普通话普及率来考虑是否招聘当地访员，以及为每组配备多少掌握当地方言的访员较为合适。

第三，预调查可以增强调查可行性。社会调查从社会中来，到社会中去。预调查深入社会生活，可以通过观察具体的研究对象而不断调整计划，进而完善研究设计，增强调查的可行性。比如，根据受访当地的风俗文化习惯调整问卷表述方式，提高受访者对问卷的认可程度。专栏 4-1 对预调查需要的样本量如何确定进行了介绍。

专栏 4-1　预调查到底需要多少样本？

预调查的本质和功能决定了其在社会调查中的重要性。那么预调查的样本量为多少比较合适？

预调查在多数情况下仅被作为检验调查信度和效度的工具，而并非被用于因子分析。所以样本的选择只需在指标上尽可能满足正式调查的代表性需求，比如受访者性别、地区、受教育水平等，确保这些分类都能有所覆盖。从这个角度而言，预调查没有固定的样本规模要求。

此外，在满足代表性的前提下，预调查的样本数量还由调查要求的水平决定，包括误差、置信区间、样本成数①等，以及受到项目层次、项目经费和项目结项期限等客观条件的影响。Oksenberg 等（1991）认为对于量表问卷，预调查的样本量在 25—75 之间足以检测出问卷题目的差异。

4.1.2　执行阶段

调查的实施过程是访员直接或间接与受访者联系，从受访者的问答中收集相

---

① 样本成数是指样本中具有某一相同标志的样本数占样本总数的比重。

关信息的过程。在调查执行过程中，访员需要执行受访者联系、调查问卷的填答、数据回收和质量监控四个重要任务。

1. 受访者联系

在大部分调查中，访员与受访者的沟通联系是调查执行的第一步，也是受访者建立调查印象和访员印象的开始。与受访者联系时，访员应注意访问时间段是否合适，以确保受访者有充分的时间完成调查。在沟通过程中，访员应穿着大方得体、谈吐行为文明、语气态度诚恳，这些都是与受访者建立互信关系的加分项。即使受访者表现出不愿配合的态度，访员也要保持礼貌和冷静，必要时可以与督导和管理人员联系。此外，一个好的开场白既能表明调研目的和访员身份，又能在必要时简要说明项目与受访者的联系，在一定程度上能够降低受访者的心理防线，更利于获得受访者的信任。再者，从样本代表性角度出发，如果受访者无法联系或拒访，访员也不可擅自更改调查区域，而应做好备注工作，向管理负责人申请换样。

2. 调查问卷的填答

在访员与受访者建立了互信关系之后，访员在问答的过程中要注意从实际出发，把握调查气氛，切莫教条死板。在调查过程中，访员需要注意观察三点细节：一是受访者对问题的理解程度和情绪表情。当受访者对问卷中的术语含义表现出疑惑或者犹豫时，访员应及时解释并适当追问，确保其能够完全理解术语含义。二是提问和沟通方式。访员要注意避免调查过程中的交流具有引导性或误导性，确保自身能够保持中立。三是受访者的回答是否符合要求，答案是否真实、客观和可靠。比如，访员在入户后可对受访者的家庭环境做出大概判断，并观察是否有其他人对受访者的回答进行纠正和引导。如发现受访者给出了明显不符合实际或者有疑问的回答，访员不能随意篡改，而应该进行备注补充相关情况。

3. 数据回收

答案或记录在回收之后应及时进行整理。访员可在现场进行两两合作，或请求受访户协助，进行初步审核，检验是否存在漏填、错填或者问答记录模糊不清的情况。如果发现调查问答或记录不合格，可在离开前及时补救或者联系受访者进行二次补充或修正。

4. 质量监控

调查误差（survey error）主要来自访员、受访者、调查设计以及调查场景四个方面（Paul 和 Lars，2003）。质量监控可以减少调查误差，使得调查数据能够更客观地反映调查对象的真实情况。因此，调查执行过程需要有完备的质量监管体系，针对四类误差来源开展访员自查、督导审核以及质量复核等程序。比如，项目组要求访员回传调查数据时，自身要及时做好核查反馈等工作，确保数据质量符合要求。如果条件允许，可利用计算机辅助面访系统（CAPI）实时反馈调查数据，利用录音等信息及时发现和纠正访员的不规范行为，通过访问时长数据筛选出异常的问答样本等。此外，还可以采用电话回访等方式，对异常数据进行核查。

4.1.3 研究阶段

调查数据收集完毕以后，进入研究阶段。需要说明的是，"研究"不局限于本阶段，而是贯穿于整个调查过程的各个环节。研究人员需要根据研究目的，运用科学的整理方式，对调查资料进行复核、编码、分类、录入、清洗、汇总以及制表等操作，使数据资料更加系统、有条理。在这个过程中，应当事先制定资料复核和规整的分类标准，同时严格遵循资料整理的标准规范，保证调查资料的完整性、准确性和真实性。有关数据的录入、清洗和整理等内容，读者可参见第9章。

1. 资料复核

资料复核的目的在于保证一手资料的准确性、完整性和真实性；对于二手资料，还需要进一步验证其适用性和时效性。复核过程需要注意三点：①统计口径是否一致；②调查来源是否真实可靠；③调查资料复核是否具有时效性。需要特别强调的是，应尽快完成资料复核工作，以避免调查周期太长导致再询问或者核实无法落实。

对于准确性的复核，主要有计算审核和逻辑审核两方面。计算审核是对数字资料进行定量审核，检查计算结果和方法有无错误、度量单位是否有误、前后数字是否有出入等。逻辑审核是从定性角度审核资料是否符合逻辑，即资料内容是否符合常识、前后记录和问答是否一致、与其他资料对比是否有明显的出入等。

除了把握复核的准确性，对完整性进行复核的重要性也不言而喻。在复核资料是否完整的过程中需要注意四点：①问题是否填答完毕；②答案记录是否清晰无歧义；③是否存在问卷或记录缺损、丢失；④是否存在填答方式错误。如果发现以上问题，最好的方式是及时询问受访者以核实情况。如果由于条件限制无法现场即时核对，那么访员需要考虑进行二次扫尾，排查有误问卷，或者在后续通过电话或短信等联系受访者补填相关信息。

2. 资料编码

资料复核工作完成后，需要对电子化处理的调查资料进行编码，即以数字符号代替问卷或调查表中的信息。对于定性资料，若要以文字和符号表示观察记录和访谈笔记等调查材料，访员需要做好笔记整理和档案管理工作。比如，根据一定规律建立一个编号系统对定性资料进行分类和汇总。这个编号系统可以为每一项资料附上一个标号，为每一页材料编上页码，以便后期整理归类。资料编码的相关内容可详见本书第 9 章。

3. 数据录入与清洗

转码后的资料信息需要被录入计算机中。数据的录入有两种方式：一种较为常见的方式是直接录入，即直接将编码后数据录入电脑，避免转录的错漏；另一种方式是设计一张专门的编码表，将编码后数据录入该编码表，这种方式不但方便录入人员操作，也可以提高录入效率。除了 EpiData 等专业数据录入软件，SPSS、SAS、Stata 和 Excel 等统计分析软件也可执行录入操作。可以根据软件特点和调查需求选择合适的数据录入工具。

数据录入环节非常考验录入人员的耐心程度和对细节的把控程度。资料密集程度越高，数据录入越容易出错。通常来讲，双录入法是一种较为保险的方法——两人各录入一次，或者一人录入两次，再比对这两个录入数据的一致性，从而排查是否存在录入失误的情况。

此外，数据管理中还有一项重要的任务——数据清洗。数据清洗是防止错误数据进入运算过程的最后一道闸门，主要是为了检验数据的一致性，可以借助计算机查看是否存在无效值或者缺失值等。

4.1.4 总结阶段

总结阶段是社会调查的收尾期，这一阶段的主要任务是进行报告撰写、研究价值总结和调查总结。

1. 报告撰写

调查报告是社会调查活动的书面成果。报告中通常需要说明此次社会调查的调查目的、调查过程、调查方案设计以及调查方法等内容，并侧重说明调查的结果和研究结论。同时，在总结调查结果和进行规律分析的基础上，还可以在报告中进一步提出解决问题的方法或政策性建议，为政府部门和社会机构开展相关工作提供数据支撑、理论依据与意见参考。

2. 研究价值总结

社会调查价值的考量标准主要有两方面：一是是否具有学术价值；二是是否具有转化成社会应用的潜在价值。

3. 调查总结

调查总结是对调查过程的回顾与反思，在完成调查工作之后，调查团队应尽可能地列出调查执行过程中遇到的问题与相应的改进方案，记录具体的组织执行经验，汇总典型的调查表现或事例，以便为日后的调查执行提供参考和借鉴。

具体来说，调查工作总结可以从以下四个方面着手：一是调查执行过程的

"疑难杂症"总结，比如回应和解释社区抵制、受访户拒访和访员中途退出等问题；二是调查团队组建的合理程度，比如成员配合程度、团队整体表现及其各阶段表现等；三是调查开销情况，将调查过程中大大小小的开支进行汇总，找出调查中的最大开销项目（一般是交通和住宿）和机动开销项目，对调查财务进行整理复核并优化；四是管理团队的工作总结，这是最容易被忽视的。调查过程中，对团队支持是否到位、奖惩激励和人员分工是否合理等都是调查组织团队需要后期评估和考量的方面。

4.2 社会调查的管理

社会调查是一个复杂的系统工程，涉及团队、物资以及财务等多方面。如果缺乏细致深入的管理实践规划，缺乏对项目全局的掌控力，那么就可能会损害社会调查的执行效果，很难在固定的时间内保质保量地完成既定任务，甚至可能因小失大，导致项目中途夭折。因此，良好的管理能力是社会调查中的重要一环。本节将从团队管理、物资管理、财务管理、风险管理、绩效管理和联络管理等方面论述社会调查过程中的管理原则。

4.2.1 团队管理

从总体上看，调查团队的建设和管理都会经历组建阶段、磨合阶段、规范阶段以及成效阶段，如图4-2所示。接下来，我们具体介绍团队管理在这四个阶段的特点，并给出相应的建议。

1. 组建阶段

组建阶段的主要任务是组建一支良好、高效的调查团队，这是高质量完成社会调查的重要前提。组建阶段通常出现在调查的准备过程中，尤其集中在完成访员招募后的培训阶段。

在团队组建的初期，访员对调查目的和调查意义已经有一定程度的认知，但对具体的任务、规则和执行操作还没有清晰的概念。此外，由于调查团队刚刚组建，团队成员彼此间还需慢慢熟悉，摸索团队内部相处的共事方式。在这一阶段，由于新奇与期望的原动力，调查组成员往往有着不错的团队表现能力。

这一阶段的团队管理主要围绕系统培训和团队建设两方面。在系统培训方面，需要对访员进行系统的知识和技能培训，以填补访员在调查理论和实践方面的空白，从而提高访员的调查素质和能力，确保调查操作规范。在团队建设方面，团队成员需要通过团建活动以及队内沟通讨论等形式，尽快熟悉彼此。同

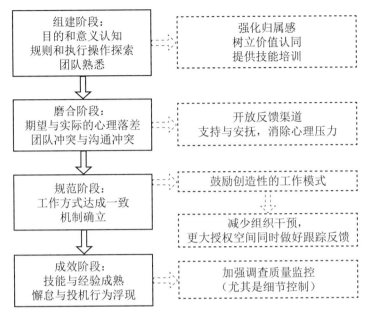

图 4-2　社会调查执行各阶段的团队管理

时，团队成员应尽快地找到各自在团队中的角色和功能定位，在摸索和尝试中明确承担的任务和设定的目标，不断提升团队的凝聚力和组织效能。

2. 磨合阶段

团队组建完成后的磨合阶段是社会调查中最为艰难的时期，也被称为激荡期，通常出现在调查正式执行的初期。这一阶段调查团队可能遇到的困难主要包括：在进行调查的开始阶段，访员由于对调查技能实践的不熟练，导致被受访者质疑，从而遭受拒绝入户甚至被拒访，这会致使访员内心产生巨大的挫败感与心理落差；调查受气候和地理条件阻挠；长时间在外奔波甚至攀爬山路对访员体力消耗巨大；样本访地拆迁或空户；团队磨合阶段存在内部矛盾；对调查访问流程不熟悉从而加重心理急躁情绪等。此外，访员可能试图强调个性和独立，怀疑甚至冷漠对待组织的领导方式，引发争吵甚至团队冲突。这些情况在调查访问过程中都有可能出现，比如由于总体调查时间相对较长、调查问答需反复确定等，容易出现团队成员"放弃"与"掉队"的情况。

根据经验，对这一阶段的管理建议可以大体概括为以下三点：

（1）传授调查技巧

这一阶段需要调查设计与质量监控团队积极向访员传授调查技巧，尤其是在辅导与讲解问卷导语时需要更耐心。

（2）增强团队凝聚力

项目组织团队需要强化领导能力，积极协助调查小组内部的团队管理，提高组织的凝聚力和访员的归属感，鼓励团队成员及时反馈问题，妥善处理团队内部的冲突，消除团队的心理压力。

（3）组织人员积极协调

这一阶段的磨合不仅仅局限于团队内部，还包括调查团队对样本地的适应。调查初期，受访社区和受访户可能不信任调查活动。尤其是在发达的城镇地区，由于平常这种地区的商业调查较多，当地居民对社会调查可能会带有明显的警惕与抵触情绪，因此调查团队与受访社区、受访户之间的矛盾时有发生。

例如，中国真实进步微观调查 2016 年预调查与 2017 年正式调查（CGPiS 2016/2017 调查实录详见附录 1）都曾遇到过受访户因误解或情绪不稳定而报警，甚至出现将访员拉入警局的情况。当地督导老师和校方及时联系，积极疏导，第一时间确保了访员的安全。这从侧面反映了社会调查和微观数据采集的不易。在这一阶段中，组织人员的主动协调具有重要的现实意义，后方的调查组织人员应密切留意前线访员动态。同时，访员也应积极联系组织人员，除了做好每日的工作总结和进度汇报，还应汇报团队的安全状况，以及需要上层组织团队协助解决的问题等。

3. 规范阶段

经历了磨合阶段的激荡，调查团队往往因共同克服了一系列的挑战而变得更有凝聚力，团队成员能更好地接受团队的组织和工作方式，并熟悉了团队其他成员的角色和个性。随着调查频数的增加和访问时间的积累，调查团队有了一定的调查经验，逐步迈入规范阶段。此时，调查团队成员之间更乐于分享、依赖性更强、更容易达成共识、提交的调查问卷在质和量上也会有所提升。

根据经验，对这一阶段的管理建议包括如下两点：

（1）允许一定自主性

在这一时期，调查组织团队可对执行团队进行适当的鼓励和支持，并给予其一定的自主性，允许其在不损害调查数据质量的前提下视情况调整调查的执行流程。

（2）反馈式监督

在规范阶段，访员在实践中逐渐掌握了调查的要点和难点。此时的组织者可以稍微退居二线，通过收集反馈和参与讨论等形式监督调查的规范执行和推进。

4. 成效阶段

在规范阶段后，调查团队会迎来团队表现最优的成效阶段。随着调查经验的积累，访员对调查技能的应用会更加成熟，对问卷操作、沟通联系以及应对拒访或难缠的受访户都有了一套适合自己的解决方案。

同时，我们需要注意一些潜在的懈怠和投机情况。在这一时期，访员机械地重复调查内容，对问卷过于熟悉容易产生反感和惰性，可能不再恪守问答规范，而是按照自身的问答经验去调整答题顺序，以一个答案推测多道问题的答案，甚至会出现访员根据自身对答题规律的统计去诱导受访者回答的情况。

因此，成效阶段要合理配置样本的数量结构。为避免调查数据质量倒退，可利用预调查等环节优化样本数量结构，确保调查样本合理分配。访员调查的问卷份数以达到团队执行的规范阶段为宜。此外，调查过程中需要做好对访员的细节监控。团队领导和质量监控团队应该留意访员的答题顺序和问答方式，重点考察是否存在代答和诱答行为。

4.2.2 物资管理

俗话说："兵马未动，粮草先行"。充足的物资是开展社会调查的重要保障。社会调查过程中一旦出现物资不足的情况，调查就会变得困难重重，访员也可能背负沉重的心理负担，甚至会因为补充物资而拖延调查的进展。因此，严格规范的物资管理在整个调查过程中不容忽视。

1. 物资准备

社会调查中的物资主要指的是身份证明文件、调查中使用的设备、填答材料以及应急用品，可分为一般物资和形象识别物资两种类型，常见的物资清单如表4-1具体所示。

表4-1 社会调查物资清单

物资类型	物资项目	清单
一般物资	经费管理文件	经费预算表、经费使用记录表、经费核算总表等
	调查设备	手提电脑、录音笔、平板设备等
	组织文件	介绍信、受访者协调记录表
	安全急救物资	急救药包、手电筒、口哨、访员个人或团队意外保险等
形象识别物资	组织识别物资	活动口号、标语
	行为识别物资	行动指南、调查引导手册
	视觉识别物资	工作证、徽标、制服、队旗等

社会调查中较为常见的一般物资包括经费管理文件、调查设备、组织文件以及安全急救物资等。由于经费管理过于细碎烦琐，却又不可或缺，被戏称为调查过程中最令人"头大"的项目。在进行经费管理时，我们可以根据功能和便捷性，设计不同种类的记录表格，用细分表格进行明细管理。比如，经费申请时设计的预算表能够让上级一目了然地了解经费的预计用途和使用情况。调查设备因

项目而异,大多数调查项目均配备手提电脑、平板或录音笔等设备。设立组织文件的目的是方便管理和增强调查的规范性,让数据"有据可依",常见的调查组织文件有调查介绍信和受访者协调记录表等。需要注意的是,在社会调查过程中,访员安全是第一位的,因此还需配备安全急救物资,视情况准备急救药包、口哨或手电筒等,尤其需要提前为每一位访员配备意外保险。值得注意的是,物资准备中最重要也是最容易被忽略的物资是安全急救药包。社会调查的第一要务不是收集调查数据,而是保障全体访员的安全!无论在哪一阶段,都应该将调查成员的安全放在第一位。准备物资时应该充分考虑调查地域和调查季节的特殊性。比如,南方夏天多蚊虫,且天气湿热易使人中暑,需要准备驱蚊水和藿香正气水等用品;北方冬天天黑较早,需要考虑分发手电筒或口哨等物品。

形象识别是指利用视觉识别或行为方式进行统一传播,从而塑造出独特的团队形象并获得公众组织的认可。社会调查需要一个极具辨识度的形象体系,以充分展现调查项目的理念与价值意义,获得更广泛的社会认可。目前最为广泛使用的形象识别莫过于调查主办高校的校徽等标识,但要正确规范地使用学校标志形象,尤其在商业用途的调查中,需要根据相关规定请示学校宣传部门或办公室部门,在获得书面的使用允许后方可进行使用。恰当的形象识别一方面能够增进调查形象的社会友好度,扩大宣传;另一方面还可以塑造内部凝聚力与责任意识,潜移默化地唤醒访员在调查执行过程中的使命感。例如,CGPiS 项目的形象识别标志有"人类应该敬畏自然,在经济、社会和环境的和谐发展中获得'真实'的进步"这一重要含义(见图 4-3)。

图 4-3 访员回归的宣传海报

虽然形象识别物资与调查入户难度以及调查形式等多重因素相关,并不是每个调查的必备材料,但我们可以简单地将社会实践中的形象识别物资分为组织识别、行为识别和视觉识别物资三类。其中,活动口号和标语是最主流的组织识别物资;行为识别物资通常通过"行动指南"或"调查引导手册"等口径规范对外形象;视觉识别物资的准备可以参考各大调查机构，例如统一为访员配备工作证和制服，用统一的形象取得受访户信任。对于访员入户调查而言，标志设计应该体现调查项目意义，工作人员调查证件、制服以及印有调查项目标志的礼品等应保持统一的风格和内容，这样能够对受访户建立专业友善的调查项目形象，有助于调查的顺利实施。

社会调查具有长期性和实地性的特征，因此，准备物资时要尽可能只携带与调查相关的物品，减轻携带负担。调查实施过程中也需要学会利用调查地的资源，如知晓当地打印店和文具店的所在地，以备不时之需。

2. 物资回收

访员"班师回朝"意味着调查工作已基本完成，但这并不意味着调查执行工作的结束。除了核查问卷，调查归队时还需要关注物资回收情况。如果归队时团队物资回收状况差，则一方面说明团队管理存在问题，并且可能会影响到数据收集质量；另一方面，调查材料是我们后续研究的重要内容，缺少一份材料可能意味着缺失一份宝贵的数据。因此，为了提高调查效率和质量，物资回收工作需要考虑以下几个方面：

(1) 流程化管理

物资回收工作应尽可能形成流程指令文件，简化回收和整理过程。通过制定队伍回收规范与操作流程说明，可以及时掌握调查队伍的归队情况，同步准备文件与材料，节约归队整理的时间，提高物资回收的整体效率。

(2) 划分回收功能区

社会调查一般都会涉及交通和住宿报销，报销程序和报销文件会因调查组织财务要求的差异而有不同的报销执行过程，项目组织队伍应在回归之前做好执行分工，划分行政功能区域。

(3) 分批次有序"回收"

如果调查任务被划分给多支队伍，还要考虑分批次地组织访员回归，并在物资回收整理现场做好相应的调度，确保队伍回归工作的井然有序。

4.2.3 财务管理

财务管理是社会调查中最为琐碎的管理项目。调查经费支出体现在日常的餐饮、住宿、交通以及调查活动等多方面，其中住宿费和交通费是两笔最大的开支。为了高效地进行财务管理，从调查派出到调查归队都需要记录和核查费用支出，并且要坚持全程动态评估与管理。在派出前，应事先划拨住宿和交通费用到访员或负责人账户，方便调查团队落实调查路线和安排调查行程。在这一小节，我们将从经费来源、经费管理原则、经费管理要求和经费支出类型来介绍经费的使用和管理。

1. 经费来源

调查项目的经费受调查内容、执行管辖机构以及调查合作力度等因素影响，有着不同的来源。通常来讲，社会调查的经费来源主要包括科研单位的课题基金、政府部门的财政支持、社会组织和企业服务合作以及单位自筹等。由于经费来源单位在功能或职能上存在差异，资助方对研究项目的期望和约束也不同。调查组织应当合理评估各项资金的资助方，结合调查执行的发展规划和价值诉求，有选择性地申请或选择经费。

2. 经费管理原则

经费管理是社会调查财务管理中的重要一环，经费规划与控制需要满足成本最优原则、严格把控与适度弹性相结合的原则。

（1）成本最优原则

不同的研究项目对应着不同的经费使用方式，但其本质上应当服务于调查方案的实际执行情况。经费管理的主要作用是优化调查方案的成本效益、合理配置调查资源、突出调查执行的效率。因此在经费规划中，既要考虑到调查项目的有效执行，又要考虑如何在保证效率的前提下将调查执行成本降到最小。

（2）严格把控与适度弹性相结合的原则

虽然调查经费的支出具有一定的可预见性，但是调查执行本身存在不确定性，所以在开展经费规划和预算评估工作时，调查项目组织人员既要对各项潜在支出有一定的把控力，还应根据具体情况灵活处理，保留一定的机动经费或备用金。只要规划明确、用途合理，调查项目组就可适度放权，可以将机动经费的规划和使用权交由督导和调查小组成员，由访员根据调查执行的实际情况合理利用机动经费。比如在西藏地区进行的藏区牧民调查中，牧民游牧的习性决定其没有固定的住址，调查访问需要更多地借助租车或者自驾等方式。在大范围调查的情况下，"分头行进"的各组需要有足够的备用金以确保访员能够有更灵活的交通安排。

3. 经费管理要求

经费管理与调查执行紧密结合，各调查执行阶段对于调查经费的管理有着不同要求，如表4-2所示。接下来，我们分别从访员派出前期、派出期间和派出回归期间三方面介绍经费管理要求。

表4-2 社会调查各阶段的经费管理

调查阶段	重点工作	建议准备文件
派出前 （准备阶段）	了解申请流程与支出限制 初步拟订经费规划 制定报销流程、要求与制度 申请物资与团队招募等筹建费用	经费预算表 物资明细表与领取表 经费支出与报销流程规范

(续表)

调查阶段	重点工作	建议准备文件
派出期间 （执行阶段）	跟进经费划拨情况 做好支出记录 管控支出与物资分配情况 动态评估经费使用情况	用款申请单 日记账表 劳务签收单
派出回归期间 （总结阶段）	汇总开支明细 核算花销与预算的差额 了解差额产生的原因 评估经费与资源分配的合理度 分析可能的优化方案	总计账单 经费预算与实际支出比对表

（1）访员派出前期经费管理

访员派出前，调查团队应将调查经费进行总体规划，并组建专门的经费管理团队。根据项目经费划拨时间和调查执行计划，熟悉申请流程，做好经费的使用计划。在这个阶段，经费管理人员需要明确经费的使用规则，包括经费的划拨时间点、金额、用途、使用标准以及报销材料等。经费使用的报销要求通常比较严格，体现在报销材料的填报要求和支出明细的规范记录上，因此需要提前制作相关文件，比如"经费预算表""物资明细表与领取表"以及"经费支出与报销流程规范"等，并以成文形式下发给调查团队成员。

（2）访员派出期间经费管理

访员派出过程中的花销记录最为烦琐，如交通费、住宿费、餐饮费、访户的协助费以及社区服务费等。公款公用的经费报销是其中最为关键的环节。派出过程中，经费最好能够统一管理，由小组派选专职人员，做好日常的明细记录，形成每日账簿。这样一方面可以及时记录花销情况以免遗漏，另一方面也方便团队核查经费开支，动态评估经费结余情况，及时补给和调度。在这个阶段，我们可以准备"用款申请单""日记账单"和"劳务签收单"等文件，方便管理人员做好经费管理。

（3）访员派出回归期间经费管理

访员归队后需要汇总调查期间的花销和劳务金额等，制作开支分析表，评述经费使用的合理性和优化的可能性，总结并公示经费的使用情况，为下一步调查积累经验。在这个阶段，建议调查组织人员事先准备好"总计账单"和"经费预算与实际支出比对表"等，对经费财务情况进行汇总和总结。

4. 经费支出类型

在物资准备上，经费只能"节流"，无法"开源"。调查经费一经下拨，很难申请加拨，因为申请额外的经费需要经过繁杂的申请审批流程，容易耽误调查执行进度。因此，调查团队必须对物资与公杂备用金、差旅费、访员的报酬、受访者的被试费（或称误工费、感谢金）和行政协助劳务费这五类开支加大关注，实现弹性管理。

（1）物资与公杂备用金

物资与公杂备用金主要用于印制调查资料和工作证等形象识别物件、租赁培训教室以及处理调查过程中的突发情况等。调查团队要对这笔资金做好充足预算，且在准备阶段一一落实。由于大型调查参与人数较多，物资准备应以经济实用为首要原则，协调好各物资数量，合理进行资源分配，避免资源浪费。如果这部分费用可以由调查协助单位帮忙承担，则应尽量申请物资援助。这样既节省了调查途中的运输费用，避免丢失风险，又可以省去一些其他费用，如培训课教室可以借用学校资源而不用额外租赁场地。

（2）差旅费

差旅费包括访员执行期间的交通费以及伙食补贴，是调查中金额较大的一笔支出。由于调查样本地的经济发展水平不一，因此各地的住宿费用和餐饮消费存在较大的差异。为了防止铺张浪费，方便后期的报销管理，应当提前制定不同城市或地区的住宿和伙食费用报销标准，比如根据当地物价水平，制定适合的报销标准，城市内部较发达的区县与城市内部经济发展较落后、物价水平较低的区县应当执行不同的报销标准。

（3）访员的报酬

从形式上看，访员的劳务报酬主要有计件工资、固定工资和绩效工资三种。

计件工资以访员的调查访问成功量为指标。一方面能够激励访员提高调查效率，另一方面容易导致访员为了追求数量而刻意放松对调查质量的要求。因此，选用计件工资时，应设置配套的监督机制，确保数据质量过关。

固定工资是指在一定调查时期内发放固定的薪酬。这种劳务形式与调查完成的数量无关，有利于保障访员的基本收入，确保调查工作的稳定，同时也方便根据调查任务进行人员调整。但如果只发放固定的基本工资，就无法体现出对访员在调查效率和质量方面的激励，尤其在周期较长的调查执行过程中，访员容易产生懈怠心理，不利于保证调查质量。

绩效工资是一种固定底薪与计件绩效相结合的工资方式，这种方式在确保访员最低工资收入的同时，避免了访员对劳务收入的计较，并将绩效与调查样本完成的数量和质量挂钩。除了额外的计件工资，总体工资根据调查完成的质量进行系数调整，调查完成情况总体优秀的访员将获得工资乘以相应的系数的薪资激励，作为其提高调查效率与数据质量的动力。

(4) 受访者的被试费（感谢金/误工费）

社会调查应为受访者准备一定的被试费。受访者在调查过程中付出了时间与精力，这笔经费可视为对其付出的感谢和补偿，因此也可称之为"误工费"。在调查活动中，尤其是实验调查中，感谢金（误工费）也可视为一种激励参与的工具。无论是感谢金、被试费还是误工费，其表现形式不一定是金钱，也可能由礼物或者其他形式代替。另外，这笔款项或礼物还可作为样本追踪的确认信息。确认给付金额或询问是否收到礼物的过程，能够帮助研究者辨别样本是否为重复样本或追踪样本，为样本确认和过滤提供线索。

需要注意的是，受访者的被试费或礼品的选择需要考虑经费预算、物价以及经济发展水平。如果金额或者价值设置过高，容易具有收买数据的嫌疑；而如果金额或者价值设置过低，则无法体现访员的诚意，违背调查的伦理原则（潘绥铭等，2011），同时还有可能导致激励不足，无法达到调查效果。

此外，还需要考虑给付方式以及给付时间。除了额外的调查设置要求，还应当在调查结束后由访员当场亲自交予受访者金额或礼物，并做好相关单据的签收领取确认。亲自给付不仅方便核对管理，能够有效预防款项和礼物错发、漏发以及重发，还能降低由于代领、代发带来的地方基层或组织私自克扣的可能性。

(5) 行政协助劳务费

现实中，调查承办单位往往不具有独自完成调查全程的能力，因此需要得到地方行政组织的协助和配合。比如，高校的入户调查和现场调查都需要得到基层的配合或以行政单位的名义来减少入户的困难。行政协助劳务费指的是支付给所有帮助访员进行调查的人的酬谢基金，尤其是基层管理层（潘绥铭等，2011）。向辅助协调的行政管理人员提供劳务费是调查伦理的要求，体现了调查团队对调查支持组织的诚意与感激。

在支付行政协助劳务费时，给付金额的设定需全面考虑。要确定行政协助劳务费的金额，除了客观考量行政力量的支持力度和经费预算等因素，还应考虑当地的风俗习惯，确保支付的行政协助劳务费能够形成激励，从而获得行政力量更大力度的支持。同样，给付的数额也应体现出调查团队的诚意，但又不能过高，以免引发受访者认为访员收买行政管理人员的误会。当然，也不排除行政单位不需要协助劳务费用的可能。因为单位可能会将协助调查等同于行政事务，更看重其中的无形劳务回报。因此在调查过程中，访员应该敏锐探知当地协调行政人员协助的目的和动机，以相应的方式感谢。

此外，支付行政协助劳务费时要考虑给付方式和给付时间。行政协助劳务费的发放方式和时间要因地制宜。一般而言，劳务费在调查开展前发放到组织部门比调查结束后发放更能够调动协助的积极性，其发放方式需要按照行政单位和项目经费的使用管理规定。如果是发放到组织单位,最好以对公转账形式进行发放。若发放对象是协调的个人,需要避免以现金或私人转账方式结算。如果不得已采取现金或私人转账方式,必须保留相应的转账记录并说明发放情况,如由收款人做好签收记录等。

4.2.4 风险管理

人身安全意外和财产损失意外是调查期间最可能发生的两种意外情况。在调查执行过程中,调查团队要特别关注访员的人身和财产安全,事先排查任何可能危及访员生命健康和财产安全的因素,随时监督防御并做好充分的应对措施。此外,调查期间还需要充分考虑到访员流失风险和其他突发风险。

1. 人身安全风险

安全管理是社会调查的首要工作。保障访员的人身健康安全是开展任何社会调查的前提和要求,相关访员应主动在调查区域开展安全隐患排查,从技能和知识上进行武装,建立好督防体系和保障机制。

为应对调查过程中可预知的安全风险,调查团队可采取以下举措:

(1) 排查安全隐患

为确保访员外出期间的安全,在前期联系与确定调查样本地的过程中,联络人或绘图员可实地评估现场安全问题,及时报告存在安全问题的样本社区,如拆迁房、危房地区等,并按照科学规则换样,确保访员在调查期间避开有安全隐患的区域。

(2) 培训安全技能

在访员培训期间,调查组织与培训人员需要提醒访员注意调查期间常见的安全问题。比如农村地区的入户调查,经常会发生访员被猫抓、被狗咬的事故;南方地区夏季湿热,访员容易出现受热中暑的症状。调查组织有责任和义务向访员提供相应的安全急救知识与技能培训课程,做好访员的心理预防和应对措施储备。此外,还应准备适当的急救用品并发放给访员,以做好充分的预防。

(3) 购买意外保险

无论调查周期的长短,只要有访员派出,调查组织方必须给访员购买综合意外保险,降低意外给调查项目带来的经济风险。

(4) 加强安全监督

在调查派出期间,调查组织应建立监管机制,提前发放访员行为规范手册,用规章制度和奖罚手段来确保访员在派出期间严格遵守调查组织纪律,如未经报备、批准,严禁擅自外出行动、严禁外出游玩行为等。相关监管负责人,如调查团队组长、调查片区负责人等,应当肩负起团队管理与监督的职责,预防安全事故的发生。

2. 财产损失风险

调查物资和个人财物的损失是任何一个调查团队都不希望看到的情况。如果调查期间调查和记录所用的设备（如平板电脑、录音笔等）丢失，不仅影响调查进度，还会让调查工作功亏一篑，得不偿失。因此在大型调查的长期派出中应特别强调财物保管问题。

在社会调查对财产损失风险的管控方面，应重点关注核验调查设备和制定赔偿制度两方面。在核验调查设备方面，检查设备的性能，确保设备本身无故障，以免带来不必要的损失。调查期间要注意物资的发放与回收以及私人物品的保管，每次调查结束后要检查完现场再离开。此外，还应视情况制定赔偿制度，应当明确列出各类设备不同损坏程度的赔偿金额，划清团队和访员承担的赔偿份额，及时处理赔损事宜。特别地，需要落实团队负责人的责任，注意处理好因财物丢失引起的团队矛盾。

3. 人员流失风险

社会调查是一项由访员推动的工作，势必存在人员流失的风险。我们需要尽可能地将人员流失控制在合理的比例内，将损失降到最低。社会调查项目的人员流失包括招募时期准候选人的流失和调查执行期间正式访员的流失两种。

从管理实际出发，对这两种人员流失可采取以下对应措施：

（1）分批次招募

对于访员需求量大、样本范围广的调查项目，可适当拉长招募时间段，在同一录取标准下分二到三批次人员招募。如果某批次录取人员部分流失，则可适当新增录取批次或调整后续批次的录取比例，最大限度满足人员需求。

（2）预备机动团队

在根据任务量设置招募人数时，可适当增加招募人数。在调查执行过程中项目组要观察和把控访员动态，分析小组的配合度和访员的工作能力，在工作能力强、任务完成效率高的团队中推选出机动成员。一旦出现因人员退出而岗位空缺的情况，机动成员能迅速适应工作，尽可能地降低因人员流失带来的风险。

（3）签订担保协议

担保实质上是转移风险的一种形式。在访员选拔和招募前，项目组需要明确政策，以通知等形式明确说明访员需要承担的责任和后果，要求访员签订相关的协议，承诺承担提前退出等行为的直接或间接责任，比如以函件告知学生访员的学院辅导员，取消劳务补助、交通住宿费用报销等。

4. 其他突发事件防范和应对方案

社会调查中可能会发生各种各样的突发状况，比如洪水、地震等自然灾害以及受访者精神状态不佳和当地不良团体干扰等。面对突发状况，每一个调查团队都应该做到及时发现、迅速核实并针对具体突发情况做出适当反应，以尽量降低它们对访员和调查任务的影响。为了做到这点，需要搭建良好的信息反映和沟通渠道，并可编制明确的预防和应对手册。具体包括以下四个方面：

（1）强化协调沟通，及时交流信息

应对突发性事件，需要保障访员通信渠道的畅通无阻，确保相关信息能够第一时间得到反馈。另外，调查期间的突发事件往往具有一定的复杂性，因此更加强调项目组内部的部门协作，需要有分级负责、分类处置和综合协调的应对体系，并完善应急响应处置措施。

（2）把控处理尺度，增加组织信任度

社会调查深入实际生活，是学生访员增长见识、认识社会的有利机会。突发事件的应对和处理可锻炼学生访员，提升其应对和解决问题的能力。但这一想法要建立在做好突发事件评估判断、指引建议适当、访员信任组织以及认可应对措施的基础上，应消除访员"孤立无援""听天由命"等负面情绪。

（3）建立突发事件防范和应对机制

除了针对性的策略，突发事件更强调应对的效率，从而防止事件进一步发酵，造成更为严重的影响。面对突发事件，只有占据主动权才能提升处理效率。因此调查组织需要提前建立突发事件的防范和应对机制，突出监测防范，同时把主动防范和化解突发事件摆在突出重要的位置。

（4）加强调查过程中的访员管理

访员是连接问题与数据的桥梁。对访员的监督和管理是建立在保证访员身心健康的基础上的。对访员的良好管理和沟通能够及时有效地预防和应对突发事件。

4.2.5 绩效管理

优质高效地完成调查任务需要一套行之有效的绩效管理办法。项目通过有效的激励约束、及时的绩效监督以及适度的情感交流，按照既定的安排和要求有序开展。结合调查的执行情况，绩效管理模块可划分为激励系统、制度约束系统、实时质控系统、困难援助系统和情感交流系统。

1. 激励系统

激励系统主要包括竞争激励（competitive incentives）与奖励激励（reward incentives）两种方式。竞争激励是指通过反馈个人或团队的任务完成情况，在内部形成竞争机制或营造竞争氛围，敦促访员提高调查效率和访问质量，具体衡量指标可以是访问量和数据质量，也可以是对访员工作状况的排名和前后对比。在调查初期，由于调查经验欠缺和调查技能不熟练，访员的调查进度较为缓慢；在调查中后期，可能存在部分访员在调查时表现不积极，容易满足已有成绩等情况。这种无形的竞争激励压力可在一定程度上改变访员的懈怠态度，提升团队调查效率。

奖励激励与访员的调查表现和访问质量挂钩，主要包括物质奖励和荣誉奖励两部分。物质奖励主要指对于调查期间表现良好或调查质量较高的访员，按比例调整工资系数或以其他物质奖励来激励其继续提升调查效率和质量。荣誉奖励主要是授予表现突出的访员"优秀访员"等荣誉称号。

2. 制度约束系统

制度约束（institutional constraints）是指调查团队需要颁布强制性行为准则来管理和规范访员行为。它是调查过程中衡量访员行为边界的重要依据，也是调查项目顺利运行的基本保证。明确而严谨的规则制度在防患于未然的同时，将无形的约束力落实到执行准则中，从而保证项目绩效的顺利完成。因此，任何一次调查在执行开始前都必须明文规定一套基本的行为准则，以平等的契约明确一定的惩戒机制。同时，要在调查培训和执行过程中发放规章制度条例，并反复强调和严格执行。

社会调查的组织和执行方式决定了制度约束不是"天眼"，无法完全监控到每一位访员。访员的自我约束在调查执行过程中依然是必要的，对调查项目的认同会让访员更加积极地发挥主观能动性，思考如何提高个人效率。当然，口头的强调往往收效甚微，管理者应尽量主动深入一线，与访员同食同住同访。这样不仅能拉近管理者与访员的距离，而且可以通过陪访、参与讨论会以及日常观察，发现访员调查态度等问题。若管理者没有充足的时间，也应每天与调查团队负责人进行联系，这样可以使得调查团队更具认同感和归属感。

3. 实时质量控制系统

为减少访员误差，保障社会调查质量，调查项目需要建立一套实时的质量控制系统。在访员开展调查的同一时间段，质控团队利用计算机辅助技术实时获取调查问答的录音，通过分析录音的问答情况来抽查访员的误差情况，并向访员反馈完访样本的核查结果。对于调查数据存疑的样本由质控团队电话核查作弊行为，尽可能更正误差。一般来说，访员失误造成的误差主要有四类：①询问误差，即访员在调查提问中的错误表达或省略造成了受访者回答的失误；②追问误差，即访员在追问中采用了不恰当或带有偏见的表达误导受访者答题造成失误；③记录误差，即访员在听取、记录和整理受访者回答的过程中产生的失误；④欺骗误差，即访员以作弊、伪造等方式填写答案。

4. 困难援助系统

社会调查虽然在前期招募、宣传和培训阶段开展了一定的建设活动，但由于调查活动覆盖面广，情况复杂，在具体的调查阶段（尤其是在调查初期）仍然会出现一些个人无法解决的意料之外的困难。为了保证调查的顺利实施，项目负责人必须构建一套强有力的问题解决援助系统，尤其是当访员无法找到较好的解决方法时，可能存在访员因擅自解决而遭受不当惩罚或者部分访员因压力过大而中途退出的风险。此外，调查还可以设立专门的问题答疑群和答疑热线，或派任调查项目管理者出面协调解决，从而降低访员调查难度。如在入户困难的区域进行宣传工作时，可以与当地基层建立长期友好的联系，以便在访员入户困难时，调查方能够协调社区人员陪同入户。

5. 情感交流系统

良好的项目绩效需要参与各方保持饱满的激情和昂扬的斗志。但在调查过程中，访员可能会经常遇到接连被拒访的情况，容易产生焦虑、沮丧和失落情绪。此外，社会调查的特征要求访员掌握较高的社交能力和技巧，而在校大学生访员缺乏充足的社会经验，可能仍会面临交流困难等情况。

调查访员管理应重视情感交流系统的建立，通过举办交流会、团队游戏等团队活动，为访员们在单调重复的调查工作中增添乐趣。每日完成工作后，团队成员可在宿舍一起分享和"吐槽"当天的趣事或难事，开展趣味性团队游戏等，这不仅能够帮助访员缓解被拒访的难过和焦虑情绪，而且有助于成员间相互"取经"学习。另外，团队领导或管理者也可以以陪同者身份融入调查团队，如陪同访员寻找访户、和访员同吃同住以及参与谈论会等，通过强化访员集体感和归属感的方式拉近访员和项目组的距离，安抚访员情绪。

4.2.6 联络管理

调查地的沟通与联系指的是出发前与调查地的基层行政管理部门进行前期沟通，表明来意，并告知调查队伍的抵达时间和工作时间，以便在调查过程中获得他们的支持和协助。相比访员直接沟通，调查团队从组织方的"高度"出发做好前期沟通更可能让调查执行事半功倍。在具备可行性的前提下，调查团队可提前向样本地相关行政部门告知调查区域的具体位置、大致工作方向和目标，以及可能需要的协助。

在寻求政府力量支持以前，组织者应结合调查目的与深度综合考量行政沟通的利弊，确定是否需要行政支持以及行政支持的具体内容和要求。

行政沟通的好处主要表现在以下四个方面：

（1）获取基础数据

国内行政体系中心化程度较高，调查所需的很多基础资料，如社区分布、户数、人口等，都集中在当地公安局或统计局的数据库中。在不涉及特殊原因的情况下，与政府部门取得联系，从中获取抽样所需的基础数据一般是社会调查执行的优先选择。

(2) 提高执行效率

在国内自上而下的行政体系中，如果能够拿到政府部门提供的红头文件，下级行政部门或基层会将调查活动视为一次行政的"隐形考核"。此时各行政单位"任务式"的配合会大大提高调查的执行效率。此外，有了行政层面的认可和支持，便能降低受访户的戒备心理，提高访员入户调查的成功率。

(3) 提供调查便利

当地基层的行政组织，如居委会和村委会等，往往对社区文化更为熟悉，与受访户的沟通更为密切，甚至了解和掌握受访户的家庭信息。如果当地居委会或村委会成员能够带领访员入户或告知访员受访户的居家作息规律，会给调查活动提供诸多便利。

(4) 塑造组织形象

调查组织前期联系的表现会给当地留下第一印象。言行大方得体，态度真挚诚恳，充分表明调查目的与调查意义是取得调查信任的第一步。如果没有将前期联系做到位，将有损组织形象，留下莽撞业余的印象。此外，还可能导致当地对调查的不良情绪，增加追踪调查执行的难度，甚至引起当地对社会调查的反感与抵触。

同时，行政沟通也存在一些弊端，主要体现在以下三个方面：

(1) 敏感话题增加执行难度

并非每一个社会调查都适合寻求行政力量的辅助和支持。如果调查课题本身比较敏感或者容易引起当地相关部门的警觉，那么可能会增加获得行政支持的难度。另外，如果贸然请求当地部门支持，还有可能受到一定的反对和阻挠，无形中增加调查执行的难度。但需要注意的是，这与调查对象的知情权并不矛盾。可能我们出于研究设计的需要，不方便直接告知调查对象调查的目的，但可适当透露数据的使用规范和用途。这种情况下一般不涉及当地部门的第三方干预，因此可视当地情况而定。

(2) 行政干预下的样本筛选影响结果代表性

某些当地政府或部门因担心调查内容及结果影响其行政业绩考核，所以可能会筛选部分调查项目的具体内容，尤其是与行政业绩相关的那些调查项目。此外，当地部门也可能对样本户进行筛选，只选取"识时务"的受访户和受访者，这种有偏的样本筛选无疑会对调查结果造成负面的影响。

(3) 过度宣传的行政干预影响结果信度

行政的过度宣传严重威胁到调查结果的信度。一方面，当地部门的过度宣传可能透露了研究方向，影响调查结果的信度。研究项目要求事先不能透露研究的最终目的，以免产生"霍桑效应"（Hawthorne effect），即当受访者意识到自己正在被关注或观察时，会刻意改变自己的行为或表述。另一方面，某些地区的群众如果与当地行政部门的关系并不融洽，那么在调查中寻求行政支持很可能会适得其反。

小结

本章讨论了社会调查过程中，调查团队应如何高效组织调查实施并进行有效管理，以及各个阶段的注意事项。在调查组织方面，详细介绍了社会调查准备阶段、执行阶段、研究阶段和总结阶段的组织安排。在调查管理方面，从团队管理、物资管理、财务管理、风险管理、绩效管理以及联络管理方面进行论述，针对不同的管理项目具体分析了各自的管理特征和要求。本章从调查项目整体的角度入手，为读者提供了组织和开展社会调查的理论与实践经验。

参考文献

边燕杰、李路路、蔡禾，《社会调查方法与技术：中国实践》，北京：社会科学文献出版社，2006年。

范伟达、范冰，《社会调查研究方法》，上海：复旦大学出版社，2010年。

费孝通，《社会调查自白》，上海：上海人民出版社，2009年。

侯典牧，《社会调查研究方法》，北京：北京大学出版社，2014年。

罗伯特·赫勒，《团队管理》，沈小莺译，北京：世界图书出版公司，2011年。

奈杰尔·坎伯兰，《管理一个团队》，杨景皓译，浙江：浙江大学出版社，2016年。

潘绥铭、黄盈盈、王东，《论方法：社会学调查的本土实践与升华》，北京：中国人民大学出版社，2011年。

彭春花，《管理沟通》，广州：华南理工大学出版社，2006年。

王高飞、李梅，《社会调查理论与方法（实践）》，哈尔滨：哈尔滨工程大学出版社，2016年。

王学川、杨克勤，《社会调查的实用方法与典型实例》，北京：清华大学出版社，2011年。

Hyman, H. H., 1954, *Interviewing in Social Research*, Chicago: University of Chicago Press.

Oksenberg, L., Cannell, C., Kalton, G., 1991, "New Strategies for Pretesting Survey Questions", *Journal of Official Statistics*, 7 (3), 349 – 365.

Paul, P. B., Lars, E. L., 2003, *Introduction to Survey Quality*, Chichester, England: John Wiley & Sons Inc.

Teijlingen, E. R. V., Rennie, A. M., Hundley, V., et al., 2001, "The Importance of Conducting and Reporting Pilot Studies: The Example of the Scottish Births Survey", *Journal of Advanced Nursing*, 34 (3), 289 – 295.

第5章 访员招募与调查团队建设

【本章导读】

访员是连接研究者和被调查者的纽带,也是调查资料和数据搜集工作的主要承担者,在社会调查中起着重要的作用。社会调查是一项集体活动,访员的工作质量直接影响调查资料的真实性和准确性,而调查团队的建设则决定了访员工作质量的高低。两者相辅相成,都是社会调查中不可忽视的重要组成部分,因此要求我们高度重视访员招募和调查团队建设工作。

5.1 访员招募

5.1.1 访员工作的功能和意义

在社会调查中,访员主要负责执行问卷调查的工作,即向被调查者收集相关资料。

1. 访员的功能

访员在不同的调查环节中发挥着不同的功能,具体包括调查联络、数据收集和问题反馈这三个功能。

(1) 调查联络

一般来说,社会调查的执行过程与样本地区(或具体社区/村)有两个层面的联络工作:一个是项目组在访员入驻样本地前进行的联络工作,这属于第一层面。这个工作的执行者视调查规模而定,一般由负责人或者督导负责,其目的在于了解当地的调查环境、协商调查的具体时间以及介绍将入驻访员的信息。另一个是访员的联络工作,主要目的在于向访员介绍调查的具体情况以及让访员进一步了解样本地的调查环境,为访员接触样本群体做好充分的准备。访员的调查联络功能是第二层面的联络工作,即访员与样本地区的联络工作。

调查联络的工作质量直接影响社会调查的质量。"访员—社区"层面的联络是调查顺利开展的前提,可以为后续调查的开展提供一个稳定的外部环境。若未来需要进行追踪调查，则会对访员的调查联络质量有更高的要求。在实地调查之前，访员需要主动联系当地居委会或者村委会以寻求支持。调查联络工作可增加居民对访员身份和专业的认可，也有助于建立居民对访员的信任。

（2）数据收集

数据收集是社会调查中最重要的环节之一，关系到调查的整体质量。研究者和被调查者之间依靠访员收集资料来建立联系。访员要积极争取被调查者的配合，向愿意配合的被调查者逐一读出问卷问题，在保证被调查者充分理解问题的基础上记录和整理回答。而对于不充分的应答，访员需进一步追问以获得更全面详实的信息。

在社会调查中，规范的访问流程和灵活的访问技巧是获取高质量调查数据的保障。访员掌握着第一手调查数据，任何不规范的访问行为都会影响到采集数据的真实性和准确性，因此访员需要具备专业的调查素养，同时也要掌握高超的访谈技巧。

（3）问题反馈

访员的问题反馈是对社会调查的有机补充，能够帮助组织者更好地掌控全局，提高调查资料的质量。在实地调查的过程中，访员要注意及时向督导或组织者汇报工作，并反馈遇到的问题。这样的汇报和反馈能使得调查组织者实时了解调查的进展情况，从而及时调整工作安排，同时也能掌握访员的相关情况。

2. 访员工作的意义

访员在调查过程中的行为会显著影响受访者的判断和回答，可能在数据收集环节产生访员偏差效应，从而导致调查资料错误。在实地调查中，访员偏差较为常见，是指访员不规范或不专业的行为导致数据偏误。例如，访员没有取得受访者的信任和合作，样本数据可能失真；或者访员只选择配合度高的受访者，而放弃那些不易沟通甚至抗拒调查的受访者，产生虚假换样，从而影响样本的代表性。此外，访员使用诱导性语言等也会影响受访者的行为，从而导致回答不准确或者存在偏误。

访员的重要性体现在任何工作的改进和规范都将降低调查资料和数据的错误概率。优秀的访员应该熟练掌握沟通技巧，拥有良好的表述和解释问题的能力，并对访问环境具有较强的把控力，从而能很大程度避免偏差的发生。

5.1.2 访员招募的原则与标准

访员是影响调查质量的重要因素。如果调查组织者招募的访员素质低劣，则将对调查数据的质量甚至据此得出的成果造成极其恶劣的影响。而且，在实地调查过程中临时更换访员比较费劲，这就要求组织者明确访员招募的标准，尽量避免上述情况的发生。

1. 访员的一般条件

访员的一般条件指的是对访员自身素质与能力的基本要求，主要有以下五个方面。

（1）认同和兴趣

访员要了解并认同社会调查的意义。如果访员没有从根本上认同社会调查的价值，而仅仅将社会调查当成一项必须完成的工作，或者说错误地认为社会调查打扰了别人，那么这将在一定程度上给访谈工作造成困难。一旦产生这种思想，访员可能会有不自信的表现，从而给受访者一种不专业、不正规的感觉，拉低受访者的信任度，增加访谈工作的难度。

访谈工作是一项需要投入精力的工作。一名优秀的访员应该始终对社会调查充满认同和兴趣。访员在开展了几次实地访谈之后，容易抱怨访谈工作的枯燥。这时如果没有兴趣和坚定信念的支撑，访员可能会出现消极情绪，大大增加误差产生的可能性。

（2）诚实和认真

访员在社会调查中要遵守访员工作准则，实事求是地记录受访者的回答，这样取得的调查资料和数据才是可靠的、值得信赖的。同时，在访问过程中，要以严肃的态度对待社会调查工作，认真学习访员手册，扎实掌握访谈知识和技能，承担起相应的责任，做到不敷衍、不马虎。

（3）勤奋和负责

社会调查是一项艰苦的工作，访员可能不仅要面临简陋的外部环境，还要承受巨大的心理压力。社会调查除了会访问较为常见的城乡样本地区，有时还会要求访员深入一线贫困地区进行访问。同时，访谈工作需要访员付出大量的时间和精力，一般要求访谈任务在限定期限内完成，这给访员造成了极大的精神压力。因此访员要有吃苦耐劳的精神以及勤奋负责的态度，严格遵守组织者的时间安排，按时完成访谈任务。

（4）谦虚和耐心

访员要给予受访者充分的尊重，既不能盛气凌人，也不能奉承迎合，要做到不卑不亢、平等相待。在访谈过程中，访员要仔细向受访者阐述相关问题，不要随意打断受访者的提问和回答；对受访者不明白的地方要细心解释，不要表现出不耐烦的情绪。总而言之，保持谦虚和耐心能使受访者感受到访员友善的态度，从而增加其对访员的信任，有利于社会调查的进一步开展。

（5）理解和读写

访员应具备良好的理解能力和读写能力。在调查过程中，访员的理解能力非常重要。他们既要能准确理解和解释社会调查的主题和意义,也要能观察发现受访者的疑虑所在。这样才能更好地向受访者阐述调查的内容和目的,打消受访者疑虑,获取对方的信任和配合,从而推动实地调查顺利进行。同时,访员也必须具有良好的读写能力,保证调查资料的准确性,避免出现低级的记录错误。一般来说,社会调查组织机构会要求访员具备高中或大专以上的学历。

2. 访员的特殊条件

除了一般条件,社会调查还可能根据调查主题、样本地区分布以及受访者特点等内容,对访员提出一些特殊要求。例如,访员需有充足的可调配时间。由于调查的时间安排多优先考虑受访者的时间安排,所以最终往往选择受访者的空闲时间开展调查。一般而言,晚间和周末是访员调查访问的最佳时间段,主要集中在工作日18点至21点以及周末9点至18点,但也不排除受访者提出在其他时间段接受访问的要求。

另外,从访员与样本地区适配度的角度来看,如果访员的学校、工作地或家乡所在地与样本地在地理位置上重叠或邻近,这类访员应被优先考虑。因为这样的访员熟悉当地的文化传统和风俗习惯,完成调查工作往往更顺利。访员是否掌握调查地的方言或者民族语言也是值得调查组织者关注的方面,中国家庭追踪调查(CFPS)的访员应聘要求中明确提及"川藏地区的报名者,除普通话外,会一门少数民族语言者优先"。

从信息的发布渠道、资格要求以及录用结果来看,国内社会调查招募的访员偏向大专院校的学生,有的甚至在招募信息中明确要求年满18周岁的在校学生。此外,也有调查会招募中小学退休教师或者机关办事人员,如全国人口普查的普查员中包括政府办事人员。专栏5-1中列举了部分国内大型调查的访员招募条件。

专栏5-1 国内大型调查的访员招募条件

案例5-1:2020年中国家庭追踪调查招募

(1) 在2020年6月—7月可参加为期4天半时间的培训;
(2) 电话访问要求7月—8月至少连续工作30天;
(3) 年龄18周岁及以上,熟练使用笔记本电脑;
(4) 学校、工作地或家乡所在地在样本市内优先考虑;
(5) 对调查访问感兴趣,诚实守信,服从安排,善于沟通,抗压能力强。

特殊条件:川藏地区的报名者,除普通话外,会一门少数民族语言者优先。

> **案例 5-2：2018—2019 年全国乡镇服务能力评估调研项目调查员招募**
> （1）年满 18 周岁的在校学生，学历不限，专业不限，对社会调查有激情者优先；
> （2）能保证参加完整的访问培训、考核及实地执行工作；
> （3）做事态度认真，耐心细心，能吃苦耐劳，有责任心及团队意识；
> （4）具有较强的语言表达能力及沟通能力，有较强的心理承受能力；
> （5）遵守并履行项目期间的各项规章制度；
> （6）需保证有 4 周左右的可外派的空闲时间。
>
> **案例 5-3：2020 年中国企业创新创业调查访员（电访）招募**
> （1）暑期时间充裕，能够在正式调研期间，保证每天全勤的工作时间；
> （2）在读大学生、研究生，专业不限，对经济学田野调查感兴趣；
> （3）积极乐观，善于沟通，在工作中能够表现出细心、耐心，抗压能力强；
> （4）能够听/说河南、甘肃方言或曾有河南、甘肃调研的相关工作经验者优先；
> （5）参加过同类型调查或其他大型社会调查的访员优先。

5.1.3 访员招募的方式与渠道

1. 访员招募方式

（1）线上招募

线上招募指通过互联网渠道发布访员需求信息，对访员进行招募。常用的工具有 QQ 群和微信群、论坛、校园新媒体和宣传网站等。调查组织者可以建立专门用于访员招募的 QQ 群或微信群，不定时上传调查的介绍资料，包括文档和视频等，以便潜在应聘访员对该项社会调查有更清晰的认识。线上群聊的形式不仅方便更多感兴趣的人士加入，也拉近了调查组织者与潜在访员的距离，便于组织者及时回应潜在访员的困惑、明确其需求。

一些由高校承办的社会调查，如西南财经大学的中国家庭金融调查（CHFS）、北京大学的中国家庭追踪调查（CFPS）和北京师范大学的中国真实进步微观调查（CGPiS）等，都会通过学校论坛和校园新媒体来开展访员招募工作。一般来说，高校官方论坛是本校学生线上活跃度最高的场所，上面发表的招募信息能够得到校内学生较为广泛的关注。随着互联网的发展，校园官方微信平台、学院和社团公众号等校园新媒体也逐渐活跃起来，这些都可以作为线上招募的宣传渠道。此外，社会调查的官方网站和微信公众号也是访员招募的有效渠道。这种线上渠道最为正规和直接，组织者发布官方招募信息，提供相应的报名和联系方式。

（2）线下招募

线下招募指的是通过实地宣传的方式对访员进行招募，常用的手段有印发访员招募传单、张贴横幅和海报、实地路演、举办宣讲会和分享会等。

在访员招募初期，可通过印发访员招募传单、张贴横幅和海报以及喷绘等方式对招募工作进行宣传，提高访员招募工作的知名度。此外，也可通过路演以及向路人发放宣传手册等方式吸引人们关注，扩大社会调查和访员招募工作的宣传力度和范围。如果招募对象主要是大学生，那么还可依托相关的学院和学生组织来进行线下访员招募的宣传工作。

在访员招募中后期，可组织开展社会调查宣讲会和分享会。宣讲会主要是介绍该项社会调查的目的和基本情况，使得大家对于社会调查和访员工作有一个更加清晰的认识。分享会主要是邀请一些参与过社会调查工作的访员来为大家分享经历、经验和收获，同时解答大家的疑惑，这种"过来人"分享经历的活动能够有效激起大家的共鸣，从而帮助大家走进访员的工作日常，这在一定程度上有利于访员的筛选，因为对调查不感兴趣或者能力较差的人员可能会主动退出，相对来说留下来的人员质量更高，也更愿意从事访员工作。

2. 访员招募流程

成立一支优秀调查团队的重要基础是招募到合适的访员，访员招募主要包括前期准备工作、宣传工作、面试和筛选工作以及签订协议等流程，具体的访员招募流程见图5-1。

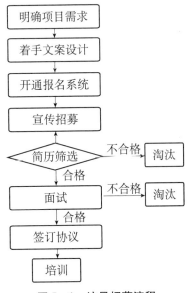

图5-1　访员招募流程

（1）准备工作

在访员招募工作正式开始之前，需要进行事先准备工作，主要包括明确项目需求、着手文案设计和开通报名系统等流程。

① 明确项目需求

在访员招募准备工作中，首先要明确该项社会调查对访员的具体需求，包括访员人数、招募对象、招募标准以及社会调查的时间安排等。此外，还要对访员执行的特定任务的名称、概况和要求进行说明。

明确项目需求也是对社会调查安排的梳理，因为它涉及具体的人员和时间安排。只有事先明确相关安排，才能确保访员招募工作的顺利开展。

② 着手文案设计

在明确了项目的需求之后，便可以着手文案的设计工作。良好的文案是吸引访员的重要条件。文案不仅要求美观大气，还需要整合需求、突出重点。在文案中，访员的人员需求、岗位说明以及时间安排等应置于醒目位置，以便大家对该调查有直观而清晰的认识。同时，宣传文案的设计也要别出心裁，具有吸引力。在文案明确之后，便可联系打印店制作。

③ 开通报名系统

访员报名可以采取线下和线上相结合的手段，线上主要利用网址和二维码等形式，访员通过填写线上表格来完成报名。要注意的是，线下可以通过路演或者宣讲会等形式组织现场报名，而线上访员报名要按照社会调查的整体安排对系统设定开放时间区间。

（2）宣传工作

在前期准备工作完成之后，便可以着手访员招募的宣传工作。宣传工作也是采用线上与线下相结合的方式，前期主要通过线下的横幅、传单、喷绘和海报等方式宣传访员招募工作，同时充分利用好线上的群聊和论坛等途径进行配合。在招募工作的中后期，可以组织线下访员的宣讲会和分享会等，拉近组织者与大家的距离，使得大家能够对访员工作有更深入的理解。对于依托高校开展的社会调查可以争取学校和学院的配合，如与校团委、学院团委和学生会等合作，利用他们的官方渠道向同学们发布访员招募信息。

（3）面试和筛选工作

在访员报名截止之后，就可以开展访员的面试和筛选工作。首先在面试之前要对访员信息或简历进行筛选，排除掉不符合要求的申请人，选出符合条件者进入面试环节，并对入选者发送祝贺短信或邮件。面试的形式有多种，包括单人面试、群体面试和无领导小组讨论等。具体的面试过程可包括自我介绍、行为性问题和假设性问题等问题形式，面试的主要目的是核实申请人的基本信息、确认对方的时间，还需按照访员招募的原则和标准来考量他们是否具备成为一名优秀访员的能力和潜力。

在面试结束之后，根据面试结果对申请人分别进行通知。对于面试成绩优异的人，要告知并恭喜他们被录用的消息并保持进一步联络，比如建立线上群聊或者开展线下答疑会等，确保他们能按时参加下一步的访员培训和实地调查工作。对于面试表现较差的人，调查组织者也要与他们进行联系，告知面试的结果并及时对他们进行安抚，表达对他们支持该社会调查工作的感谢。

（4）签订协议

在确保面试筛选的申请人都有时间参与接下来的访员培训和实地调查工作后，便可以与他们签订参与社会调查工作的工作协议、保密承诺和家长同意书等材料。协议中要明确访员的工作职责、任务以及待遇等内容，同时对访员的行为进行适当的约束，增强访员的参与感和安全感。至此，他们访员的身份正式确定。另外，这一步骤也可以帮助确认调研的实际访员人数，判断是否存在人员缺口。

5.1.4　访员招募案例：中国真实进步微观调查（2017）

访员招募是一项实践性和操作性非常强的工作，我们以北京师范大学2017年的中国真实进步微观调查（CGPiS）为例，详细讲解一项调查研究中的访员招募工作是如何进行的。

1. 根据调查规模、样本集中度及访问难度确定招募数量

"中国真实进步微观调查（2017）"的样本覆盖29个省/自治区/直辖市，样本量多达40 000户，每个家庭涉及的问卷问题约400个，完成每份问卷耗时约1.5个小时。为了高效率地完成调查，本次调查参与了高校调查联盟。每个学校负责邻近省份的调查，北京师范大学负责天津市、辽宁省、吉林省和黑龙江省四个地区，样本量约6 000户，合计招募访员272人。具体来说，按照各地区样本量、样本集中度及访问难度（见表5-1），确定天津市样本量1 023户，所需访员48人；辽宁省样本量2 054户，所需访员104人；吉林省样本量1 384户，所需访员64人；黑龙江省样本量1 223户，所需访员56人。

表5-1　按各地区样本量、样本集中度及访问难度所需访员数量

地区	样本量	小组数	所需总人数
天津市	1 023	6	48
辽宁省	2 054	13	104
吉林省	1 384	8	64
黑龙江省	1 223	7	56
合计	5 684	34	272

数据来源：中国真实进步微观调查（2017）。

2. 根据招募对象确定招募信息投放渠道组合

"中国真实进步微观调查（2017）"的设计问卷包括封闭型、半封闭型选择题及填空题这几类题型。整个访问过程采用了计算机辅助面访系统（CAPI），只需要访员按照培训要求向受访者读出问题，选择或填写受访者给出的答案即可，因此对相关专业知识不作任何要求。调查以北京师范大学为主要基地，兼顾其他院校，在所在院校及专业上不设限制，设定的招募对象为18周岁及以上的在校大学生。

在投放渠道方面，调查招募信息权衡了信息覆盖面和成本。具体做法如下：

（1）调查项目组——中国真实进步微观调查与研究中心

① 官网、微信公众平台投放，"中国真实进步微观调查CGPiS"微信公众平台有约800人关注，同时关注者中有一些也为该项目的参与者。

② 在"中国真实进步微观调查2016"访员群及招募群中进行投放，请群成员协助转发。

（2）北京师范大学

① 学校官网、学校微信公众平台向全体在校生推送。

② 外宣，在校园信息展示区投放海报，组织发放宣传册及礼物。

（3）其他高校

① 在高校贴吧及论坛投放。

② 在兼职网投放。

招募信息应在如下重要方面上有所体现：一是项目介绍；二是招募岗位，包括人数及主要职责；三是申请条件；四是福利报酬，要明确告知参加调查能获得的报酬，如工资、实践证明、餐旅报销或补贴等；五是培训及报名截止日，确定报名起止时间、培训时间与地点；六是报名方式；七是咨询方式等。

专栏5-2　中国真实进步微观调查（2017）访员招募公告

【暑期招募】北京师范大学中国真实进步微观调查（CGPiS）调查员招募
用双脚丈量中国，用无悔书写青春
欢迎加入中国真实进步微观调查（2017）

【项目简介】

"中国真实进步微观调查"（CGPiS）是由北京师范大学创新发展研究院开展的一项全国性的大型综合调查项目，是首次在国内开展的针对测算中国真实进步指数进行的全国性抽样调查。本调查旨在通过建立一个微观家庭和个人的全面、真实、有代表性的大型数据库，并基于此数据库开展学术和政策研究，为构建一套测度中国经济社会真实进步的指标体系，提出改进经济社会发展的有效对策方略，从而增进国民整体幸福感做出贡献。

本项目于 2015 年 12 月启动，调查内容涉及就业、消费、时间利用、环境、健康、生育、社会网络和价值观等诸多方面。项目试调查于 2016 年 8 月圆满完成，累计采集 3 033 户家庭样本数据和 8 437 份个人数据、5 655 份网络调查样本数据。

中国真实进步微观调查（2017）样本范围覆盖 29 个省/直辖市/自治区，样本量达 40 000 户。本次北京地区招募访员（含督导）约 330 人，成功入选的同学将接受系统、全面的社会科学调查方法培训，并以团队的形式分别派往黑龙江省、吉林省、辽宁省和天津市四个地区，深入样本家庭采集数据。

【招募岗位】

访员（含督导）约 330 人，主要职责：参加培训，进入样本社区完成家庭入户问卷调查，遵守项目组制定的《访员行为规范》。

【申请条件】

1. 高校在校生或应届毕业生（院校及专业背景不限，年满 18 周岁）；2. 暑期时间充裕，能够全程参加培训和 4 周左右的实地访问；3. 注重团队合作，友好而包容；4. 沟通能力强，有抗压能力，能够在压力和逆境中保持乐观，坚持到底；5. 有责任心和使命感，真实是数据的生命，要为自己收集的每一份数据负责；6. 身心健康。

【福利报酬】

1. 物资报酬：项目组提供的背包、T恤、帽子等物资；2. 培训补助：40 元/天/人；3. 访员工资：以完成问卷量为标准的工资（约 35 元/份/人）+按派出天数为标准的补助（市内交通、餐饮等补助，75 元/天）+住宿、跨省市交通费用的报销（仅派出阶段，北京与样本地区的往返车票）；4. 社会实践证明：访员合格完成访问工作后，将获得由北京师范大学经济与资源管理研究院开具的"暑期社会实践证明"；5. 荣誉证书：表现优秀的访员和督导，将获北京师范大学经济与资源管理研究院颁发的优秀访员/优秀督导等荣誉证书；6. 保障：为每位访员、督导购买保险。

【培训及报名截止日期】

报名截止日期：7月12日；培训时间：7月15日开始，连续培训6天左右（培训期间住宿自理）；培训地点：北京师范大学（新街口外大街19号）。工作时间：7月22日—9月1日，视具体情况而定。

【报名方式】

方式一：请登录网站　方式二：请扫描二维码

【咨询方式】

联　系　人：****
办公室电话：*****
邮　　　箱：*****
QQ　　群：*****
地　　　址：*****

北京师范大学
中国真实进步微观调查与研究中心
2017年4月17日

3. 构建报名系统及信息采集框架

"中国真实进步微观调查（2017）"报名系统通过网络调查工具（问卷星）构建，报名者需要填写包括联系方式、性别、年龄、年级、院校、专业、健康程度、时间安排、调查经验、个人自荐等方面的信息。

专栏5-3　中国真实进步微观调查（2017）报名者填写信息

1. 您所报职位：_____
2. 您的姓名：_____
3. 您的性别：_____
4. 您的年龄：_____
5. 您所在院校：_____
6. 您所在专业：_____
7. 您所在年级：_____
8. 您的身体健康程度：_____
9. 是否服从项目组统一安排：_____
10. 按照自己的意愿对以下派出地区进行排序（1=最想被派出的地区，…，5=最不想被派出的地区）：天津市、辽宁省、吉林省、黑龙江省

11. 您的手机号码：_____
12. QQ：_____
13. 邮箱：_____
14. 个人自荐：_____

4. 面试方式、内容

"中国真实进步微观调查（2017）"针对北京地区以及北京以外的报名者分别采取了现场面试和电话面试两种方式。在自我介绍、无领导小组讨论和询问这三大环节外，面试阶段还增加了一项调查实践的介绍，向面试者呈现调查的真实情况以及可能遇到的困难，这有助于降低调查实施过程中的访员退出率。2017年，282名访员中仅2人因调查工作压力大而退出。

5. 报名者管理及备选访员管理

"中国真实进步微观调查（2017）"建有QQ招募群和微信访员群，群成员主要是报名者和项目组人员。通过面试考核的报名者作为备选访员被邀请进入QQ访员群。QQ群具有发送和留存资料的强大功能，微信群在发送和储存资料方面较为不便，但可以提供便捷的交流。

"中国真实进步微观调查（2017）"招募情况如下：访员报名人数为444人，其中男性102人，女性342人，面试通过人数分别为74人和174人，通过率为73%和51%，男性比女性高出22个百分点。由于女性报名者显著多于男性，而出于安全因素的考虑，每个访员小组中至少要配备两名男性，因此在既定的招募人数下，男女通过率相差较大。此外，督导报名人数为130人，其中女性103人，男性27人，通过率分别为22%和27%，督导面试通过率低的原因主要在于督导选拔条件较为严格，其中能否有能力领导组织好一个小团队是选拔最重要的标准之一。

5.2 调查团队建设

在招募工作完成之后，成功入选的访员就正式成为调查团队中的一员。科学有效的调查团队建设可以帮助访员变得更为优秀，从而提高调查的效率，保证调查的成功开展。这也是团队建设的根本目标。具体来讲，团队建设的目标主要围绕安全、质量、效率和成本四个话题。本节将从角色建设、组织建设、心理建设以及保障建设四个维度讲解调查团队的建设。

5.2.1 团队角色建设

在实际调查工作中，访员是直接接触受访者的一线工作人员，但整个社会调查并不能只单单依靠个人的力量。实地调查工作量大、程序复杂，一个成功的调查项目往往需要团队中各个角色的竭力协作。

通常而言，一个调查团队应该包括五类角色：项目组织单位（以下简称"项目组"）、协作单位、大区督导、带队督导与访员。

项目组负责整个调查项目的组织工作，是调查工作的总司令。虽然在调查过程中项目组可能不会亲临实地，但调查工作的顺利推进要求项目组对调查工作全程保持足够的关注。在调查前，项目组需要联系样本地区的相关单位，取得相关单位对调查工作的许可和支持。此外，项目组还需要制定调查工作的流程安排和具体细则等。当实地调查过程遇到任何突发情况时，项目组要及时在后方进行支援。

协作单位负责相关协调工作，主要在样本地协助调查团队联络受访者，通常是样本所在地的政府单位。社会调查通常需要访员进行入户调查，如果没有当地街道办或居委会的支持，受访户可能拒访甚至报警，这对调查工作的顺利开展造成了极大的阻碍。同样，社会调查需要对样本地区人群有一个大致了解，而这些资料只能从当地政府获得。有了协作单位的协助，调查团队就能够更方便地筛选调查目标，不仅可以提高调查的效率，而且能够降低安全事故的发生率，比如提前得知某户受访者患有精神病或传染性疾病，为确保访员的安全可放弃该样本。

大区督导负责管理所属片区内的各调查小组，对他们的调查工作进行指导，处理相关调查事务以及与样本地相关单位进行沟通联络。一个大型社会调查的调查范围不局限在某个市区或者省内，这就要求同时向各个地区派遣不同的调查队伍。大区督导好比是实地的司令员，本身不亲自与受访者沟通，但需要亲临实地，组织安排各调查小组的调查任务。

带队督导（简称"督导"）负责在项目执行过程中直接带领小组成员实地调查或访问。在实际调查及团队建设中，督导的责任最重，除了直接接触和带领访员，其本身也会承担一些访问任务。当访员面临困难时，会直接向督导反馈问题。督导不但需要保证调查任务的顺利完成，还需要保障每一位访员的身心健康。因此，虽然督导的招募方式和流程与一般访员基本一致，但督导的选拔具有更严格的标准。由于督导需要负责团队建设，招募时更加强调督导要具有善于沟通、有责任心等品质。

此外，督导也需要经历更严格的访前系统培训，如社会调查和数据处理等方面的培训。对于大区督导而言，还需要进行更为专业的培训，如抽样技术培训。

调查过程中，有时还需要督导将培训内容传授给调查地区的调查机构或人员。

访员（调查员）在督导的带领下执行调查任务，完成具体的调查或访问任务。前一小节已经对访员进行了详细的介绍，在此不再赘述。

5.2.2 团队组织建设

调查团队的组织建设分为两个部分：一是团建管理，加强团队非正式交流，增强团队凝聚力；二是奖惩机制，规范团队成员的行为目标，提高调查效率。

1. 团建管理

在访员招募工作完成之后，便要对访员进行培训。从培训阶段伊始，访员会被分配到不同的调查小组之中。小组调查任务的完成要最大化发挥整个小组的力量。作为调查小组的核心，督导肩负着组建一支有向心力和凝聚力小组的重任。团建管理在培训阶段通过以下两种方式营造和谐互助的调查团队氛围：

① 搭建组员交流渠道。督导在拿到小组名单后，应及时建立一个交流渠道供大家日常沟通联系，通常采用 QQ 群和微信群等方式。除了方便通知每日事务，建立交流渠道更多的是为了方便全组成员的交流熟悉。实地调查期间和谐的组员关系可以对调查工作起到事半功倍的效果。大家在培训期间如果有任何疑问，都可在交流群中相互讨论。除了线上交流，督导也应常在培训的课间或课后时间将组员聚在一起，让大家相互认识，为后期出访建立感情基础。

② 了解组员。要建立一支优秀的团队，营造出一个良好的团队氛围，督导必须充分了解团队成员，掌握其心理状态。督导只有提前了解每个组员的实际情况，才能在以后的相处中把握分寸，便于后期实地调查中根据组员特质分配任务，让管理工作事半功倍。培训期间，督导可利用课间或课后时间多与组员沟通，也可在课后组织聚餐、桌游或 K 歌等小活动，帮助大家融入团体，增进相互之间的了解。

在正式调查过程中，团建管理主要通过调节团队内部的氛围与人员心理动态和掌握各队伍的调查进度两种方式进行。

① 调节团队内部的氛围与人员的心理动态。随着时间的积累，艰苦的调查工作会逐渐磨灭团队成员最初的新鲜感。调查团队内部积极的氛围有助于驱散负面情绪，提高调查效率。为了营造积极向上的氛围，除了在培训过程中注重降低访员对调查的预期，还需要预先设立宣传员，充当队伍的正面角色。宣传员除了在群聊中鼓励访员，更重要的是需要在调查大区的交流群中汇报小组的调查动态。团队宣传员之间的相互汇报，可以使得团队成员归属感更强，对自己的调查工作产生极大的成就感，甚至产生积极的竞争意识。在调查过程中，大区督导和带队督导也需要从多方面及时了解实际执行情况，大区督导可远程指导和鼓励，

化解问题；带队督导可实地带领，解决疑难，鼓舞士气。

② 掌握各队伍的调查进度。项目组应实时掌握各队伍的完成进度，以防止队伍间的进度差距较大。可设定工资系数、建立评奖评优体系来激励调查团队积极工作，从而保证各组均认真完成组内任务。如果在实际调查中还是出现了队伍间完成进度差距过大的问题，可协调进度较快的队伍支援进度较慢的队伍，或对进度较慢的队伍给予额外协助，鼓励其按时完成任务。如果遇到后期人员不足的情况，可适当给未返校队伍增加工作量，或者在已返校人员中组建攻坚扫尾队进行解决。各支调查队伍间的互帮互助可以培养调查团队的"支援"意识和"团体"意识。

2. 奖惩机制

在实地调查中，对于社会调查的组织者而言，以下三个问题是最为核心的：

① 如何确保访员在调查期间遵守访员行为准则，这也是培训期间要重点强调的。

② 如何确保访员高质量地完成访问工作，杜绝作弊行为。

③ 如何确保访员不会中途退出，尤其需要规避地区性的大量访员退出。这三个问题都会严重影响调查工作的进度，甚至可能导致社会调查未能在既定时间内完成。解决上述问题的办法之一是建立一套合理有效的奖惩机制来激发访员的积极性。奖惩机制建立的最终目标即在确保访员安全的前提下，得到高质量的样本数据，同时保证访员能够在既定时间内顺利完成调查工作。

在调查执行中，具体的奖惩措施大体如下：

① 基于问卷完成量的计件工资与样本数据质量挂钩。计算机辅助面访系统可基于一定的规则计算出每位访员调查样本数据质量的一个系数。在规模较小的纸质问卷调查中，可由经验丰富的教师团队进行问卷完成质量评价。小型调查所需要的访员较少，更容易打造高质量的调查队伍，采集的样本数据的质量通常较高。

② 培训期间的补助与是否中途退出挂钩。中途退出的访员将被取消培训期间的补助。

③ 访员违反行为准则的，将被扣除相应的收入和补助，对严重影响团队工作的访员直接劝退。

④ 如果部分访员因其他访员退出而增加了任务量，则相应提高其计件收入。

⑤ 为调查期间表现优秀的访员颁发优秀证书及奖品。调查过程中访问数量大幅领先平均水平、问卷质量极高或者对团队工作有突出贡献（比如对团队氛围产生积极作用的访员）都属于典型的表现优秀。

5.2.3 团队心理建设

心理建设是调查团队建设需要高度重视的部分。调查前期，访员对未来的工作充满新奇和热情，但因为调查任务有一定的难度，后期访员可能会感到厌倦、疲惫。当访员心理上产生消极情绪后，如果不及时进行心理疏导，轻则访员工作效率低下，重则访员中途退出。而且，单个访员的消极行为极大可能会影响到整个团队成员的情绪，从而严重影响调查的进展。总的来讲，团队心理建设有预期建设和心理疏导两方面的内容。

1. 预期建设

通常来说，一个人期望越大，那么他愿意付出的努力也越大。但当事情没有达到他的预期结果时，他就会产生失望感和负面情绪，这对访员工作来说也是一样的。在调查中，尤其是面对面访问调查中，争取受访者的配合并不是一个轻松的过程，并不是所有受访者都可以被争取到。访员在实地调查中可能会遇到很多意料之外的困难。如果没有经过有效的预期心理建设，就容易产生心理的排斥和自我怀疑。

一般来说，当访员预期调查的难度越小时，比如预期社区和样本家庭很好沟通或受访者会很容易理解问卷问题等，他的受挫感可能会越强烈，这样就容易引起一系列的道德风险问题，如降低问卷数据的质量和样本的代表性。专栏 5 - 4 中给出了一些访员容易产生预期落差的情景。

专栏 5 - 4　容易产生预期落差的情景

（1）在项目组联络工作具有行政执行力的情况下，居委会依旧配合力度不大，甚至拒绝开展工作。

（2）问卷设计是合理的，但当问卷问题被受访者质疑时，由于访员没有充足的知识储备回应，受访者甚至加深了质疑。

（3）访员有很高的利他性和社会信任，但样本家庭会拒绝访问、谩骂质疑，甚至威胁报警。

（4）原以为调查是一件轻松愉快的事，还可以顺带游玩。但现实中，受暑假时间和项目成本限制，访员任务安排往往非常紧凑繁重。同时，考虑到安全问题，外出游玩是被禁止的。

（5）预期可以认识来自不同高校和年级的同学，会经历一段美好的、愉快的团队生活。但现实中有些同学不能愉快地一起分工协作，会发生各种小矛盾。

访员可以通过以下几种手段进行预期管理：

① 面试阶段尽可能把在实地调查中可能遇到的问题传达给访员，以使访员对真实情况有所预期。

② 培训阶段，尽力加深访员对问卷内容的理解，并缩小访员对问卷问题复杂程度预期与具体情况之间的差异。

③ 培训期间，通过一系列团队活动，促进团队成员相互了解、快速磨合。

下面这个培训中的情景模拟案例可以有意识地让访员认识到实地调查中的困难。

"如果让你在一个陌生社区中随机抽取 20 个住户进行问卷调查，并且一旦抽取就不能随意更换。调查实行两人一队入户模式，每份问卷时长大概 1 个小时。你所在的组包括 1 名督导和 8 名访员，那么你认为你能完成任务吗？如果能，你觉得需要多长时间？如果不能，你认为最大的困难是什么，如何克服？"

2. 心理疏导

心理疏导需要贯穿调查的全过程。通常而言，访员产生消极情绪除了因调查工作受挫，还可能因为与调查团队中其他成员关系不和谐。这种情况背后通常有三种原因：任务分配不均、财务分配不公和团队成员性格不合。访员间任务分配不均通常是由于督导不作为或督导干预太多造成的。因此需要项目组或者大区督导指导督导改善。财务分配不均通常由于督导与访员间公杂报销标准不一致导致。为避免这种情况发生，调查团队需要在调查开始时明确会计职责。而如果发生了团队成员间性格不合的问题，督导甚至项目组需要根据实际情况与这些成员进行沟通、指导，必要时对相关人员分配进行调整。

团队的心理建设要求保持团队成员具有对调查成功的信心和乐观积极的态度，要让团队成员坚信曲折道路的前面是光明的胜利。督导需要经常组织组员一起交流讨论，时刻关注小组成员的心理问题，鼓励组员之间互相开导、交流经验，甚至组织开展休闲游戏，起到增强团队凝聚力、放松团队氛围的作用。

5.2.4 团队保障建设

团队保障建设的目的是保障团队工作的高效安全，主要包括财务体系建设、后勤保障建设、安全保障建设、监督体系建设和技术系统建设。

1. 财务体系建设

财务体系的建设从筹备项目资金开始，调查项目可向所在研究单位或者科研基金申请资金，在获得研究资金后规范资金的使用。财务管理的主要目标是控制成本，使得开支控制在合理的范围内。社会调查往往耗费大量的人力、物力和财力。调查如果没有足够的财务保障，而又不能有效地控制成本，那么很难在资金有限的条件下取得理想的成果。

当然，调查期间需要兼顾效率和成本，应该合理调整住宿标准，规范交通费用报销，自觉支付误工费用。如果为了降低成本而使访员每天吃不饱、睡不好，那么很难想象在这样的条件下访员还会一丝不苟地完成调查工作。而如果调查工作无法按要求高质量完成，那么社会调查也就失去了实施的意义。

除了控制成本，财务管理还需要设立合理的绩效考评制度。通过绩效考评制度评估不同组员完成工作的数量与质量，在最终的调查薪资上拉开差距。有了金钱的直接激励，访员就有更强的动力高效高质量地完成调查任务。

2. 后勤保障建设

后勤保障为调查的顺利开展提供重要的服务支持。作为项目组与带队督导之间的中介，大区督导肩负着为调查队伍提供后勤支持的重要职责，在调查筹备期需要得到调查样本所在社区、单位的同意与支持，并在调查实施初期与其进行沟通和确认；在队伍正式出发前需要通知对方，并在调查执行过程中与社区、单位保持实时联络，遇到突发状况及时进行反馈。在调查过程中，大区督导是调查团队的坚实后盾，要实时回应调查团队遇到的突发问题，及时进行调查指导，同时与项目组一起做好后勤协助工作，如资料邮寄、函件开具（如某样本点需要开具某函件才予以配合）、回程统计（便于安排交接工作）等。

在实际调查过程中，关心和照顾生病队员是后勤保障的内在要求之一。由于访员通常都会在陌生地区待上一段时间，水土不服和高强度工作可能会使访员感到身体不适，因此调查团队需要有意识地提前准备各种常见药品，并能够有条不紊地安排生病队员就医。此外，调查团队可以不定期给访员发放生活用品、零食等小物品，为参与调查的所有成员发放统一的调查服饰、背包、纸笔等，这些细节可以使访员感受到来自组织的温暖，从而增强其归属感和荣誉感，提高调查效率。

交通和就餐是调查期间后勤保障建设过程中需要考虑的重要问题。在实际调查期间，访员如果在通勤上耽误太多时间，就可能身心疲惫、难以集中精力。因此，交通出行应尽量便捷。建议市内通勤视具体情况选择出租车或公共交通，跨市区流动选择火车最佳，更远的地点可乘坐飞机。就餐应秉持卫生健康且不浪费的原则，不能为了节约开支而在饮食方面苛求。为了加强团队成员之间的相互交流，应以集体用餐为主，非必要情况不允许访员单独就餐。

3. 安全保障建设

安全是团队建设中最基本的目标。培训阶段务必要向访员灌输安全意识、传授相关技能。在队伍出发前，大区督导需要提前了解样本地区的各种情况（气候、风土人情等）。在调查过程中，大区督导需要实时了解大区情况并做出相应调整。如发生流行性疾病、塌方、洪水等天灾或者治安问题等人祸，要迅速做出反应。带队督导可以通过要求各队伍每晚报平安、每天至少联系一次等方式实时了解队伍情况，并且在遇到特殊情况时要及时向大区督导报告。为使安全意识深植于访员的心中，项目组可以请专业人员开设急救课程，并印发《安全与急救手册》给每一名访员学习。

实际调查中最常见的安全问题是入户调查的受访者患有传染性疾病。为避免此类安全问题，大区督导在调查前应主动向居委会取得受访者的基本信息，对有传染性疾病的受访者进行排查。如果在农村进行入户调查，农户家中的狗也是一个巨大的安全隐患。通过当地村委会的帮助来避免访员被狗攻击是保障访员安全的最佳办法。每一名访员都要树立正确的安全意识，学习一些必要的急救方法，在遇到问题时不慌张、不害怕，冷静处理并且向组织汇报，以最大限度地避免安全问题发生。

4. 监督体系建设

任何工作都需要一定的监督，缺乏有效监督将难以保障工作的质量。调查的目的是获得高质量的调查结果，而有效的监督是调查结果高质量的有效保障，所以监督体系建设是调查团队建设中不可忽略的一环。在实地调查中，调查队伍会按照区域及区域内样本量，设立"调查执行者+调查小组"的工作模式，每个区域配备1—2名大区督导，按照区域的任务量配备调查小组（一般来说每个小组包含6—8人，其中带队督导1位），同时调查小组入户调查采取双人入户模式，这就使得整个调查监督具有三个层次：第一层次，双人组的相互监督，主要解决访问操作和访问规范问题；第二层次，带队督导监督，其主要工作包括管理小组工作、联络社区、监督访员行为以及时修正访员的错误；第三层次，大区督导监督，主要工作包括协调区域联络、社区沟通、监督访员行为及修正访员的错误，支持并监督带队督导工作。

执行端的职责是在确保访员安全的前提下保证数据质量并追求调查进度。同时，应将质控纳入前端执行范畴，形成"前端+后端"的质控体系，有助于问题的及时纠正，保障数据质量。

5. 技术系统建设

当前的大型问卷调查中很少采用纸质问卷，多数以计算机辅助面访调查系统代替。计算机辅助面访调查系统首先利用计算机技术、互联网技术和移动通信技术将调查问卷及数据电子化；其次在面访过程中利用笔记本电脑、平板电脑、智能手机、录音笔和摄像机等移动终端收集相关数据；最后通过互联网将访问的所有数据信息传输回调查后台（邹宇春等，2019）。在此过程中，问卷网、问卷星和微调查等平台可以提供电子化调查问卷、录入和分析调查数据等服务；EpiInfo

和 EpiData 等软件可以简单或程序化地进行数据录入以及识别错误。

计算机辅助面访调查系统可以很好地简化问题逻辑设置操作，减少数据收集整理过程中产生的误差，其拥有的定位、数据实时回传和访问录音等功能可以有效地监控访员的行程及访问过程，对确保访员安全及数据质量提供了支持。尤其是录音功能，能够实时核查数据的质量，及时核查疑问数据产生的原因。但需要访员注意的是，访谈中能否录音需要征求受访者同意。后端数据监测系统可在数据逻辑上检测数据质量，发现问题后及时反馈给访员，帮助其修正问题行为。

部分访谈也使用了电话等通信设备，但多数仍需要计算机的辅助。计算机辅助电话访谈技术（Computer Assisted Telephone Interviewing，CATI）与计算机辅助面访调查技术的主要区别在于访员通过电话调查受访者的相关信息，而非面对面询问。

小结

建设一支高质量的访员团队是调查工作成功的根本。访员招募与团队建设二者相辅相成、缺一不可。招募访员时，除了要求访员认同调研项目、对调研项目有兴趣，还需要访员具备诚实认真、勤奋负责、谦虚耐心等优良品德。有些调查项目由于主题、样本地区的分布以及受访者的特点等存在差异，还可能对访员提出一些特殊要求。随着时代的发展，有越来越多的渠道能够招募到来自五湖四海的访员，但无论招募方式如何变化，招募目的和招募流程依然不变，访员招募仍然要经历"准备—宣传—筛选—输送"环节。

访员被成功招募后，会被分配到调查小组中进行工作。团队建设的成功与否决定了能否充分发挥访员的作用。无论是前期的培训工作，还是实地调查中对访员行为的管理和监督，或者是团队中的各类沟通与激励方式，团队建设的所有工作都是围绕"安全""质量""效率""成本"这四个目标进行探索与努力的。

参考文献

风笑天，《社会调查方法（第二版）》，北京：中国人民大学出版社，2016 年。

风笑天，《现代社会调查方法（第三版）》，武汉：华中科技大学出版社，2005 年。

弗洛德·J. 福勒，《调查研究方法（第三版）》，孙振东、龙藜、陈荟译，重庆：重庆大学出版社，2004 年。

郝大海，《社会调查研究方法（第四版）》，北京：中国人民大学出版社，2015 年。

孟芳兵，"高校志愿者招募培训工作机制研究"，《华中农业大学学报（社会科学版）》，2010 年第 2 期，第 161–164 页。

水延凯、江立华，《社会调查教程（第六版）》，北京：中国人民大学出版社，2014 年。

孙妍、严洁等，《中国家庭动态跟踪调查（2010）访员培训手册》，北京：北京大学出版社，2011 年。

王卫东，《网络调查与数据整合》，武汉：武汉大学出版社，2018 年。

徐洪波，"问与答之间：访员因素对数据质量的影响"，《山东社会科学》，2016 年第 5 期，第 85–90 页。

邹宇春、张丹、张彬，"CAPI 不是万能的：入户调查执行方式与系统性误差"，《学习与探索》，2019 年第 6 期，第 43–49 页。

第 6 章　调查数据质量控制

【本章导读】

调查数据质量的重要性对整个调查结果不言而喻，而影响数据质量的因素则贯穿于整个调查过程，主要包括访员、调查项目本身及调查技术手段等方面。其中，作为数据调查第一主体的"访员"，其自身的特征、经验、态度和是否在场及访员群体的不可预期行为等，均对数据质量有着重要影响。调查项目本身，从问卷设计阶段、调查实施阶段到数据录入阶段，各个部分都存在影响数据质量的因素。随着信息技术和互联网技术的发展，作为重要调查手段的计算机辅助面访系统（CAPI）受到众多调查项目的追捧。CAPI 的应用从技术层面上起到了规范数据调查过程中访员行为的作用，提高了问卷跳转、数据录入与核查以及敏感问题调查等多方面的效率，从而有效地确保了调查数据的质量。

本章首先介绍访员对数据质量的影响，然后介绍项目从问卷设计到数据录入各环节中可提升数据质量的措施，最后介绍 CAPI 相对于纸质问卷调查在数据质量控制方面的优势，还在对应的部分对访员访问技巧、CAPI 发展概述、CAPI 的局限性及其他的调查辅助技术等内容进行了补充介绍。

6.1　数据质量控制的访员因素

访员是问卷与受访者之间的桥梁，是影响数据质量的重要因素。总体而言，访员对于数据质量的影响主要来源于访员效应和访员偏差两方面。访员效应指访员特征、经验、态度和是否在场等方面的差异，会对受访者的回答产生影响，从而造成数据质量的差异。而访员偏差是指访员群体的不可预期行为，例如不按户抽样、空户代答、诱导受访者回答或篡改问卷答案等，也会对数据质量造成严重影响（涂洪波，2016）。通过对访员进行随机化安排、对访问现场进行影音监控、开展科学合理的访员培训、使用 CAPI 技术、强调标准的访问原则及提升访员的访问技巧，可以降低访员因素对数据质量的影响。

6.1.1 访员特征的影响

访员特征对数据质量的影响是指受访者受到访员特征的影响，做出与实际情况不一致的回答。早在1929年发表于 *American Journal of Sociology* 的一项调查便观察到访员特征对问卷数据的影响。① 在对2 000名无家可归者进行有关贫困原因的调查时，研究者发现不同特征的访员收集的数据结果存在很大差异，且数据结果与访员特征相近。例如，对嗜酒具有极高抵触情绪的访员收集的数据显示酗酒是造成贫困的主要原因，而认同工业化进程会造成贫困的访员收集到的数据则显示贫困源于工业化的发展（Rice，1929）。

访员特征包括种族关系特征、语言特征、社会经济关系特征、体貌特征和年龄特征等，对数据质量的影响可能源于受访者和访员两方面。一方面，当调查问题的指向与访员特征相似或者存在关联时，受访者会将访员特征作为理解问卷问题的参考点，从而提交不符合自身实际情况的答案，最终造成数据质量的下降（丁华，2017）。例如，Hyman（1954）发现，白人访员在对存在种族问题地区的黑人受访者进行调查时，黑人受访者出于尊重或者畏惧，会修改自己的答案以避免引起白人访员的不悦。很显然，当黑人受访者面对同一个问题时，不同特征的访员获取的调查数据可能存在偏差。另一方面，访员自身也可能影响数据质量。在调查过程中，如果访员违背规范性和准确性原则，将主观思想潜意识地传递给受访者，受访者在回答问题时，会将这种主观思想的影响反映在答案上，最终造成数据质量下降。例如前文所提到的贫困原因的调查。

当访员特征与受访者的特征相似时，访员的影响将更小。例如，当访员为教师时，相对低社会地位的受访者，高社会地位的受访者受到访员的影响更小。基于此，访员招募中需要考虑访员特征的影响，进行合理筛选。不过，依据访员特征匹配受访者，在某些方面也会造成数据偏差。因此，在可能的情况下，访员与受访者的随机匹配是一种相对较好的保证数据质量的方法（Freeman和Butler，1976）。

6.1.2 访员经验的影响

丰富的访员经验对提高数据调查效率具有积极作用，但对数据质量的影响却是一把双刃剑。访员经验差异对数据质量的影响主要有以下几个方面：

1. 问卷应答率

通常而言，有经验的访员更加熟知调查的规则、调查的初衷和问卷的含义，

---

① 这可能是目前能查询到的最早记录访员特征对结果存在显著影响的学术成果。

具有更好的临场应变能力，在问卷提问顺序、问卷提问方式和问卷的进一步解答等方面更加灵活，可以提高问卷应答率。但我们需要知晓的是，问卷的高应答率和回收率（或有效回收率）之间存在本质区别。回收率（或有效回收率）是回收的有效问卷占发送问卷的比例。需要对所有应答问卷进行审核，剔除回答不全或明显乱填的废卷后，才能进行最终的核算（风笑天，2007）。高应答率也可能是因为有经验的访员有意避开了容易被受访者拒绝的问题造成的，例如有研究发现，在全美药物使用和健康调查（National Survey on Drug Use and Health，NSDUH）过程中，访员的经验越丰富，则使用过毒品的受访者案例越少（涂洪波，2016），严重影响了最终的数据质量。

2. 问卷理解

有经验的访员因为能更好地理解问卷问题的含义，更喜欢不按照问卷问题逐字读出，从而存在受访者对问卷问题理解偏差的风险。而没有经验的访员更倾向于逐字逐句进行调查，保证了问卷问题的准确性，但可能朗读过于机械而增加了受访者理解的难度。

3. 访问速度

有经验的访员在阅读问卷问题和解读选项时，语速会更快；当回应受访者疑惑时，响应速度更快，甚至受访者还未将自己的问题表述完整，访员便能根据经验获知受访者的意思并给予解答。这些都有可能让受访者误认为访员希望尽快完成问卷，受访者为迎合访员的节奏，在未进行充分思考的情况下便对问卷问题进行回答，从而对问卷的数据质量造成负面影响。

有经验的访员对问卷较为熟悉，有些问题的答案会涉及后续问题的回复，因此有经验的访员可能会为了缩短整体的调查时间，跳过这一问题自填答案或篡改答案，影响到数据的完整性和准确性。例如，在NSDUH调查中，受访者在选择"使用过毒品"之后，需要问答一系列后续问题，而选择"未使用过毒品"的受访者将跳过这些问题，有经验的访员存在故意跳过"使用过毒品"的情况。访员经验使得受访者整体问卷完成时间更短，对数据质量控制造成负面影响（Groves，1989）。

4. 开放性问题的记录

在面临开放性问题时，访员需要依据调查目的和受访者的回答进行记录。但是，受访者时常不能简单明了地回答问卷问题。经验不同的访员，对开放性问题的提炼和整理能力也存在差异，容易造成数据记录的偏差。经验欠缺的访员会逐字逐句地进行记录，虽然增加了后续的数据编码难度，但最大程度地记录了最真实的信息。

为了应对访员经验造成的数据质量问题，现场访问过程的录音或影像资料有利于约束访员行为，便于督导和项目组对访员的行为做出判别。当发生因访员经验造成的数据质量下降时，应立即进行干预和纠正，并对受访者进行重访，严重时应取消访员资格。

6.1.3 访员态度的影响

积极的态度是访员认可调查项目、理解调查问卷、学习访问技巧以及实施问卷调查的必备条件，有利于访员以最符合项目设计初衷和调查实际需要的状态进行调查和数据采集工作。乐观的态度能够帮助访员在面对诸多负面状态时进行自我心理调节，例如受访者拒绝访员入户、拒绝访员访问、质疑问卷科学性以及访员访问过多导致疲惫和懈怠等。访问实施初始阶段，诚恳的访员态度有利于促进受访者与访员的信任关系的建立，是后续问卷调查开展和高质量数据采集的基础。访问过程中，认真负责的访员态度，能增强受访者对访员以及问卷的认可程度，促进受访者对问卷问题的认真思考，提供最真实的问卷答案。同时，认真负责的态度也是访员按问卷设计要求进行访问和记录真实数据的基础，保障了问卷数据从采集到录入前的数据质量。

附录1《CGPiS 2016/2017 调查实录》展示了参与该调查项目的部分访员心声，从访员视角进一步展示了调查工作的内容与细节。访员处于调查工作的一线位置，直接面对受访者，调查过程中会经历各类无法预料的困难状况，需要访员具有较强的心理素质和抗压能力。从访员心声中可以更直观地感受到访员态度会影响数据质量和调查效率，访员态度对调查工作有着不可忽视的重要作用，因此项目管理者要注重对访员的心理疏导，以及对其工作的理解和支持。

访员积极、认真和诚恳的态度与访员自身性格和职业素养密切相关，但科学合理的访员培训、和谐互助的团队氛围、督导及项目组管理人员的正面示范都会促进访员态度的提升。

6.1.4 访员在场的影响

由于访员在场，受访者在被当面询问到有关酗酒、吸烟、性经历及霸凌经历等同时涉及个人隐私和社会规范[1]的问题时，其回答会更加偏向于"社会规范"。受访者隐藏自身的实际信息，会造成调查数据与实际情况之间存在偏差，致使数据质量下降。例如，未成年人吸烟不仅有害健康，而且可能会被大众认为是不良

---

[1] 社会规范是以社会文化为基础、以社会群体非正式制裁（奖励）为保障，每个社会成员自觉遵循的行为准则。为避免社会群体的惩罚（如声誉受损、被孤立等），个体将社会规范内化成自身的道德规范和行为准则。当个体偏离社会规范时，会感知到群体的压力，进而产生内疚、后悔、羞耻等情绪的自我惩罚（李文欢和王桂霞，2019）。

青年。当受访者具备未成年人和吸烟者双重身份时，很可能会谎报实际年龄或者隐瞒自己的吸烟史，或者虚报一个能被大众接受的较短吸烟时间。

当访员在场造成数据偏差时，调查实施可从两方面降低这种偏差：一方面，访员需要主动告知调查工作的保密条约，以打消受访者的疑虑和抵触心理。例如，告知受访者本次调研活动将严格遵守《中华人民共和国统计法》以及其他政策、法规，受访者所提供的个人意见和私人信息，在未获得允许的情况下将不会被公开，绝对保密。另一方面，采用 CAPI 技术可以对敏感问题进行音频处理。访问过程中，敏感问题题号和选项号被显示，但具体内容事前已被转化为音频供受访者收听，不再通过文字显示。受访者依据音频中的问题及答案选择对应选项，访员无法得知音频内容，只能观测到该问题是否已被回答。

6.1.5 访员偏差的影响

访员偏差对数据质量的影响由访员群体的不可预期行为差异造成。访员效应更多地涉及访员个体，访员偏差则更多地涉及访员群体，对数据质量的影响也更加严重。对访员进行严格筛选、科学培训以及实施有效的监控手段、奖惩机制和通报机制，有利于降低访员偏差的影响，使访员群体偏差转化为个体偏差，提高数据的整体质量。专栏6-1中利用部分调查实例介绍了常见的访员偏差的具体表现。

专栏6-1 访员偏差的表现

1. Hanson 和 Marks（1958）总结出访员偏差主要表现在以下方面：

①访员对调查问题的抵触，例如访员会对是否进行提问犹豫不决，并可能改变问卷问题，甚至会假设相应的答案；②在概念解释或者询问时，表现得模棱两可、主观臆断和复杂化；③追问的时候会相对地改变受访者的答案。

2. 胡以松（2019）总结出在中国综合社会调查项目（CGSS）的实施过程中，访员偏差具体表现在：

①自行选择住户，而不按抽样住户进行访问；②当无法联系到抽样住户时，将其标记为空户，或者无法联系到受访者时，将其标记为无能力接受访问；③让非抽中受访者代答；④当抽样住户中的应答受访者不在场或拒访时，篡改户内抽样框；⑤访员自填全部或部分问卷；⑥访员通过捷径跳转方式，篡改问卷问题答案以避免更多问卷问题的回答。

同时，严洁等（2012）在中国家庭追踪调查（CFPS）中也注意到访员行为偏差的危害，提出应该重点关注访员在访问过程中是否诱导、催促受访者，使其未加思考而匆匆作答，是否对问卷中的某些题目未向受访者进行任何提问而自填答案，以保证问卷数据的整体质量。

访员偏差是如何产生的呢？一方面，访员偏差是固有的，不可消除，和问卷结构的复杂性之间没有关联（Freeman 和 Butter，1976；涂洪波，2016），即无论问卷多么简单，这种现象都可能存在。如果问卷调查安排不当也会造成访员偏差，即便是同样的访员，工作量和调查时间安排不同，访员偏差也可能出现，从而影响数据质量（边燕杰等，2006）。另一方面，访员偏差可能是由于项目本身的控制不足导致的。其中，访员筛选不足、培训的科学性和严格性不足，是造成访员偏差的首要原因（Freeman 和 Butter，1976）。

降低访员偏差后，良好的结果应为"不同的访员面对相同或者基本相似的受访者时，应该获得同样的预期值"（Hyman，1954），这也是调查应该追求的最优标准。那么，如何才能降低访员偏差？筛选合格的访员并对其进行科学严谨的培训，有利于降低访员偏差对数据质量的不利影响。同时，利用有效的干预措施对访员进行行为规范，例如利用 CAPI 技术提供的并行数据进行过程监控，当访员偏差行为影响到数据质量时，及时对其进行警告、处罚，甚至直接取消访员资格等，也能有效地降低访员偏差（严洁等，2012）。

随着社会调查理论与方法的逐步完善、访员培训的强化、访谈技术的提高、访谈过程监测技术的发展和访员的提问方式逐步趋于标准化、非诱导式追问程序逐步形成，访员因素对数据质量的负面影响在一定程度上有所减少。

特别地，访员在数据调查过程中，是否依据标准和规范进行调查最终决定着调查数据的质量。访员调查过程中的标准原则主要涉及逐字提问、适时追问和如实回答等方面（丁华，2017）。

访员没有进行逐字提问会潜在地影响到调查结果。例如，不同的访员在数据收集过程中会偏好使用不同的特定词汇，尤其是在开放题目中持续且频繁出现的访员偏好词汇对数据质量有着明显的影响（涂洪波，2016）。然而，逐字提问并非完全照搬原文，而是需要视具体情况进行适当变通，非原则性调整不会影响到数据质量。例如由于书面表达和口述表达存在区别，为了使问题更"接地气"，访员可以对问卷问题的提问方式进行适当的调整，而不进行逐字提问。这种调整有时候是必要的，例如对文化水平不高的受访者逐字提问，不仅会加深访员和受访者之间的距离感，还会增加受访者的理解难度。比如在农村进行家庭情况调查时，"产后"可以替换为"生孩子以后"。这些非原则性的调整更有助于受访者理解问卷问题，同时也不会造成调查数据偏差。

当受访者对问卷问题或者答案选项理解不够清晰或者存在误解时，访员需要进行适时追问。例如，对学生的学业状况进行调查时，受访者需要从优秀、良好、中等、及格和不及格五个等级中进行选择，而学生的考试成绩通常为实际分数，此时访员就需要追问具体的分值，并依据问卷设计规定选择相应的等级。综合而言，将逐字提问与适时追问相结合有利于降低访员偏差的影响。

如实填答是访员在填写问卷答案时需要恪守的原则，除问卷设计规定以外，不能对受访者的回答进行主观推断和客观修改。例如，在调查问卷中涉及月薪收入和年收入两项问题时，访员对月薪收入进行四舍五入处理，或者直接乘以12得到年收入以减少访问工作量，都会造成调查数据的偏差。

6.1.6 部分访问技巧介绍

访员掌握一定的访问技巧，有利于数据调查的顺利开展，减少由访员因素造成的数据质量下降，使调查数据完整、真实且准确。具体来讲，访员应该注意如下技巧：①在调查前，访员应主动说明调查目的，通过官方通告、学生证、工作证、介绍信等证明材料表明身份，打消受访者的戒备心理，赢得对方的理解和支持，便于数据采集工作的开展。②在调查过程中，访员应时刻注意自身的言行举止，树立良好的访员形象，增强受访者对访员的认可，提高访问的顺利程度。③在遇到可能涉及受访者隐私的问卷问题时，向受访者陈述保密规定，说明信息将会严格保密，打消受访者的顾虑和担心，提高数据的完整性和真实性。④调查结束后，访员在经费允许的前提下赠送相应的礼品以示感谢，这样有利于回访和重访工作的开展。此外，在与被访对象的沟通中，将"调查"一词换为"调研"较为适宜，突出研究特性和公共服务特性，同时避免被访对象有被"审查"的感觉，提高真实数据的可获得性。

总体而言，访员因素会通过访员效应和访员偏差对数据质量造成影响，但可通过一定的控制手段予以解决，具体如表6-1所示。

表6-1 针对访员因素的数据质量控制方法概述

访员因素		数据质量控制手段	
访员效应	访员特征	随机安排访员进行访问	运用访问技巧
	访员经验	监控访问过程	
	访员态度	合理化的访员培训和团队影响	
	访员在场	朗读保密条约或对问卷进行音频化处理	
访员偏差		进行科学的访员筛选和访员培训工作，利用CAPI的并行数据进行质控，要求访员访问过程中坚守"逐字提问、适时追问和如实回答"的访问原则	

6.2 数据质量控制的项目因素

数据的有效性、准确性和真实性是衡量数据整体质量的重要指标，决定着数据分析结果是否令人信服且具有社会价值。除上节谈到的访员因素影响，数据质量还受到问卷设计阶段、调查实施阶段和数据录入阶段的影响。

6.2.1 问卷设计阶段的影响

问卷设计解决的是收集什么数据、哪些是有效数据的问题。问卷设计是否合理直接关系到后期采集数据的整体质量，主要涉及问卷设计是否复杂以至于难以理解、问卷是否完备、是否站在受访者角度进行访问以及是否便于编码与录入等方面（严宗光和卢润德，2001；丁华，2017），具体分析如下：

（1）问卷设计复杂，受访者难以理解。受访者无法理解问题的真实意图或对此产生歧义，也就无法直接给出准确真实的答案，这将影响到问卷数据的准确性，同时，增加访员的解答难度，延长整体的访问时间，使受访者更容易抵触甚至给出偏离真实情况的答案，降低数据的整体质量。问卷问题设计应当简单明了，不易产生歧义，便于理解回答。

（2）问卷提纲及答案不完备。当问卷问题不完备且逻辑不缜密时，访员和受访者都将对项目本身及调查结果的有效性持怀疑态度，导致问卷调查过程中双方都较为随意。同时，问题答案不完备会造成受访者无法回答真实的情况，只能折中选择较为相近的答案，影响到数据的准确性。问卷设计应基于调查目的，确定提纲是否完备、答案是否闭环、逻辑是否缜密、是否达到最终的调查要求以及是否能获得让人信服的调查结果。

（3）未站在受访者角度进行问卷设计。不考虑受访者的接受程度和心理感受的问卷问题，可能导致受访者不配合或随意作答，影响数据的整体质量。问卷设计应站在受访者角度，注意问卷问题的措辞、语气、提问顺序和访问整体时长等方面。

（4）难以对问卷问题进行编码。如果问题和答案的设计未考虑数据录入的便捷性导致后期难以编码，将严重影响数据录入效率，不利于最终的统计分析。即尽管访问过程中收集的数据质量较高，但后期录入因编码问题出现失真，进而严重影响统计分析的结果。应针对问卷问题及答案进行有效编码，提高后期数据录入的效率，便于统计分析。[①]

那么，如何识别问卷中存在的上述问题，又可通过什么技术手段减少甚至消除这种负面影响呢？文献调研、学术交流、专家论证和预调查是检验问卷设计合理性和可操作性的主要手段，在调查开始之前就应当确保后期所需采集的数据的

---

① 问卷设计引起的数据偏差，将在第10章中进行详细介绍。

整体质量。[①]

对这些技术手段的介绍具体如下：

（1）文献调研。依据调查目的，查阅相关文献与研究成果，掌握不同调查项目的基本内容和主要指标，减少问卷完备性、问题答案逻辑性和理解程度等方面对数据质量的影响。

（2）学术交流。与相关研究团队进行交流，学习和听取相关的经验和建议，进一步强化问卷的完备性、简洁性以及问题的逻辑性。

（3）专家论证。专家的选择应以其是否熟悉研究内容、是否具有相关专业的研究或工作经验等作为依据。除了专家，还需要配备相应的调查团队成员、行政人员和技术人员。集中讨论修改确定指标的定义与解释、问卷问题的阐述方式以及数据收集方法等，以保证数据质量的前期控制。同时，在问卷设计科学合理的基础上，为数据调查实践提供建议以及行政和技术支持，促进数据采集工作的顺利开展。

（4）预调查。预调查是检验数据质量的重要手段，不仅是对问卷和数据质量的实地检验，也是对项目实施方案、团队执行能力以及调查结果有效性的综合检验。具体包括调查占用的时间和受访者的接受程度是否会影响到数据的采集、问卷问题表达的清晰合理程度是否影响数据的准确性、访员的执行力度是否影响数据的真实性、数据录入是否存在数据失真或漏填的情况等。一般而言，预调查流程不能省略和忽视。如果有必要，甚至可以开展两轮预调查。

6.2.2　调查实施阶段的影响

调查实施阶段解决的是数据有效、收集准确的问题。调查阶段的执行是否科学合理决定着收集的数据是否准确、真实和可靠，决定着数据的整体质量是否符合调查目的和要求。该阶段包含调查抽样、访员培训以及建立和实施核查制度等内容，影响数据质量的部分主要涉及抽样方法是否合适、样本规模是否合理、访员培训制度是否科学及核查制度是否严格等方面。当调查实施阶段存在以下问题时，会严重威胁数据采集的质量。

（1）调查抽样不合理。调查抽样既需要选择合理的样本规模，也需要选择合理的抽样方法，确保抽样的样本具备总体代表性。不合理的调查抽样无法保证有效的样本进入样本框中，因此所获取的问卷数据无法代表总体样本的真实情况。

（2）访员培训的科学性和规范性不足。访员培训科学性与规范性不足，将

[①] 本部分介绍多种完善问卷且提高数据质量的方法，第10章将详细介绍各种方法在促进问卷合理化方面的实施路径。

造成并进一步加重访员偏差和访员效应对数据质量的影响。正如前文所说，访员培训的目标是让访员快速顺利地开展数据调查，获得真实、有效、准确的数据。面对同样的受访者时，不同的访员获得的数据质量应保持一致。

（3）核查制度不规范。核查制度不规范，会造成访问过程中获得的数据不完整或前后矛盾、访问数据作假和访问无法顺利进行等问题。全面规范的核查制度能够对访员和督导的行为进行实时监督和及时纠正，确保数据的真实性、完整性和准确性，提升数据的整体质量。

那么针对上述可能存在且严重影响数据质量的问题，我们在各个环节应该如何避免呢？具体措施如下：

（1）确定合理的样本框和抽样方法。首先，需要考虑受访者的分布特征，明确受访者和非受访者之间的临界点，提升样本数据的有效性。李锋（2019）选取 5 个维度 9 类指标对 20 家机构进行聚类分析，将其分为 6 个群组，这样有利于平衡审计对象抽样数量和审计覆盖率的有效性，为编制审计计划提供了参考依据。其次，需要依据调查经验、置信度要求及经费收支情况，综合考虑样本规模，以最优的成本保障数据质量（袁建文和李科研，2013）[①]。Cochran（1977）给出了一个确定样本量的经典方法。[②] 最后，需要考虑受访者的复杂性以确定合适的抽样方法，有时需要采用不止一种抽样方法，以提升样本数据的代表性。例如，中国综合社会调查（CGSS）的调查目标总体为全国 31 个省/自治区/直辖市（不含港澳台地区）的所有城市和农村家庭户，为获取具有全国代表性的样本，采用了多阶段、分层次、概率比例规模抽样（PPS）等随机抽样方法。

（2）制定科学合理的访员培训制度和内容。访员培训的重点在于降低访员对数据质量的客观影响。首先，访员培训是访员全方位掌握调查目的和意义、调查对象和指标、问卷问题、数据收集方式、数据核查与汇报、访问语气和技巧以及沟通方式等方面的过程（景春玲，2015），也是对数据调查产生认同感、使命感和兴趣的过程。其次，访员培训应注重数据质量控制的奖惩制度、人身财产安全保护制度以及消极情绪调节技巧等内容。最后，通过授课学习、现场演练和案例讨论总结等方式对访员调查能力反复锤炼，实现访员调查行为一致，保证数据的完整性、真实性和准确性。

（3）制定严格的核查制度。数据核查是承接访问成果和数据录入的重要环节，目的是确保数据的完整性、真实性和准确性。一旦发现数据质量问题，应及时补访或重访。建立访问中的访员核查制度以及访问后的汇报和核查制度，核查

[①] 本部分侧重于介绍数据质量的影响因素和对其进行关注的重要性。有关样本量确定的理论方法和不同调查类型的抽样样本量经验，已在第 2 章进行详细介绍，此处不再赘述。

[②] 该方法在第 2 章抽样设计中已有介绍，此处不再进行介绍。

数据缺失或错误问题，及时发现和解决访问过程中影响数据采集进程和数据质量的问题，并通过汇报的形式共享解决方案。对于数据造假的行为应予以相应的惩罚与公告，从而保障数据质量不受客观受访者的影响。胡以松（2019）总结了美国统计协会及美国民意研究协会的核查原则，可指导督导核查工作的实施与开展，具体见专栏6-2。

专栏6-2 美国统计协会及美国民意研究协会的核查原则

1. 按照一定比例（例如5%—10%）随机抽取访问样本进行核查。
2. 核查的问题应包括：
(1) 户内抽样要求的信息；
(2) 数据收集模式；
(3) 访问时长；
(4) 如果具有访问礼品和现金感谢机制，是否执行；
(5) 主要讨论的问题及关键问题，尤其是存在跳转的题目。
3. 如果核查结果存在作弊或作假现象，则须对相应访员的访问成果进行全面核查，并在此期间暂停该访员的访问工作。
4. 一旦核查结果影响到数据质量，应立即按照相关的规章制度予以处理。
5. 相关受影响问卷，如有可能应进行补访或重访。
6. 调查报告须如实上报问题问卷比例。

6.2.3 数据录入阶段的影响

数据录入是将访问过程中所采集的数据转为统计分析的可用数据[①]。前期对问卷设计、数据调查及访员的控制，使得数据满足高质量的要求，而录入数据一旦与调查数据不一致，将造成数据质量的下降。

数据录入的影响主要集中在录入人员的人为错误和相应设备的机械错误两方面。人为错误主要体现在录入形式上。人工录入耗时长且任务繁重，人为错误较难避免，极可能出现漏录或错录的情况。通常采用三种方法保证数据质量（吴友强等，2010）：①录入员自查、双录入员数据比对及多次录入比对，确保录入信息和问卷信息的一致性。②督导抽查比对录入信息和问卷信息的一致性。③对录入的编码和指标数据进行控制，限定其类型、范围和录入要求。当数据不符合要求时，无法录入。

---

① 第9章将对数据录入的形式和相关软件进行详细介绍。

机械错误主要体现在光电扫描设备的使用上，形如考试机读卡答案录入，这种形式需要配备相应的扫描仪和计算机。录入前要确保扫描仪和计算机运行良好，扫描仪对问卷的扫描存在缺失或完全扫描不上时，会造成原始数据的缺失和错误，降低数据质量。为了保证数据质量，便于随时核查和使用数据，需要将同类数据录入保存在同一数据库和计算机中，防止不同数据库中因文件名相同但数据内容不同而导致的数据混乱或丢失。录入数据需要随时备份，并对已录数据表格进行规整，保证所有录入和未录入数据顺序前后一致（李静等，2004）。此外，利用计算机辅助面访系统（CAPI）技术采集访问数据，并将采集到的电子化数据上传到数据库中自动录入，也是一种提高数据质量的方法。相比较而言，人工录入的效率不如光电录入和数据库录入高，但成本相对较低。

整体而言，问卷设计、调查实施和数据录入等阶段，都存在影响数据质量的可能性，通过相应的控制方法予以消除，具体如表6-2所示。

表6-2 针对项目因素的数据质量控制方法概述

数据质量影响阶段	数据质量控制方法
问卷设计阶段	1. 文献调研； 2. 学术交流； 3. 专家论证； 4. 预调查
调查实施阶段	1. 确定合理的样本框、样本规模和抽样方法； 2. 制定科学合理的访员培训制度和内容； 3. 制定严格的核查制度
数据录入阶段	1. 人工录入采用录入员自查、双录入员数据比对或多次录入对比、督导抽查和录入控制； 2. 光电录入； 3. 数据库录入

6.3 数据质量控制的技术因素

通过对比传统入户调查所采用的纸笔面访调查（paper-and-pencil interviewing，PAPI），本节将介绍计算机辅助面访系统（CAPI）技术如何降低访员因素和项目因素对数据质量的不利影响。

CAPI技术是利用计算机技术、互联网技术和移动通信技术将PAPI的问卷内容及相关调查数据、并行数据和元数据进行电子化处理[①]，并利用笔记本电脑、平板电脑、智能手机、录音笔、摄像机等移动终端，面对面收集受访者数据信息的调查技术。访员利用 CAPI 系统对受访者进行访问，将访问数据进行电子化录入、收集、存储和处理，并通过互联网将访问数据、访问日期与时间、问卷时长（问卷整体时长、模块时长、单题时长）、受访者信息及访问 GIS 信息等数据信息传输回调查后台（邹宇春等，2019）。该调查技术的实施在确保替代等效性和提高完成率的前提下，改变了原有的数据收集模式，使数据质量控制由传统的事后提前到事前和事中，对于调查数据质量的提高具有革命性的作用（丁华等，2017）。

6.3.1 CAPI 的发展概述

CAPI 不仅可以有效实现复杂的问卷设计，协助进行严格的质量控制，还能大大缩短数据处理时间。正因如此，CAPI 的应用时间虽然不长，却发展迅猛。早在 1990 年，英国国家统计局便使用 CAPI 进行有关劳动力情况的调查，到 1995 年该局所有社情民意调查机构都使用 CAPI 进行数据采集。从 20 世纪 90 年代中期开始，CAPI 在欧美社会学调查领域被广泛应用（张伋等，2014）。2005 年的 CFPS 项目是我国第一个使用 CAPI 进行跟踪调查的全国性项目。

6.3.2 CAPI 技术的相对优势

与传统的纸质问卷调查相比，CAPI 技术将传统的纸质问卷进行电子化处理。在数据质量方面，CAPI 记录的并行数据有利于项目组记录、监督和核查访员行为，及时矫正不利于数据质量的访员行为，避免来自问卷设计、访员因素及访员培训等方面对数据质量的不利影响。此外，CAPI 技术对访问数据进行同步化处理，既缩短了项目调查的整体时间，又避免了因问卷丢失、人工核查不力或人工录入错误造成的数据错误或缺失。同时，访员在使用 CAPI 对敏感信息进行调查时，对受访者回答的题目和答案详情均不清楚，由此提高了数据的真实性。

1. 并行数据

CAPI 能在访问中记录纸笔调查方式无法采集到的并行数据，诸如场景信息、访问过程中的视频音频信息、鼠标和键盘痕迹以及访问时间等方面的数据。应用并行数据可对访员和受访者的行为和表现以及访问场景等进行还原。这有助于督

---

① Mick Couper 于 1998 年在美国统计协会的联合统计会议上，首次对并行数据进行定义：并行数据是关于过程的数据，用以区别关于研究现象的调查数据和关于数据的元数据。并行数据一般包括调查数据过程中的所有数据，包括访员特征、联系记录、访问员观察、电脑痕迹数据、录音记录及其他过程数据（胡以松，2019）。

导和项目管理团队及时发现访问过程中的疑似异常情况，有针对性地消除问卷设计、访员或访员培训对数据质量的不利影响。

并行数据对调查数据的质量控制主要从以下几个方面实现：

（1）场景信息可监测访员是否请人代答或自填。

（2）访问过程中的音频视频，可监测访员是否按"逐字提问、适时追问和如实回答"等原则进行访问，语气、语速及提问方式是否恰当，受访者的态度、情绪和表现是否得体。

（3）鼠标和键盘痕迹可监测访员是否依据受访者的回答选择相应的答案、是否篡改受访者的回答数据，保证数据的真实性。

（4）由于系统自动记录访问时间，访员无法作假，所以后台系统可通过访问时间判别访员是否按调查安排的日期进行访问，对其中的疑似异常情况进行初步判断，例如可能存在自填、群体面访、非被访群体替代答卷等，辅助项目督导确定异常样本以便进行下一步核查。比如，当访问开始时间与访问安排不一致时，如果访问开始时间为凌晨，可能存在访员自填问卷的情况，而如果多份问卷的开始时间和结束时间基本一致，可能存在群访或群体替代回答的情况。同时，调查项目团队还可利用访问时间这一并行数据对问卷设计的合理性进行分析。其中，访问时间并行数据包括数据调查开始时间、结束时间、访问总用时、特定模块时长和单题时长及其平均值、最大值、最小值、中位数、1/4 分位数和 3/4 分位数等（丁华等，2017）。

在使用 CAPI 技术时，问卷时长设计不合理的后果较为严重。如果访问时长明显长于标准时长，则存在问卷不够简洁明晰、未站在受访者角度设计问卷或访员能力不足等可能性。这会造成受访者对调查的不认可甚至是抵触，将对数据的真实性造成严重的威胁。具体情况包括以下三点：一是问卷设计不易理解或存在歧义，需要访员进行解答；二是问卷设置不合理，导致受访者对问卷整体、特殊模块或者单个问题的抵触，需要访员进行恰当沟通交流；三是访员在培训阶段未接受严格训练，导致对问卷调查对象、指标定义、问题价值以及访问技巧理解掌握不足，甚至出现由未接受访员培训的非专业人士代访等情况，这也会导致访问时间过长。又如，当访问时长明显短于标准时长时，则存在访员漏问、为缩短访问时间跳过特定问卷模块或问题、追问不足和自填等可能性，从而影响数据的真实性和完整性（李力等，2012）。

2. 技术功能

CAPI 技术将数据的事后核查、转化与编码、录入与存储等数据采集与处理工作同步。相较于 PAPI 技术，它既缩短了项目调查的整体时长，提高了访问流畅度，又避免了人为失误造成的数据不完整和数据错误，提高了数据质量。

一方面，CAPI 技术在访问过程中可实现问卷问题自动跳转、漏题自动核查、逻辑问题自动加载、数据核查以及术语解释快捷加载等功能。相较于 PAPI 技术，应用 CAPI 技术可缓解访员在路径跳转判别、问卷和数据核查以及概念解释等方面的压力，促使访员更加专注于数据的获取，从而减少了访问不流畅引起的受访者抵触、访员负担太重造成的漏问以及计算错误等对数据真实性的影响，提升了访问数据的质量。

另一方面，CAPI 在完成数据的采集和核查后，可以对真实准确的数据自动进行转化、编码、录入与存储，得出分析所需的数据。

(1) 跳转功能

PAPI 调查的跳转过程需要依靠访员快速地确定对应的问卷或问题，否则会影响访问的流畅性，存在问卷错拿、问题错问或漏问的可能。而 CAPI 调查中，访员只需要依据系统跳转加载的问卷或问题按部就班地进行访问，整体流程流畅，不会伴生漏题和错题的情况，杜绝了与之相应的数据缺失，提高了有效数据量和访问效率（邹艳辉和孙妍，2014）。

① CAPI 对于问卷类别的跳转，依据受访者特征进行加载。

比如，在使用 CAPI 进行营养调查的时候，针对不同身份特性的受访者，问卷清单所显示的内容不尽相同。问卷类别加载案例如下（张伋等，2014）：

问卷问题

您的出生年月是（如 2020 年 04 月生请填写 202004）：_____。

问卷加载类别 1

当受访者大于等于 15 周岁时，CAPI 系统加载"每日膳食询问表（正餐）""正餐以外的小吃和饮料的消费询问表""食物频率调查表"。

问卷加载类别 2

当受访者小于 15 周岁时，CAPI 系统加载"每日膳食询问表（正餐）"和"正餐以外的小吃和饮料的消费询问表"，但不加载"食物频率调查表"，同时加载"儿童调查表"及"生长发育状况问卷"。

② 模块化问题的跳转和单个问题的跳转，依据受访者对问题的回答进行加载。

当出现特定的回答时，将自动触发跳转功能，展现相应的问卷或问题。比如，模块化问题的跳转和单个问题的跳转举例如下：

问卷问题

您是否为独生子女：____。

1. 是   2. 否

问题跳转情况 1

当受访者选择"2. 否"时,问题会跳转为家庭子女构成模块的问题。

您有__1__个哥哥;__2__个姐姐;__0__个弟弟;__1__个妹妹。

CAPI 系统将依据所填数值,加载相应家庭子女年龄模块的问题。例如:

您哥哥的年龄为:____;姐姐的年龄分别为:____,____;妹妹的年龄为:____。

问题跳转情况 2

当受访者选择"1. 是"时,问题不会进行跳转,继续后续的调查问题。

(2) 漏答自动核查功能

上文我们提到 CAPI 系统中不会出现漏答的情况,保证了数据的完整性。具体而言,依据问卷需要,当问卷问题达到设定的一定数量、翻页或者访员点击问卷完成时,CAPI 系统会对漏答进行识别检测。当存在漏答时,CAPI 会提示"第 xx 题尚未完成,请进行补充",点击确定后 CAPI 将会自动跳转到该题,时效性更高,访问过程更加流畅。PAPI 则依靠访员人工核查漏答情况,受访者需要等待访员核查完结果后才能确定调查结束。问卷越长,核查和等待的时间越长,越容易造成受访者的抵触情绪。

(3) 逻辑问题自动加载功能

问题自动加载功能使问卷的提问更加准确,可缓解或消除受访者的抵触情绪以提高数据质量。PAPI 调查中可能需要访员查阅前面的回答,增加负担的同时还会影响访问的进度和流畅性。CAPI 的使用减少了访员信息核实的负担,使得访问节奏更加流畅。通过将已回答问题的内容呈现在问卷未回答问题的题干中,直接进行准确的询问。问卷问题的准确性能够拉近访员与受访者之间的距离,让访问更加专业化。例如:

问卷问题

您的性别是:_____。

1. 男   2. 女

您的婚姻状况是:_____。

1. 未婚 2. 已婚   3. 丧偶   4. 离异   5. 其他

您的工作所在地是否在户籍所在地:_____。

1. 是   2. 否

您与父母是否生活在同一个城市:_____。

1. 是   2. 否

问题自动加载

当受访者选择"1. 未婚"时,系统会询问"您近 3 个月回家看望父母的次数"。

当男性受访者选择"2. 已婚"时,系统会询问"您近 3 个月(含与妻子一起)回家看望父母的次数"。

特别地,逻辑问题自动加载功能与问卷跳转功能不同,前者是利用已知信息改变题干表述方式使问题更准确,而后者是利用已知信息加载不同的问题。

(4)数据核查功能

数据核查功能可检测出 PAPI 调查中不易发现的一些逻辑问题,降低人工核查的难度,提高数据的准确性。CAPI 的核查功能还能减少访员访问过程中的压力,从而有助于提高访问质量。核查内容包括是否按题干进行回答、答案是否有悖于常理以及答案是否前后矛盾等。而 PAPI 调查中常见的问题有:单项选择题中选定多个选项,或者重新选择后保留明显的原始选项选择痕迹,从而无法判别准确选项;多项选择问题中,未按规定数量进行选择。访员在 PAPI 调查中需要兼顾询问、填写和核查答案等方面,这加大了访员的核查难度。问卷案例如下:

问卷问题

您的性别是:_____。

1. 男　　2. 女

请选择您最喜欢的三种休闲食品类别:_____。

1. 谷物类制品　　2. 果仁类制品　　3. 薯类制品　　4. 糖果类制品

5. 派类制品　　6. 肉禽鱼类制品　　7. 干制水果类制品

8. 干制蔬菜类制品　　9. 海洋类制品

在 CAPI 系统下,单选题只能选择一个,如上面的性别选择。选题选项与题干提示要求不符,如上面例子中要求选择三种休闲食品但是多选或少选时,CAPI 会提示不能正常提交。

除上述谈及的简单逻辑核查外,根据数据之间的关联性,CAPI 的数据核查还可分为"强制性核查"和"提示性核查"两种类型(邹艳辉和孙妍,2014),这些核查都确保了数据的真实性和准确性。强制性核查要求发现的数据间的错误必须得到修正后才能继续回答后续问题;而提示性核查是一旦发现数据间可能不合理的地方,受访者确认属实后即可继续完成后续问题的回答。而 PAPI 需要访员对数据进行计算和逻辑判断,并适时追问以确保数据的真实性和准确性。这不仅加大了访员的访问负担,还会引发人工核算不力的隐患。

强制性核查案例和提示性核查案例分别如下所示:

问卷问题

您的出生年月(如 2020 年 04 月生请填写 202004):__199103__。

您的入党年份(如 2020 年入党请填写 2020):__2020__。

案例中,CAPI 系统会对出生年份和入党年份数据进行核算。当受访者入党时未满 18 岁因而与党员最低年龄的限制存在逻辑矛盾时，CAPI 系统会给出强制性修改提示："党员最低年龄为年满 18 周岁，请修改为正确的答案"。

问卷问题

您上年的工资总额为（单位：万元）：___28___。

您上年的消费支出总额为（单位：万元）：___35___。

上年的消费支出总额高于工资总额，可能存在误填或者错填的情况，也可能是因为超前消费或者副业创收等原因。CAPI 系统在核查时会对其进行修改提示，"上年消费支出总额高于工资总额，请核查是否属实"。受访者核查后如实确认即可，可不进行任何修改，继续回答后续问题。

（5）名词术语快捷加载功能

访员快速准确地解释问卷中的专业名词、术语及概念往往能赢得受访者对访员及调查项目极高的评价和认可，从而使访问过程更加顺利，获得的访问数据更加真实可靠。同时，清晰合理的解释有助于受访者了解问题的真实需求，结合自身实际给出真实且准确的答案。PAPI 调查主要依赖访员培训、访员自学和问卷说明手册等方式应对受访者的提问。但在实际访问过程中使用问卷说明手册，不仅操作不便，而且会因翻阅寻找时间过长引起受访者的不信任和反感（Weeks, 1992）。CAPI 系统可在电子化问卷中加载相关的解释，方便访员快速查阅、解释和回复。比如：

问卷问题

您在校期间是否参加过志愿服务活动：_____。

1. 经常参加　　2. 偶尔参加　　3. 从不参加

问题自动加载

志愿服务是志愿者、志愿服务组织和其他组织自愿以及无偿地向社会或者他人提供的公益服务[①]，例如，慈善募捐、体育赛事义务筹备、无偿课程辅导、关怀社会弱势群体等。

（6）数据处理功能

CAPI 的电子化特性使访问数据能够快速转化并按照编码规则进行录入，最终自动保存于数据库中供相关人员查询和使用。这一特性使得数据转化、编码与录入同步，相对于 PAPI 能更好地控制人工录入环节的数据质量问题。传统的 PAPI 调查所获取的数据并不能直接作为分析数据，数据需经过访员人工处理后形成原始数据，并遵照编码规则进行编码，录入相应的电子表格中。由于录入员自身的原因，例如注意力不集中或工作态度散漫，录入数据和实际数据可能存在

---

① 定义来源于 2017 年 8 月 22 日国务院通过的《志愿服务条例》。

出入。双向录入或多次录入等方法虽然能够减少甚至消除差异，但会造成额外的成本。CAPI 系统能完美解决该难题，并节省相应环节的时间、精力和成本。此外，电子化数据存储到相应的服务器中，使数据的查询和使用摆脱时空约束，方便后续使用。

3. 敏感问题处理功能

CAPI 通过技术手段解决了因访员在场导致问卷中敏感问题回答不真实的困局，提高了数据质量。当问卷涉及早恋、性行为、家暴以及霸凌等隐私或敏感问题时，访员的提问和记录易使受访者产生抵触情绪，拒绝回答或给出虚假答案。CAPI 技术可以隐藏相关的题干内容和选项，在出现相应题目时提示访员将调查终端设备转交给受访者。在访员对问题本身及选项详情并不知晓的前提下，受访者通过隐藏信息了解题干和选项详情，选择符合自身情况的选项，提高问卷数据的完整性和真实性。

6.3.3 CAPI 技术的绝对优势

上节介绍了 CAPI 技术相对于 PAPI 技术在提升数据质量方面的优势。本节将对其在问卷的展示、修改及成本控制等方面的绝对优势进行介绍。

首先，CAPI 对问卷及相关材料进行电子化处理。优势主要体现在五个方面：①电子化问卷替代纸质化问卷，访员携带平板等终端设备访问，提高了访问效率。②扩展了显示内容的类别，内容不再受印刷限制，可包含文字、图片、音频及视频等多种方式，有利于问卷问题的精确表述和受访者的理解。比如，王惠君等（2014）应用 CAPI 技术在调查地区膳食结构和营养素摄入水平时加载食物量图谱，不仅减少了访员入户携带的图册资料，而且增加了食物图谱的种类，增强了图谱对于食物量评估的辅助作用。③文字的凸显功能被强化，包括文字的加粗、字体颜色的标记等，便于关键信息的强调提醒。④诸如地区、民族及语言等多选项单选题，可通过弹框加载来缩减问卷篇幅，提高问卷的美观度及专业性。⑤答案输入为键盘输入，自带排版功能，避免了字迹潦草带来的数据辨识问题。

其次，CAPI 可实现问卷即时修复、完善、添加和删减等功能。访问前一旦发现问卷设计不合理，例如问题提问方式不恰当，选项冗余、缺失或容易造成歧义，调查问题不完备或内容重复等，可通过 CAPI 系统后台对其进行修订和更新。即使在项目调查的途中，访员也能及时接收最新修订的问卷，免去了临时替换原有问卷的各种成本。而 PAPI 问卷修订需要重新安排人员印刷或打印新问卷，既增加了成本，造成了浪费，又会影响调查的进度和效率。

再者，CAPI 的开发成本问题需要从多角度进行分析。高成本并不是限制调查项目开展的重要因素，较高的开发成本门槛往往意味着高质量的项目合作和科研成果产出。一般意义上，采用 CAPI 的调查项目具有资金充足、地域范围广和调查周期长等特点。随着调查人数和调查时间的增加，开发和维护的边际成本不断降低，成本的限制作用进一步减弱。同时，CAPI 系统的功能愈加复杂完善，涵盖多个地域部门，不仅能带来高质量大规模的科研成果产出，同时也不断吸引其他科研单位的参与及合作。例如，自 2017 年开始，西南财经大学的中国家庭金融调查与研究中心以数据联盟的形式联合了国内多家高校开展全国大型调查。

最后，正如前文提及的，并行数据作为访员行为规范的重要依据，可以提高调查数据的真实性和完整性。另外，并行数据还可作为关键变量进行理论研究，这是 PAPI 调查无法做到的。

6.3.4 CAPI 技术的应用局限

相对于 PAPI 技术，CAPI 在访员行为规范、数据一体化处理和敏感问题调查上具有一定的相对优势。但 CAPI 并非完美无缺，在某些方面存在固有的局限性，需要使用者特别关注。其局限性表现在问卷内容显示固化、开发成本较高和受到访员操作、设备运行情况及网络通信状况限制等方面。

1. 问卷内容的固化局限

相对于 PAPI 技术，CAPI 问卷顺序的灵活性受到限制。CAPI 技术使问卷信息电子化，访员只需要根据问卷的显示进行询问，在减轻访员的跳转负担的同时也固化了问卷问题的显示和应答顺序。而在 PAPI 访问过程中，访员可依据被访问对象的实际访问情况，灵活地掌握提问顺序，随时向受访者解惑释疑，促进访问过程中的融洽程度（严宗光和卢润德，2001）。例如：

问卷问题

您的性别是：_____。

1. 男　　　2. 女

您来自：_____。

1. 农村　　2. 城镇　　3. 市区

您的家庭人口与代际层次结构为：_____。

1. 人口在 4 人及以下　　　2. 人口在 5 人及以上
3. 家庭包括一代或两代人　　4. 家庭包括三代及以上

您的家庭结构类型为：_____。

1. 核心家庭　　2. 主干家庭　　3. 其他家庭

在 PAPI 访问过程中，访员在不影响数据质量的前提下，可以自行把控上述问卷问题的顺序。家庭结构问题和人口与代际层次结构问题，都可以通过对家庭成员情况的询问进行统一回答。例如，若家庭成员包括配偶和独生子女，则可确定家庭人口在 4 人及以下,家庭包括两代人,且属于核心家庭。

2. 开发成本局限

CAPI 的电子化问卷为项目调查提供了诸多优势,但 CAPI 系统开发成本较高,需要相应的资金、人力和时间投入,并不适合所有的调查项目。对系统需求不高的中小型调查项目,可以通过项目合作形式,利用现有的 CAPI 系统进行数据采集。而一些全国性的大型社科调查项目,现成的 CAPI 系统无法完全满足其调查项目需求,例如中国综合社会调查(CGSS)及中国真实进步微观调查(CGPiS)等,需要专业的技术部门和人员定制开发相应的 CAPI 系统,并提供长期稳定的技术支持。

CAPI 系统开发过程中不仅需要资金的支持,还会伴生多部门和多专业背景协作的问题。在未建立起良好的信息沟通渠道的前提下,技术部门和项目需求方会在系统实现过程中产生沟通障碍甚至矛盾冲突,严重影响到调查项目的实施进度和实施效果。同时,系统开发存在固有的周期,需要经过需求分析、概要设计、详细设计、程序编码、测试和交付验收等多个环节。其中还会伴生需求变动、需求新增或系统优化等客观需求,影响最终的系统交付时间。技术部门提供技术支持前的系统开发时间往往只是预估时间,实际开发周期可能是预估时间的 1—2 倍。

虽然 CAPI 系统的维护成本较低且边际成本递减,但系统开发的固有成本(包括时间、金钱及精力等)较高。是否使用 CAPI 需要通过对调查的实际功能需求、现有 CAPI 项目对拟开展调查的需求满足度、项目资金的支持力度、系统开发的实现周期(包括开发周期、测试周期及试运行周期)和技术支持的稳定性等进行综合考量确定[①]。

3. 访员、设备与网络的局限

相对于 PAPI 的纸质材料,访员应用 CAPI 技术进行电子化调查,数据质量受到访员、设备和网络的多重约束:不仅需要运行良好的设备,也需要访员操作熟练以保证访问的专业性,还需要稳定的通信网络保证数据的回传,这样才能确保最终获得完整且真实准确的数据。

访员的局限性体现在访员能否熟练地使用 CAPI 系统、对系统功能和模块的了解是否清楚以及能否及时解决突发的设备和问卷问题等方面。例如,中国健康与营养调查(CHNS)的 CAPI 系统界面整体分为三个部分,包括用于展示各类子菜单的左侧边栏、用于系统整体操作的快捷功能按钮和用于显示内容与提示的

[①] 技术支持的稳定性,往往由于开发人员的变迁而受到影响:因技术人员的人力资本较高,无论是科研单位抑或企事业单位,技术人员的离职和升迁变动时常发生,原来的技术人员无法再提供原有的技术保障,而新晋技术人员需要一定的时间熟悉掌握原有系统,容易带来技术支持的不稳定。

中间活动区域。访员需要进行登录、核对受访者信息并调用相应的问卷模块等操作才能进行访问（张伋等，2014）。相对于 PAPI 调查项目，CAPI 对访员的要求会更高，访员需要同时面对问卷和系统两方面的挑战。

CAPI 的访问设备包括问卷数据采集设备和并行数据采集设备两类，如图 6-1 所示。前者包括笔记本电脑、平板电脑和手机等移动通信设备，后者主要指相机、摄像机和录音笔等外部设备。设备的局限性体现在两方面：①两类设备只有运行良好时才能保证采集数据的完整性和真实性。访问过程中设备出现问题会直接造成数据无法实时采集，当场修理会延长整体的访问时间，可能造成受访者的抵触情绪，最终影响数据质量。②外部设备的在场效应可能影响到数据质量。外部设备本身不仅记录访员的行为数据，还会记录受访者的问卷回答及言行。特别注重隐私的受访者可能会因此而产生抵触情绪，甚至拒绝访问（邹宇春等，2019）。不过，当前笔记本电脑、平板电脑都具有这些外部设备的功能。

网络的局限性也体现在两方面：①通信网络不良造成问卷加载过慢，影响访问的流畅性。②通信网络不良造成数据上传至系统数据库过慢，甚至会造成数据丢失（俗称"丢包"）。

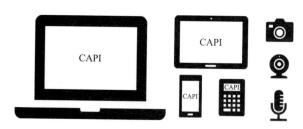

图 6-1　主要的 CAPI 终端及外部设备

6.3.5　其他计算机辅助调查技术

我们在前文中对 CAPI 技术的相对优势、绝对优势和局限性分别进行了介绍。作为主要的计算机辅助调查技术（Computer Assisted Interviewing，CAI），CAPI 不仅提高了调查效率，而且对数据质量的控制也大有裨益。下文我们将对其他类型的 CAI 技术进行简单介绍，方便社会调查人员在不同调研需求下选择最为合适的 CAI 技术。

1. 计算机辅助自主访谈技术

计算机辅助自主访谈技术（Computer Assisted Self Interviewing，CASI）与 CAPI 技术的区别较小，都是采用计算机辅助技术，对问卷进行电子化处理，用于开展数据调查的技术。两者最大的区别在于，CASI 技术需要受访者自行阅读问卷问题并对答案进行填写。这就需要受访者具备一定的阅读能力和理解能力，以弥补访员不参与信息填写的不足。在 CASI 中，研究人员可利用回答问卷问题的预期时长进行有效问卷的筛查，保证数据的高质量。例如，王瑜（2011）利用 CASI 技术对中国性行为和性关系进行调查，考虑到阅读能力、理解能力和抵触情绪等因素的影响，问卷问答时间不应太短。最终得到的 227 份问卷中，问题回答平均时间为 2.04 秒，不符合实际情况，应予以核查和筛选。研究进一步发现问题问卷的受访者具有年龄较大、文化水平较低、较多来自农村地区、普遍上网率低等特征，佐证了 CASI 技术中阅读能力水平对数据质量的影响。需要特别注意的是，CASI 未采用访员进行提问，可以消除访员因素带来的数据偏差。

计算机辅助语音自主访谈技术（Audio Computer Assisted Self Interview，ACASI）在 CASI 技术的基础上发展而来，将 CASI 的电子化问卷进行音频转化，受访者依据音频中问卷的问题和答案填写信息。ACASI 技术发展的初衷是为调查毒品使用、性行为及暴力等相关敏感问题（Cooley 等，1998）提供技术支持，后面在自杀倾向、性传播疾病、流产、精神障碍等调查研究中也有所应用。在 ACASI 中，因题干转化为音频只对受访者宣读，访员作为调查辅助人员不参与问卷的询问和信息录入等实质工作，更好地保护了受访者的隐私，降低受访者的抵触情绪，进而提升了数据质量。ACASI 中的音频方式及不同语种的选择功能，还能够降低对受访者文字阅读能力的要求，进一步提升了数据调查的效率，而且由音频统一提问也有助于降低由不同访员的访问方式差异所导致的误差（Cooley 等，1998；刘肇瑞等，2015）。

2. 计算机辅助电话访谈技术

计算机辅助电话访谈技术（CATI）是访员利用计算机技术制作调查问卷，通过电话进行访问、填写调查问卷的技术。具体流程为：访员通过电话对受访者进行访问，将计算机上的问卷内容向受访者进行阐述并记录相应的受访者答案，完成数据采集。CATI 技术具有调查速度快、效率高、质量高、成本低、可控及灵活性高等优点（周扬帆，2019）。CATI 技术的应用最早可追溯到 20 世纪 70 年代，该技术在发达国家的普及率已超过 50%，个别国家甚至达到 95%（张冀等，2014）。由于我国电话的普及率早年相对较低，我国应用 CATI 技术进行社会调查的时间相对较晚。2006 年 9 月国家统计局社情民意调查中心成立，直到 2009 年 6 月全国统计系统社情民意调查热线 12340 才正式开通，并应用 CATI 技术对全国社情民意进行调查，而官方首次针对移动电话的 CATI 调查直到 2014 年才开始实践探索（杨飞，2016）。

在采用电话访谈形式时，有一些基本原则需要注意。首先，调查时间不宜过长，否则会面临受访者的抵触和厌烦情绪。一般而言，5—10 分钟的调查时间成功率较高，12 分钟以上就会出现直接挂断的情况（周扬帆，2019）。其次，在

CAPI 及 PAPI 技术中，除部分问题外（例如，性别问题或"是/非"问题），问题的答案选项一般不会少于 3 个。而 CATI 由于时间限制，以及非面对面的访问形式，建议将问题设置的答案选项控制在 3 个以内。

最后，CATI 的应用需要考虑我国的实际电话普及率情况，以提高调查数据的代表性。据工信部发布的《中国无线电管理年度报告（2018 年）》显示，2018 年我国移动电话普及率达到 112.2 部/百人，总量达到 15.7 亿户，为我国基于 CATI 技术的调查提供了良好的通信基础。但是，工信部发布的《2018 年通信业统计公报》显示，我国固定电话用户总数为 1.82 亿户，普及率仅为 13.1 部/百人。在选定固定电话用户进行 CATI 数据调查时，应考虑调查目的和固定电话用户的一致性，即固定电话用户是否具有代表性。

此外，在 CATI 和 ACASI 技术基础上，衍生出的计算机辅助电话语音自主访谈技术（Telephone Audio Computer Assisted Self Interview，T-ACASI），同样适用于敏感信息的调查。相对于其他敏感信息调查技术，T-ACASI 技术的隐私性最强。当访员将受访者连接入调查系统后，访员断开连接，由受访者独自完成，访问过程不涉及任何第三方人员（Cooley 等，1998）。

综上，以 CAPI 为代表的多种计算机辅助系统调查技术，在访员参与、访员影响、访员缺失误差、隐私性及适用范围等方面互有差异。不同的社会调查应根据实际情况进行选择，选择的依据如表 6-3 所示。

表 6-3 主要计算机辅助系统调查技术

技术名称	访员参与	访员影响	访员缺失误差	隐私性	适用范围
CAPI	有	有	无	中弱	部分敏感信息
CASI	有	无	存在	中强	敏感信息
ACASI	有	无	存在	强	敏感信息
CATI	有	有	无	弱	一般信息
T-ACASI	无	无	存在	极强	敏感信息

小结

本章对影响数据质量的控制技术和手段进行了介绍。首先，分析了访员因素对数据质量的影响，并将其划分为访员效应和访员偏差两类。其次，介绍了项目过程中各环节的执行可能会对数据质量造成的影响及其控制手段。最后，对包括 CAPI 技术在内的多种 CAI 技术进行了介绍，以期让读者对 CAI 技术的应用有更深入的了解。其中，重点对 CAPI 的发展、相对优势、绝对优势和应用局限进行了介绍，以期能让读者对应用 CAPI 技术进行社会调查做出中肯的评价。

参考文献

边燕杰、李路路、蔡禾，《社会调查方法与技术：中国实践》，北京：社会科学文献出版社，2006 年。

丁华，"计算机辅助调查与访员误差控制"，《统计与决策》，2017 年第 19 期，第 36 – 39 页。

丁华、姚佳慧、严洁，"基于 CAI 模式的调查数据质量控制"，《统计与决策》，2017 年第 7 期，第 28 – 31 页。

杜智敏，《抽样调查与 SPSS 应用》，北京：电子工业出版社，2010 年。

风笑天，"高回收率更好吗？——对调查回收率的另一种认识"，《社会学研究》，2007 年第 3 期，第 121 – 135 页。

侯典牧，《社会调查研究方法》，北京：北京大学出版社，2019 年。

胡以松，《现代入户抽样调查方法与实践》，北京：中国社会出版社，2019 年。

景春玲，"住户调查数据质量控制方法探究——基于全面质量管理的视角"，《调研世界》，2015 年第 4 期，第 51 – 56 页。

李锋，"聚类分析视角下审计对象分类与抽样研究"，《中国内部审计》，2019 年第 5 期，第 16 – 20 页。

李静、江国虹、常改，"营养与健康状况调查数据录入的质量控制"，《中国公共卫生管理》，2004 年第 4 期，第 323 – 324 页。

李力、丁华、任莉颖等，"浅谈计算机辅助调查中采访用时数据的利用"，《中国统计》，2012 年第 9 期，第 45 – 46 页。

李文欢、王桂霞，"社会规范对农民环境治理行为的影响研究——以畜禽粪污资源化利用为例"，《干旱区资源与环境》，2019 年第 7 期，第 10 – 15 页。

刘肇瑞、黄悦勤、肖水源，"计算机辅助语音自我调查方法在精神卫生调查中的应用"，《中国心理卫生杂志》，2015 年第 6 期，第 431 – 436 页。

任莉颖，"计算机辅助面访跟踪调查的数据特征与应用"，《中国统计》，2012 年第 2 期，第 51 – 53 页。

孙山泽，《抽样调查》，北京：北京大学出版社，2017 年。

孙妍、严洁，《中国家庭动态跟踪调查（2010）访员培训手册》，北京：北京大学出版社，2011 年。

孙妍,"运用并行数据优化调查问卷的设计",《中国统计》,2019 年第 10 期,第 8 - 10 页。

孙玉环,"访员访问行为的数据分析监测方法",《中国统计》,2012 年第 10 期,第 37 - 38 页。

涂洪波,"问与答之间:访员因素对数据质量的影响",《山东社会科学》,2016 年第 5 期,第 85 - 90 页。

王惠君、张伋、苏畅,"计算机辅助膳食调查方法应用",《营养学报》,2014 年第 2 期,第 180 - 183 页。

王瑜,"计算机辅助自填式调查中敏感问题数据质量评价",《统计研究》,2011 年第 6 期,第 68 - 71 页。

吴友强、薛峰、岳朝阳,"旅游市场问卷调查中的数据质量控制",《经济研究导刊》,2010 年第 13 期,第 147 - 148 页。

严洁、邱泽奇、任莉颖等,"社会调查质量研究:访员臆答与干预效果",《社会学研究》,2012 年第 2 期,第 168 - 181 + 245 页。

严宗光、卢润德,"入户调查的质量控制分析",《统计与决策》,2001 年第 2 期,第 9 - 10 页。

杨飞,"移动电话抽样在 CATI 调查中的应用与实践",《统计科学与实践》,2016 年第 9 期,第 9 - 12 页。

袁建文、李科研,"关于样本量计算方法的比较研究",《统计与决策》,2013 年第 1 期,第 22 - 25 页。

张伋、王惠君、张继国等,"用于营养调查的计算机辅助访问调查系统",《营养学报》,2014 年第 3 期,第 304 - 307 页。

张冀、李振国、鲍汉军,"计算机辅助电话调查系统的实验应用研究",《科教导刊》,2014 年第 2 期,第 201 - 202 页。

周扬帆,"统计调查中 CATI 系统的实验应用",《统计与决策》,2019 年第 24 期,第 73 - 76 页。

邹艳辉、孙妍,"计算机辅助调查系统设计与数据质量的提高",《统计与决策》,2014 年第 5 期,第 78 - 79 页。

邹宇春、张丹、张彬,"CAPI 不是万能的:入户调查执行方式与系统性误差",《学习与探索》,2019 年第 6 期,第 43 - 49 页。

Caceres, C. F., Celentano, D. D., Coates, T. J., et al., 2007, "The Feasibility of Audio Computer-assisted Self-interviewing in International Settings", *AIDS*, 21 (Suppl 2), S49-S58.

Cochran, W. G., 1977, *Sampling Techniques* (3rd ed), New York: John Wiley & Sons.

Cooley, P. C., Miller, H. G., Gribble, J. N., et al., 1998, "Automating Telephone Surveys: Using T-ACASI to Obtain Data on Sensitive Topics", *Computers in Human Behavior*, 14 (2), 195–207.

Freeman, J., Butler, E. W., 1976, "Some Sources of Interviewer Variance in Surveys", *Public Opinion Quarterly*, 40 (1), 79–91.

Groves, R. M., 1989, *Survey Errors and Survey Costs*, New York: John Wiley & Sons.

Hanson, R. H., Marks, E. S., 1958, "Influence of the Interviewer on the Accuracy of Survey Results", *Journal of the American Statistical Association*, 53 (283), 635–655.

Hyman, H. H., 1954, *Interviewing in Social Research*, Chicago: University of Chicago Press.

Rice, S. A., 1929, "Contagious Bias in the Interview: A Methodological Note", *American Journal of Sociology*, 35 (3), 420–423.

Weeks, M. F., 1992, "Computer-assisted Survey Information Collection: A Review of CASIC Methods and Their Implications for Survey Operations", *Journal of Official Stats*, 8 (4), 445–465.

第 7 章　中小型调查与网络调查

【本章导读】

根据样本规模的大小，抽样调查可分为小型调查、中型调查和大型调查。其中，中小型调查更为常见，具有主题明确、耗时短、灵活性强等特点。它适用于学术性调查和工作性调查，能够详细反映群体、地区以及社会的特征和现象，有助于调查者对所关注主题的深入认识。

随着信息技术的发展和互联网的普及，网络调查逐渐成为一种便捷且重要的调查方法。网络调查多为中小型调查。它在一定程度上弥补了传统调查中周期长、消耗大以及效率低等缺陷，能快速地在不同地区、年龄和学历的群体中获取大量数据，节省传统调查中数据收集和录入过程中所花费的人力、物力成本。本章将结合实际应用，详细介绍这两种较为常用的调查形式。

7.1　中小型调查概述

7.1.1　中小型调查的含义与特点

1. 中小型调查的含义

相对于大型调查，中小型调查的样本规模（sample size）相对较小。社会调查的样本规模不能太小，一般要求大于 100。这是因为社会调查不仅需要计算平均数和方差等统计量，还需要对数据进行分类处理，这就要保证每个类别下都有一定数量的样本，而类别越多，所需的样本容量要求越高。

当然，中小型调查不能单从样本容量上来界定，调查的复杂程度也是它的一个界定依据。如果调查问卷的复杂程度不高，即使样本规模达到两三千人，也可以被认为是小型调查，比如 "2009 年在京进城务工人员经济和社会调查" 和 "2011 年在京进城务工人员就业与健康状况调查"（具体调查问卷内容请见附录 2 和附录 3）。如果入户调查组织严密，问卷复杂程度高，工作量大，即使样本规模只有一两千户，也可以被认为是中型调查。比如，2016 年中国真实进步微观调查（CGPiS）在北京和成都两地城乡进行随机抽样，虽然只有3 000户，但也属于中大型调查。再比如，样本规模为几百人的实验，尤其是田野实验，也完全可以被认为是大型实验调查。

总之，中小型调查是一种样本规模相对较小、问卷复杂程度较低，从而使得调查抽样工作实施相对简单的抽样调查方法。

2. 中小型调查的特点

中小型调查具备调查规模小、主题明确，以及组织执行机构单一和组织结构扁平等特点。与大型调查相比，相对较小的调查规模和扁平的组织结构使得它在实施过程中更具灵活性和经济性，使其在控制抽样误差（sampling error）和节约调查成本等方面的优点更加突出。

（1）调查规模较小。大型调查的样本规模一般数以万计，而中小型调查的样本规模一般在几百至几千不等。较小的调查规模有利于调查的组织、实施和监督。

（2）调查主题明确。大型调查的调查主题较为宽泛，关注的主题涉及经济社会的诸多方面，如中国综合社会调查（CGSS），通过收集社会、社区、家庭和个人层次的数据，系统地监测社会结构和生活质量的互动与变化。而中小型调查的调查主题一般针对特定的地区或人群，涉及特定的状况或事件，如某地区的留守或流动儿童的认知能力、非认知能力发展。

（3）组织执行机构单一。大型调查一般依托高校或政府等组织筹办，众多单位参与协办，参与主体较多。例如，中国综合社会调查（CGSS）于2009年开始联合全国29家大学以及社科院负责年度调查的实施，截至2018年该项目合作单位已达57家。而中小型调查组织者和参与者较为单一，进入门槛低，个人也可以自主开展。

（4）组织结构扁平。大型调查的组织结构复杂，任务分工明确，会委派专人分别负责统筹规划、监督指导以及实地调查等工作。如中国老年社会追踪调查（China Longitudinal Aging Social Survey，CLASS）在调查实施中采用三层级的项目组织管理体系，每个层级负责不同的项目工作内容。而中小型调查的组织结构较为简单，一般由个人或中小型团队共同开展一系列调查工作，个人往往需要身兼数职。

（5）时间跨度小。大型调查的调查范围广泛，具有较为明显的周期性特征，整体持续时间长，需要投入大量的人力、物力和财力。而中小型调查的调查范围小，调查安排比较灵活，能有效节约时间成本。

（6）调查方法灵活多样。在调查阶段，大型调查一般采用标准问卷或者结构式访谈的方法。而中小型调查在方法选择上更加多样，根据调查主题和范围，组织者可以灵活选择问卷法、访谈法或者观察法等调查方法。

3. 中小型调查的局限性

由于具备上述特点，中小型调查在社会经济领域被广泛应用。不过，中小型调查也具有样本代表性差、访员缺乏严格训练、难以有效控制调查误差以及时间跨度容易受限等方面的局限。

（1）样本代表性差。样本的代表性是影响调查结果的关键。中小型调查由于样本规模小，因此很难获得完美的样本。如果样本不具有良好的代表性，抽样调查的结果就不能很好地反映总体的情况。

（2）访员缺乏严格训练。训练有素的访员是调查数据质量的基本保障。由于成本和组织等原因，中小型调查对访员的培训成效和应变能力往往缺乏关注，在访员选拔、培训、输送和监督等环节缺乏相应的制度约束和规范，这会明显影响调查数据质量。但其背后的原因可能是多方面的，例如调查组织者相关知识储备不够、没有认识到访员培训的重要意义，或者经费和时间等客观条件限制了访员培训的时间和强度等。

（3）难以有效控制调查误差。受成本等因素限制，中小型调查一般关注特定地区或者特定人群的状况，常采用简单随机抽样，调查结果容易受组织者调查水平的影响。有些中小型调查可能采用非随机抽样的方法，这种情况下样本的抽样误差是无法明确的，使得利用样本推断总体存在更大的偏误。

（4）时间跨度容易受限。中小型调查一般持续时间较短，所以调查的时间跨度容易受到限制，较难反映调查主题随时间变化的趋势，这在一定程度上限制了中小型调查的选题。例如，对于需要进行持续性关注和跟踪调查对象的选题，中小型调查就不太恰当。

尽管中小型调查存在上述局限性，但它具有大型调查所不具备的独特优势，这使得它非常适用于某些特定的调查主题。读者可以根据调查目标、调查对象和团队实施条件，借助中小型调查的优势以达成研究目的。

7.1.2 中小型调查的作用与适用范围

和大型调查的研究目的类似，中小型调查也能通过样本来推断总体情况。当普遍调查（又称全面调查）或大型抽样调查实施较为困难时，中小型调查利用相关的概率理论和抽样技术，能够以较低的成本推算出总体特征。

小型调查通常用于非正式或要求不高的一般性调查，适用于主题单一且总体规模较小的调查。例如，学校调查学生对食堂的评价、商场管理层调查顾客的满意度或者公司收集员工对新制度实施的反馈意见等。中型调查兼顾了样本规模、抽样误差以及组织者能力等因素，比小型调查更系统全面，又比大型调查更简便、快捷。中型调查的应用范围较广，比如生活状况调查、社会问题调查、市场

7.1.3 中小型调查的一般实施程序

1. 一般实施程序

中小型调查的实施过程与大型社会调查类似，一般分为选题、准备、调查、分析、总结五个阶段，但由于调查规模相对更小、组织结构扁平等特点，在准备阶段和调查阶段与大型调查区别较大。本小节以 2018 年在四川省组织的"留守儿童行为实验与追踪调查"为例，对中小型调查实施中的规范化流程进行介绍，并对注意事项进行阐述。

（1）选题阶段

通过查阅文献、咨询专家和实地考察，将研究主题定为"留守儿童行为实验与追踪调查"，主要研究留守儿童与非留守儿童的能力与偏好发展等问题。当然，需要提前酝酿这个项目。

（2）准备阶段

首先，进行问卷设计和实验演示材料设计。这一部分设计在选题阶段已经开始，经过几位核心参与教师的反复讨论后定稿，花费的周期比较长。在设计阶段，要充分考虑调查和实验对象的特点。例如，在本案例中，为了便于低年级学生的理解，需要反复推敲问卷的措辞，以及利用中性的卡通人物来帮助调查对象理解实验规则和流程。

其次，对学生访员进行招募和培训。除北京师范大学的硕士生和研究助理进行前期学习和演练后被派到四川外，还从西南财经大学等高校就近招募助手并进行培训。培训内容包括实验规则、调查技巧、调查内容讲解和调查模拟演练等，从而保证了大部分访员都具备较为专业的调查素养。相比于全国性大规模调查，中小型调查的问卷内容较少，访员可以较快熟悉调查内容和工作流程，但仍然要求访员具备较高的专业能力，以应对随时出现的各种状况。

再次，实地调查开始之前，建立合适的抽样框。本案例的调查在四川的三个县城进行，考虑到县域内部的经济发展差异，每个县按照距离县中心的远、中、近分别抽取学校。然后在校内按照留守学生比例的初步统计结果来选择不同的班，力求所抽取的班有留守儿童状况的代表性，并可以与班内的非留守儿童进行对比。随后通过当地的教育行政部门与被调查学校建立联系。取得对方的认可和支持后，确认工作对接人员，实地考察实验环境等硬件条件，就被调查班级、实验时间、场所和调查方式等具体安排进行相互确认。

最后，进行预实验、预调查，再次检验和完善实验设计和问卷内容。在此环节也可以检查调查团队的其他工作是否安排妥当，如访员的出行方式、食宿安排、人身安全保障措施等。在准备阶段，应尽可能提高访员对环境和流程的熟悉程度，以保证正式调查的顺利进行。

(3) 调查阶段

该调查内容涉及行为偏好测度，使用田野实验（现场实验）和问卷调查相结合的方式进行。抽取的调查对象为小学生和初中生，安排他们在学校较大的会议室或教室间隔就座。调查要求他们独立完成相应的实验和问卷内容，禁止学生间相互交流。由于学生非常好动，必要时可请班主任协助访员维持现场秩序。但班主任不能参与问卷内容解答，更不能参与实验流程。组织者对调查过程进行总体监督和控制。

大型调查的调查环境可能会更加复杂，如中国老年社会追踪调查（CLASS）采用入户面访方式，要在全国范围内完成上万份居民问卷。而中小型调查的调查环境可能较为单一，但需要组织者和访员对调查场所更加熟悉，甚至能较好地把握调查环境的变化。

(4) 分析阶段

获得数据后，尽快进行相应的数据清洗和补救工作。对其中的缺失值、信息填写模糊和前后矛盾的问卷及时进行重访，以获取真实准确的调查数据。

(5) 总结阶段

内部探讨和总结本次实验调查过程中的可取之处和不足之处，以及特别需要注意的地方，最后形成一份书面总结，为将来类似的实验或调查提供相应的经验参考。

2. 实施过程中的注意事项

(1) 问卷设计

规范的问卷设计是保证调查数据质量的重要基石。问卷设计要符合目的性、可接受性、简明性和匹配性原则，方便受访者理解与填写。

除了问卷设计中普遍要避免的封闭性、诱导性、强制性和量表尺度不适配等问题，中小型调查还要特别注意问卷长度。一般来说，中小型调查主题明确，属于简单调查。在满足调查需要的前提下，问卷要尽可能简洁，以避免受访者因疲惫厌倦产生数据偏差或放弃配合等现象。

(2) 访员因素

访员是数据收集的主要执行者。中小型调查的主题和受访者群体特征较为单一，访员所面临的特殊情况较少，但也要提前做好相应准备，比如，为访员制作规范性应答手册，列出受访者可能提出的问题，并附上回答和注意事项。

(3) 执行管理

调查项目管理者需要对调查各方面工作进行全程的掌握。规范且高效的执行管理有利于提高访员的专业性,受访者也会因访员较强的专业素养而更加主动认真配合调查。在实地调查中,应该建立层级管理模式,以便于信息的及时反馈和处理,有助于调查的稳步推进。有时候,中小型调查的研究人员也直接作为访员或者督导参与到实地调查过程中。这可以帮助研究人员及时了解调查动态、掌握调查进展,但需要对他们进行充分培训,否则可能由于专业性不足而导致调查低效。

7.2 现实社会中的中小型调查

中小型调查在现实生活中随处可见。例如,作为学生,往往会被学校要求定期填写教师教学质量评价调查问卷,或者不定期参与甚至组织一项小型调查,例如班级的家庭情况调查;作为企业职员,需要对公司新产品的营销渠道、细分市场或消费者特点等方面进行市场调查;作为政府部门人员,需要参与政策民意和社会舆情等方面的调查。

下面我们以学生课业调查和返乡调查为例介绍中小型调查,包括调查背景、调查目的、调查方法、调查对象和相应的调查过程及其成果,帮助读者进一步加深对中小型调查的特点、适用范围和实施流程的理解。

7.2.1 学生课业调查

课业调查是促进学生理论联系实际的一项实践活动。这种非正式的调查往往是小型调查,在广度和深度上都有一定的局限,但能帮助学生更多地了解社会现实和理解社会调查,从而为开展相关调查积累相应的经验。

这里以北京大学经济学院"发展经济学"课程系列调查"在京进城务工人员经济和社会调查"为例,介绍此类中小型调查的过程。

(1) 调查背景

改革开放以来,我国进城务工人员的数量不断增加,2019 年的农民工总量已达到 2.9 亿人,其中外出务工 1.7 亿人,包括 7 500 万人的跨省务工人员。这个人类历史上规模最庞大的乡—城移民群体深刻影响了中国的劳动力配置、经济增长模式以及城市化进程等诸多方面。

(2) 调查目的

该项目旨在调查北京市农民工的就业、收入和资产等经济状况以及在京居住地选择、医疗和养老等家庭情况,从而较为全面地了解北京市农民工的生活现状,同时为学术研究和政策制定提供数据和经验研究支持。

(3) 调查方法

按地图抽样框确定后再进行偶遇抽样，采取问卷调查和访谈调查方法。参与调查的北京大学学生每年大约分为 20 组，分别负责北京 10 个核心城区的约 20 个调查点，在每个调查点尽量从经济状况"好、中、差"三个层次选取受访者群体进行调查。

(4) 调查对象

调查对象为北京市农民工。该调查于 2006—2019 年在北京市逐年进行，每年调查样本量约为 1 200—2 000 人。

根据调查对象设计调查问卷。参考相关论文、报告和书籍，将农民工问卷的关注点主要聚焦于基本情况、经济状况、医疗健康和社会保障等社会广泛关注的方面，以此为框架设计问卷中的问题。

(5) 调查过程

在正式调查之前，访员需要进行一定的调查培训与演练，并进行小范围的预调查。访员除了掌握基本调查规范和熟悉问卷内容，还需要提升社会调查能力和访谈技巧，例如要学习并掌握如何进行自我介绍、如何控制访谈的节奏以及如何应对受访者不配合的情况等。在此基础上，进行正式调查。一般情况下，学生 4 人一组，由组长带队，全组集体行动，这样便于互相监督和帮助，提高调查质量。所有问题均应当由访员当面填写。

(6) 数据分析

在得到问卷和访谈结果之后，及时对数据进行整理和清洗。对数据的可靠性、代表性进行检验后，使用相关专业软件进行实证研究。

调查涉及的进城务工人员来自全国各地，对北京农民工有一定的代表性。将本调查 2009 年的数据与 RUMiC 数据在关键变量上进行对比后发现，该调查数据具有较好的质量与稳健性（周晔馨等，2019）。

(7) 成果撰写和发布

将分析结果和调查资料分类汇总后，开始撰写调查报告，并对本次调查结果和相关结论进行说明。实际中，该调查数据得到了较为广泛的使用。[①]

7.2.2 返乡调查

返乡调查（home-returning survey）指在外读书或者工作的人返回家乡后，对家乡经济发展、产业结构以及政策实施效果等方面情况的调查。通常采用参与观

[①] 目前利用该数据完成的论文有数十篇发表在《经济学（季刊）》《管理世界》《世界经济》《经济科学》《经济学动态》《财经研究》《经济评论》及《云南财经大学学报》等刊物上。这说明小型调查也能产出大量优质成果，可以有很好的投入产出比。

察、半结构访谈和问卷调查等方式来收集相关数据。返乡调查在某种意义上也是一种实地调查，强调"实地"，即要求调查者深入当地社会，依据观察、访问和感受去搜集相关数据，形成对研究主题和内容的整体感知，并完成相关的调查研究。

1. 返乡调查的主要调查方法

（1）观察法。观察法是指个人带有明确的主题和目的，在不直接参与的条件下对调研区域内发生的事情和调查对象的行为进行了解。例如在针对家乡电信普遍服务实施情况的返乡调查中，调查者可以对家乡的电信设施、网络带宽、农村网络覆盖程度、农村宽带信号和计算机在生产生活中的应用情况进行观察，从而对调查对象的现状有总体上的了解和把握。

（2）访谈法。访谈法要求访员深入调查区域与调查对象就调查主题进行交流，并从中获取资料和信息。实地调查中常采用的是无结构访谈法，即无事先准备的问卷或者访谈提纲，访员就调查主题与调查对象进行比较自由的交谈。这样能帮助访员获取更广泛、更全面的资料，但访员需要从中选择归纳出自己需要的信息。

（3）问卷法。调查问卷中设置与调查主题相关的问题，由受访者对其进行回答。一般来说，受访者需要在已给出的答案中选择一项自己认为最正确、最符合自身想法的选项。与观察法和访谈法所得到的定性资料不同，问卷的结果一般可用作定量分析。而三种方法的结合能有效控制资料和数据质量。

2. 返乡调查的优缺点

由于访员是在自己的家乡开展调查，对调查对象的生活环境和社会习俗具有较为全面的了解，有利于调查的开展。同时返乡调查方式较为灵活，弹性较大，能够有效地找到调查对象，研究效度较高。

作为一种实地调查形式，返乡调查也有着实地调查所不可避免的缺点，如所需时间较长、概括性较差、所获得的文字资料不便进行定量分析研究、不利于推测总体特征，等等。

3. 返乡调查实例

不少高校积极鼓励和组织学生开展返乡调查，以获取基层的第一手资料。比如，上海财经大学主办的"千村调查"项目是我国具有代表性的社会实践和调查研究项目之一，是返乡调查的典型代表。它连续多年结合随机抽样定点调查和学生返乡调查，对我国"三农"问题进行实地深入研究，截至2022年5月，已成功实施13期，不但积累了庞大的数据资料，而且形成了4 000多篇调查报告，并出版了5本学生调研报告集。又如暨南大学经济与社会研究院发起的"广东千村调查"（Thousand-Village Survey in Guangdong）项目，从精准扶贫战略、乡村治理与乡村运行效率、农村生态环境、教育脱贫战略、农村城镇化过程中的征地问题、农村金融改革等角度出发，系统地收集了广东省乡村发展的微观数据和相关信息，将学术研究与政策研究有机结合，有助于推进乡村振兴工作。[①] 从单次返乡调查来看，上述两个"千村调查"可以归为中型调查，但从整个项目多年实施过程来看，它们都属于大型调查。

下面以工信部委托某大学开展的"我国电信普遍服务政策实施效果"学生返乡调查为例，介绍返乡调查的实施要点和过程。

（1）调查背景

电信普遍服务对促进地区经济发展、提升教育医疗水平、缩小城乡"数字鸿沟"等具有重要影响。为贯彻落实"宽带中国"战略和"十三五"规划等相关部署，加快农村及偏远地区网络覆盖，工信部和财政部提出各级政府和企业应深入开展电信普遍服务试点工作，建立新型普遍服务补偿机制以引导企业承担市场主体责任，并于 2016 年和 2017 年开展了三批共 326 个城市的试点工作。

（2）调查目的

本项目主要为了总结电信普遍服务实施的成功经验，发现其中存在的问题和不足，为工信部和财政部进一步制定相关政策提供决策依据。具体而言，项目通过访谈了解当地（县、乡镇、村）电信普遍服务实施情况，其中包括通宽带、通 4G 及通广电宽带（高清电视 + 宽带）的情况和电信普遍服务给当地经济发展及社会生活带来的影响。

（3）调查方法

项目采取问卷调查和访谈调查相结合的方法。

（4）调查对象

项目调查对象包括县、乡、村各级干部和工作人员以及居民群体。

（5）调查过程

首先，开展预调查。预调查由项目负责人员组织，选定某省某村开展电信普遍服务调查。在此过程中，调查项目团队总结经验，并修改调研访谈提纲。

其次，招募与培训访员。访员招募在 2016 年 7 月进行，主要面向某大学学生。招募完成后进行统一培训，介绍调查主题和调查背景，并对访员的访谈技巧和调查注意事项进行重点培训。同时，为访员提供调研函、访谈提纲和调查问卷等返乡调查所需的资料，并对访员可能遇到的问题进行详细说明。

最后，开展正式返乡调查。访员利用暑假时间对家乡电信普遍服务实施情况进行调查，并通过即时通信工具及时向老师汇报进展情况。调查采取问卷调查和

---

① 资料来源：暨南大学经济与社会研究院社会调查中心网站（https://sdc-iesr.jnu.edu.cn/main.htm）。

访谈调查相结合的方式，其中问卷调查采用分层调查，在县城和乡村分别进行随机抽样，选取县级和乡村干部进行访问。在调查结束之后，访员根据项目要求提交调研报告、调查问卷和原始资料。

（6）数据分析

根据事先设计的评估指标体系和调研数据资料，对访员所提供的调研报告、调查问卷和调查原始资料进一步分类处理，从而获得最终数据和总体分析结果。

（7）提出政策建议

根据调研结果，结合访谈资料和问卷数据，从电信普遍服务的政策目标、实施方式和配套政策措施等方面提出建议。

7.3 网络调查概述

随着信息技术的发展和互联网的应用普及，网络调查（online survey）逐渐成为一种重要的调查手段。行政统计调查、生活状况调查、社会问题调查、市场调查、民意调查等，甚至在线实验，都可以采用网络调查的方式开展。这里介绍网络调查的含义、类型、适用范围和实施程序，以及相关网络调查平台。

7.3.1 网络调查的含义和类型

根据研究目的和内容的不同，网络调查有以下两种含义：

第一种含义指以互联网为渠道进行的调查。在调查目的和内容方面，这种网络调查与传统调查基本相同，都是以某种社会现象或具有某种性质的群体为调查对象，具有较强的适用性。网络调查与传统调查方法的不同主要体现在调查手段方面，传统调查一般是依靠访员进行社会调查，如问卷调查、电话访谈和面访调查等。而网络调查基于计算机网络技术，利用网页问卷、网页投票或在线问答等形式收集调查资料和数据，是传统社会调查方法技术的扩展。与电话在社会调查中的应用不同，网络工具的引入替代了传统调查中访员的大部分工作，能够大大降低调查费用，简化数据录入过程，有效地缩短社会调查时间。相对于传统调查，信息技术的不断进步使得网络调查在研究主题、调查形式和研究对象等方面，具有无限发展的可能性。

第二种含义指对互联网使用情况的调查。该类调查是对网站用户情况和访问情况的观察和监测，是互联网研究的重要组成部分。网站用户情况包括网站用户的数量、结构、分布以及网上行为等内容。而网站访问情况包括网站的访问量、页面浏览数和页面浏览时长等指标。随着大数据（big data）技术的发展，互联网使用情况调查的范围逐渐扩大，应用领域也不断更新。例如，购物网站应用大数据技术可以监测使用者的浏览足迹，据此推断出使用者的态度和偏好，从而精准宣传产品、准确投放广告。物联网的发展也可能给互联网使用情况的调查带来改变，如进一步扩大调查范围、改变调查的应用领域等。

本书重点介绍第一种含义下的网络调查，即以计算机网络技术为调查手段获取调查数据和访谈资料的调查方法。

网络调查包括网上问卷调查、网上讨论以及网上观察等类型，其中最常用的是网上问卷调查。网上问卷调查主要使用定量调查法，需要调查者事先设计抽样方式和调查问卷，并在调查结束之后对数据进行处理和分析。网上讨论属于定性调查法，需要在网络上与受访者就调查主题进行长时间的访谈，一般选择论坛或者即时通讯软件等工具，从而得到受访者对某一主题的反馈。网上观察是指调查者通过观察调查对象在网络上的行为以及对某一主题的态度来进行调查，它主要是一种定性调查法，一般依托论坛或讨论组进行。总之，针对不同的目标和主题，调查者可以灵活地选择适合的网络调查方法。

网上问卷调查方法又可分为站点法、电子邮件法以及随机 IP 法三种形式。

(1) 站点法

站点法是指调查问卷的 HTML 文件附加在一个或几个网站网页上，由浏览这些站点的用户在此网页上回答调查问题的方法。站点法属于被动调查，只有触发了一定条件，如登录了某个网站或者为寻求某项信息而进入某个页面，才有可能成为潜在调查对象。一般来说，调查者在统计分析后会在网上公布调查结果，例如，中国互联网络信息中心 (China Internet Network Information Center, CNNIC) 每半年进行一次的"中国互联网络发展状况调查"。采用站点法进行社会调查时，为达到一定问卷数量，站点需要进行适当宣传，以吸引大量访问者。在截止时间之后，问卷填写系统会自动失效。

站点法的优点是填写者一般是自愿的，可以在一定程度上认为提供调查信息的人群具有填写调查的意愿，从而保证信息的准确。不过，一般来说无法核对问卷填写者的真实情况。例如，北京师范大学校园媒体平台蛋蛋网的"北师大学生校友性行为调查"就是采用站点法。该调查将问卷放在蛋蛋网旗下的网站和微信平台上，由填写者在规定时间内自愿填写相关内容，其目的在于反映北京师范大学在校学生或校友的亲密关系情况。

这种调查几乎不可避免地存在样本选择 (sample selection) 的问题。首先，访问某个或某些网站的人群往往是特定人群。其次，即使在这些特定人群中，愿意去主动填答问卷的人群和不愿意填答的人群，也是有系统性差异的。而在填答的人中，还可以分为受问卷奖品诱惑而来的人群和没奖品也愿意填答的人群，因此是否设置奖品是个需要认真权衡的问题——因为设置奖品会吸引那些为了奖品而来的特定人群，而不设置奖品则又担心填答人数太少。

(2) 电子邮件法

电子邮件法是指通过电子邮件形式，将调查问卷发送给特定的网上用户，由用户填写后再反馈给调查者的调查方法。比如，在 2020 年新冠疫情期间，绿色和平组织（Greenpeace International）为获得更多有关环境保护工作的意见和建议，采用电子邮件法向公众发送相关问卷获取调查数据，以更好地调整自身工作方向。

电子邮件法属于主动调查法，但样本的随机性也不容易满足。受访者至少需要同时满足以下条件：拥有电子邮件、常查看邮件、愿意接受调查，因此很难做到随机抽样。

电子邮件法与传统邮件法有一定相似之处。它比传统邮件调查时效更高，但也容易引起受访者的反感。因此，使用电子邮件法时，应提前征求受访者的意见，或者评估受访者的反感度或抵触情绪，也可以适当提供一定的补偿，如有奖回答或赠送礼品等。

随着互联网的快速发展，电子邮件不再是推送问卷的唯一方式。依托互联网，将问卷制作成电子版直接推送到手机终端，也类似于电子邮件法，比如我们经常在微信中见到的"问卷星"小程序。

(3) 随机 IP 法

随机 IP 法属于主动调查法，是以产生一批随机 IP 地址作为抽样样本的调查方法，具有很强的抽样随机性。与站点法和电子邮件法相比，随机 IP 法的优势在于随机性强，调查对象的涵盖范围大，所得到的结果也更加客观和真实。利用该方法可以进行简单随机抽样，也可以依据一定的标志排队进行分层抽样和分段抽样。比如，某网络游戏公司为进行市场欢迎度调查，测试互联网用户对其新推出产品的认可程度，而采用随机 IP 法向不同 IP 地址发送调查问卷以测试该产品的市场欢迎度。

7.3.2 网络调查的适用范围与优缺点

1. 网络调查的适用范围

随着互联网技术的不断发展，网络调查正逐步成为应用领域最广泛的调查方法之一。企业可以利用网络进行市场调查，发布调查问卷，收集和记录各种市场信息，并进行相应的数据分析，为市场策略的制定提供依据。政府机构以及各类社会组织也可以通过网络开展统计调查，完成统计工作。除此之外，网络上发布的调研信息也能帮助调查者收集信息来开展分析和研究，包括民意调查、研究项目调查和社会问题调查等。

如果社会调查需要访员进行指导或答疑,如试用类调查(食品、化妆品等)、政府统计调查(人口普查等)、社会追踪调查(中国家庭金融调查(CHFS)、中国家庭追踪调查(CFPS)等)等,网络调查的适用性会受到限制,使用网络调查不一定有效。但总体上看,网络调查的适用范围很广,既适合于个案调查,也适用于抽样调查。专栏7-1对2020年新冠肺炎疫情期间的网络调查进行了介绍。

专栏7-1　2020年新冠肺炎疫情期间的网络调查

在2020年新冠肺炎疫情期间,网络调查凭借方便、快捷且不需要访员面访等方面的优势,成为各类社会调查的首选方法。政府部门和有关机构通过网络调查对疫情下中小微企业的生存情况、公众对疫情的认知情况以及居民的居家健身状况等方面做了相关的统计和调查,为疫情防控以及政策制定等提供了第一手的宝贵数据。

案例7-1:新冠疫情下中小微企业生存状态网络调查

该调查由中国企业创新创业调查(Enterprise Survey for Innovation and Entrepreneurship in China, ESIEC)课题组主持,调查目标是了解疫情下中小微企业的实际困难和需求,评估疫情对经济和企业运行的影响。ESIEC是北京大学企业大数据研究中心对中国中小微企业开展的田野调查,具有一定的前期企业调查基础。课题组招募了全国100余位在校大学生访员,利用电话追访及网络问卷的形式对样本企业进行调查,同时课题组还通过微信平台和公众号等渠道对非ESIEC样本企业进行了问卷调查。

该调查最终完成样本2 701份,其中ESIEC代表性样本2 344份,主动受访的普通样本357份。样本的行业分布与企业工商注册总量数据的行业分布大体一致,在行业层面上对中国中小微企业具有一定的代表性。调查发现轻工业受疫情影响较大,尤其是出口型轻工业企业的出口订单下降超过10%;商务服务业由于具有更加现代的经营方式,恢复相对较快;居民服务业受消费者需求疲软的影响较大等。这些发现在一定程度上反映了疫情下中小微企业的生存现状,对后续有关政策的制定提供了可靠的依据。

案例7-2:疫情中的企业经营状况网络问卷调查

该调查由武汉大学中国新民营经济研究中心联合武汉市工商业联合会主持,目标是了解湖北企业在封城期间的生存状态和经营困难情况。项目组在湖北省境内(以武汉市为主)开展了为期3天(2020.2.24—2020.2.26)的"疫情中的企业经营状况"问卷调查,共收集573份企业问卷,并对部分企业家进行了访谈。

调查发现超过 7 成的企业面临资金紧张和经营成本上升的困境，超过 5 成的企业存在防疫物资缺乏、房租压力过大和员工流失的问题，还有 4 成的企业反映市场已经被抢占。该调查是对湖北省企业在疫情下真实生存状态的反映，为湖北省后续的复工复产和产业发展提供了指导。

案例 7-3：疫情期间公众对疫情认知网络调查

该调查由四川省大数据发展研究会联合达智数据（集团）共同开展，目标是了解大众对疫情的关注度以及相关信息的收集渠道等。调查面向全国范围，采取概率抽样和非概率抽样的方式进行样本抽样。概率抽样主要在达智数据集团样本库中抽样调研；在样本库以外，主要通过社交平台，以滚雪球的方式进行问卷推送。

调查城市涉及全国三线以及三线以上城市共 124 个，经过数据整理，最终回收有效问卷 1 023 份。调查发现 91.2% 的受访者会每天关注新冠病毒感染确诊病例数变化，超 9 成受访者能够做到"戴口罩、勤洗手、少出门"。在获取疫情信息方面，人群中通过"微信朋友圈/个人微博"获取信息的占比最高，为 56.6%；但从信息渠道的信任度方面，"新华社/央视/人民日报等主流媒体"（占比 28.2%）的权威性和信任度排名第一，"电视节目"和"各类门户网站、新闻客户端以及官方微博、微信公众号"等尾随其后。该调查反映了民众对于疫情的认识和关注程度，为公共卫生危机期间信息传播的引导提供了参考。

2. 网络调查的优点

（1）调查效率高。依托互联网进行社会调查，能够摆脱时间和空间甚至恶劣天气的限制，从而实现 24 小时"全天候"调查，还在很大程度上克服了传统调查存在的周期长的问题，问卷回收的速度及调查的效率得到极大的提高。

（2）调查对象广。网络调查能够在短时间内覆盖不同地区、不同年龄、不同学历的人群。

（3）调查范围宽。理论上可覆盖所有接通互联网的地区，所有网络用户都可以成为调查的潜在对象。

（4）调查内容多。除了普遍调查的范围，网络的匿名性还使得网络调查可以在一定程度上对一些敏感和隐私性的问题进行调查。

（5）调查成本低。网络调查通过网络途径分发问卷，可以节省因问卷印刷、人员组织、数据录入等方面造成的人力、物力和财力投入。

（6）及时性和共享性。很多网络调查是开放的，参与者往往可以进行投票和查看结果。调查信息经统计分析软件初步处理后，还可以为参与者提供阶段性的调查结果。

3. 网络调查的缺点

（1）样本局限性。虽然网络调查覆盖范围广，但是调查对象仍局限在互联网使用者。截至 2022 年 6 月，我国互联网普及率为 74.4%，仍有 3.62 亿人口是互联网所覆盖不到的。城乡二元结构和数字鸿沟的存在使得城乡地区的上网率有着显著差异。我国农村网民规模占网民整体的 27.9%，城镇网民规模占网民整体的 72.1%，即城镇网民占网民整体的绝大部分。从年龄结构上看，10—39 岁网民占网民整体的 51%，50 岁及以上网民群体占比仅为 25.8%，即网络用户仍然以青壮年人群为主，这样会造成网络调查样本代表性较差。[①]

（2）没有访员参与导致数据收集存在一定的缺点。网络调查存在调查质量难以控制的问题。由于无法控制受访者回答问题的过程，所以在问卷登记填写的过程中可能会出现调查对象随意、敷衍或故意作假填答的行为。此外，调查对象可能因为对问卷的理解不当而填写错误信息，从而影响数据信息和调查结果的质量。在面访调查中，当遇到受访者抵触时，访员通过一定的访问和沟通技巧，能保障调查的进行。而网络调查中访员的缺失可能会造成网络调查问题无应答的情况。

（3）网络调查存在的误差问题。网络调查普遍存在抽样误差、登记误差和无应答误差等问题。具体而言，网络调查的抽样误差是指样本不能完全代表总体而产生的误差。部分网络调查采用便利抽样（convenience sampling），这种基于受访者自动参与的调查很难从结果中推断出总体的结论，甚至某些群体的填答率过高也会引发样本代表性问题，导致抽样框单位与目标单位不完全对应。在实际调查中，要在明确调查对象和调查主体的基础上，选择合适的调查方法来降低代表性误差。例如对某网站用户进行调查时，可以依据目标总体的注册账号建立抽样框进行调查；而涉及"三农"问题时，可以利用传统调查与网络调查相结合的方式进行调查。同时，在调查中要尽量做到样本均衡分布，避免样本分布不均的问题，尤其关注样本的年龄、性别、职业和地域等因素。

同时，由于理解、观察、计算等方面的原因，网络调查过程中存在填写错误、拒绝填写、中途放弃等情况，造成登记误差和无应答误差。一般来说，对调查主题感兴趣的人积极性较高，最有可能对网络调查做出及时回应，其他人可能会由于对调查主题不感兴趣或者认为调查问卷过于复杂等原因而放弃填答问卷，这就容易导致网络问卷应答和反馈率低，从而影响调查质量。网络调查可以通过

---

① 中国互联网络信息中心，《第 50 次中国互联网络发展状况统计报告》，北京：中国互联网络信息中心，2022 年，第 25 – 31 页。

向填答者支付报酬来提高填答率。此外，调查问卷中的抬头介绍语、问题层次以及语言可读性等细节设计也会影响调查对象的填写意愿，更专业、更人性化的问卷会对填答率产生正面影响。

（4）调查过程中的重复投票问题。所谓重复投票是指调查对象不止一次地参与投票以及填写问卷等调查参与行为，微信投票和网上问卷调查等方式中都存在重复投票的可能性。调查者可以在受访者投票或者完成问卷填写之后，采用一定的技术手段对其进行限制，从而减少恶意重复回答的现象。还有一个比较明显的问题就是发动亲友、校友"拉票"，这个问题主要出现在各类评价调查中。

网络调查与传统调查的对比如表7-1所示。

表7-1 网络调查与传统调查的比较

	网络调查	传统调查
沟通模式	一对多	一对一
样本分布	网络用户	所有公民
回收速度	快	慢
花费时间	只要设计好问卷，搭建好平台，就可快速获得数据	一般需要1个月以上
调查费用	花费少，主要是设计费和数据处理费	费用高
调查主题	总体适用范围广，但受到一定的限制	几乎适用于所有主题
优点	调查工具先进、效率高、成本低、受访者可以自主安排时间	访员的参与能够使访员有机会深入询问，保证受访者有反馈，从而保证调查数据质量
缺点	调查对象局限在互联网使用者、访员缺失容易导致无应答问题、存在恶意重复回答现象等	调查成本高、调查无匿名性、受访者可能会拒答或说谎、调查地区和样本数量有限

7.3.3 网络调查的实施程序

网络调查的实施程序与传统调查相似，如图7-1所示，都需要经过选题、前期准备、预调查、正式调查、数据分析和报告撰写等阶段，但是由于网络调查具有便利、高效和开放共享等特点，在具体的实施步骤和实施细节中与传统调查有所不同。例如，在实施步骤中，传统调查存在数据录入环节，即将回收的问卷以及访谈音频等信息转换为电子格式，而网络调查没有该环节。在实施细节方面，网络调查需要考虑问卷发放的途径、网站的兼容性、访问负荷等方面对调查的影响，以保证受访者能顺利地填写调查问卷。由于网络调查存在着一定局限性,在具体实施过程中,调查者要特别关注网络调查的数据质量,加强对调查过程的监控,尽量避免抽样误差、登记误差以及无应答误差等问题。

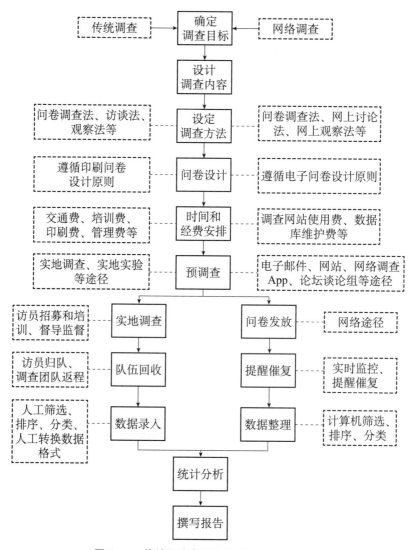

图 7-1 传统调查与网络调查实施程序比较

1. 一般实施程序

(1) 确定调查目标。与传统调查方法一样,网络调查开始以前,首先要明确调查需要解决的问题,即确定调查的目标和主题。其次,考虑网络调查方法是否适用于该主题。最后,进一步明确研究范围,搜寻相关资料,为调查和问卷设计做准备。

(2) 设计调查内容。根据调查目标明确调查内容、调查对象和调查范围,查阅相关的资料对调查主题有更加深入的了解，并在此基础上设计相关的调查指标和维度。

（3）设定调查方法。针对不同的目标和主题，选择适合的网络调查方法，进一步确定调查载体。调查载体是指网络调查所依托的平台，包括现有网站、电子邮件以及网络调查 App（如问卷星、问卷网、SurveyMonkey）等。在选择调查载体时，要考虑到调查的目标、主题、人群及规模，从而确定载体的具体形式来开展调查。

（4）问卷设计。在网上问卷调查法中，为弥补网络调查没有访员的问题，调查问卷的内容要尽量做到清晰明确、简洁易懂。内容主要包括说明部分、主体部分和功能键等。说明部分主要介绍本次调查的目的、重要性和保密措施，以打消受访者疑虑。主体部分由受访者进行填写，故在文字表达、问题阐述和答案设计等方面要仔细考量。功能键的作用是帮助受访者进行填写操作，如提交和查看结果等。问卷内容设计完成之后，可在操作层面先用文字编辑软件设计出一份完整的问卷，然后确定网络调查形式，最后再转换成电子网络问卷的形式。网上讨论法和观察法也可以设计与调查主题相关的提纲或其他内容，方便后续调查的开展。

（5）时间和经费安排。调查之前要具体设定调查的时间安排，确定时间限制，超出限定期限的问卷填答无效。网络调查使用先进的技术工具，具有较高的调查效率，调查时间较传统调查来说大大缩短，一般在 15 天以内即可完成。考虑到网络调查的无应答率和时间安排，有些电子邮件调查设定的时间更短，要求受访者在 3 天之内填写并回复完毕。这种时间安排能有效提高调查者的工作效率。

网络调查的经费主要包括技术使用费、调查对象的误工费、项目的基本运转费用等。它节省了访员实地调查中产生的交通费、住宿费以及保险费等费用，同时，调查过程中的人力成本较低。调查经费可以更多地花费在质量控制、网络技术支持和后期的数据处理方面，如调查网站使用费和数据库维护费等。

（6）预调查。预调查是正式调查前的测试和准备工作，能够反映出问卷设计、调查执行等方面存在的问题。只有解决预调查中发现的问题后，才能开展正式调查。网络调查的预调查主要包括内容测试和操作测试。内容测试主要是为了发现问卷设计中存在的问题，如语义不清楚、暗示性表达或者术语不统一等问题。操作测试主要是为了检查问卷调查的可操作性，例如问卷在不同操作系统或者网络浏览器的兼容性以及提交的成功率等。

（7）正式调查。当以上准备流程完成之后，就可以开始正式的问卷调查了。将问卷发放给调查对象之后，调查人员要实时监控整个调查的进度。对于没有回复的问卷，调查者可以通过电子邮件等方式进行催收，具体的催收次数设置主要依据调查时间和问卷回收情况来确定。接下来，调查人员对回收的问卷进行数据整理。与面访调查不同的是，网络调查不存在"实地调查"和"数据录入"环节，所有的调查工作通过互联网进行，不需要面对面地调查。

（8）统计分析。在统计分析部分，网络调查与传统调查方法一样，研究者可以针对相关的研究主题，利用经过清洗和整理的数据进行统计描述与分析推论，还可以进一步运用不同的分析工具解释所得到的现象和结果。

（9）撰写报告。在利用网络调查数据进行统计分析之后，研究者需要将所得到的结论文字化，撰写相应的研究成果，具体可以用报告、论文或书籍等形式呈现。撰写报告是调查研究中最重要的步骤之一，是对研究团队调查工作的总结。在该过程中不仅可以发现调查的不足之处，还可以评估和展现团队的调查成果。

上述9个步骤即为传统调查与网络调查的一般实施程序，读者还可通过图7-1中给出的传统调查与网络调查实施程序的步骤比较图示进行梳理。

2. 数据质量控制

（1）问卷设计。网络调查没有访员的参与，所以可能会出现登记误差（data recording error），例如受访者错误填答或者问卷填写不完整等。这要求网络调查中问卷问题的设计应简短明了，问题数目不宜过多，问题类型最好以半封闭或封闭题型为主，注意不要有拼写错误、暗示性词语或者语义不清楚的问题。网络调查中容易出现无应答情况，因而可以在问卷的开头部分添加说明文字来打消受访者的疑虑，争取受访者的配合。问卷在网络发布前应进行检测、试验、修改和完善，用以及时发现和改正问卷中调查者未发现的问题和考虑不周的地方，确保问卷设计质量。

（2）调查执行。网络调查的执行过程需要调查人员监督，并对问题进行及时反馈。首先，问卷载体的选择应偏向影响力大的网站或者平台。可在多个平台（网站）同时进行网络调查。其次，调查过程中要与受访者建立良好的沟通和联系。要允许受访者随时报告调查操作中的错误，因为实际调查中或多或少地会出现调查人员意料不到的情况，如问卷无法访问等。这些情况很有可能导致受访者无法参加甚至退出调查，调查人员要及时解决相关问题，确保问卷能够顺利被填写。最后，建立控制程序，删除重复填写、填写不完全以及逻辑错误的问卷。

（3）原始数据储存。网络调查的原始数据虽然以电子数据形式直接储存在电脑中，但是数据的备份和储存问题依然不容忽视。在调查执行和数据处理过程中，最好将原始数据进行多次备份，以免数据清洗造成原始数据丢失。此外，每次数据处理之后都要及时标注版本号，以免因版本不清造成数据混淆。

（4）调查载体的选择与调试。调查载体的选择应以方便获得调查对象为前提，降低调查对象对接调查载体的难度，从而提高问卷应答率。此外，调查载体的访问负荷量非常关键，调查系统必须保证网络顺畅，能够承受大量调查对象同时在线的压力。在正式调查开始前，一般要在不同品牌和不同版本的网络浏览器以及不同网络连接速率的情况下，对所选调查载体的兼容性和流畅度进行测试，以保证调查的顺利进行，提高调查质量。

7.3.4 网络调查平台

网络调查平台是调查者进行网络调查所依托的媒介，具备设计问卷、发布问卷和数据收集与下载等功能，有的甚至提供样本服务或被试招募服务，即帮助用户邀请符合条件的目标人群来填写问卷。目前较为知名的国内网络调查平台有问卷星、腾讯问卷、问卷网以及调查派等，国外的平台以 SurveyMonkey 为代表。

网络调查平台的界面虽然各不相同，但是问卷发布的操作过程和平台所提供的功能大同小异，在问卷创建、问卷分析、问卷管理和结果导出等方面都具有很强的相似性。网络调查平台的一般使用流程如图 7-2 所示：

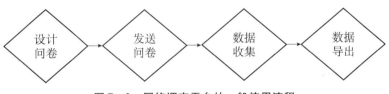

图 7-2　网络调查平台的一般使用流程

7.4　现实社会中的网络调查

网络调查不受调查规模的限制，适用于各种规模的调查。比如，清华大学教育研究院主持的"中国大学生学习与发展追踪研究调查"（China College Student Survey，CCSS）是采用网络问卷调查方式进行的一项大规模教育学调查项目。在调研学校中利用分层随机抽样选择样本，被抽中的学生登录调查平台网站填写项目问卷，整个调查均在线上操作完成。

本章侧重分析中小型调查，因此我们从既是网络调查又是中小型调查的案例出发，详细介绍网络调查从前期选题、调查准备、调查执行到调查结果分析的整个过程，以便读者更好地了解网络调查的实施过程。

7.4.1 针对大学教师群体的网络调查

下面介绍某高校的"研究型大学教师科研创新行为数据库"及相关的网络

调查。

(1) 调查背景

建设该数据库是为了研究"科研生产力之谜"(research productivity puzzle),即高校的女性科研生产力往往低于男性、高校近亲繁殖(academic inbreeding)对大学教师学术创新能力的影响,以及其他与高校创新和社会网络相关的研究主题。

(2) 调查内容

选取大学里从事教学科研岗位的教师作为调查对象,调查其基本信息、科研能力和学术合作行为等内容。根据调查目标和内容,问卷问题涉及受访者的基本信息、工作经历、科研项目和学术合作行为等,具体问卷请见附录4《研究型大学教师创新行为调查问卷》。

(3) 数据收集

调查采取网络调查法。全样本基础数据包含以下两类信息:

① 基本背景信息,即性别、出生年份和受教育水平等。数据主要来源于教师个人主页,并结合互联网、电话咨询等进行补充。

首先,通过网络爬虫(web spider)技术抓取数据,包括教师个人基本特征、学院和学校基本信息以及学术论文发表信息,获取到经济学科34所"985"大学和5所学科排名靠前的"211"大学中的52个实体机构、教育学科46所"211"大学中的46个实体机构的全体教学科研岗教师的相关信息。

其次,通过电子邮件的方式向第一阶段被收集信息的每一名教师发送调查问卷,调查其合作行为和工作经历等信息,用于补充爬虫数据,对没有及时回复的教师进行3次提醒填答问卷。

② 发表学术论文信息。利用计算机网络爬虫技术从CNKI数据库抓取了每名教师在2000年1月1日至2013年12月31日期间发表在CSSCI期刊上的学术论文,获取文章作者及所在机构名单、期刊影响因子、发表年份等数据[①];基于以上信息,进一步为每名教师合成了三个时期(2000—2003年、2004—2008年、2009—2013年)的科研生产力以及社会资本指标。

(4) 数据代表性

调查样本数据是对全样本数据的补充,包括家庭婚姻、社会资本和工作经历等。由于调查难度很大,获得这些宝贵的样本实属不易。为考察接受调查样本对全样本的代表性,根据是否参与问卷调查将全样本划分两类,分析并检验了两类样本在关键指标上的差异。研究发现,相对于未参与调查的样本,参与调查的教师年龄略轻、低职称比例略低、女性占比及来自"985高校"的比例略高。尽管

---

① 利用计算机技术共抓取CNKI数据库收录的2000年1月1日—2013年12月31日41 290条原始CSSCI期刊的学术论文条目信息,剔除书评、人物介绍、会议综述等非学术文献,最终论文条目为37 169。

如此，整体差别不大，且在 0.05 水平下可认为两类样本没有差异。因此，虽然参与问卷调查的 457 名教师存在一定的样本选择性，但在统计意义上能较好地代表全样本，即基于调查样本的分析能够比较可信地推断全样本。

7.4.2 针对流动儿童群体的网络调查

下面简要介绍一项针对流动儿童教育投入问题的社会调查。

(1) 调查背景

改革开放 40 多年来，我国经济社会快速发展，同时也伴随着剧烈的社会结构变革，其中一个重要方面就是人口流动。根据教育部的《2019 年全国教育事业发展统计公报》，2019 年仅义务教育阶段的流动儿童（随迁子女）数量已达 1 426.96 万，他们的教育问题引发了社会的广泛关注。

(2) 调查目的及主要内容

由于调查目的在于了解流动儿童家庭对子女教育的重视和关注程度，所以调查对象是流动儿童的父母。具体而言，该调查针对 XX 市中小学的学生家长进行网络问卷调查。调查内容主要涉及父母的基本信息（如是否为本地人、本地居住年数和家庭收入等）以及父母在子女教育方面的金钱和时间投入等，从而了解流动儿童家庭对子女教育的重视和关注程度。更多信息可见本书附录 5。

(3) 调查费用预算

调查费用包括资料费、劳务费和因借助专业调查平台而支付的相应费用。

(4) 调查实施计划与方法

组织成立专门项目组负责本次网络调查的具体实施过程，其中设立组长一人、副组长二人和组员若干。组长负责与被调查学校联系，争取学校方面的配合，组员主要负责关注问卷的填写情况，与班主任保持密切沟通。调查采取网络调查法，利用网络调查平台设计好调查问卷，在班主任的配合下将问卷链接发送给学生家长让其在手机等终端进行填写。对于没有及时填写的问卷，由班主任通过电话等形式进行催复。

7.5 大数据时代的社会调查

信息技术的发展为大数据的产生和发展提供了良好的基础，大数据具有 "5V" 的特点，即 Volume（大量）、Velocity（高速）、Variety（多样）、Value（低价值密度）、Veracity（真实性）。随着网络、通信和云计算等技术的发展，社会调查也进入了大数据时代，网络调查方法也随之发生更深层次的变革。大数据时代下的社会调查数据不再完全依赖于用户的主动回应，而转向于互联网中既存的多维度和多源的海量数据，这些数据可以提供直接或间接的调查数据。

7.5.1 社会调查在大数据时代的发展形式

大数据时代的社会调查，因数据来源由单一的调查数据转变为调查数据和现存网络数据并存的形式，有着更深层次的发展与转变。利用大数据进行的社会调查主要用于以下两类情形：

一是直接利用大数据进行社会调查以服务于经济、社会、政治和生活的现状描述或动态分析。例如，由于新冠疫情的发生和防疫控疫的需要，传统的面访调查很难开展。利用多维度及多源的大数据，可以呈现疫情发展现状及变化趋势，为政策实施提供强有力的支持。具体而言，利用疾控数据和位置数据进行传染源分布分析，以基本传染指数为参考，为划分宏观风险等级、分等级实施防控措施提供参考依据。利用医疗设施数据、医务人员分配数据和医疗物资数据等，及时反映区域防疫控疫的负载能力，为资源的调配和人员的分配提供数据支持。利用地理信息数据和时空数据，分析疫情风险轨迹，有助于对复杂多变的疫情进行研究判断，并及时开展防控措施，从而最大限度地保护人民生命和财产安全。例如，在我们介绍的针对大学教师群体的网络调查中，利用爬虫技术可以有针对性地搜集网络中的论文发表相关数据，而如果通过传统的社会调查则成本高到难以承受，时间上也会拖很长。

二是将大数据作为社会调查结果的深层次补充和质控数据。传统社会调查中的数据来源于调查对象的直接数据，而大数据为社会调查提供存在于网络中"零碎"的间接数据，两者既能互作补充，又能从不同角度对数据质量进行相互检验。例如，健康调查中经常会涉及体育锻炼的信息调查，传统问卷通过受访者回答的每周平均锻炼次数、每次平均锻炼时间等信息评估受访者的健康状况；而大数据中的心率数据可补充锻炼的强度，并准确反映受访者心率的动态变化情况，提高了受访者身体健康评估的准确性和全面性。再比如，在对自身身体健康状况的自我评估中，受访者需要从不健康、比较健康、健康等多个选项中做主观判断，而利用大数据中的食材采购数据、运动健身数据、就医数据及药物成分数据等多个维度，可对此主观判断进行矫正，提高了社会调查数据的准确性。

7.5.2 社会调查在大数据时代的转变特点

据此，我们认为大数据时代的社会调查，在服务于传统社会调查的同时，也在深化社会调查的变革。社会调查在大数据时代的转变特点可归纳为调查手段的转变、数据基础的转变和调查导向的转变。

(1) 调查手段的转变

在目前的社会调查中,互联网仍然是一个辅助性的工具,网络问卷的设计和填写工作都依托其进行。而在更关键的数据搜集工作中,基于问卷调查的"小数据"仍然是网络调查数据的主要来源,互联网和大数据的力量尚没有被完全利用。未来的社会调查会更多地依靠互联网本身的资料和内容,调查手段从问卷调查向互联网大数据调查过渡。调查人员可以直接利用网络爬虫等技术从互联网中获取目标人群的特征、行为以及态度等资料,信息获取更加快捷和广泛。

(2) 数据基础的转变

随着大数据的快速发展,各种数据库的容量和种类不断增加,人们获取数据的途径也更加多样,这可能导致"普查"逐渐替代抽样调查。尤其对于经济学、社会学以及管理学等社会科学而言,大数据在学术研究中将发挥越来越重要的作用。相对于以问卷调查为基础的"小数据"来说,大数据作为"小数据"的补充和质控数据,可以使大数据时代的社会调查在数据和结论方面更加准确。

(3) 调查导向的转变

传统调查和目前的网络调查更多关注的是在某一时间点或者某一时间段的问题发展,属于静态分析,而大数据的发展使得人们可以进行动态分析。大数据时代的数据来源多样,且相关数据随时间的变化情况也易于捕捉,方便调查者进行调查追踪和动态数据分析,从而能更好地刻画出研究主题的变化过程。

小结

我们在本章依次对中小型调查、网络调查和大数据时代的社会调查进行了理论讲解和案例介绍。在大型调查蓬勃发展的当下,我们强调了身边时常发生的及未来易受关注的各种社会调查形式,以期读者在社会调查实践中选择合适的调查形式。

首先,作为最常见的调查形式,中小型调查具有高效、灵活及深入的特点,其局限性也较为明显,本章通过案例进一步阐述了中小型调查的特点、适用范围和一般程序。其次,互联网应用的普及造就了网络调查的发展,本章介绍了网络调查的含义与类型、适用范围与优缺点以及一般实施程序,并对现有的网络调查平台及其使用流程进行了介绍。最后,基于大数据的发展,本章对社会调查的转变进行了总结归纳。

参考文献

范伟达、范冰,《社会调查研究方法》,上海:复旦大学出版社,2010年。

风笑天,《现代社会调查方法(第三版)》,武汉:华中科技大学出版社,2005年。

弗洛德·J. 福勒,《调查研究方法(第三版)》,孙振龙、龙藜、陈荟译,重庆:重庆大学出版社,2004年。

郝大海,《社会调查研究方法(第四版)》,北京:中国人民大学出版社,2015年。

侯典牧,《社会调查研究方法》,北京:北京大学出版社,2014年。

梁文艳、周晔馨、于洪霞,"社会资本与大学教师学术创新能力研究",《经济研究》,2019年第11期,第133－148页。

刘展、潘莹丽,"大数据背景下网络调查样本的建模推断问题研究——以广义Boosted模型的倾向得分推断为例",《统计研究》,2019年第9期,第93－103页。

上海财经大学千村调查项目组,《千村调查十年回眸:教师成果篇》,上海:上海财经大学出版社,2017年。

水延凯、江立华,《社会调查教程(第六版)》,北京:中国人民大学出版社,2014年。

孙山泽,《抽样调查》,北京:北京大学出版社,2004年。

孙妍、严洁,《中国家庭动态跟踪调查(2010)访员培训手册》,北京:北京大学出版社,2011年。

王华民,"网络调查中的统计误差及控制措施",《统计与决策》,2014年第23期,第72－74页。

王卫东,《网络调查与数据整合》,武汉:武汉大学出版社,2018年。

翁茜、李栋,"在线实地实验研究进展",《经济学动态》,2020年第5期,第132－145页。

吴增基、吴鹏森、苏振芳,《现代社会调查方法(第五版)》,上海:上海人民出版社,2018年。

杨志强,"大数据时代的调查研究面临四个转变",《华夏时报》,2014－09－25(024)。

曾五一、汪彩玲、王菲,"网络调查的误差及其处理",《统计与信息论坛》,2008年第2期,第5－10页。

赵国栋,《网络调查研究方法概论(第二版)》,北京:北京大学出版社,2013年。

周晔馨、涂勤、梁斌等,"农民工的社会资本如何形成:基于社会网络的分析",《世界经济》,2019年第2期,第170－192页。

第 8 章　田野实验

【本章导读】

实验方法是一种目的性强、可控性高的科学研究方式，最早被应用于物理学等自然科学领域。近年来随着多学科交叉渗透的发展，实验方法尤其是田野实验（field experiment）方法逐渐进入了经济学、教育学、政治学和心理学等社会学科领域。田野实验结合了田野调查[①]的真实性和实验研究的科学性，既可以在真实环境中测量被试的行为偏好，又可以探索现实社会对某种政策实施的真实反应，甚至分析政策发挥作用的机制。本章专门对田野实验这种广义的调查研究方法进行介绍。

本章第一节对田野实验的概念、类型、优缺点及发展进行简单梳理，第二节介绍田野实验的设计、组织实施和原则，第三节分析田野实验中误差产生的原因并提出相应的解决办法。此外，本章用一个专栏介绍目前主流的实验平台。最后，本章会提供一个真实的田野实验案例，让读者可以从中直观地感受到如何面向真实世界开展田野实验。

8.1　田野实验介绍

8.1.1　实验方法中的田野实验

1. 实验方法

社会科学研究的一个核心问题是识别因果关系，而实验方法是识别因果关系的常用方法。实验者将被试随机分为控制组（control group）和实验组（experimental group），对实验组施加某种实验干预，同时对可能影响实验结果的其他干扰变量加以控制，通过比较控制组和实验组的结果来确定实验干预与实验结果之间的因果关系。

[①]　田野调查和田野实验有着本质的区别。田野调查指调查员走进调查对象的现实生活，通过观察和记录调查对象的行为，分析调查结果并提炼结论的方法。例如，《江村经济》是费孝通深入江村、记录日常生活点滴所著。

构成实验的基本要素有：

（1）实验者：有计划、有目的地实施实验的主体。

（2）实验对象：进行实验的客体，也称被试。

（3）实验环境：实验对象在实验过程中所处的环境，可以是实验室环境或是人们生产生活的真实环境。

（4）实验干预：实验者对实验对象施加的干预活动，是引起实验对象行为发生变化的原因，也称自变量。

（5）实验检测：在实验的各个阶段对实验对象所做的测评活动。

实验法由于能为因果关系的识别提供"反事实框架"，被认为是分析因果关系的最佳社会研究方法。"反事实"指在主体处于某一状态时不能被观测到的另一状态的数据，比如实验组中的个体在相同时间点未被干预的潜在结果，控制组中的个体在相同时间点被干预的潜在结果。为观察反事实，可以对相同个体进行正反对比实验、随机分组和倾向值分析①等（韩冬临，2018）。

2. 田野实验的概念与类型

根据内部有效性和外部有效性的强弱程度，Roe和Just（2009）将实证研究方法划分为四种类型：实验室实验、田野实验（实地实验）、自然实验和使用自然生成数据的方法，这四种方法的内部有效性依次递减，外部有效性依次递增。其中，田野实验是将实验室和自然发生的数据有机地结合起来的一种实验方法，实验者随机选取自然人群，在被试生活的真实环境中去测量其真实行为偏好，或评估政策效果及作用机制。与其他实验方法相比，田野实验具有被试对象随机化、与社会广泛合作两个突出特点。罗俊等（2015）列举了各种实证研究方法在被试类型、被试信息、激励、实验环境等方面的差异，如表8-1所示。

依据与现实情境结合的深浅程度，Harrison和List（2004）将经济学领域的田野实验划分为人为田野实验（artefactual field experiment）、框架田野实验（framed field experiment）和自然田野实验②（natural field experiment）。人为田野实验通常招募工人、农民等非大学生被试参与实验，其他设置与实验室实验基本保持一致。框架田野实验与人为田野实验相比更具真实性——被试不再进行抽象的实验游戏，而是通过自己在日常生活中的真实行为进行实验选择。自然田野实验则在自然发生的环境中展开，被试并不知道自己正在参与实验，从而使得实验

---

① 通过将协变量纳入logistic回归等模型获取个体接受干预概率的倾向值，以控制干预组和控制组之间的平衡，减少选择性偏差。

② 自然田野实验不同于自然实验（natural experiment）。自然实验是指某些情况下一些突发的外部事件使当事人仿佛被随机分在了不同的实验组和控制组。虽然这些外部事件并不是以实验为目的而发生的，但是以此背景进行的"实验"可以被称为自然实验。实际上，这是一种对观测数据（调查数据）的微观计量研究方法，目的在于推断因果效应。

结果的外推更为有效。

表 8-1 实证研究方法分类

	被试类型	被试信息	激励	实验环境	被试知晓实验	研究者干预	外生改变
实验室实验	大学生	抽象信息	诱导价值	实验室	是	是	否
人为的田野实验	各类人群	抽象信息	诱导价值	实验室	是	是	否
框架的田野实验	各类人群	情境信息	真实激励	自然环境	是	是	否
自然的田野实验	各类人群	情境信息	真实激励	自然环境	否	是	否
自然实验	各类人群	情境信息	真实激励	自然环境	否	否	是
非实验数据	各类人群	情境信息	真实激励	自然环境	否	否	否

资料来源：罗俊、汪丁丁、叶航等，"走向真实世界的实验经济学——田野实验研究综述"，《经济学（季刊）》，2015 年第 3 期，第 853-884 页。

很多田野实验其实就是随机控制实验（randomized controlled trial，RCT），其原理类似于自然科学中的控制实验——控制其他干扰因素（控制变量）不变，仅让感兴趣的因素（核心自变量）变化，然后观察因变量的变化。但由于人具有异质性，田野实验很难控制实验对象的所有干扰因素，严格的控制实验不可行，常见的做法是进行随机化处理以平衡被试间的差异。随机控制实验就是将实验对象随机分入实验组和控制组，施加干预后对比实验结果以探讨因果关系。实验组是指随机选择的实验对象子集，实验组中的个体要接受控制组所没有的某种处理。控制组可以不接受任何干预措施，也可以接受某种干预措施，只要与实验组有所区别即可。例如，临床医学经常将病人随机分为两组，服用真药的一组为实验组，服用安慰剂①的一组为控制组，通过比较两组病人的康复情况评估药效。在田野实验中，随机控制实验十分常见，通常被用于评估政策效果或进行机制分析。

但田野实验也不一定都是随机控制实验，比如偏好测试实验和行为测试实验。行为实验经济学与心理学中的许多田野实验都是行为测试实验，这类实验通过模拟出接近真实环境的实验场景，记录被试在这种实验环境下的选择，来测量被试真实的行为或偏好，并且还能收集到问卷无法收集或者无法准确收集的数据。例如，采用问卷调查对个体的合作意愿进行询问时，受访者出于社会舆论的考虑可能在问卷调查中夸大其真实合作水平，而在公共品自愿供给机制（voluntary contributions mechanism，VCM）中设置游戏场景则能较为准确地反映个体的

---

① 安慰剂（placebo）是指本身不具有治疗作用的药物，对长期服用某种药物引起不良后果的人具有替代和安慰作用。在临床医学的实验研究中，为观察某种药物的疗效，安慰剂常用于对照实验。

合作偏好。Cohn 等（2019）在 40 个国家通过故意丢失钱包开展了一项行为测试实验，发现金额越大的钱包被归还的概率越大，展示了公众"拾金不昧"的行为偏好。需要注意的是，这类实验的主要目的不一定是识别因果关系，而是在于测量被试真实的行为偏好。当然，行为测量实验也可以使用随机分组等手段来探讨因果关系。

田野实验属于一种广义的社会调查，与一般的或狭义的社会调查有着密切的联系。首先，与在实验室进行的实验不同，田野实验立足于真实环境，这与问卷调查的环境十分相似。其次，田野实验的被试也是根据研究目的选取的具有某种社会职业特征的人，例如农民、工人、中小学生、公司 CEO 等，而不是实验室实验中常用的大学生被试。最后，社会调查可与田野实验结合，田野实验往往附带实验前或实验后的问卷调查，而采用问卷的偏好测量实验也能够被嵌入社会调查之中。

3. 田野实验的优缺点

相比于其他社会调查方法，田野实验具备可控性、现实性、科学性和创新性四大优点。

（1）可控性

可控性是田野实验的精髓，也是田野实验区别于社会调查的优势和特点。具体体现在一是程序可控，实验过程中的干预和测量都是严格按照实验设计进行的；二是环境可控，研究人员能够控制其他可能对实验结果造成影响的干扰因素。

（2）现实性

相较于实验室实验，田野实验的现实性指其更接近现实世界和真实生活的特性。主要体现在以下三方面：

一是在被试的选取上，田野实验的被试具备某种社会经济特征，例如工人、渔民等，而不局限于实验室实验中通常招募的大学生。

二是在实验设计上，田野实验在真实环境中进行，被试进行的都是现实活动而非抽象的实验游戏。许多现实问题都可以成为田野实验很好的研究对象，例如，班干部经历对高校毕业生求职的影响（Lu 等，2016）、求职市场中的歧视现象（Bertrand 和 Mullainathan，2004）等都是基于现实背景设计的田野实验。

三是在实验结果上，相对于实验室实验，田野实验的实验结果更为普遍适用，可推广性更强。特别是某些田野实验具有"政策试点"的功能，可以为政策实施者提供政策参考依据。

（3）科学性

同其他实验方法一样，科学性也是田野实验具备的重要特点之一，主要体现在它对变量间因果关系的检验更为有效和直接。在非实验条件下,研究者往往需要搜集大量自然数据,利用复杂的统计方法和计量模型才能识别变量之间的因果关系。而田野实验通过对比实验组和控制组实验结果的差异就能够确定自变量和因变量间的因果效应。

(4)创新性

田野实验的创新性主要体现在干预措施的可设计性上。依靠观察数据的社会调查往往无法判断一个政策的真实效果,而田野实验则可以通过设计相关的干预措施模拟政策的实施,进而评估政策影响,从而为政策制定提供实验依据。事实上,许多政策制度与公共项目(例如扶贫计划)在实施过程中会与经济学家合作,通过开展田野实验科学地评估政策项目的效果。此外,田野实验可以分解现实中难以分解的机制,从而更深入地探讨现象背后的机制作用。

虽然田野实验存在上述优点,但是成本高、实施困难且难以重复以及可能面对的一系列伦理问题都是其局限所在。

(1)成本高

相比于实验室实验,田野实验的成本较为高昂:

一是被试的出场费。田野实验的被试往往是市场中拥有特定职业的参与者,因此脱产参与实验的机会成本更高,往往要求比大学生被试更高的出场费。

二是实验干预的费用。实验费用的大小与干预规模紧密相关,例如实验项目在学校(中小学)层面随机干预,那么就会涉及很多中小学生和教师,甚至是家长,实验费用的开支可能就会比较高昂。此外,某些干预措施和较长的干预周期也会大大提高实验成本,例如针对贫困地区小学开展的"免费午餐计划",就可能是一个为期几个月甚至几年的追踪项目。

(2)实施和重复困难

田野实验实施起来比较困难,且难以重复:

第一,实验室实验一般在高校等科研机构内进行,场所固定且学生被试容易招募,而田野实验发生在真实场景当中,通常需要与政府、机构、组织合作才能够顺利开展。

第二,田野实验受现实条件的限制,控制的力度不如实验室实验,在干预过程中可能存在溢出效应(spillover effect),即对某一个体的干预不仅会产生预期的干预效果,还可能会影响到实验以外的其他个体。

第三,田野实验往往针对某一具体研究问题进行具体设计,外部有效性虽然相比于实验室实验有很大改进,但是受地区文化特征等因素的影响,其外推性也会受到限制。

(3) 伦理问题

田野实验要考虑的伦理问题更加突出：

第一，实验不应该对被试造成身心上的伤害，这在以儿童、妇女为被试的实验中要尤为注意。

第二，实验不能对社会造成潜在的伤害，不能出现违反法律法规和公序良俗、破坏社会和谐的行为。

第三，根据《纽伦堡公约》，进行以人类为被试的实验需要获得被试的知情同意。

8.1.2 田野实验的发展

1. 田野实验的开创期

虽然田野实验进入社会科学研究者视野的时间较晚，但实际上它的历史十分悠久，其出现甚至要早于社会调查和回归分析等研究方法。

20世纪二三十年代，在农业生产领域出现了早期的田野实验，比如通过实验对比无机化肥和有机化肥对庄园内不同谷物的产量的影响。1919年，罗纳德·费希尔（Ronald Fisher）在整理相关实验数据的过程中提出了"随机化"（randomization）的概念，并强调可复制（reproducibility）、分组（blocking）和随机化是构成实验的三个重要特征。1935年，由费希尔所著的 *The Design of Experiments* 出版，这对随机化方法在可控实验中的广泛应用具有里程碑式的意义。同一时期的耶日·内曼（Jerzy Neyman）也强调重复随机抽样的作用，认为随机化是进行概率推断的必要条件。

2. 从社会实验到田野实验

20世纪中期出现了许多由政府部门主导的大规模社会实验。例如，1966—1972年在英国进行的四种电价设计实验，1970年在美国由希瑟·罗斯（Heather Ross）开展的有关征收负所得税效应的实验。这些实验对当时的政策制定产生了重要影响，然而，这些社会实验在方法上存在随机偏误（randomization bias）、中途退出（attrition）、样本的非代表性（non-representative sample）、推广困难和霍桑效应等问题。

在基于社会实验运用随机化方法对人类被试进行实验的基础上，田野实验选择的实验环境和被试都更符合现实情境，在某些田野实验中被试甚至意识不到自己正在参与实验，比如大多田野实验都采用单盲实验（single-blind experiment）[①]的方式来减轻霍桑效应的影响。在实验目的上，不同于社会实验主要为政策制定

[①] 单盲实验指实验人员知道正在进行实验，但被试不知道正在参与实验；双盲实验（double-blind experiment）指实验人员和被试都不知道正在进行实验。

者提供参考依据，田野实验常常被用来检验某种经济理论和进行机制分析，其意义更多地体现在理论方面。

3. 从实验室实验到田野实验

实验室实验的精髓在于"控制"，但由于人的行为受到很多因素的影响，想要完全控制所有干扰因素是极其困难的。此外，实验室实验的主要被试群体为大学生，并不能完全代替真实世界中的所有人群，实验情景也受限于实验室环境。在20世纪90年代末期，随着实验经济学的发展，实验室实验对真实世界的过度抽象使得经济学实验的外部有效性[①]备受质疑，这极大地推动了外部有效性更强的田野实验的发展。

近年来，在国际权威学术期刊中，使用田野实验方法发表的论文数量逐年增加，研究主题涉及教育、腐败、慈善、歧视等社会经济生活的各个方面。例如，Cohn等（2019）在 Science 上发表的一篇关于"丢钱包"的田野实验的论文在世界范围内引起了广泛讨论，他们在40个国家355个城市的各种公共场所故意丢失17 303个现金数额不等的钱包，目的是检测拾到钱包的人是否会物归原主。结果发现，相比空钱包，钱包里有钱时人们归还的可能性更大；而相比于现金较少的钱包，人们归还现金数额较大钱包的可能性更大。该研究中人们"拾金不昧"的行为大大颠覆了民众和经济学家的预期，这是传统经济学的理性人假设所难以解释的。与此同时，行为经济学家与实验经济学家也接二连三地登上诺贝尔奖舞台。2002年，丹尼尔·卡尼曼（Daniel Kahneman）和弗农·史密斯（Vernon Smith）获得诺贝尔经济学奖。前者将心理学和经济学结合，产生了一个新的经济学研究领域——行为经济学；后者则开创了经济学实验室实验的先河。2017年，理查德·H. 泰勒（Richard H. Thaler）获得诺贝尔经济学奖，他将心理学上的现实假设（有限理性、社会偏好和缺乏自我控制）纳入经济决策分析中。2019年，阿比吉特·班纳吉（Abhijit Banerjee）、埃丝特·迪弗洛（Esther Duflo）及迈克尔·克雷默（Michael Kremer）凭借"减轻全球贫困所采取的实验性方法"获得诺贝尔经济学奖，田野实验研究在社会上引起了更为广泛的关注。

4. 田野实验在中国的应用前景

20世纪90年代中后期，我国经济学者开始将实验经济学纳入研究范畴，我国的田野实验研究也从无到有逐步发展，但目前尚处于起步阶段，未来还有非常大的发展空间。由于国内外制度环境和文化背景的差异，在将国外的田野实验研究引入我国时，应密切结合我国国情，关注中国问题。

[①] 即实验室实验的结论是否可以直接外推至真实世界。

(1) 结合我国的特殊制度背景研究我国的实际问题

改革开放后,我国从传统计划经济体制向市场经济体制转型,在错综复杂的国内国际环境下,政策"先试点后推广"的做法对稳妥推进改革起到了关键作用(陆方文,2017)。目前中国的经济发展由高速发展阶段进入高质量发展阶段,在新的历史时期,推行新的改革政策前使用"先试点"做法的意义仍然不容忽视。

通过试点将可复制的经验加以推广,这与实验的思想不谋而合。田野实验可以在许多解决现实问题的试点实践中扮演重要角色,如教育医疗体系的改革、中小企业融资问题、疫情期间的就业问题,等等。又比如,缩小收入差距是未来经济的重要议题,而面向发展的田野实验则为这些经济议题提供了制定政策方案的科学依据。

(2) 结合我国源远流长的传统文化和丰富多彩的民族文化研究我国的实际问题

中国的传统文化基于熟人社会发展,与现代陌生人社会的文化相比,其对人的经济行为造成的影响可能存在差异。例如,一些研究结合中国的社会规范和价值观,对比工人和学生样本的合作行为,发现社会网络对两者合作水平的影响存在差异(周晔馨等,2014);还有一些研究发现在外生的惩罚机制下,对权威服从度高的工人群体表现出高的合作水平,而在内生投票产生的惩罚机制下,对权威服从度低的学生群体却表现出更高的合作水平(Vollan 等,2017)[1]。

此外,基于不同民族文化差异的田野实验也可以作为未来研究的方向之一,它不仅可以探索不同民族行为的异质性,而且能挖掘这种异质性对经济发展和社会运行的影响。例如,Liu 和 Zuo(2019)在摩梭族占比较高的少数民族地区进行实验,发现了风险偏好的性别差异实际上受后天性别文化影响的证据。

(3) 结合互联网技术、大数据和人工智能研究我国的实际问题

在线田野实验(online field experiments)就是以在线平台用户为被试,在运营者协助下通过互联网活动开展的自然田野实验。在线招聘网站、社交网络、电子商务平台、小额信贷网站、在线教育平台等都是可供研究者开展实验的网络平台。与线下田野实验相比,在线田野实验具有能够便捷高效地招募大样本量的被试、实验任务与在线背景紧密结合、在线环境具有强非介入性等特点,具备能够有效缓解内生性问题、干预的随机性更强、获得大量样本的成本更低、获得的数据准确性更高、能够研究一些新的问题等优势(翁茜和李栋,2020)。

---

[1] 该实验的实验说明海报(包含加法法则和减法法则)、实验后工人被试和学生被试的调查问卷等请参见附录6《合作与社会规范田野实验相关材料》。

未来，借助新技术、新方法的田野实验在中国的应用前景十分广阔，研究者应顺应时代潮流，不断创新、不断发现、不断探索。

8.2 田野实验的设计、组织实施与原则

8.2.1 田野实验的设计

田野实验通过观察真实世界中某项措施对人们行为决策的影响，来提供识别因果效应的证据。由于现实环境存在诸多难以预测和控制的因素，实验设计是田野实验最首要的环节。只有经过符合现实环境的科学设计，研究人员才能通过田野实验获取具有理论意义或政策含义的实验结果，而错误的田野实验设计不仅浪费了人力、物力和财力，还会得到失败的实验结果。田野实验设计过程包括明确研究问题、实地考察、确定被试及样本量、随机分组、设计实验干预、设计数据分析方法六个基本步骤。

1. 明确研究问题

在实施难度上，田野实验大于实验室实验，要得到理想的实验设计首先就要明确研究问题、研究目的和预期实验结果。田野实验的研究问题主要包括两类：一是检验现有理论，二是进行项目评估。

对于现有理论的检验，田野实验与实验室实验相比往往并不具有优势。实验室实验中被试的行为、态度是在统一稳定的环境下测量的，更有利于对理论较为复杂的变化进行控制，而田野实验中涉及的理论框架以外的不可控因素更多，也不便于使用过度复杂的规则或干预。

然而，由于田野实验更贴近项目或政策实施的真实环境，它在项目评估中能发挥更大的作用。项目评估类田野实验所研究的问题有两种：一是探究新政策的干预效果；二是对现有政策项目进行效果评估和机制分析。现实政策效果往往是多个机制共同作用的结果，为探究某一干预措施的作用，就需要通过田野实验进行模拟。另外，还存在识别因果或政策效应的田野实验。比如，求职市场上是否存在种族歧视（Bertrand 和 Mullainathan，2004）。

2. 实地考察

实验前的实地考察环节关乎实验能否顺利进行。田野实验的灵感通常来源于现有理论或其他文献，而从想法到实践需要基于对客观条件的分析与考察。一方面，理论是对现实情境的抽象，需要考察田野实验的实际环境是否能够满足理论的适用条件。另一方面，其他文献的实验可能具有不同的文化背景和时代特征，因此前人研究采取的实验在当前的时空条件下不一定能够重复。此外，田野实验

通常规模大、周期长、成本高，为了避免后期更大的损失，有必要在实验前进行实地考察。如果实地环境的客观条件不允许进行相关理论的田野实验，那么就需要更换实验地点。

实地考察的主要内容包括以下四点（陆方文，2017）：

（1）实地是否存在预想的研究问题。文献中涉及的社会问题外推到某一具体的实际情景中可能并不存在，需要研究人员进行实地调查求证。

（2）存在这个问题的原因大概是什么，以及干预措施是否能够解决这个问题。了解问题产生的原因有利于设置干预措施，也有助于理解干预措施的作用机制。

（3）实地背景是否允许干预措施进行。特别地，对侧重于寻找新的有效干预政策的实验，要着重考察该措施是否依赖于现有实验环境下的某些条件，以保证该干预在现实中实施时具有外推性，即使实验地点具有开展田野实验的理论可行性，也需要进一步分析实验干预措施的有效性。

（4）能否有效进行数据收集以及长期追踪。成功的田野实验结果的获取需要一定的时间，所以实地能否有效收集实验数据，甚至能否进行长期的追踪实验也是实地考察中需要注意的问题。长期的追踪实验需要考虑被试的流动性，比如在以学生为被试的实验中，毕业班学生后续可能会面临毕业离校的情况，所以在同等条件下，实验需尽量避免选用毕业班学生作为被试。

田野实验是一种创造性的活动，更需要具体问题具体分析。由于预设与真实情况难免存在出入，在田野实验设计的各环节中，包括样本的选择、分组和干预设计等都需要将实地情况纳入考虑，这样才能使田野实验的优势最大化。

3. 确定被试及样本量

实验被试的选择是田野实验实施过程中的第一个重要环节，需要根据研究目的和研究条件合理选择。

在实验室实验中，由于招募大学生被试的成本低，且学生对实验的理解能力强，实验室实验通常采用大学生被试。这类群体往往具有"WEIRD"特征，即西方（western）、受过良好教育（educated）、工业化（industrialized）、富有（rich）、民主（democratic）（Henrich 等，2010）。但是，大学生群体与其他人群通常存在着一些差异，已有研究证实了大学生被试与其他群体被试之间的行为偏好差异，例如，周晔馨等（2014）发现学生被试和工人被试的合作类型分布具有异质性，工人被试中高度合作型的比例明显高于学生被试中的比例，因此以学生为被试进行实验的结果可能会低估社会中亲社会偏好的程度。不同于实验室实验受到空间条件的限制，田野实验可以选择更加多元的自然人群作为被试。

田野实验在选择合适的被试人群时需要注意以下几点：

（1）被试特点与实验研究问题相适应，例如，如果研究人员需要了解某项就业政策对失业者的影响，那么就应该选择失业者作为被试；

（2）确保有足够数量的被试参与实验；

（3）被试具备一定的理解能力，需要保证所有参与实验的被试都能理解实验内容；

（4）实验过程可控；

（5）被试缺乏一定的流动性以便追踪调查。

在将被试合理分配到实验组和控制组之前，需要确定一个合适的样本数量。通常来说，为保证估计量结果更精确和减小估计量方差，我们需要增大样本容量，但同时样本容量受到实验成本和实际情况的限制，实验者需要权衡确定一个合适的样本数量。

4. 随机分组

在真实自然环境中，田野实验不能像实验室实验一样对被试进行更加精确的控制，实验参与者随机分组就成为田野实验操作中至关重要的一步，可以消除实施实验干预前不同组别之间的系统性差异，使不同的分组具备可比性（陈叶烽等，2021）。

通常，田野实验设置控制组和实验组，被试通过随机分组的方式进入不同的组别中。随机分组的方法主要有简单随机、分层随机和匹配随机三种。

简单随机通常使用 Excel 等软件生成随机数字，并将随机数字对应于实验名单。简单随机不适用于小样本和差异性较大的样本，这是因为每组样本的背景变量可能会存在较大差异。

分层随机则会根据样本的背景变量对其先进行分层，之后再对每一层的样本随机分组。这样每一层的小组间具有很好的可比性，同时层与层之间也实现了隔离，避免了分层变量对结果的影响，每层的子样本也可以单独进行回归分析。

匹配随机是将每两人随机分配到实验组或控制组，是分组随机的极端情况，多用于小样本的随机分组。

为保证分组的随机性，通常分组后还需要对两组间其余变量的差异进行对比或统计性检验，如均值 t 检验、秩和检验等。

5. 设计实验干预

在实验设计过程中，需要明确干预措施的目的和具体内容，并在进行实验时严格按照设计执行干预措施。

田野实验的干预措施是基于实验目的设定的，同时也需要在可行性和有效性之间进行权衡。一般而言，强度低的干预措施可行性较强，而强度高的干预措施有效性较强，理想的实验设计通常包含不同强度的干预，以考察在不同有效性和可行性条件下实验结果的差异，从而确定最优的干预方案（陆方文，2020）。

在分组和设计干预措施时有被试内设计（within-subjects design）和被试间设计（between-subjects design）两种方法。

如果每位被试都接受了实验设计的所有干预，则称为被试内设计。被试内设计通过观察被试在不同干预下的行为态度或检测被试干预前后的数据差异来得到实验结果，不存在实验组与控制组之间的区分。这种方法具有排除个人异质性因素和降低实验成本的优点。但由于被试接受每种实验处理需要按照特定次序，在前面的实验中积累的经验可能会对后面的实验产生影响，被试内设计很容易出现"次序效应"（order effect）的问题，很难判断实验结果的差异是由于实验干预而导致，还是受到了次序效应的影响。比如，对某位学生进行家教辅导一段时间后发现该学生成绩明显提升，但由于该学生的学业进步也有可能是因为在学校学习更为刻苦，所以很难通过一次简单的实验说明家教对该学生成绩提升的帮助有多大。为此研究人员经常让不同被试接受不同的实验干预顺序，即随机化实验干预的实施顺序，或者加大处理之间的时间间隔，来避免"次序效应"对实验结果产生的系统影响。

被试间设计则是将被试分为不同的组，每组只接受一种处理。常见的被试间设计通过随机分组的方式将被试归入实验组或控制组，并使他们处于相同或相似的实验环境中，然后只对实验组实施实验干预，最后对比实验组和控制组前后实验结果的差异得出实验结论。被试间设计虽然可以避免次序效应的影响，但存在"个体效应"（individual effect），即个体之间本身存在的差异对实验结果的影响，研究人员难以判断实验结果的差异是实验干预还是个体异质性导致的。通过将被试随机分入实验组、控制组的方式可以最大程度减小被试间设计的"个体效应"，这也是田野实验中随机控制实验最常用的一种实验设计方式。

有时出于更加多元的研究目的，尤其是需要对多个实验设置进行机制分析时，通常使用多实验组设计。多实验组设计就是将若干实验对象组成若干不同的实验组，不同的实验组在各自的实验环境下执行实验干预，通过组间对比得出实验干预的不同影响，不要求每个实验组中的被试和实验环境严格一致，并且实验干预依据实验目的而变化。多实验组设计的实验结果往往较为准确、客观，在政府的重要政策制定中发挥了极大作用，但与此同时，这种方法也存在实验组数量较多、组织难度较大和成本较高的问题。

为了分离实验前检测和实验干预对被试心理可能产生的影响，有时也会采用双控制组甚至多控制组设计。在双控制组设计中，对两个控制组分别实施实验前检测或实验干预，第一个控制组能反映实验前检测的效应，而第二个只实施了实验干预的控制组在干预前后的检测值差异即为干预的影响，由于该控制组没有进行实验前检测，此数值通常采用实验组和第一个控制组实验前检测的平均值代替。双控制组设计可以分离实验前检测、干预或二者交互作用的实验效果的影响。但是如果需要排除实验外部因素的作用，就还需要设计第三个控制组。第三个控制组不实施实验前检测和实验干预，因此实验前后差异都是外部因素导致的，同样该控制组实验前检测数值也用实验组和第一个控制组实验前检测的平均值代替。随着控制组数目的增加，被试和实验环境的安排、控制难度也随之提高，因此，尽管多控制组可以较好地分离其他因素的影响，但现实中实践较少。

一项田野实验究竟是使用被试内设计还是被试间设计需要依据具体研究内容和预期实施成本而定。如果实验干预的次序效应难以消除且会对实验结果产生较大影响，或者采用被试内设计在现实中不可行，那么可以采用被试间设计；然而，如果实验的次序效应较小，那么采用被试内设计就可以在避免个体效应对实验结果影响的基础上，使用更少的被试样本获得更多的实验数据，从而节约实验成本。

另外，实验者需要考虑干预措施的随机安排是在个体层面还是在群体层面上进行。比如，是在不同班级之间进行对比还是在不同学校之间进行对比，是在不同农户之间进行对比还是在不同村庄之间进行对比，这需要考虑样本量、溢出效应、干预措施实施的可行性和控制组能否积极合作四个方面的因素（陆方文，2017）。

6. 设计数据分析方法

由于田野实验需要大量人力、物力资源，为避免实验数据结果不理想带来不可逆的损失，数据处理、分析方法的设计是不可缺少的步骤。该过程需要考虑项目的研究问题和使用的模型，并充分定义相关变量。最好的做法是使用预实验产生的数据来测试数据分析计划。若存在问题，则需要重返第一步，对实验设计的全部过程进行修正。

8.2.2 田野实验的组织与实施

在完成实验设计和撰写实验说明后，应着手准备田野实验的实地实施。由于田野实验与现实情景结合密切，在进行田野实验时难免会遇到突发事件。为保证田野实验尽可能地按计划顺利进行，研究人员务必要保证实验流程严谨周密、细致高效，并且尽可能多地考虑各种可能出现的突发情况。

1. 实验前的准备

在实验正式开始之前的准备工作包括以下三方面：

（1）寻求政府、组织、机构的支持与合作

田野实验在人们生产、生活的真实场景中开展，因此常常需要与机构、政府、组织进行合作。例如，研究员工激励的有效措施，需要跟企业或工厂合作；

研究儿童偏好的发展，需要得到学校与教育部门的支持；研究小额信贷还款催收机制，需要得到贷款机构的配合，等等。在实验开展之前与合作机构进行有效的沟通协调、计划部署，是保证未来实验顺利进行的重要一环。

（2）人员招募和物资准备

在确定了实验对被试客观条件的要求后，就可以着手招募被试。被动等待目标群体自愿报名容易导致被试的样本代表性不足，即产生自选择效应（self-selection effect），这是因为主动参与实验者具有的某些特质可能与未参与实验者有所区别，比如前者更可能受金钱激励的影响。比较好的方式是，研究人员通过随机抽样提前准备被试名单，征求被试的同意之后进行实验。比如，在留守儿童行为偏好的田野实验中，研究人员提前联系学校说明实验目的，在得到学校许可后随机选择某些班级开展实验。

田野实验除了需要招募被试，还需要招募实验员。实验员是影响实验结果的重要因素之一，因而需要对实验员进行系统的培训，以便其熟悉实验流程，并在实验过程中采用中性描述，避免对实验对象的行为决策产生影响。

田野实验物资的准备依据实验内容变化而变化。值得一提的是，实验经济学基于"价值诱导理论"（induced value theory）[①]，强调在实验中支付真实的报酬，因此除了准备一般的实验道具，还需要准备足够的现金或实物进行激励。

另外，由于田野实验的时间跨度长、复杂性强，在开展实验前需要制定详细的时间安排表。合理的时间规划能够帮助研究人员从总体上把握实验的进程。较为复杂的田野实验还需要提前做好人员分配表，清晰明确的任务安排可以提高合作效率。

（3）进行预实验

由于田野实验操作复杂，又是在真实环境中进行，难免会出现一些意料之外的状况，这就需要在正式实验前进行预实验。预实验是对正式实验的模拟与测试，应至少保证除被试以外的其余各方面均与正式实验一致，但是预实验被试最好与正式实验被试一致或基本一致。预实验有助于完善实验设计，并让实验员熟悉实验流程，其结果对预测正式实验的结果也起到了参考作用。对于预实验过程中发现的问题要及时补救，但不能因此在正式实验中放松警惕。

2. 实验现场的组织和操作

实验现场的组织和操作包括以下四方面：

（1）提前布置好实验场景

如果田野实验内容要求被试集中在某一场景进行实验，那么研究人员就需要

---

① 即实验者可以用适当的报酬手段，诱发实验主体的特定特征，而与实验主体的本身特征无关，比如通过金钱激励使被试认真参与实验。

在正式实验开始前妥当安排好实验环境，以便被试到场就可以直接进行实验，从而避免被试知道自己在进行实验。如果当着被试的面布置实验环境，可能使被试意识到自己正在进行实验，产生霍桑效应。

（2）严格按照实验设计推进

田野实验是一项科学且复杂的研究工作，制定好完备的研究方案之后需要严格按照实验设计推进。例如，某项实验探究补课对学生成绩的影响，在随机安排学生是否参与补课时，如果老师出于个人目的而要求他认为需要补课的学生接受干预，那么随机分组就会无效，此时研究人员应及时与老师进行沟通调整，避免此类情况的发生。

（3）控制好实验质量

田野实验的质量受多方面因素影响，在实施实验过程中应该采取多方面的措施来进行质量控制，此处我们强调有效隔离实验组和控制组、实验人员的细致工作和被试充分了解实验规则这三个方面。

实验过程中要注意对实验组和控制组的隔离。为了使干预措施仅在实验组中生效，控制组应该尽可能在物理距离上与实验组相隔离，避免产生溢出效应。例如，如果一个班级有一半的学生实施营养加餐，另一半学生没有，那么在长期有加餐的同学很有可能会分享给没有加餐的同学，更好的做法是在班级层面甚至是学校层面进行干预，即整个学校实施营养加餐或不实施。另外，在进行行为测量实验时，必须杜绝被试之间的相互交流，因为被试之间的相互交流不但会使得被试难以独立进行选择，而且很容易扰乱整个实验现场的秩序。

实验人员是影响实验结果的重要因素之一。第一，实验人员在描述实验内容时要使用客观、中性的词语，不能通过诱导性提问引导被试做出选择。第二，实验人员要十分熟悉流程，保证实验过程的可控性与有序性。若在一次田野实验中安排多个实验内容，实验助理应该在完成一项实验后及时从被试手中回收实验结果，以防止被试在实验结束后擅自修改实验选择；每回收一份问卷，实验助理都要及时检查数据是否存在缺漏、缺漏的原因是什么、是否能够补救等。

让被试充分了解实验规则也十分重要。主试可借助PPT、扩音麦克风和实验手册等工具向被试介绍实验规则，实验助理也可以在现场一对一解答被试的疑惑。在这个过程中需要特别注意的是，区别于心理学经常采取"欺骗"的方式，经济学实验基于价值诱导理论采取实物或金钱激励，认为需要让被试清楚实验激励是什么，才能使之做出真实的选择。为进一步保证被试对实验内容的充分理解，可以在正式实验前对被试进行控制问题测试，即测试一些与实验内容相关但不属于正式实验过程中的问题，在检查被试对控制问题的回答无误后方可进行实验。

(4) 实验前后的问卷调查

随机受控实验通过非参数检验即可得出自变量和因变量之间的关系，不需要进行回归分析。但许多田野实验也会进行实验前或实验后的问卷调查，一是为了检验随机分组的平衡性，二是为了进行更深入的分析以最大化实验数据的价值。

实验前的问卷调查也称基线问卷调查。基线问卷调查可以调查实验对象的背景信息，以及实验对象对实验的一些看法，但它可能会影响实验对象在实验中的行为。

与实验前问卷相比，实验后问卷不会影响被试在实验中的表现，更为常用。实验后问卷不仅可以收集被试详尽的人口学变量等信息，还可以收集有关于实验评价的信息。例如，在以糖果为实物激励的实验中，实验后问卷可以询问学生对各种糖果的喜爱程度。

需要注意的是，由于在田野实验中加入问卷调查会极大地增加时间和金钱成本，如果预算约束比较紧张、实验本身耗时较长，问卷调查的内容就需相应缩减。

3. 后期数据的整理和分析

实验的最终目的是获得研究需要的数据，后期数据的整理和分析才是能让实验研究产生价值的环节。对实验数据的整理类似于对其他调查数据的整理，分为前期问卷数据质量控制、数据录入、清洗和安全等数据管理环节，对此，本书将在下一章进行专门讲解。

8.2.3 田野实验的原则

一项规范的田野实验应遵循以下原则：

1. 自愿原则

被试自愿参与并配合实验要求是实验顺利进行的前提，强迫被试参与实验很可能使其在实验过程中消极应对，从而影响实验结果。如果一场实验让被试主观上感到不舒服、无法理解，或者由于人口迁移（可能会在长期干预实验中出现，如被试因为毕业或工作调动等原因不能参与长期追踪实验）、生病等不可抗力的客观原因无法完成实验，那么被试有权中途退出。

2. 知情同意原则

首先，对于实验的目的、内容、方法，以及实验研究的基本结果和政策含义等相关实验信息，被试都有知情权。其次，被试需在知晓并理解相关实验信息的基础上同意参与实验。

然而，在某些随机受控实验中，如果被试知道自己正在参与实验，可能会产生霍桑效应。实验者可以采取单盲实验或双盲实验来避免霍桑效应的影响，但应在实验后将实验的基本情况、实验结果以及采取单盲实验或双盲实验的原因告知被试，以获得被试的理解（水延凯和江立华，2014）。

3. 保密原则

第一，对于被试的个人信息，研究人员不得将其用于被试同意范围之外的其他地方或其他研究，更不得外泄。实验研究人员可以采用编码形式替代被试的姓名来进行数据传递。

第二，在实验研究过程中，被试可能不愿让自己的选择或行为所代表的真实偏好为人所知。为了让被试表达自己的真实偏好，实验研究人员应提供匿名等较为保密的环境，并保证对被试在实验过程中所做的一切决定严格保密。

4. 道德原则与法律原则

田野实验的各个环节，包括研究主题和实验设计的确立、实验被试和环境的选择、实验干预的实施和结果的检测等，都不允许违背道德观念和国家法律法规。实验不能够对被试的身心造成伤害，也不能够对社会和谐与发展造成潜在的负面影响。

8.3 田野实验误差的产生与解决

8.3.1 田野实验误差的产生

田野实验是一种有效识别因果关系和进行政策效应评估的方法，然而这种方法也面临很多的客观限制，导致获得的实验数据存在一定误差。田野实验的误差可能产生于实验者、实验对象、实验环境以及实验干预四个方面。

1. 来自实验者的误差

实验者作为田野实验的实施人员，对实验效果和质量有着至关重要的作用。实验者造成实验误差的可能原因如下：

第一，实验人员的质量参差不齐，或对实验信息的掌握不一致。

第二，实验者对完美实验结果的渴望可能催生急于求成心理，从而在实验过程中进行一些违反实验原则的操作。比如，实验者为获得想要的结果，对实验对象进行某些实验设计以外的干预。

第三，实验者由于自身理论基础不扎实或培训不到位，对实验理解有偏差，实施的实验干预不纯粹。

2. 来自实验对象的误差

由于真实有效的田野实验结果依赖于随机选择的实验对象以及实验对象做出的真实行为，因此产生于实验对象的误差是田野实验误差的主要来源。

一是实验对象的样本代表性问题。例如田野实验需要满足自愿原则，而同意参与实验的群体可能具有与普通群体不一样的特质，由此会造成实验对象的自选择问题，使得样本的代表性变差，这会对实验结果的真实性及政策干预效果产生不利影响。

二是实验对象的心理反应，例如霍桑效应。霍桑效应是指被试知道自己正在被研究或者意识到接受的干预应该引起某种反应，因此在表达观点和报告行为时可能改变自己本来的行为，从而"迎合"实验组织者。由于霍桑效应改变了被试原本的行为，研究人员将无法断定实验结果的差异究竟是由于实验干预还是由于霍桑效应导致。比如，在探究某干预对工人劳动生产率的影响时，需要对控制组进行实验前检测，而实验前检测可能会使被试意识到自己处于被观察状态而更努力地工作，这样就会难以判断实验结果的差异是由于实验干预的作用还是被试心理预期的改变。

三是实验对象的样本缩减。当实验对象联系不上或者中途退出时，会导致样本缩减。样本缩减一方面会导致样本量的减少，另一方面还可能会产生样本自选择问题，比如在就业培训的实验项目中，具有较高人力资本水平的被试更有可能中途退出就业培训。对于大样本实验，少数样本量的缺失不会对结果造成太大影响，研究者也可以通过扩充样本量进行补救，而样本缩减产生的样本自选择问题则会对实验对象的随机性造成不利影响，这需要研究者在实验过程中加以注意。

四是实验干预的溢出效应。在社会科学实验中，针对某一单位的干预可能会影响到另一单位，这种误差被称为溢出效应。例如，向某一群体提供援助项目时，可能会引起其他群体的嫉妒心理，这种对控制组的不利影响的结果差异可能会被解释为对干预组的积极影响的证据。类似地，控制组也可能间接受益于该项目，在这种情况下，两组结果之间的差异将低估该项目对干预组和整体的影响（Weinstein 和 Humphreys，2009）。

3. 来自实验环境的误差

实验环境主要通过影响实验的内部有效性和外部有效性两方面造成实验结果的误差。

一方面，田野实验在真实场景中进行，由于现实生活中的条件限制，实验者对实验环境的控制很难做到完美，这在一定程度上导致了实验内部有效性的不足。

另一方面，相比于实验室实验，与现实情境结合的田野实验有效提高了实验的外部有效性，然而，田野实验结果的外推也存在一定的不足。比如，很多田野实验都是在不同国家或地区进行的，很难知道在一个环境中发现的结果是否适用于另一个环境，实验结果通常会受到不同环境的社会文化、经济发展水平、群体特征等差异影响，从而导致相同干预方式在不同环境中的效果差异（陆方文，2020）。特别是从小规模实验向大规模政策的外推，由于小型实验的开展条件不同于大规模推广时的现实环境，对政策项目的评估效果就会产生差异。

4. 来自实验干预的误差

第一,在田野实验中,不同研究者所进行的实验干预不一定完全一致,实验研究人员可能由于个体特征差异导致干预方式的效果不同。

第二,在多次实验中,每一次进行的实验干预也不可能完全一致,这种情况下田野实验也会存在由实验干预引起的误差。

第三,即使研究人员严格按照之前的设定进行了实验干预,实验干预能否按预期对实验对象产生作用也不能确定。比如以发短信作为实验干预手段,如果被试从来不看短信,那么这种干预就会失去效果。

8.3.2 减少田野实验误差的途径和方法

1. 控制实验对象的随机化

在实验开始前,要严格控制样本的随机性,即随机选择样本进入实验组和控制组,这样不同组之间的个体才是可比的。随机的三种方法包括简单随机、分层随机和匹配随机,本章的第二节已对此进行了介绍。

2. 严格筛选与培训实验人员

实验人员对实验结果的质量起着重要影响,为了确保实验成功,务必要谨慎选择实验人员,并在实验正式开展之前,对实验人员进行统一培训。

由于田野实验与调查类似,需要强大的现场组织能力,同时可能需要处理很多难以预料的突发情况,所以实验主试不但需要具备较高的专业水平,还必须富有责任心、勇于创新,可以灵活冷静地处理实验过程中的突发问题。

除了合格的主试,每一场实验还需要实验助理从旁协助,对实验过程进行质量控制。

3. 合理选择实验对象和实验环境

实验对象和实验环境选择的合理与否不但决定了实验结果的科学性,而且影响实验的成败。研究人员一定要选择具有较高代表性的实验对象和实验环境,当研究的对象较为复杂时,实验对象和实验环境也需要具有不同类型、不同层次的代表性,获得具有代表性的典型样本才会使得实验结果具备普遍意义(水延凯和江立华,2014)。

此外,研究人员还要保证被试能够顺利进行实验并正确理解实验内容以做出符合其偏好的选择,如果被试无法很好地理解并配合实验,那么得到的实验结果也很难保证其科学性。要特别注意的是,经济学实验基于价值诱导理论,实验中的物质激励会直接影响被试的行为决策,研究人员需要如实履行对实验被试的所有说明和承诺,否则被试会失去对实验说明、实验过程以及所承诺的物质回报的信任,其行为决策将不再受到对应物质回报的有效激励,实验结果也就失效了。

4. 严谨科学的实验设计

成功的田野实验离不开严谨科学的实验设计。实验设计需要充分考虑实验实施的整个过程，从实验主试的挑选、被试的选择，到随机分组的设置以及实验干预的具体设计和实施，每一个环节都必须一丝不苟。

完整严谨的实验设计可以很大程度上避免正式实施实验时遭遇突发情况，为田野实验的顺利实施提供保障。如果实验设计草率敷衍，那么在田野实验过程中就会出现很多预料之外的困难，必然使得田野实验结果产生极大误差。

5. 有效控制实验过程

能否有效地控制实验过程很大程度上决定了田野实验能否达到预期目标。实验过程的控制主要包括两个方面：一是对实验干预的控制，即在实验过程中一定要严格按照实验设计方案实施实验；二是对其他干扰变量的控制，如果研究人员不能有效控制实验过程中的其他干扰变量，那么研究将无法肯定"结果"是由何种"原因"导致的，实验就无法进行因果推断。实验中为了控制其他干扰变量，通常使用以下几种方法：

（1）随机和平衡。在选择被试、安排实验处理顺序等实验环节上进行随机处理，可以避免人为因素对实验结果的影响，使得实验结果的差异只来源于干预措施的作用。行为测量实验中随机安排实验处理顺序，可以避免次序效应对实验结果产生的系统影响；随机分配被试进入实验组或干预组，可以最大程度减少个体效应对实验结果的影响；同时，在实验分组时达到组间平衡，尽量保证那些会对实验结果产生影响的变量无显著的组间差异。

（2）排除或纳入实验。在实验设计时尽量排除其他干扰变量。例如，很多行为实验中个体偏好会对实验结果产生影响，因此实验中要尽量使用中性的词语，避免一些有明显感情偏向的词语对有特定偏好的被试产生引导作用。但对于无法消除的干扰变量，则可以将其纳入实验处理，通过其实验设计中规律性的变化和组间对比，分析该变量及其实验干预交互的影响结果。

（3）恒定。维持其他干扰变量在实验前后一致，如实验环境、实验主试等，这样可以避免以上因素变化对实验前后检测的影响。

（4）代表性策略。实验地点、被试等选择要具有代表性，以避免样本本身特征对实验结果的影响。

（5）记录说明。规范的实验中需要记录与实验相关的全部信息，包括实验日期、地点、主试、被试人数、支付金额、实验干预等。其他干扰变量难以在实验中被全部控制，对于未被控制的干扰变量，实验过程中也可以对其进行记录。完备的实验记录有利于复盘实验当天的状况，有助于检查是否控制了其他干扰因素的影响，也便于实现实验的可重复性。实验当天的变量，例如主试特征，也可以作为自变量加入回归分析中,以控制可能影响实验结果的因素。

6. 用科学方法处理样本缩减问题

当结果数据缺失时,就发生了样本缩减,实验得到的结果就可能不再准确。样本缩减在社会科学实验中是很常见的问题,尤其是在做长期追踪调查时。

处理样本缩减最核心的问题是要判断缩减与潜在结果是否相关。如果缩减与潜在结果独立,那么现存数据仍然满足随机分配,此时样本缩减并不影响实验结果。如果缩减与潜在结果相关,移除观测值之后,控制组或干预组中的剩余被试不再是最初的随机样本,这会导致结果的估计误差。我们可以通过再加权、猜测缺失值、从缺失被试中收集更多数据等办法来弥补缩减造成的不良影响。然而样本缩减的问题没有完美的解决方法,因此研究人员在设计及执行实验时就应该尽可能减少样本缩减发生的概率。

专栏 8-1　田野实验中的实验平台

当把一项实验室实验移到实地进行人为田野实验时,需要借助一些实验平台。实验平台的使用不但可以帮助研究人员轻松地在实地进行实验室实验,还可以让研究人员在无线局域网甚至互联网上进行在线田野实验。本专栏将介绍包括 z-Tree、oTree 在内的几款主流实验平台。

z-Tree(Zurich Toolbox for Readymade Economic Experiments)①和 oTree②是两款在行为与实验经济学中被广泛使用的实验平台。其中,z-Tree 的使用必须依赖于计算机,在实验室实验中更为常见。它包括两部分,一个是 z-Tree "苏黎世现成的实验工具箱",另一个是 z-Leaf "被试者使用的程序"。图 8-1 与图 8-2 分别展示了 z-Tree 打开时的界面和连接到主机后的界面。

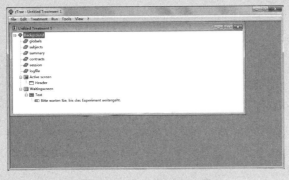

图 8-1　z-Tree 打开时的界面

---

① 详见 https://www.ztree.uzh.ch/en.html。
② 详见 https://www.otree.org。

```
Welcome

            z-Leaf 3.3.11
  The client software of

            Zurich
  Toolbox for
            Readymade
            Economic
            Experiments

            Design:       Urs Fischbacher

            Programming:  Urs Fischbacher
                          Stefan Schmid

            Copyright ? 1998-2011
            University of Zurich
            Department of Economics
            Winterthurerstrasse 30
            CH-8006 Zurich

            http://www.iew.uzh.ch/ztree
            ztree@iew.uzh.ch
```

图 8-2　z-Tree 连接到主机后的界面

在 z-Tree 中，人们可以设计和进行实验。z-Tree 可以设计包括公共品博弈、结构化讨价还价、竞价市场和复式拍卖在内的广泛实验。虽然 z-Tree 编程需要一定的经验，但 z-Tree 的学习曲线极为陡峭。一个有经验的实验者可以在不到一小时内设计一个公共品博弈，在不到一天内设计一个双重拍卖。具体来讲，z-Tree 具有以下优点：

操作简单：设计实验比较容易上手，不要求很强的编程基础；

免费开放：z-Tree 是一个免费的开放式平台，全球使用 z-Tree 的人员每日都在增加，其功能也在不断发展和完善；

数据安全：z-Tree 具有非常好的数据存储功能，即使在 z-Leaf 终端甚至 z-Tree 主机崩溃时只要运用方法得当，相关的实验数据仍然可以得到保存或转移；

运行稳定：只要事先的程序编写没有问题，z-Tree 在实际的运行过程中极少发生错误；

辅助计算：z-Tree 会自动实现一些重要数据变量的运算，比如 profit。

从 z-Tree 官网下载一份合同即"license contract"后，打印两份合同并填写相关材料（含自己所在的研究机构、个人信息以及邮件地址等），签名后邮寄至如下地址：Sally Gschwend, Institute for Empirical Research in Economics, University of Zurich, Bluemlisalpstrasse 10, CH-8006 Zurich，随后你会收到一份回寄过来的合同和苏黎世大学的一份邮件，该邮件中包含了登录 z-Tree 官网的账号和密码,以此信息登录网站后就可以下载最新版的正版 z-Tree。①

使用正版 z-Tree 软件可以免费加入 z-Tree 的 Mailing list 系统,并可以获得 ESA 服务,只要与 z-Tree 相关的任何问题均可以在此发问并获得全球使用 z-Tree 人员的解答和帮助。

oTree 是由 Daniel Chen、Martin Schonger 和 Chris Wickens 等人基于 Python Django 编写的一款实验软件,具有程序先进、界面美观清晰等特点。使用 oTree 编写完程序后,被试可以利用网页浏览器进行操作,因此理论上可以上网的电子设备(电脑/平板/手机)均可作为实验道具,如图 8-3 所示。

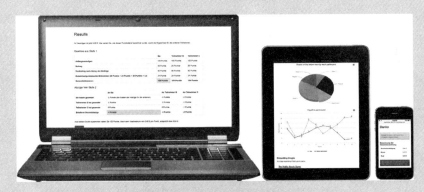

图 8-3 在不同设备和操作系统上运行的 oTree②

oTree 的开源性使得其可以更好地配合其他平台一起使用。比如常见的将 oTree 实验部署到服务器中,然后通过微信公众号运行在服务器中的 oTree 实验,这就允许实验研究人员通过微信组织并实施一场田野实验。

一个经典的 oTree 田野实验开发流程要经过设计实验与编写程序、本地调试、上传程序、实验正式实施并收集数据四个步骤,如图 8-4 所示。但由于 GUI(图形用户界面)的缺乏,使用 oTree 需要学习编程知识来自行设计实验,因此上手难度相对更大,但对于熟悉 Python 的实验研究人员而言编写 oTree 实验并不困难。

z-Tree 和 oTree 虽然都是免费的实验平台,但对研究人员的编程要求较高。除了这两款软件,近年来国内外还涌现了不少其他实验平台。这些实验平台大多都可以在多个终端上运行,并且都可以联网,可以作为进行田野实验的有力工具。国外的 MobLab、国内的 IosLab 不用编程,但主要是商业性开发的实验

---

① 签署合同时最好署上自己单位的名称,这样同一单位的研究人员也可以同时使用你的正版 z-Tree 软件;在实验论文中一旦使用 z-Tree 软件就必须要注明并引用 Fischbacher(2007)文献。

② 图片来源:Chen, D. L., Schonger, M., Wickens, C., 2016, "oTree—An Open-source Platform for Laboratory, Online, and Field Experiments", *Journal of Behavioral & Experimental Finance*, 9, 88-97.

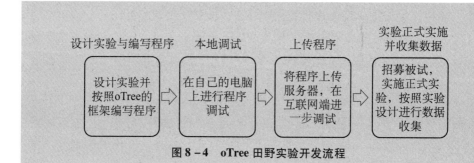

图 8-4　oTree 田野实验开发流程

平台,需要付费使用。美国弗吉尼亚大学的 Veconlab① 以及法国学者 Nicolas Gruyer 于 2012 年创建的 economicsgames.com 则是一个免费且无须编程的在线实验平台。上述实验平台均可通过智能手机、平板、笔记本电脑在线使用,因此在理论上都可用于田野实验。使用上述实验平台的具体操作步骤可以在相应实验平台的官网查阅,不同的实验平台有不同的优劣,需要研究人员根据自己的研究需求进行选择。

8.4　案例:留守儿童偏好发展实验

本章已经详细介绍了如何设计并组织实施一项田野实验。田野实验是较为复杂的,出于不同的研究目的可以进行各式各样的实验设计,需要注意的细节也大不相同。现以一项对农村留守儿童偏好发展的行为测量实验为案例,讲解设计、组织与实施实验的基本流程,以供读者一览田野实验的概貌。

1. 研究问题

留守儿童是在我国社会转型与经济转轨的过程中,城乡二元结构和地区发展不平衡矛盾下产生的社会群体。随着留守儿童数量急剧上升,近年国内对留守儿童问题的关注度也不断增加。本案例从行为与实验经济学视角,结合实验与调查数据,对留守儿童的能力发展与偏好演变进行了研究。

2. 进行实地预调查与样本量确定

由于该实验的研究对象为留守儿童,故研究人员选择了在我国西南某劳务输出大省的三个县进行实验,并在每个县按照距离县城远、中、近分别选择学校(分别对应不同的经济发展状况),以增强样本的代表性。实验正式进行之前,

---

① 详见 http://veconlab.econ.virginia.edu/。

项目组通过预实验和预调查对初步筛选的学校进行摸底考察。考察的内容包括：了解目标学校的留守儿童比例；学校领导是否能够配合团队工作；当地交通状况及饮食住宿条件，等等。经过综合考察，研究最终确定的样本量在 1 600 名左右。

3. 实验设计

为考察留守儿童的能力与偏好的发展情况，研究人员设计了风险偏好、时间偏好、公共品供给、信任等一系列实验，并通过学生问卷、家长问卷和班主任问卷采集了被试的背景信息。以上问卷全部采用纸笔方式，实验内容均设计为便于学生理解的小游戏，并以中性的卡通形式展现。比如，将公共品实验取名为"魔法变变变"游戏等，以激发儿童参与实验的兴趣。不同实验采用的激励不同，公共品实验采用金钱激励，其他实验主要采用实物激励，如奶糖、巧克力等。

以公共品实验为例[①]，该实验采取被试内设计，让学生进行一次性（one-shot）、匿名的公共品自愿供给实验（实验1）[②]、外生惩罚下的公共品供给实验（实验2）及内生惩罚下的公共品供给实验（实验3）。

在实验1中，实验主试告知被试，他（她）将与同班另外两名由电脑随机抽取的同学组成一组，进行"魔法变变变"游戏。每人最初拥有10个游戏币，并决定要交给魔法师的游戏币数量。魔法师会将小组公共账户中的每2个游戏币变成3个，然后再平均分配给每个小组成员。每人的最终收益 = 手上剩余的游戏币 + 从魔法师处获得的游戏币数量。游戏币最终能够兑换人民币，考虑到年级间的零花钱水平差异，各年级的兑换比率分别为：一、三年级 0.2 元/个，五年级 0.3 元/个，八年级 0.4 元/个。图 8-5 为实验1的展示 PPT。

实验2 在实验1 的基础上分别增加了外生的干预措施"减法规则"，即若小组中有成员上交的游戏币数量不足 10（即未全部上交），则该成员的最终游戏币收益会减少 2 个。

实验3 在实验2 的基础上增加了"投票规则"，即减法规则由小组成员投票决定是否实施。

为了避免顺序效应，组织者随机化了实验3 与实验2 的顺序，因此最后有一半的学生按照"实验1—实验2—实验3"的顺序进行实验，另一半学生则按照

---

① 改编自 Zhou et al.（2022）。

② 实验1 相当于进行一轮公共品自愿供给博弈。每个参与者拥有的初始禀赋为10个筹码，可自主决定往公共账户中投入的数量。投入公共账户的金额会增长 0.5 倍，并平均返还给组内的每个人，即公共品的边际回报率为 0.5。个体 i 的平均收益为 $\pi_i = 10 - g_i + 0.5\sum_{j=1}^{3} g_j$。其中，$\pi_i$ 为被试 i 参与实验的最终收益，g_i 是被试 i 向公共账户贡献的禀赋，j 代表小组成员个体。为了计数方便和减少低年级被试运算难度，g_i 和 g_j 取值为 10 以内的偶数。

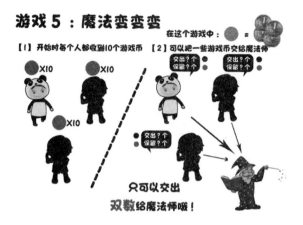
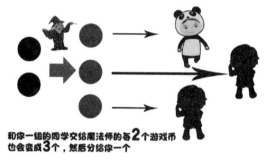

图 8-5 "魔法变变变"公共品游戏

"实验1—实验3—实验2"的顺序进行。

问卷调查包括学生问卷、家长问卷和班主任问卷三部分。其中学生问卷由被试在实验结束后填写,涉及学生的人口学特征、亲子互动和性格等方面的信息。问卷填写环节,主讲人对问卷进行逐题讲解,助理进行质量检查与问卷答疑。问卷回收环节,助理将逐一核查。家长问卷内容包括家庭基本信息、经济状况、学生父母个人信息及外出务工情况、学生主要看护人个人信息及价值观等,具体内容请见附录7《留守儿童调查的家长问卷》。班主任问卷包括班主任基本信息、对家长认识情况、与家长沟通情况、班会频率、学生座位编排情况等信息。

4. 组织实施

(1) 实验被试选择

经过实地考察后,研究人员选择了3个县的11所学校共1 600余名被试进行实验。实验以班为单位,从每个学校的一、三、五、八年级中各抽取2个留守人数适中的班。之所以选择一、三、五、八年级,一是为使样本尽可能囊括各个年龄段,从而更具代表性;二是因为二、四、六、九年级中有两个年级涉及毕业班,不利于研究人员第二年进行追踪调查。

(2) 实验前准备

为保证实验顺利进行,实验前应确保基本物资准备充分,比如PPT、游戏手册、投影仪、放置投影的三脚架、电脑、U盘、扩音麦克风等。在实验的前一天,研究人员务必要检查相关物资的准备情况。

(3) 实验现场组织和操作

实验地点通常设置在大会议室、阶梯教室或大教室等较为宽敞的地方,座位采取随机编排的方式,被试间至少隔一个座位,以避免被试相互交流。实验主试为硕士研究生,均经过行为与实验经济学的培训及严格的实验模拟演练,非常熟悉实验内容与流程,能够避免使用影响被试选择的诱导性语言。实验助理为硕士研究生和本科生,也均经过了类似的训练。

研究人员到达实验场地后,需在实验开始之前安装投影、电脑,编排座位顺序,并空出一张长桌用于摆放实验物资及整理、录入回收的实验问卷。实验场地布置妥当后,通知班主任将学生带来实验场地进行实验,并由实验助理随机安排入座。实验开始前明确实验纪律和规则(包括实物激励的兑换准则),说明来意(避免使用"实验"词汇,仅说与同学们做游戏),并强调完成实验将获得糖果、文具等物资和现金,随后分发实验手册开始实验。

在每个实验开始前,实验主试使用幻灯片并配以板书向被试详细介绍实验规则及实验步骤,然后进行控制问题测试。实验助理逐一确认被试理解后开始实验。实验过程中,实验员对纪律进行严格控制。每完成一个实验,实验助理立即回收被试填写的实验问卷,并及时检查数据质量,确保每名被试选择完成后将实验问卷交给数据录入助理,以此计算被试的报酬。

实验结束后,实验员发放学生问卷,并同样通过PPT等方式进行讲解。学生在填写问卷时,实验助理统计被试的实验报酬,并装进为每人准备的信封之中,在问卷填写完毕时发放至每位学生的手中。家长问卷的采集主要通过家长会形式，召集了解家庭状况的家长或监护人来填写问卷。研究人员采取了多种措施尽可能地收集完整的家长问卷信息，并提高问卷填答的质量，主要包括：主讲人通过幻灯片对问卷进行逐题讲解，帮助被试家长正确理解问卷；安排会说当地方言的助理一对一地协助有识字障碍的家长进行填写；助理对填答完毕的问卷进行及时检查；对部分未到场或问卷填写质量欠佳的家长，安排第二、三轮补充调查，对极少数无法到场填问卷的家长进行电话访问。

在实际的田野实验过程中，研究人员还会遇到各种各样难以想象的突发情况，应做好心理准备。对于可以预料的困难，应提前做好可行的应对方案。例如，由于部分农村学校教学硬件设施落后，没有可供实验的空旷场地，可对食堂进行改造，以白墙为屏，用自带的投影仪播放 PPT。这些应对方案是基于实地考察并结合当地有限的实际情况做出的变通处理。

小结

在识别因果关系的实证研究方法当中，田野实验能够将实验室和自然发生的数据有机地结合起来：实验者随机选取自然人群，在被试生活的真实环境中去测量其真实行为偏好，或评估政策效果及作用机制。与其他实验方法相比，田野实验具备可控性、现实性、科学性和创新性四大优点，但成本高、实施困难且难以重复以及可能面对的一系列伦理问题都是其局限所在。田野实验最早起源于农业生产领域，由经济学中实验室实验发展而来的田野实验大多侧重于行为测量实验，由社会实验发展而来的田野实验则多为随机控制实验。随着计算机应用的普及，越来越多的研究人员开始借助计算机甚至智能手机，通过 z-Tree、oTree 等实验平台进行田野实验，而在线田野实验也可能是未来田野实验发展的契机所在。

组织和实施一项实验是严谨复杂的，田野实验更是如此。在实施实验之前，实验设计是至关重要的一环，而实验设计中最不能忽视的就是对实验的控制，实验控制的质量直接影响了实验的有效性。完成实验设计之后，需要严格按照实验设计进行实验前的准备、实验现场的组织和操作以及后期数据的整理和分析。

田野实验中误差是不可避免的，只有了解误差产生的主要原因，才能在实验过程中尽可能减少实验误差对实验结果的影响。田野实验误差的产生主要来源于实验对象、实验者、实验环境和实验干预，实验者需要针对各个方面采取相应的措施来减少实验误差。当然，由于田野实验的特殊性质，一项田野实验无论计划得多么完善，在实际的组织实施过程中仍然会遇到许多意想不到的问题。因此，对每一个实验研究者而言，都需要对田野实验的实施保持谨慎严肃的态度。

参考文献

艾伦·格伯、唐纳德·格林,《实地实验设计、分析与解释》,王思琦译,北京:中国人民大学出版社,2018年。

包特、王国成、戴芸,"面向未来的实验经济学:文献述评与前景展望",《管理世界》,2020年第7期,第218-236页。

陈鹏,"实验发展经济学研究进展",《经济学动态》,2013年第3期,第136-147页。

陈叶烽等,《实验经济学讲义:方法与应用》,北京:北京大学出版社,2021年。

董志勇,《实验经济学》,北京:北京大学出版社,2008年。

杜宁华,《实验经济学》,上海:上海财经大学出版社,2008年。

韩冬临,"田野实验:概念、方法与政治学研究",《国外社会科学》,2018年第1期,第134-142页。

候典牧,《社会调查研究方法》,北京:北京大学出版社,2014年。

姜树广、谯倩,"实地实验及其在经济学中的应用",《经济评论》,2012年第5期,第134-143页。

陆方文,《随机实地实验:方法、趋势和展望》,北京:科学出版社,2020年。

陆方文,"随机实地实验:方法、趋势和展望",《经济评论》,2017年第4期,第149-160页。

罗俊、汪丁丁、叶航等,"走向真实世界的实验经济学——田野实验研究综述",《经济学(季刊)》,2015年第3期,第853-884页。

陕西师范大学教育实验经济研究所,《影响评估手册》,上海:华东师范大学出版社,2022年。

水延凯、江立华,《社会调查教程(第六版)》,北京:中国人民大学出版社,2014年。

翁茜、李栋,"在线实地实验研究进展",《经济学动态》,2020年第5期,第132-145页。

余莎、耿曙,"社会科学的因果推论与实验方法——评Field Experiments and Their Critics: Essays on the Uses and Abuses of Experimentation in the Social Sciences",《公共行政评论》,2017年第2期,第178-188页。

周晔馨、涂勤、胡必亮,"惩罚、社会资本与条件合作——基于传统实验和人为田野实验的对比研究"，《经济研究》，2014 年第 10 期，第 125 - 138 页。

Anderson, M. L., Lu, F., 2017, "Learning to Manage and Managing to Learn: The Effects of Student Leadership Service", *Management Science Journal of the Institute of Management Sciences*, 63, 3246 - 3261.

Bertrand, M., Mullainathan, S., 2004, "Are Emily and Greg More Employable Than Lakisha and Jamal? A Field Experiment on Labor Market Discrimination", *American Economic Review*, 94 (4), 991 - 1013.

Chen, D. L., Schonger, M., Wickens, C., 2016, "oTree—An Open-source Platform for Laboratory, Online, and Field Experiments", *Journal of Behavioral & Experimental Finance*, 9, 88 - 97.

Cohn, A., Marechal, M. A., Tannenbaum, D., et al., 2019, "Civic Honesty Around the Globe", *Science*, 365 (6448), 70 - 73.

Fischbacher, U., 2007, "z-Tree: Zurich Toolbox for Ready-made Economic Experiments", *Experimental Economics*, 10 (2), 171 - 178.

Harrison, G. W., List, J. A., 2004, "Field Experiments", *Journal of Economic Literature*, 42 (4), 1009 - 1055.

Henrich, J., Heine, S. J., Norenzayan, A., 2010, "Most People are Not Weird", *Nature*, 466 (7302), 29.

Liu, E. M., Zuo, S. X., 2019, "Measuring the Impact of Interaction between Children of a Matrilineal and a Patriarchal Culture on Gender Differences in Risk Aversion", *Proceedings of the National Academy of Sciences of the United States of America*, 116 (14).

Lu, F., Zhang, J., Perloff, J. M., 2016, "General and Specific Information in Deterring Traffic Violations: Evidence from a Randomized Experiment", *Journal of Economic Behavior & Organization*, 123, 97 - 107.

Roe, B. E., Just, D. R., 2009, "Internal and External Validity in Economics Research: Tradeoffs between Experiments, Field Experiments, Natural Experiments, and Field Data", *American Journal of Agricultural Economics*, 91, 1266 - 1271.

Vollan, B., Landmann, A., Zhou, Y., et al., 2017, "Cooperation and Authoritarian Values: An Experimental Study in China", *European Economic Review*, 93, 90 - 105.

Weinstein, J. M., Humphreys, M., 2009, "Field Experiments and the Political Economy of Development", *Annual Review of Political Science*, 12 (12), 367 - 378.

Zhou, Y., Chen, S., Chen, Y., et al., 2022, Does Parental Migration Impede the Development of the Cooperative Preferences in Their Left-behind Children? Evidence from a Large-scale Field Experiment in China, *China Economic Review*, 74, 101826.

第 9 章 数据管理

【本章导读】

数据管理（data management）被普遍视为与调查的制表阶段有关的一系列任务，即在调查项目接近尾声时开展的活动，通常由数据分析员和计算机程序设计员进行。近年来，数据管理的含义发生了改变。从调查工作最初阶段中的问卷设计（questionnaire design）开始，数据管理就发挥了关键作用，并且不会随着统计报告的发布而终止。

在数据收集完成后，数据录入（data entry）使收集到的数据资料转换为电脑可识别和处理的数据信息。然后，进行数据清洗（data cleaning）工作，这个步骤至关重要。没有经过检查和清洗的数据通常是糟糕的数据，如果直接用于统计分析和学术研究，往往会对结果产生误导性影响，甚至得到完全相反的结果。此外，保证数据安全（data security）也是不可或缺的步骤。总体而言，问卷设计、数据录入、数据清洗和数据安全都是对数据进行管理的过程，也是数据管理环节中的重要内容。

9.1 数据管理中的问卷设计

调查数据管理是从问卷设计开始的，且影响着问卷设计的具体内容和细节。在每一次设计问卷的过程中，尤其需要注意遵循问卷设计原则并控制问卷数据质量。

9.1.1 问卷设计原则

1. 统计单位识别

社会调查收集主要统计单位及其下属单位的有关信息，例如每一轮的中国家庭收入调查项目（CHIP）都会收集主要统计单位——家庭，以及家庭内下属单位——人员、资产项目、土地等方面的信息。问卷不仅要明确说明这些单位是什么，还要确保每个受观察单位都有唯一的标识符。

住户本身的身份信息通常出现在问卷的封面上，它可能由一长串数字和字母组成，代表地理位置和用于选择家庭的抽样程序，也代表了家庭标识符。但对这种信息的严格评估不仅烦琐、成本高，还容易出错，有时甚至无法保证是统计单元的唯一标识。例如，封面上的地理代码标识了住宅，但没有考虑住宅中有多个住户的情况。一个更简单、更安全的替代方法是通过一个简单的序列号来识别住户，该序列号可以手写或印在问卷的封面上。地理位置、城乡状况、抽样代码和封面上的其他数据是纳入数据集的重要家庭属性，但这些信息不一定是出于识别的目的。详细的抽样代码序列和简单的家庭序列号是两种极端情况，折中办法是给调查中使用的主要抽样单位一个三位数或四位数的序列号，然后给每个主要抽样单位的家庭一个两位数的序列号。

2. 筛错机制：内置冗余

调查问卷的设计应包括有意的内置冗余（built-in redundancy），便于发现调查员失误或数据输入错误，例如使用总计栏以及在重要变量的代码中增加一个校验位。

（1）在包含金额的问题栏下增加总计。使用总计是检测数据输入错误或遗漏问题的有效方法。事实上，可以在任何数字栏的底部加上总计，以达到质量控制的目的，即使这些数字的总和数量度量并没有意义。例如，即使数字单位存在差异，比如粮食的千克数和蔬菜的千克数（甚至牛奶的升数），也可以在所购买的各种食品数量的底部加上总计。

（2）在一些重要变量（如一个人的职业、活动或消费项目的性质）的代码中添加一个校验位。校验位是一个数字或字母，通常是一组数字的最后一位，由前面的数字通过某种运算得出，用以检验该组数据的正确性。常见的校验位算法如下：将代码的最后一位乘以 2，倒数第二位乘以 3 等（如果代码长度超过六位数，重复 2、3、4、5、6、7 的乘数序列），并将结果相加；校验位是该和与最接近的 11 的倍数之间的差。校验位算法的构造可以使常见的编码错误（如调换或省略数字）产生错误的校验位。

9.1.2 问卷数据质量控制

无论选择哪种质量控制策略，问卷上的数据都需要接受取值范围检查、参考数据检查、跳转模式检查和逻辑一致性检查，以达到数据质量控制标准（quality control standard）。

1. 取值范围检查

取值范围检查是为了确保调查中的每个变量仅包含有限范围内的有效数据。

分类变量在调查问卷中只能有一个为其预定义的值（例如，性别只能编码为男性1或女性2），时间变量应包含有效日期，数值变量应在规定的最小值和最大值范围内（如年龄为0至95岁）。

2. 参考数据检查

当来自两个或更多紧密相关字段的数据可以对照外部参考表进行检查时，就会出现范围检查的特殊情况。比如：①人体测量数据的一致性。在这种情况下，问卷中的身高、体重和年龄将对照世界卫生组织标准参考表进行检查。标准指标（身高/年龄、体重/年龄和体重/身高）的任何值如果偏离标准值超过三个标准差，则应标记为可能的数据误差，并进行重复测量。②食品消费数据的一致性。食品代码的记录值、购买的数量和支付的金额应与特定项目的可能单价表进行核对。

3. 跳转模式检查

该检查是为了验证跳过模式是否被正确遵循。例如，一个可以验证的简单方式是，如果一个孩子对最初的入学问题回答"否"，那么关于学校生活的问题不会被记录下来。在计算机辅助调查中，跳转模式可由数据录入程序本身控制。

4. 逻辑一致性检查

逻辑一致性检查是验证一个问题的值与另一个问题的值是否一致。当两个值来自同一个统计单位时，例如，给定某个体的出生日期和年龄，就可以进行简单的一致性检查。更复杂的一致性检查包括比较来自两个或更多不同观察单位的信息。一致性检查的数量没有限制，通常来讲，定义的检查越多，最终数据集的质量越高。然而，考虑到数据录入和清洗所花费的时间，需要专业知识和良好判断来准确地决定哪些一致性检查应该包括在内。某些适用于几乎所有家庭调查的一致性检查已被证明特别有效，可以作为一个标准。比如：

（1）家庭成员的统计一致性

所有家庭成员的年龄和性别之间的一致性都要根据亲属关系进行检查。例如，父母的年龄应该比他们的孩子至少大15岁、配偶在我国目前应该是不同性别的，等等。

（2）年龄等个人特征的一致性

可以检查每个人的年龄是否与个人特征相符，如婚姻状况、与户主的关系、目前的年级（在校儿童）或最高学历（辍学儿童）。例如，一个8岁孩子目前就读年级不应该超过三年级。

（3）数字列表的合计

如前所述，在数字列表的最后添加合计是问卷设计原则。数据录入程序应检查总额是否等于各个数字的总和。

9.2 数据录入

9.2.1 设计编码

录入问卷并不仅仅是照搬问卷上填写的原始答案,同时需要对每个问题的答案进行整理、汇总。为了充分利用问卷中的调查数据,提高问卷的录入效率及分析的准确性,在数据录入前需要对问卷中的数据进行科学的编码。编码(coding)是对一个问题的不同答案给出一个电脑能够识别的数字代码,以便对数据进行分组和后期分析。问卷编码工作是问卷调查中不可缺少的流程,也成为数据整理汇总阶段重要而基本的环节。

如第3章所述,问卷中的问题包括封闭式问题(close-ended question)和开放式问题(open-ended question),分别对应两种不同类型的编码。在设计问卷时可以预先设定好回答范围的问题,如性别、年龄等,可以列出若干选项供受访者进行选择,被称为封闭式问题;反之,不向受访者提供回答选项、受访者需要使用自己的语言来回答的问题为开放式问题。对于封闭式问题,可以直接录入数字形式的答案,这种与问卷设计同步的编码为事前编码(pre-coding)。而对于开放式问题,则需要后期的人员对其进行编码,这属于事后编码(post-coding)。

1. 封闭式问题的编码方法

其实在开始设计调查问卷的时候,编码工作就已经启动了。对于某些问题的答案范围,研究者事先是知道的,像性别、学历等。这样的问题在问卷中是以封闭式问题的形式出现,受访者回答时只需选择相应的现成答案。如:

Q1. 请问您的文化程度是?_____。[①]

1. 小学
2. 初中
3. 高中(普高/职高/中专)
4. 大学专科(高职/大专)
5. 大学本科
6. 硕士
7. 博士
8. 未上过学

[①] 如无特殊说明,本小节的问卷案例均来源于北京师范大学经济与资源管理研究院2016年进行的中国真实进步微观调查问卷,更多相关内容请见附录1《CGPiS 2016/2017 调查实录》。

对于封闭式问题，在调查问卷回收后就可以直接将调查结果录入电脑，这对调查来说是非常便捷有效的。所以，大多数问卷调查都尽可能地使用封闭式问题。即便是那些事先不容易知道答案的问题也可采用此类形式，如购买某商品的地点类型、使用某种商品的主要原因等。为了保证所有的受访者在回答问题时都能找到合适的选项，通常会在封闭式问题的答案中增加一个"其他"选项，并让受访者写上自己的答案。不过，设置"其他"选项会增加后期处理的负担，尤其是大规模的调查数据，因为后期需要对"其他"选项填写的答案进行归类，查看是否能够归入前面的选项类别中，或者还需要设定一些新的类别，因此问卷设计者增加"其他"选项的时候要尤其谨慎。

为了使研究和调查更顺利地进行，应尽可能将问题设置为单项选择题，但由于某些问题的特殊属性，研究者也可以将问题设置为多项选择题或者排序题这类特殊客观题。多项选择题在统计分析时，可以制作频数表和交叉列联表。在数据分析时，各个选项往往设置为 0-1 虚拟变量。对于设置多项选择题或者排序题的编码方法，进一步讨论如下。

特殊类型客观题的编码有以下几种：

（1）无限制多项选择题

在社会调查中，问卷设置可能会要求受访者回答多选问题，该问题的答案选择没有数量限制，例如下列用来调查参与志愿服务原因的多选题。

Q2. 以下哪些考虑促使您参与志愿服务：_____？（可多选）

1. 希望能帮助他人
2. 发挥自己的经验和技能
3. 使生活更加充实
4. 因为宗教信仰
5. 增加社会见识
6. 有助于找工作
7. 有助于升学（包括申请国外/境外学校）
8. 给孩子好的影响
9. 其他（请注明）_____

在编码时，将多项选择题的每一个选项都看作一个变量来定义。这样，多项选择题中有几个选项，就会变成几个单选变量，这些单选变量被设置为 0-1 虚拟变量。例如该题有九个选项，则在编码时需要将这九个选项编码成九个变量。每一个答案选项对应一个新的单选变量：Q2-1、Q2-2、Q2-3、Q2-4、Q2-5、Q2-6、Q2-7、Q2-8、Q2-9。如果该答案选项没有被选中，则对应的单选变量取值为 0，否则为 1。

（2）限制性多项选择题

限制性多项选择题是指在多个选项中限选一定数量的答案，而不是无限制多选。如将无限制多项选择题规定为限选3个，也就是说可以选1个、2个或3个，但是不超过3个，例如把上面题目的限制改为"（多选题，最多选3个）"。在这种情况下，就有两种编码方式：一种是和上面一样，仍然设置九个单选变量；还有一种编码方式是设定为三个变量，如只有Q2-1、Q2-2、Q2-3，和上例不同的是，这三个变量无具体的对应关系，在限制受访者最多选择三项时，仅给出三个选项Q2-1、Q2-2和Q2-3，需要受访者在每一选项中选择一项，在数据录入电脑时要录入受访者实际选择的选项编号，这种编码方式如表9-1所示。

表9-1 限制性多项选择题编码方式示例

变量名	变量标签	编码方案
Q2-1	第一选项	1. 希望帮助他人　2. 发挥自己的经验和技能　3. 使生活更加充实 4. 因为宗教信仰　5. 增加社会见识　6. 有助于找工作 7. 有助于升学　8. 给孩子好的影响　9. 其他
Q2-2	第二选项	1. 希望帮助他人　2. 发挥自己的经验和技能　3. 使生活更加充实 4. 因为宗教信仰　5. 增加社会见识　6. 有助于找工作 7. 有助于升学　8. 给孩子好的影响　9. 其他
Q2-3	第三选项	1. 希望帮助他人　2. 发挥自己的经验和技能　3. 使生活更加充实 4. 因为宗教信仰　5. 增加社会见识　6. 有助于找工作 7. 有助于升学　8. 给孩子好的影响　9. 其他

（3）排序题

除了多选题，另一种常见的特殊题型为排序题。以上述对参与志愿服务的原因进行调查为例，研究者若要求受访者从9种因素中选出最符合的3种并按照重要程度排序，那么该题则变成了一种排序题。例如：

Q2. 以下哪些考虑促使您参与志愿服务：_____？（选出三种主要的因素，并依程度高低标出1、2、3的次序）

1. 希望能帮助他人

2. 发挥自己的经验和技能

3. 使生活更加充实

4. 因为宗教信仰

5. 增加社会见识

6. 有助于找工作

7. 有助于升学（包括申请国外/境外学校）

8. 给孩子好的影响

9. 其他（请注明）_____

排序题的编码方式与多选题类似的地方是，受访者也需要进行9次判断才能够完成本题，因此本题也需要设置9个变量来处理；而与多选题不同的是，每个答案的取值不是（0，1）两种可能，而是（0，1，2，3）四种可能。在这里，0代表该答案选项没有被选中，1、2、3则分别代表被受访者排在第一位、第二位、第三位的顺序。

2. 开放式问题的编码方法

问卷设计者在设计开放式问题时是不完全知道答案的，这样的问题在问卷中一般有两种形式。

一种是完全开放式问题，只有问题没有备选答案。例如：

Q3. 您的生活工作所在地有哪些环境问题：_____？

这类问题在后期处理时往往根据受访者回答情况进行编码和分析。

另一种是半开放式问题或隐含的开放式问题，在有部分备选答案的情况下要求受访者注明"其他"选项。例如：

Q4. 您没有参加志愿服务的最主要原因是什么：_____？

1. 没有关注过/不感兴趣

2. 没有时间

3. 经济条件不好

4. 家人/朋友不支持

5. 找不到合适的志愿者组织或项目

6. 志愿者组织的公信力不强

7. 志愿者权益得不到保障

8. 其他（请注明）_____

对于开放式问题，受访者需要用文字来叙述自己的回答。问卷回收后这些答案不能被马上录入电脑，需要后期人员对其进行"再编码"。再编码是为了方便数据处理而对原编码进行的有效补充，有时还是对原编码的调整修改。再编码往往伴随着重新归类分组，由于电脑对数字型数据的"偏爱"，经过再编码，数据处理变得更方便、更可行。在问卷调查中，开放式问题出现得较少。从功能的角度来看，开放式问题是对封闭式问题的补充。

对回收问卷的再编码主要是针对开放式问题的。开放式问题的再编码工作需要完成4个步骤，才能进行数据的录入：

第一步：录入答案。由于录入技术的进步，传统上让调查人员对着问卷逐条寻找不同答案并列在一份大清单上的烦琐做法应当废止，而代之以全部录入答案，然后再按照下列步骤实施编码。

第二步：尝试用不同方法对录入的答案进行排序、归类（许多软件例如 Excel、FoxPro、SPSS 甚至 Word 等都有按笔画和拼音排序的功能），并结合主观判断，合并意思相近的答案，并且统计明显相同的答案出现的次数，如表9-2所示：

Q3. 您的生活工作所在地有哪些环境问题：＿＿＿＿？

表9-2 开放式问题答案分类统计示例1

Q3. 环境问题	次数
汽车尾气排放过多	6
水质硬化	4
周围噪声过大	8
街道垃圾过多	4
绿化不足	8
交通拥堵	10
夏天过热	5
雾霾严重	16
……	……

第三步：编码人员及问卷设计者根据调查目的，对获得的答案进一步归纳，形成类别数量适当的"编码表"。以上题为例，归纳的结果如表9-3所示：

表9-3 编码表1

Q3. 合并环境问题	编码
空气污染	1
水污染	2
噪声污染	3
交通拥堵	4
……	……

从表9-3中可以看出，答案的数量减少了，每一个保留的答案都是对实际填写的同类答案的合并。

第四步：调查人员根据"编码表"中的编码对所有开放式问题的答案进行逐一归类，并在每个问题旁边标注实际答案在编码表中对应的号码。假设某位受访者填写的环境问题是"汽车尾气排放过多"和"交通拥堵"，在表9-3中分别属于空气污染和交通拥堵问题，则在回答旁边标注对应编码1和4，如下所示：

Q3. 您的生活工作所在地有哪些环境问题：汽车尾气排放过多①；交通拥堵④?

到此为止，问卷上的文字答案经过归纳变成了数字，方便了录入人员的录入、统计。

再以如下两个开放式问题为例子进行编码。

例子1：Q5. 您的职业是：_____？

在对答案进行归类并统计出现次数之后，形成如表9-4所示的分类表。

表9-4 开放式问题答案分类统计示例2

Q5. 职业问题	次数
律师	3
教师	10
医生	6
学生	5
没有工作	2
护士	5
农民	5
销售员	7
餐厅老板	4
……	……

对分类表进一步归纳形成如表9-5所示的编码表。

表9-5 编码表2

Q5. 合并职业问题	编码
教育工作者	1
医护人员	2
法律从业人员	3
在校学生	4
……	……

对照编码表在实际的答案附近标注对应的号码。

Q5. 您的职业是：医生②?

例子2：Q6. 您的工作所属行业是：_____？

在对答案进行归类并统计出现次数后，形成如表9-6的分类表。

表 9-6　开放式问题答案分类统计示例 3

Q6. 行业问题	次数
商务服务业	3
教育	10
医疗卫生	11
农业	5
餐饮业	4
林业	5
无	5
……	……

对分类表进一步归纳，形成如表 9-7 所示的编码表。

表 9-7　编码表 3

Q6. 合并行业问题	编码
商务服务业	1
科学研究和教育	2
医疗卫生	3
农、林、牧、渔业	4
……	……

对照编码表在实际的答案附近标注对应的号码。

Q6. 您的工作所属行业是：医疗卫生③?

3. 问卷调查编码工作的一般原则

以下编码工作的一般原则可以作为判断编码合理性和问卷设计科学性的依据。

（1）编码的统一性

对于选项或答案内容相近的一些问题，应采用统一的编码及编码表，为后期的数据处理和分析提供方便。另外，在正式调查开展前，应该对确定的编码表进行小范围的预调查（为了检测出较为普遍存在的问题，预调查的样本量应不少于30①），通过预调查中的问题对编码表进一步修正。

（2）编码的逻辑性

编码需要完整体现调查项目的内部逻辑关系，例如针对相同或相近省市的地区编码值应该类似，以体现地理位置毗邻的客观情况，同时便于编码之后对数据的后续统计和分析。专栏 9-1 介绍了通用的统计用区划代码。

---

① 关于预调查样本量的具体讨论见 Perneger, T. V., Courvoisier, D. S., Hudelson, P. M., et al., 2015, "Sample Size for Pre-tests of Questionnaires", *Quality of Life Research*, 24 (1), 147-151.

> **专栏 9-1 统计用区划代码**
>
> 在一般调查中,省份等编码需要完全和国家标准一致,县域编码根据保密性需要,可按照一定规则排序,如北京大学中国社会科学调查中心(Institute of Social Science Survey, ISSS)实施的中国家庭追踪调查(CFPS),或者直接根据国标排序编码,如北京师范大学中国收入分配研究院(China Institute for Income Distribution, CIID)的中国家庭收入调查(CHIP)。
>
> 2022年10月,国家统计局发布了2022年统计用区划代码和城乡划分代码,发布内容为2022年全国统计用区划代码(12位)和城乡分类代码(3位),地域范围为国家统计局开展统计调查的全国31个省、自治区、直辖市,未包括我国台湾省、香港特别行政区、澳门特别行政区。2022年统计用区划代码和城乡划分代码是依据国务院批复同意的《关于统计上划分城乡的规定》(国函〔2008〕60号)及国家统计局印发的《统计用区划代码和城乡划分代码编制规则》(国统字〔2009〕91号)编制的。
>
> 为节省篇幅,表9-8仅列出省级行政区编码,具体市级和城乡分类代码可在国家统计局网站查询。
>
> **表9-8 中国省级行政区编码**
>
> | 编码 | 省级行政区 | 地区 | 编码 | 省级行政区 | 地区 |
> | --- | --- | --- | --- | --- | --- |
> | 11 | 北京市 | 华北 | 43 | 湖南省 | 华中 |
> | 12 | 天津市 | 华北 | 44 | 广东省 | 华南 |
> | 13 | 河北省 | 华北 | 45 | 广西壮族自治区 | 华南 |
> | 14 | 山西省 | 华北 | 46 | 海南省 | 华南 |
> | 15 | 内蒙古自治区 | 华北 | 50 | 重庆市 | 西南 |
> | 21 | 辽宁省 | 东北 | 51 | 四川省 | 西南 |
> | 22 | 吉林省 | 东北 | 52 | 贵州省 | 西南 |
> | 23 | 黑龙江省 | 东北 | 53 | 云南省 | 西南 |
> | 31 | 上海市 | 华东 | 54 | 西藏自治区 | 西南 |
> | 32 | 江苏省 | 华东 | 61 | 陕西省 | 西北 |
> | 33 | 浙江省 | 华东 | 62 | 甘肃省 | 西北 |
> | 34 | 安徽省 | 华东 | 63 | 青海省 | 西北 |
> | 35 | 福建省 | 华东 | 64 | 宁夏回族自治区 | 西北 |
> | 36 | 江西省 | 华东 | 65 | 新疆维吾尔自治区 | 西北 |
> | 37 | 山东省 | 华东 | 71 | 台湾省 | 华东 |
> | 41 | 河南省 | 华中 | 81 | 香港特别行政区 | 华南 |
> | 42 | 湖北省 | 华中 | 82 | 澳门特别行政区 | 华南 |
>
> 资料来源:国家统计局《关于更新全国统计用区划代码和城乡划分代码的公告》。

(3) 编码的完备性

每个答案都应该在编码表上有对应的编码，否则编码表是不完备的。编码结果对应的是所有回答，对于受访者的无应答也要有一个编码（"不知道"）。如果允许受访者在某一个问题上不适用而跳过，那么应该在编码时识别这类不适用的情况，进而将该种正常的无回答（"不适用"）与受访者的漏答区别开。因为这类情况涉及大量的变量，在编码时应该进行统一。例如，个位数的编码通常用"9"代表"不知道"，"0"代表"不适用"。两位数的编码通常用"99"代表"不知道"，"00"代表"不适用"。需要注意的是，这类编码需要和正常选项的编码区别开，后期分析时尤其需要注意。另外，如果因为特殊原因而没有获得应答的情况（如受访者拒答），也需要进行单独的编码。

(4) 编码的唯一性

每一个答案必须有唯一的编码值。不同编码值代表的含义不同，并且不能交叉或重叠，否则就违背了编码的唯一性。如果同一个答案能够归入两个或两个以上编码值，那么可以通过重新归纳编码表或将该答案纳入其中一个编码值来保证编码的唯一性。例如，如果编码表中出现 1-没读过书、2-小学及以下，那么对于"没上过学"这个答案既可以归入"没读过书"范畴，也可以归入"小学及以下"范畴，即可以编成 1 也可以编成 2。当编码中出现含义交叉的条目时，同义词和重义词应该具有唯一的编码。

9.2.2 数据录入方式

根据社会调查方式的不同，目前大致有三种数据录入方式：人工输入、计算机辅助系统转换和光电输入。人工输入是由录入员将纸版问卷逐一输入进行数据录入。人工输入不仅需要录入员挨个录入，还需对录入结果进行逐一校对。尽管规范的人工输入误差较小，但是成本高，因此人们逐渐转向计算机辅助调查以降低成本。计算机辅助系统转换是在计算机辅助调查中，由访员或受访者录入数据。光电输入包括光电扫描和条形码判读两种方式。

比如，河南省统计局在以往的社情民意调查中采用纸质调查问卷，虽然匿名，但不少人仍心有顾虑，不敢如实反映问题。这种方法收集的问卷数量庞大，统计费时，且问卷内容属于保密信息，需要焚化处理，十分麻烦且不利于低碳环保。2015 年，河南省统计局自主研发了 PDA 平板电脑面对面访问法，问卷填写直接在触摸屏上完成，操作简便，避免了后期录入误差。整个调查过程不需要任何纸质资料，调查信息同步上传到服务器，现场快速汇总出调查结果，有效规避了人为干扰。此外，PDA 发放和回收随机无规律，无法追查每份问卷是由谁填写的，可以让受访者打消疑虑，放心地发表个人意见。

但是，从目前来看，人工输入还是国内最常用的数据录入方法，这种方法往往会由于问卷数量巨大而需要众多的录入员。为此，需要注意以下几点：

（1）统一录入格式与内容；
（2）培训数据录入人员；
（3）提供或确定固定录入地点；
（4）统一设置问卷编号；
（5）合理编码问卷答案；
（6）避免录入错误，使用双向录入。

数据录入在多种计算机软件上均可实现，研究者应该尽可能选择自己了解和熟悉的录入软件或能够提升录入效率、降低录入错误率的软件。常见的几类软件包括电子表格、数据库和统计软件。

1. 使用电子表格进行数据录入

许多初学者会将调查结果输入电子表格（如 Excel）中，以每个受访者占一行，每个变量占一列的形式来录入。样本量小的调查使用电子表格的录入方式比较方便，但是电子表格并不适合大型调查。这种方式很容易在录入过程中发生错误，且录入速度较慢。

2. 使用数据库管理软件进行数据录入

和电子表格相比，数据库管理软件更难操作，但数据库管理软件会自动保存文件，并且可以检查精确值（exact values），从而更好地保护数据结果。一些常见的数据库软件有 FileMaker Pro、Access 和 FoxPro 等，不过这些程序主要是为会计人员处理账务而设计的，用其处理调查数据并不容易。

3. 使用统计软件进行数据录入

专业调查机构大多使用统计软件包。这些被称为"包"的程序可以做很多事情，其中之一就是数据录入。较为常见的统计软件有 EpiData、SPSS、SAS、Stata、Eviews、Statistica 等。SPSS 的基本模块包括类似于电子表格的数据输入，但没有太多的内置检查。Stata 是强大的用于分析和管理数据的实用统计分析软件，非常适合数据清洗，但不太推荐用其进行数据录入工作。比较值得推荐的是 EpiData，这是一个免费的数据录入和数据管理软件，侧重于定义问卷结构和控制数据录入质量等方面。图 9-1 为 EpiData 的使用界面。

EpiData 由 3 种基本文件组成：①调查表文件（.qes 文件），它的作用是定义调查表（问卷）的结构；②数据文件（.rec 文件），所有录入的数据都保存在这个文件中；③数据录入核查文件（.chk 文件），定义字段要输入数据的有效性。

在定义问卷结构时，可以直接将文字处理软件（如 Microsoft Word）里的内容复制到调查表文件中（如图 9-2 所示），但调查表文件的编写有一定的代码规则，因此需要稍加修改。编写好的调查表文件可以生成数据文件（如图 9-3 所示），供录入者进行录入。用户在编辑器（Editor）里批量设置变量的 CHECK 命令，可以大大提高问卷录入的效率。

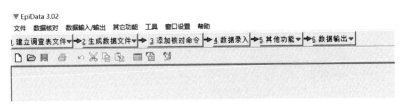

图 9-1　EpiData 使用界面

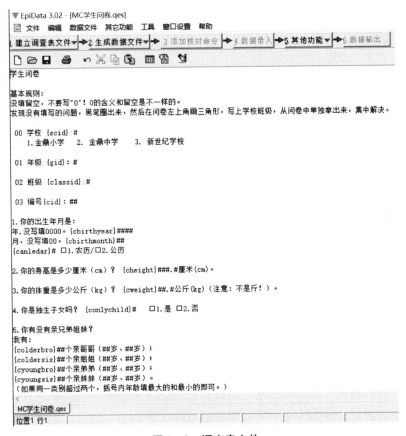

图 9-2　调查表文件

9.2.3　数据录入的操作策略

录入数据的方式有很多。比如，在调查地点之外的固定地点集中进行数据录入、调查小组的其他成员将数据直接输入电脑中，或者通过计算机辅助调查使受

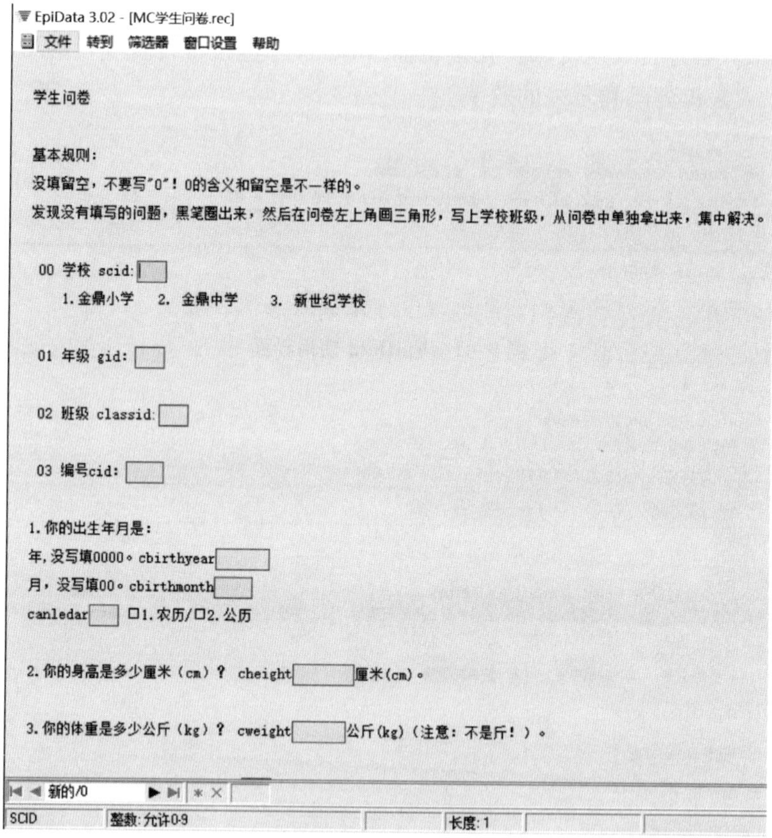

图 9-3 数据文件

访者直接在电子设备上填写问卷等。与集中输入相比，在现场输入所有数据很大程度上能够保证数据的质量和一致性。在录入数据过程中必须制定有效的监督方法。围绕纸质问卷的监督已经发展了半个多世纪，有一套庞大而丰富的程序，而无纸化调查的技术会为有效数据监管提供不一样的选择。

为提高数据质量及准确性，录入员互查通常是数据录入过程中的常用方法之一。录入员互查是通过两位操作员将每个问卷录入两次实现的。现在很少使用这些所谓的双盲程序，理由是其他一致性控制可能使它变得多余。然而，在某些情况下这可能只是主观的设想，有些录入错误即使进行了全面的一致性控制也无法发现。

一个典型的录入错误是数据录入中数字的换位（比如将 41 录为 14）。这种错误如果发生在年龄上，可能会在婚姻状况或家庭关系的一致性检查中发现。例如，一个 41 岁的已婚或丧偶成年人的调查问卷，其年龄被错误地输入为 14 岁，在对照婚姻状况的年龄检查中会显示错误。然而，相同的错误如果发生在每月肉类支出中则很容易被忽略,因为 14 元或 41 元都可能是有效的金额。

9.3 数据清洗

数据清洗是对原始数据进行重新审查和修正的过程,目的在于识别问卷中的重大缺陷、纠正错误的数据输入,并提供数据一致性。我们得到的原始数据往往不能直接使用,需要"洗掉"数据中"脏"的部分,从而得到更加可信且便于研究者进行分析的数据。识别数据中的误差来源有助于我们把握数据清洗的必要性和全面性。数据中的异常值可以通过一些数据清洗的方法进行检测,针对不同阶段的数据误差应使用不同方式清洗。

9.3.1 数据误差

在调查之后,应该对数据进行一系列处理和加工过程,即录入、提取、转移、编辑、选择、转换、汇总,然后再最终呈现能够使用的数据。任何一个阶段都可能产生误差,包括数据清洗本身。许多数据误差来源于以下一个或多个类别:

1. 测量误差

社会调查中,由于问卷设置不合理或者受访者有意隐瞒自身情况,研究者得到的数据与真实情况之间往往存在一定的测量误差(measurement error)。解决这种误差,一方面需要在问卷设计阶段尽可能完善问卷的结构和内容;另一方面应将该种误差视为系统误差或随机误差处理。

2. 录入误差

数据录入是将信息从记录回答的介质(传统上是纸质问卷)传输到计算机应用程序的过程。在时间压力下,由于缺乏适当的监督或控制程序,数据在录入时经常会产生录入误差(data entry error)。一种是输入错误,比如受访者填写的年龄为 21 岁,却错输为 22 岁。另一种是导出错误,也就是当要导出变量的函数计算错误时,也会产生错误的导出值,例如从出生日期导出的年龄误差。

3. 处理误差

在一些情况下,原始数据在录入之前会进行预处理。这种数据处理主要是为了降低原始数据的复杂性或噪声、在更高的层次上聚集数据以及减少存储的数据量(少数情况下)。所有这些过程都有可能产生处理误差(processing error)。

4. 数据整合误差

具有较大规模和时间跨度的数据库很少包含单一来源的数据,同时可能会采用不同的方式收集和录入不同期的调查数据。在实践中，许多数据库是通过合并其他现有数据库产生的。合并过程中需要解决数据库中关于不同数据单元、调查周期和格式等不一致的问题。任何整合多个来源的数据的过程都可能导致数据整合误差（data integration error）。

表9-9从三个阶段（测量时、录入数据时、处理和分析数据时）说明大型社会调查中一些可能的错误来源和错误类型。[1]

表9-9 大型社会调查不同阶段的误差来源

阶段	误差来源	
	数据不足或过多	异常值和不一致
测量	1. 问题设置缺失； 2. 问题设置重复； 3. 漏答问题； 4. 问题设置不合理（如可多选的题不允许多选）	1. 答案填错地方； 2. 填错答案； 3. 填写的答案超出范围； 4. 填写的答案不可识别
录入数据	1. 问卷中的数据不足或过多； 2. 未录入答案； 3. 在操作过程中无意删除数据或重复录入数据	1. 问卷中遗留的异常值和不一致； 2. 录入错误的值或拼写错误； 3. 在预处理中错误地更改数值
处理和分析数据	1. 数据库中的数据不足或过多； 2. 数据提取、编码或传输错误； 3. 分析人员删除或重复录入数据	1. 数据库中的异常值和不一致； 2. 数据提取、编码或传输错误； 3. 排序错误（电子表格）； 4. 数据清洗错误

9.3.2 数据清洗

数据清洗是数据分析之前必不可少的步骤。在对问卷数据进行分析时，不建议直接对原始数据进行分析，因为原始数据可能会受到多种因素影响而出现错误。数据清洗就是对这些数据进行重新审查和校验的过程，目的在于删除重复信息、纠正存在的错误并保证数据的逻辑一致性，包括异常值清洗、缺失值处理和加权等。

1. 异常值清洗

在数据清洗过程中，首先要对原始数据进行异常值检测。问卷中异常值的出现有以下三种可能的原因：一是受访者会在原始问卷的回答中出现错误；二是在

---

[1] Acaps, Data Cleaning, 2016. 详见 https://www.acaps.org/sites/acaps/files/resources/files/acaps_technical_brief_data_cleaning_april_2016_0.pdf, 访问日期：2022-12-19。

编码过程中出现误差;三是在数据录入过程中出现误差。对于第一种错误,我们可以使用有效范围清洗和逻辑一致性清洗等方式对其进行筛查,而对于后两种错误,可采用数据质量抽查的方法进行数据清洗。

(1) 有效范围清洗

在问卷中,不同的变量对应着不同的取值范围。当变量取值超出它所对应的取值范围时,可以判断这个取值存在异常。例如,编码中规定,"性别"变量的取值范围是1=男,2=女,0=无回答。而当某个样本的"性别"变量取值超出0,1,2的集合范围时,则证明该项数据是异常值,在后期工作中必须对其进行删除或纠正。

(2) 逻辑一致性清洗

有时问卷的数据落在变量的合理范围内,但是仍然存在异常值的可能性,这时有效范围清洗无法准确地判断其取值是否异常,就需要采用逻辑一致性清洗,以进一步检查数据合理性。逻辑一致性清洗是根据问卷中问题之间的逻辑关系来检查数据是否一致。假设在问卷中,有一道过滤性问题:"你们是否有孩子?",可能的回答取值为"有"(编码为1)和"没有"(编码为2)。而对应的后续性问题是:"请问你们孩子的年龄是多少岁?"对于上一题回答"没有"即编码为2的受访者,这一题的答案应该为缺失值。如果某些没有孩子的受访者在第二题回答了非0数字,那么这些数据也应被认定为异常值。

(3) 数据质量抽查

有效范围清洗和逻辑一致性清洗这两种数据检查方法针对的都是数据本身的合理性。数据编码和录入过程中有可能出现取值范围合理且逻辑关系也符合的错误数据,那么只能用数据质量抽查的方法来检查。核查这种错误最准确的方法就是对照每一份原始问卷的数据进行校对,但这种方法工作量太大,效率低下。比较合理的方法是采取随机抽样的方法,在原始问卷中按照一定的比例随机抽取少量的样本进行校对。一般研究者会抽取2%的原始问卷,再通过样本的错误率合理地推断整体数据的错误率,由此便能近似地得到在整体的数据编码和录入过程中发生错误的概率和数量。如果错误率比较低,则可以认为这种错误值对调查结果的影响可以忽略不计。

在数据清洗时,异常值在不同情况下有不同的处理方法,我们首先需要分析异常值出现的原因,再决定是否应该舍弃。如果是正确的数据,则不需对异常值进行处理,可以保留异常数据。而常用的异常值处理方法有删除含有异常值的记录和将其视作缺失值。直接删除含有异常值记录的方法简单易行,但是在观测值很少的情况下,这种方法会造成样本量不足,不仅会削弱样本的代表性,还可能会改变原有分布,影响分析结果的准确性。将异常值视为缺失值处理的好处是可以利用现有变量的信息，对异常值（缺失值）进行插值填补。

2. 缺失值处理

在调查过程中数据缺失是难以避免的。缺失值会导致样本丢失，使研究结论有偏差。如何有效地补救缺失值是数据处理中一个很重要的问题。下面从产生缺失值的原因分析入手，提供一些进行缺失值估计的方法。

(1) 缺失值分析

缺失值可能会出现在调查过程中的每个环节。例如，在数据收集中受访者的疏忽、遗漏和拒绝，或者在数据录入中录入员的疏忽等。其中随机性缺失，如疏忽和随机性的漏答、拒答，可由研究人员填补或估计。填补数和实际值之间的差距可被视为一种随机误差，对研究的影响很小。

与随机性缺失不同的是系统性缺失，如受访者的一致性漏答、拒答，这时研究人员填补或估计就会造成一致性的高估或低估。对于系统性缺失，研究人员不应简单地填补或估算缺失值，而应进行缺失值分析。具体的方法是使用一个虚拟变量将缺失的样本归到一个类别中，然后将它们与没有缺失的其他样本进行比较。如果两者在一些重要的统计量上有显著差异，研究者应该修改问卷或研究设计并进行新的调查。如果没有条件纠正研究过程，那么研究人员应该诚实地在调查报告中说明这种系统性缺陷的原因和可能的影响。

(2) 缺失值估计

对于那些无法从问卷分析中找到答案，也无法与受访者取得联系的缺失值，研究人员需要通过估计（插补）来对缺失数据进行补救。以下方法为常见的缺失数据估计方法：

① 平均值估计法

通常，缺失值由存在缺失的变量的所有样本均值代替。例如，如果受访者没有回答年龄，那么可以用整个样本的平均年龄来代替其年龄。分层平均值估计是一种更精确的方法。这种方法使用未回答问题的受访者所属类别的平均值作为估计值，这不仅能反映这个问题的集中程度，还能反映受访者所属的分层特征。例如，缺失值可以用受访者所属性别的样本平均年龄来代替。平均值估计法的缺点是估计值可能与受访者的真实答案有很大的偏差，且研究人员无法估计这种偏差。

② 回归估计法

回归估计法将缺失变量设置为预测变量，其他相关变量被设置为解释变量，然后进行回归分析。例如，个人收入可能与受教育程度和年龄有关，因此利用这三个问题的数据，可以构建一个回归方程。对于没有回答个人收入的受访者，只要知道其受教育年限和年龄，这个人的个人收入就可以通过这个回归方程来计算。这种方法考虑了其他变量，提高了估计精度。然而，回归分析的过程相对复杂。如果有许多缺失值，则每个缺失值都需要进行一次回归分析，过程烦琐而耗时。此外，这种方法依赖变量之间的相关程度。当变量之间相关性不强时会导致较差的估计效果。因此，该种方法适合大样本以及缺失值较少的情况。

③ 删除缺失值

当缺失值在数据中所占的比例很小（如3%—5%）时，可以在不影响整体样本的情况下删除那些有缺失值的受访者。这种处理方法需要注意两点。首先，剩余的元素不能太少，否则就不能满足统计分析对样本量的要求。其次，需要检查被删除样本的代表性。如果出现样本偏差，则会影响总体的统计推断，因此应该谨慎使用这种方法。

④ 排除缺失值

删除缺失值很容易导致样本偏差，因此研究者往往采用另一种方法——保留缺失值的样本，只在相应的分析中进行必要的排除。但是使用这种方法处理的数据在进行统计分析时样本量是不一样的，这会影响研究的合理性和严谨性。因此，使用这种方法需要满足三个条件：样本量大、缺失值少、变量之间相关性不高。在选择缺失值估计方法之前，研究人员应仔细检查各种方法的适用条件和可能后果，并且应该在调查报告中对缺失值的处理做出必要的说明。

3. 加权

因为调查对象的总体规模过大，我们在调查过程中往往会依照一定程序和比例在总体中抽取部分元素进行调查，再根据样本数据特征对总体特征进行估计和统计推断，这种方法就是抽样调查。因为样本只是总体的一小部分，在获得样本数据后，数据中不同样本的点对于整体描述性统计的贡献存在差异，导致抽样调查会存在一定误差，我们希望误差越小越好，即调查结果越精确越好。影响抽样导致误差的因素如下：①总体元素被抽入样本的概率不相等；②部分问题出现无应答现象；③样本结构或分布和总体不一致。

为了使样本更好地反映总体特征，我们需要对数据进行加权处理，加权的权数大小被称为权重，权重的取值基于研究的理论假设。主要的加权方法有四种：第一阶段比例调整加权（first-stage ratio adjustment weight）、为不同抽选概率加权、因样本无应答而加权（nonresponse weight）、用于降低抽样方差（覆盖不足以及问卷无应答）的事后分层加权。下面对这些加权方法逐一进行简要介绍。

（1）第一阶段比例调整加权

分层多阶段抽样中，初级抽样单位通常会按照规模成比例地概率抽取，单独分层的抽样应该和目标总体规模或者代表目标总体规模的指标成比例。而在等概率抽样设计中，每层抽样的样本数量应该与对应层目标总体的规模成比例。我们可以根据可分配的初级抽样单位和次级抽样单位占总体的比例来确定每层抽样单位的权重。

(2) 为不同抽选概率加权

产生不同抽选概率的原因一般有两种情况：一是出于某种特殊需要（如等概率抽取时样本量偏少）；二是实际操作中，分组单元较小，无法直接进行抽样，导致元素入选概率不一样。而较大概率的样本将对总体估计值的贡献更大，造成过度代表现象。在将分组进行合并时，则要解决不同分组的元素抽取概率不同的问题。解决方式是将入选概率的倒数作为每组或每个样本的抽样权重，即给抽样概率大的样本分配较小的权重，来更正样本对总体估计值的贡献。

(3) 因样本无应答而加权

当调查对象对某些问题比较敏感，或认为问题涉及不愿透露的个人信息时，调查对象会选择拒绝回答。拒绝回答会呈现为数据缺失，进而导致有效样本量小于设计样本量。当抽样存在分组时，不同分组的无应答比例也会存在差异。如果不进行修正就去估计总体，必然会导致总体的偏误。

为解决这个问题，首先我们需要分析应答者和无应答者的相关变量，以此判断每一个样本是否需要调整和要调整的变量构成。接着，调整无应答加权可以近似于不等概率抽样的加权，把分组中调查对象选择是否应答的行为看成一次新的随机抽样。假设在每一个分组中，应答者是调查对象的随机样本，则应答率可以看成抽样比例。然后将无应答率的倒数作为该组的权重，这样可以将调查对象的分布近似于初始样本分布。

(4) 事后分层加权

事后分层加权和分层加权类似，也是基于分层原则来划分调整组的构成，但与分层加权不同的是，事后分层加权中层的划分是在抽样调查实施之后再进行。因为在抽样之前，无法获得用于分层的辅助变量信息，只能在调查中收集分层变量的数据，以便有更好的依据进行事后分层。

4. 以 Stata 为例的数据清洗

Stata 作为常用的数据分析软件，其数据清洗的命令也十分简单，具有很好的操作性。下面将以 Stata 为例介绍一些数据清洗的具体步骤和命令。

首先，在为变量和变量值设置标签之后，进行重复记录的检查。其次，通过数据录入部分介绍的双向录入方法进行数据清洗，这是一种前瞻性的数据清洗方法。数据被两次录入，并且通过比较这两个数据来识别数据录入中的错误。如果录入的两个相同数据之间存在差异，则意味着可能存在数据录入错误。再次，分别进行单个变量的检查以及变量之间的相互校验检查，并对错误数据进行修正。最后，对两个数据集的合并进行说明。表 9-10 显示了 Stata 常用的数据清洗命令。

表 9-10 Stata 常用的数据清洗命令

描述	命令
查看数据	browse
查看数据集的整体情况	describe
变量描述性统计	summarize
变量频数分布表	tabulate
列出符合条件的数据变量值	list
删除变量	drop
留存变量	keep
生成变量	gen, egen
变量重命名	rename
给变量加标签	label
变量的替换	replace
变量的排序	order, sort

注：短线表示代码的简写形式，下同。

（1）为变量和变量值设置标签

① 给变量加标签

. label variable varname " "

例如这里将变量 cgender 加上性别的标签 "gender of the child"。

. label var cgender "gender of the child"

② 给变量值加标签

对于分类变量，如果你更希望变量值的输出用一个标签来代替数字，可以为变量值加上标签。这里需要用到 label define 和 label value 命令。

例如，对于变量 cgender，0 代表男性，1 代表女性。

. label define gender 0 male 1 female

. label values cgender gender

输出结果如下：

. sum cgender

Variable	Obs	Mean	Std. Dev.	Min	Max
cgender	1,631	.4776211	.4996521	0	1

```
.list cgender in 1/6

     | cgender |
  1. | male    |
  2. | female  |
  3. | female  |
  4. | male    |
  5. | male    |
  6. | female  |
```

(2) 检查重复记录

`.duplicates list varname`

这里的 varname 为变量名,一般为编号变量。假如有两个记录是重复记录,我们可以用数据编辑器浏览一下数据,查看重复数据的具体信息。

```
.duplicates list sid_18

  group:    obs:    sid_18
     1       989    7030101
     1      1021    7030101
     2        10      .
     2        32      .
     2        44      .
```

这个例子中观测值序号为 989 和 1021 的 sid_18 是重复的,假设经过查看,更倾向于删除的记录是序号为 1021 的记录,那么可以使用 drop 命令进行删除。

`.drop in 1021`

`(1 observation deleted)`

(3) 双录对比

双录对比(double-input)检查中可运用命令 cf 对两个数据文件中的观测值进行一一对比,并显示出所有不一致的地方,这里需要注意的是,两个数据文件进行对比的前提是观测值顺序一致。

`.cf varname using datasetname,verbose`

假设要对比 data1 和 data2 两个数据文件,第一行命令是读入主数据文件 data1,第二行是把 data1 中的所有变量与数据文件 data2 中的所有变量进行对比。

`.use data1,clear`

`.cf _ all using data2,verbose`

```
          cgender:  1 mismatches
                    obs  905.1 in master; 0 in using
```

verbose 选项针对每个出现不一致的观测值给出一条信息,信息包含不一致的观测值序号、主数据文件中的取值和使用数据文件中的取值。该例子表示两个数据文件中的变量 cgender 出现了一处不一致,即序号为 905 的观测值在 data1 中的 cgender 变量值为 1,而在 data2 中的变量值为 0。这时可以通过查找原始问卷,找到正确的取值并把错误改正过来。

(4) 单个变量检查

.describe

该命令可以列出数据中的所有变量。

① 检查分类变量

.tabulate varname,missing

最简单的方法是用命令 tabulate,加入 missing 选项可以把缺失值作为频次分布表的一部分显示出来。

.tab cgender,missing

gender of the child	Freq.	Percent	Cum.
male	852	50.21	50.21
female	778	45.85	96.05
.	67	3.95	100.00
Total	1,697	100.00	

从输出结果来看没有异常值,但是有 67 个缺失值。接下来应该尝试寻找并确认缺失值的具体取值。

② 检查连续变量

. summarize varname

检查连续变量时可以使用 summarize 命令。下面检查被调查儿童的每周零花钱变量 cpmoney19。

.sum cpmoney19

Variable	Obs	Mean	Std. Dev.	Min	Max
cpmoney19	1,596	20.73402	56.6119	0	1000

假设儿童零花钱的范围应该处于 0—100,然而最大值达到了 1 000,我们可以加入 detail 选项查看更多信息。

.sum cpmoney19,detail

pocket money every week

	Percentiles	Smallest		
1%	0	0		
5%	0	0		
10%	0	0	Obs	1,596
25%	5	0	Sum of Wgt.	1,596
50%	10		Mean	20.73402
		Largest	Std. Dev.	56.6119
75%	20	800		
90%	40	1000	Variance	3204.907
95%	70	1000	Skewness	12.46332
99%	160	1000	Kurtosis	197.4647

接下来列出所有 cpmoney19 变量值大于 100 的编号，并对异常值进行核对修正。

.list sid_18 cpmoney19 if cpmoney19 >100

（5）变量间相互校验

① 用分类变量检查分类变量

一种方法是用 tabulate 创建交互表来检查两个分类变量之间是否有矛盾，如果不用 tabulate 命令，我们可以用 count 命令来计算有问题的观测值总数是多少。

.tabulate varname1 varname2

.count if varname1==0 & varname2==0

这里，varname1 和 varname2 都是分类变量。

例如，cfamilym19 是一个二分变量，表示是否发生家庭变故；parentssta 是一个分类变量，1 表示在一起，2 表示离婚，3 表示一方或双方去世。如果 cfamilym19 为 1（有家庭变故），那么 parentssta 应该为 2 或者 3（离婚或去世）。

.tab cfamilym19 parentssta

family misfortune 0=together 1=divorce or died	1. Together	2. Divorce	3. One or both of them died	Total
	1	2	3	Total
0	1,226	0	0	1,226
1	0	282	34	316
Total	1,226	282	34	1,542

.count if cfamilym19==0 & parentssta==2
0

从变量的交互表来看，输出结果符合我们的预期，使用 count 命令计算"没有发生家庭变故，但是父母离婚"的错误记录，没有错误记录则显示为 0。

② 用连续变量检查分类变量

当利用连续变量检查分类变量时，可以对每一类别生成一个连续变量的描述性统计结果。bysort 命令可以对不同分类的组群分别进行描述性统计。

.summarize varname1 if varname2==n

.bysort varname2:summarize varname1

用命令 tabstat 可以使输出结果更简洁。

.tabstat varname1,by(varname2)statistics(mean sd min max)

这里，varname1 是连续变量，varname2 是分类变量。

例如，cglasses 为二分变量，表示儿童是否戴眼镜，clefteye 表示左眼度数，为连续变量。下面展示是否戴眼镜（cglasses）不同取值下的左眼度数（clefteye）的描述性统计。

```
.bysort cglasses:sum clefteye
```

-> cglasses = 0

Variable	Obs	Mean	Std. Dev.	Min	Max
clefteye	1,273	.9599372	11.84149	0	250

-> cglasses = 1

Variable	Obs	Mean	Std. Dev.	Min	Max
clefteye	322	276.0342	196.3445	0	1600

-> cglasses = .

Variable	Obs	Mean	Std. Dev.	Min	Max
clefteye	0				

我们期望不戴眼镜群体的儿童的均值应该为 0，但是输出结果表示没戴眼镜的儿童左眼也有度数。下面我们创建一个二分变量 cleftglass，0 表示左眼不近视（度数等于 0），1 表示左眼近视（度数大于 0），并且生成左眼是否近视（cleftglass）和是否戴眼镜（cglasses）的交互表。

```
.recode clefteye(0 = 0)(1/max = 1),generate(cleftglass)
```
(319 differences between clefteye and cleftglass)

```
.tab cglasses cleftglass
```

wear glasses==1 ,else==0	RECODE of clefteye (if wear glass,then left-eye degree) 0	1	Total
0	1,260	13	1,273
1	16	306	322
Total	1,276	319	1,595

结果发现有 13 个不戴眼镜的儿童，左眼度数大于 0，之后可以把这几个异常值列出来并进行核对修正。

（6）修正数据中的错误

当检查出异常值并确定真实值后，需要对异常值进行修正，修改变量值的最常用的命令为 replace（对特定条件下的变量进行替换）。

```
.replace varname =1 if varname = =n
```

（7）合并数据集

merge 命令可以实现数据集的横向合并，即两个数据集中有一个或多个相同的关键变量，通过相同的关键变量可以将两个数据集结合起来形成一个更宽的数据集。在主数据集和从数据集的变量中，除了关键变量，其他变量的名称不能相同。根据两个数据集中观测值的对应关系不同，合并方法有如下几种：

① 一对一合并

这种情况适用于关键变量在每个数据集中都能唯一确定一条观测值。合并后的数据集会生成一个新的变量_merge，代表每条观测值匹配的情况，观测值显示matched（3），表示观测值在主数据集和从数据集中成功匹配。而_merge = 1 和_merge = 2 分别代表记录观测值只存在于主数据集和从数据集中。

.use data1

.merge 1:1 varname using data2

data1 代表主数据集，data2 代表从数据集。

② 一对多合并

这种情况适用于在相同的关键变量中，主数据集的一条观测值对应从数据集的多条观测值。

.use data1

.merge 1:m varname using data2

③ 多对一合并

这种情况适用于在相同的关键变量中，主数据集的多条观测值对应从数据集的一条观测值。

.use data1

.merge m:1 varname using data2

④ 多对多合并

这种情况适用于在相同的关键变量中，主数据集的多条观测值对应从数据集的多条观测值。

.use data1

.merge m:m varname using data2

9.4 数据安全

数据安全对于国家和研究者都十分重要。《中华人民共和国统计法》第九条明确规定："统计机构和统计人员对在统计工作中知悉的国家秘密、商业秘密和个人信息，应当予以保密"。其他许多国家也以法律的形式制定了严格的规定，以保护受访者的信息不被泄露。做好数据保密工作也是研究者自身的需要，是调查顺利进行的必要条件。因此，为了确保调查的顺利进行，研究者应以书面形式承诺对数据进行保密，并告知被调查对象数据的用途。

数据机构通常使用三种方法来保证数据的机密性：完全禁止使用、在一定约束条件下的限制使用和公布处理后的数据（艾春荣等，2007）。

9.4.1 禁止使用

禁止使用是指拥有数据的机构不允许除该机构以外的任何外来人员使用该数据。这种保密方式最大程度地保证了数据的安全性，尤其是对于那些开放后可能危及国家安全、损害公共利益或者涉及个人信息或商业秘密的数据。例如，在疫情期间，要分析感染人群的行为轨迹和跟踪密切接触人群，就需要联合运营商、交通和社区等部门的数据。各机构数据的字段属性不同，具有很好的互补性。如果充分利用，可以进行有效数据分析。但是，由于涉及很多用户的隐私信息，数据直接对外开放就会导致用户隐私泄露，因此往往禁止外来人员使用这些数据。然而，禁止使用也可能会导致数据不能充分发挥其价值，从而造成数据信息的浪费和社会成本的增加。

9.4.2 限制使用

该种情况下，数据用户可以申请使用部分数据，或者在数据机构的严格监督下使用一些更详细和微观的数据。限制使用在一定程度上满足了对详细数据的需求，也保证了数据的机密性。目前，广泛采用的限制性措施主要包括以下几种（艾春荣等，2007）：

1. 研究数据中心

研究数据中心（Research Data Centers，RDC）允许研究人员在严格的监督及控制下使用微观数据，但研究人员需要向 RDC 提交一些申报材料，如研究计划书、研究结果等。例如，美国国家统计局利用其下属的经济研究中心（Center for Economic Studies，CES）所开展的 RDC 项目，在全美共设有 7 个区域性数据中心。研究者统一向统计局提出项目申请，详细阐明研究的目的、内容、可行性以及获取保密数据文件的必要性。同时，申请者需要论证对于内部数据的使用能够如何使统计局获益，如帮助统计局提高数据的质量等。经统计局专家审批通过后，研究者可以就近进入一个区域性数据中心，在一个完全与外界隔绝的环境里，通过远程联机使用位于统计局总部的数据。研究的结果需经统计局专门人员审核，确认不会影响到保密性的条件下，方可带出数据中心。

在加拿大，成为加拿大统计局雇员的研究人员可以访问包括人口和社会家庭调查、行政数据和关联数据在内的数据。通过研究社区的保密政策和程序，调查对象的安全性得到了保护。

2. 在线申请系统

在线申请系统（online query system）通过互联网的交互功能，向研究者提供其所要求的特定数据。这类数据一般也经过数据机构的内部处理，且有数据维数、总数据量等方面的限制。这种数据公布方式与直接公布公众版数据颇为类似。因此，各数据机构一般都把在线申请系统作为公布整个数据库的一种补充。

3. 许可证

研究者签署一份许可协议（licensing agreements）后可以使用某些限制进入的数据库，这些协议包括经过证明的对数据的需求、对数据的保密计划等。

4. 合作项目

在合作项目如访问学者和博士后项目中，研究者受到这些数据机构的赞助，在遵守某些保密条款的条件下，他们同该机构的正式员工一样，可以使用这些机构的数据、设施进行研究。研究者需要有公认的某些研究成果并且在这些即将研究的领域内有确定的研究计划，不同机构的这些项目对研究者有不同的要求。

9.4.3 公布公众版数据

公众版数据是数据机构将原始数据进行一定的技术处理后向公众发布的、供所有数据用户使用的数据，获取条件简单，对于数据感兴趣的用户均可在线获取。微观数据的公布可以增强研究的质量和丰富性，提高数据收集的效用，减少数据收集的重复劳动。考虑到泄密风险，公众版数据在发布之前需要对发布的内容进行限制，常用的处理技术包括以下几种：

1. 脱敏

脱敏（masking）指数据机构在发布数据时，删除一些可以清晰描述受访者特征的具体信息，通常是敏感的信息指标，如姓名、详细地址等。这种数据处理方法的主要优点是易于操作，它已被广泛应用于各种公开数据中，并在一定程度上保护了受访者的信息。同时，对于只关心整体特征的研究人员来说，这些非常详细的信息没有什么价值，所以信息的损失较小。

2. 缩尾

缩尾（winsorize）是指当发布数值数据时，大于或小于某个临界值的个体的真实值不会被发布，而被临界值或所有超过临界值的个体平均值所替代。例如，收入高于 30 万元的数据公布为 "30 万元及 30 万元以上"。该方法使用简单，应用广泛，主要用于收入、税收、销售等方面。美国国家统计局公布的当前人口调查（Current Population Survey，CPS）对所有收入项目都进行缩尾处理，这在保护超高收入人群方面发挥了非常重要的作用。

3. 增加噪声因子

增加噪声因子（adding noise）是指在原始数据中添加噪声因子[1]来生成新数

---

[1] 具体增加噪声的方法可见 Crises, G., 2004, "Additive Noise for Microdata Privacy Protection in Statistical Databases", *Research Report* CRIREP-04-001.

据，从而使数据使用者无法识别原始数据以达到保密的目的。增加噪声因子的方法较多，这种操作的应用也较为广泛。例如，美国公布的综合纵向商业数据库（Integrated Longitudinal Business Database，ILBD）、商品流动调查（Commodity Flow Survey，CFS）、企业主调查（Survey of Business Owners，SBO）等调查数据均经过噪声干扰处理。中国家庭追踪调查（CFPS）数据采用的区县模糊化做法就是噪声干扰法的一种（许宪春等，2018）。

4. 数据互换

数据互换（data swapping）的基本思想是将同一变量的不同个体之间的数据进行交换，主要针对选定数据的关键变量，如将数据中一些男性和女性的性别进行互换。经过互换后，数据总体的期望值、比例等一些指标值保持不变，这种方法既保留了原始数据的信息，又达到了数据保密的目的。这种方法虽保持总体信息不变，但是信息损失较大，在现实中并没有得到广泛应用。

表9-11对数据机构常用的完全禁止使用、在一定约束条件下的限制使用和公布处理后的数据三种方法进行了总结，并概括了三种数据安全处理方式的优缺点及适用情况。

表9-11 三种数据安全处理方式的比较

	禁止使用	限制使用	公布公众版数据
优点	1. 安全性高； 2. 减少数据误用	安全性较高	1. 受众广泛； 2. 方便快捷； 3. 公平性高
缺点	1. 数据应用灵活性和研究丰富性受限； 2. 研究人员成本高	1. 受众较小； 2. 统计机构工作量大； 3. 时效性差	数据脱敏要求高
适用情况	高度敏感且重要科研基础数据的小范围使用	1. 脱敏数据的使用； 2. 部分未脱敏数据的使用	1. 大众需求高的数据； 2. 不涉密的数据

小结

数据管理始于调查工作的最初阶段，且一直作为重要环节贯穿于整个社会调查的过程。本章从问卷设计、数据录入、数据清洗和数据安全四个方面，对社会调查过程中的数据管理进行介绍。图9-4对数据管理流程进行了归纳和总结，希望对读者有所帮助。

在数据管理过程中，严格把握问卷设计原则并对问卷数据进行质量控制是不可或缺的环节之一。在设计问卷时，尤其需要注意遵循统计单位识别和内置冗余

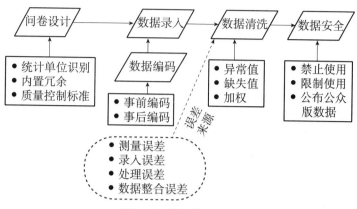

图 9-4　数据管理流程

的筛错机制。另外，可以通过取值范围检查、参考数据检查、跳转模式检查和逻辑一致性检查等方式对问卷数据质量进行初步控制。在获取原始调查数据后，研究者需要将其录入电脑，变成计算机可处理的数据信息。在这个过程中，需要对问卷信息进行编码以便后期的数据处理及数据利用。编码时需要注意编码的统一性、逻辑性、完备性以及唯一性。在录入数据时，也应当根据不同数据类型选择不同的数据录入方式，并且需要在这一环节中尽可能地提高数据质量及准确性。

在数据录入完成后，为最大限度避免来源于数据测量、录入、处理和整合等多个阶段的数据误差，需要对数据进行清洗。对于数据中的异常值，研究者可以通过有效范围清洗、逻辑一致性清洗和数据质量抽查等方式进行处理。此外，利用平均值估计法、回归估计法、删除缺失值以及排除缺失值等方法，可以对数据中的缺失值进行分析和估计，以提升数据质量并避免数据样本流失。为使样本更好地反映总体特征，可以使用第一阶段比例调整加权、为不同抽选概率加权、因样本无应答而加权、用于降低抽样方差的事后分层加权对数据进行加权处理。另外，为便于读者理解数据清洗过程，本章还给出了 Stata 中的数据清洗范例。最后，本章介绍了数据机构通常使用的三种保证数据安全的方法，包括禁止使用、限制使用和公布公众版数据，并总结了三种数据安全处理方式的优缺点及适用情况。

参考文献

艾春荣、冯帅章、吴玉玲，"微观统计数据的公布及相应的保密方法"，《统计研究》，2007 年第 6 期，第 75-79 页。

风笑天,《社会调查方法(第二版)》,北京:中国人民大学出版社,2016年。

弗洛德·J. 福勒,《调查研究方法(第3版)》,孙振东、龙藜、陈荟译,重庆:重庆大学出版社,2004年。

郝大海,《社会调查研究方法(第四版)》,北京:中国人民大学出版社,2015年。

侯典牧,《社会调查研究方法》,北京:北京大学出版社,2014年。

罗伯特·M. 格罗夫斯、弗洛德·J. 福勒,《调查方法》,邱泽奇译,重庆:重庆大学出版社,2017年。

迈克尔·N. 米歇尔,《STATA环境下的数据管理实务手册》,唐丽娜译,北京:中国人民大学出版社,2016年。

唐丽娜,《社会调查数据管理——基于Stata 14管理CGSS数据》,北京:人民邮电出版社,2016年。

万崇华、许传志,《调查研究方法与分析》,北京:中国统计出版社,2016年。

许宪春、叶银丹、余航,"中国政府微观数据开发应用:现状、挑战与建议",《经济学动态》,2018年第2期,第88-98页。

Dalenius, T., Reiss, S. P., 1982, "Data-swapping: A Technique for Disclosure Control", *Journal of Statistical Planning & Inference*, 6 (1), 73–85.

Munoz, J., 2005, *A Guide for Data Management of Household Surveys*, Santiago, Chile, Household Sample Surveys in Developing and Transition Countries.

Perneger, T. V., Courvoisier, D. S., Hudelson, P. M., et al., 2015, "Sample Size for Pre-tests of Questionnaires", *Quality of Life Research*, 24 (1), 147–151.

第 10 章 调查误差与处理方法

【本章导读】

调查误差会影响到调查质量。从其产生的原因和性质来看,调查误差主要包含抽样误差(sampling error)和非抽样误差(non-sampling error)。抽样误差指的是在抽样规则设计下所抽中的样本群体与真实总体之间的差别,它是由样本随机性引起的误差。非抽样误差指由诸如人为、环境等其他非抽样因素所导致的样本特征与真实统计的差别。本章将先探讨抽样中的误差问题,再对设计问卷和调查实施中的非抽样误差问题进行介绍。

10.1 抽样误差的成因与处理

10.1.1 抽样误差的成因

抽样误差主要指从总体中抽取的样本不能代表总体所带来的误差,其实质是样本对整体的代表性问题。造成抽样误差的原因主要来源于抽样的不完整(incomplete)、非有效性(invalidity)、非概率性(non-probability)和样本规模不足这四个方面。

1. 抽样的不完整

抽样的不完整主要针对的是抽样框的问题。一个完备的抽样框需要包含所要研究问题的总体。在设计抽样框的过程中,如果没有考虑某些重要因素,也会产生抽样不完整的问题。具体来讲,如果简单以住宅为单元进行样本抽样,会存在两方面问题:一是没有考虑宅与户之间的结构关系,如抽取的家户可能是无人居住的空户、抽取到的房产可能并非户主名下的唯一房产等情况,上述情况会产生过度抽样(又称过采样,oversampling)或欠缺抽样(又称欠采样,undersampling)问题。二是以住宅为基础的抽样样本较难捕捉到特殊群体,比如没有住房的群体(如流浪汉、无家可归者)、短期租住但流动性高的流动人口,以及居住在集体性住房的群体(如厂区集体宿舍、监狱、疗养院、军队等)。这会缩小抽样框，导致抽样群体缺乏特定群体样本及其对整体的代表性。以人员名单为抽样框的抽样，需要注意名单的完整性和时效性。注意是否存在编制时没有完全记录所有人员，编制完成后没有及时更新名单的情况。如依托"五普""六普""七普"制作的人口抽样框看似完整，却很容易因为距离调查时间较远而出现人员自然增减以及拆迁、搬迁等流动因素导致的抽样不完整。又比如，欧美国家经常以电话簿为抽样框来进行抽样，往往也需要考虑几个问题来确保抽样框是否完整（扎加和布莱尔，2007）：是否所有人都有电话，是否所有拥有电话的人都已记录到这个电话簿之中，是否仅有一部电话，拥有电话的样本覆盖了多大的地理区域，等等。

虽然抽样框的不完整会造成相关抽样误差，但是否需要不惜花费巨大的人力、物力和精力来谋求完备的抽样框呢？在很多情况下，寻找和建立一个理想状态下的完备抽样框并不容易，很多中小型社会调查对抽样框完整性的要求也并非那么严格，一定程度的偏倚也是可以容忍的。例如，要考察目前我国吸烟人口比例问题，是否需要把抽样框界定完整，包含所有我国公民呢？每 10 年进行一次的人口普查尚且需要动用全国统计部门的统计调查力量，一般性的调查要想单独针对某一课题重新寻找和建立能够容纳所有公民的新的完备抽样框，不仅没有必要，而且可能性也几乎为零。那么，抽样框的不完整在什么时候可以被容忍？例如，以电话簿为抽样框的电话调查往往会忽略没有记录在册的无电话群体，而当无电话群体在总体中所占比例很小、研究者对其评估的价值远远小于所需付出的成本时，则不需要单独耗费精力把这部分遗漏群体补充进抽样框中。

不仅中小型社会调查如此，目前国内常见的大型微观社会调查也会因为调查成本及收益的综合考虑，容忍抽样框的不完整。比如，西南财经大学开展的中国家庭金融调查（CHFS）在 2011—2021 年度的抽样框中均排除了香港、澳门、台湾、新疆及西藏等五个地区；中国人民大学主持的中国综合社会调查（CGSS）在 2010—2017 年度的抽样框中排除了香港、澳门和台湾等三个地区；北京大学主持开展的中国家庭追踪调查（CFPS）在 2010—2020 年度的抽样框中并未含有香港、澳门、台湾、新疆、西藏、青海、内蒙古、宁夏及海南等九个地区。

2. 抽样的非有效性

抽样的非有效性指的是抽样框中包含了一些研究者本不想抽取的单位，这种情况也可称为过度覆盖（over coverage）。如果把所有包含不合格个体的单位均放到抽样框中，会使得抽样框变得过于冗杂，影响抽样的效率。比如，要抽取一个儿童住户样本，简单把所有住户纳入抽样框中，将会包含很多没有儿童的住户，而这些住户样本对目标样本总体是无益的。再比如，在研究城市居民的问题上，如果单纯依据行政区划中农村和城市的划分来界定抽样框，将可能抽中住在城市中的农民样本（即流动人口），影响抽样的有效性。当前开展的很多大型社会调查为了方便及节省成本，会借用人口普查的名单做抽样框，但是由于每10年才进行一次人口普查，名单中的信息未及时更新可能造成抽样的非有效性。例如，一些住户搬离原住址，需要修正追寻；死亡的住户在名单上没有及时被删去，该群体被抽到后致使实地证实过程中反馈样本不合格，需要继续抽样补充样本。同样，为了保证抽样的有效性，包含在抽样框中的所有不合格样本是否需要事前剔除？这取决于抽样样本总体设计有效性的难易程度及实施成本的高低比较。具体而言，如果单纯为了在抽样框中剔除掉过度覆盖的样本所耗费的时间、精力和经费成本，远大于在实际调查时重新更换样本的成本，那么这种误差的存在一定程度上可以被忽视，可以在实际调查执行时再予以弥补。

例如，暨南大学的中国乡城人口流动调查（RUMiC）以及国家卫生健康委开展的每年近20万户样本量的中国流动人口动态监测调查（China Migrants Dynamic Survey，CMDS）均是对流动人口的微观抽样调查。但无论是地图末端绘图抽样还是相对固定边界居住类型的分层抽样，中间均可能夹杂着不属于研究对象的群体。由于流动人口群体的居住类型并不固定，一些分散居住的群体在抽样时很容易与城镇户籍的群体聚集在一起，出于对成本以及时间等因素的考虑，在调查执行过程中采取边调查边更新抽样的形式相对可行。

3. 抽样的非概率性

抽样的非概率性指的是在具体抽样过程中研究者无法掌握和控制所抽取的样本个体被选择的概率，使得估计出的样本统计值与总体之间存在误差。这里所说的概率性并不是要求总体中的每一个个体均需要有相同的概率被抽取，而是每个个体均需由同一个抽样方法来确定，且需知晓每个个体被选择的概率（关于概率抽样的具体内容可以参见第2章）。例如，如果从某医院的一年就医记录中抽取个体进行研究，因为存在某些个体有多条就医记录的情况，而这些个体被抽中的概率与仅就医一次的个体是不同的，那么样本框的个体并不具有相同的概率被抽中。所以研究者在抽样时需要提前了解这些信息，或者在询问问题的过程中，追问个体的就医次数，在后续研究中把这一抽样差别概率考虑进去。又比如，对于性别工资差异的研究，假定住户中男女个体均匀分布，但具体抽样的结果往往会出现男女样本之比远远小于1的情况，这主要是由于女性相对男性而言在家的可能性更高。所以针对这种抽样误差对总体的影响，研究者需要提前掌握二者不同的抽样概率。再比如，在城乡一体化住户调查中，按照房屋抽样会出现两种情形的误差：一种是一家拥有多处房屋的情形，另一种是多家共住一处房屋的情形，这两种情形的住户与其他一家一处房屋被抽取的概率是不同的。研究者在计算时需要掌握这种信息差别，使抽样样本估计值更好地代表总体。

还有一种错误会经常出现在电话号码抽样的过程中。当西方国家使用电话号码簿作为抽样框以及近来利用手机注册号进行抽样时，就是在实际调查中对"号码—样本"构造的样本框的应用。然而利用电话号码簿抽样会遇到名字或住宅地址长短不一的情况，使得有些个体的信息被记录了两行，被抽中的概率也就会大于一行记录的个体。同时，有些个体名下有不止 1 个手机号，这也会影响选择的概率。

为了保证完美抽样，是否需要采取事前剔除的做法呢？事实上，如果总体较小，则可以手动剔除或计算处理，既方便直接又高效；但是当总体较大时，通过一一甄别剔除的简单方式进行处理，任务量较重且烦琐，并不可取。合理的做法是通过抽取一定数量的样本，来估计重复的行数比例或一人多号的概率，将这一概率计入抽样率，再进行样本选取。

4. 样本规模不足

（1）样本规模的重要性

抽样样本规模在很大程度上决定着抽样误差。一般而言，在其他情况一定时，随机抽样的样本规模与抽样误差是负相关关系（Lee 等，2012）：样本规模越大，抽样误差越小；反之则抽样误差越大。如果样本规模很小，样本较难涵盖总体的所有异质性特征，会产生较大的置信区间，从而影响到估计量的精确性。例如对一所拥有 5 000 名学生的学校进行学生兴趣调查，对比抽取 50 人和 200 人的不同样本规模得到的结果有所不同，一般而言，200 人的样本规模具有相对更好的代表性，与总体之间的偏差相对较小。较小的样本规模难以较好地捕捉到异质性群体的兴趣差异信息，其中异质性可能体现在院系、专业、年龄、性别以及家庭条件等特征上，很大程度上不能很好地反映整个学校的学生兴趣状况。

（2）样本规模的影响因素

除了研究目的和人口规模，精确度（level of precision）、置信区间（confidence intervals）和方差（variance）等指标也决定着样本的最优规模。一般而言，在其他条件不变的情况下，精确度越高，推论越准确，所需要的样本规模越大；置信区间越小，样本估计值和总体参数值之间的误差范围越小，所需的样本规模越大；而方差越小，说明总体波动范围越小，异质性程度越低，也就越不需要更大的样本量来反映总体的特征。

（3）样本规模的确定与抽样误差的权衡

对于实施调查的研究者来说，抽取多大的样本规模才能保证抽样样本的代表性呢？有学者给出了估计样本规模的数学方法（Cochran，1977）。具体如下：

简单随机抽样中样本规模的计算公式为：

$$n = \left(1 - \frac{n'}{N}\right) \times \frac{t^2 \times \sigma^2}{d^2} = 有限总体纠正因子 \times \frac{概率水平 \times 方差}{置信区间}$$

公式中 n 表示样本规模，即最终要确定的样本量；N 表示总体规模；n' 为不含有限总体纠正因子的样本量；$\left(1-\dfrac{n'}{N}\right)$ 被称为有限总体纠正因子（finite population correction factor）；t 为置信水平下所对应的 t 统计量的临界值；σ 为总体标准差；d^2 为围绕样本估计值的一般的精度区间的平方值，用以代表置信区间。也就是说，样本量等于有限总体纠正因子乘以这一样本发生的概率水平，乘以方差或总体中的变量的变异性，再除以希望的估计值的置信区间。

而总体百分比的样本规模计算公式为：

$$n = \left(1-\dfrac{n'}{N}\right) \times \dfrac{t^2 \times (p \times q)}{d^2} = 有限总体纠正因子 \times \dfrac{概率水平 \times 方差}{置信区间}$$

公式中 n 为最终确定的样本量，p 为用于计算样本量的类别的百分比，$q = 1-p$，$p \times q$ 用以代表方差，适用于两分类变量；其他字母代表含义与简单随机抽样一样。

例如，我们希望研究新冠疫情期间某大学学生对于在线教学的偏好比例，假设了解到其他高校类似的调查结果约为 7 成，且我们希望调查概率水平 t 为 95%，置信区间 d 为 ±5%。我们需要的样本量有多大？即如果我们有 95% 的把握确信总体的在线教学偏好比例位于 65%—75% 的区间内，需要的样本量有多大？为了能将理论应用于实际抽样调查，我们需要对该方法进行补充说明。

① 有限总体纠正因子是一种修正因子，当样本量小于总体的 5% 时，因子对最终结果的影响较小，多数调查中不考虑该因子的影响。因此，不考虑纠正因子的话，上面的公式可直接表示为 $n = \dfrac{t^2 \times \sigma^2}{d^2}$ 或 $n = \dfrac{t^2 \times (p \times q)}{d^2}$，而 $\left(1-\dfrac{n'}{N}\right)$ 这一修正因子是事后追加的。

② 概率水平（t 值）通常选用 95%，所对应的 2 个标准差包含近 95% 的样本值，查表对应的 t 值为 1.96。

③ 方差。假设研究估计喜欢网课的人数占比为 p（由此可得到 $q = 1-p$），那么在研究开始之前，必须估计出一个喜欢网课的人数比例，此时可以利用其他学校的比例进行估计。特别地，不够精确的比例预估所形成的方差对公式解的影响并不比置信区间大，因此不够精确的估计值对调查需要的样本量的影响可以被接受。

④ 置信区间 d 是指估计总体值位于某一个值域之内，一般以正负半个值域表示。通常由研究者自行决定，这里假定取 0.05。例如在例子中假定调查对象中喜欢网课的人数约占 70%，那么 d 就是我们需要的值域在 70% 左右两边的大小，即为 0.05。这一设定的值域越小，所需要的样本规模就越大。

因此，案例中所需的样本规模如下：

$$\frac{1.96^2 \times 0.7 \times (1 - 0.7)}{0.05^2} \approx 323$$

回顾公式,我们还需要补充一些信息:

① 公式中的 p 需要进行估计或预测,t 需要提前设定好,而样本量估计影响最大的变量是置信区间 d。

② 此类计算的初衷是对样本量的计算有一定认识,是引导性的,不是绝对性的。我们并不需要刚好获取 323 个调查样本。

③ 如果我们的方差估计值正确,那么为了达到规定的精确度,应当尽量争取完成与这一数目相当的调查量。

④ 如果我们的确做了 323 个调查,但是发现我们的估计值 p 是错误的,那么它对我们的计算有什么影响呢?答案是置信区间会受到影响。

在实际调查中,所要研究的信息点很多,采用上述公式直接计算出每一研究点所需的样本规模太烦琐,也不太现实。杜智敏(2010)对不同类型抽样的样本规模进行了经验总结归纳(如表 10-1 所示),为样本抽样设计提供了参考。

表 10-1 不同类型抽样样本量经验

一级分类	二级分类	经验样本量
调查范围	地区性调查	样本量为 500—1 000
	全国性调查	样本量为 1 500—3 000
调查目的	描述性调查	抽样比例≥10%
	相关性调查	总样本量≥30
	因果关系调查	每组样本量≥30
总体规模	100 人以下	抽样比例≥50%
	100—1 000 人	抽样比例在 50%—20% 之间
	1 000—5 000 人	抽样比例在 30%—10% 之间
	5 000—10 000 人	抽样比例在 15%—3% 之间
	10 000—10 万人	抽样比例在 5%—1% 之间
	10 万人以上	抽样比例≤1%

资料来源:杜智敏,《抽样调查与 SPSS 应用》,北京:电子工业出版社,2010 年。

10.1.2 抽样误差的处理

一般情况下,选取的样本与总体在范围上总会出现差异。所以无论抽样设计得多么精确,都会不可避免地出现抽样误差。针对以上介绍的抽样误差的主要来源,下面就如何把抽样误差降低到最小进行逐一讨论。

1. 抽样不完整的处理

解决抽样不完整问题很大程度上取决于可行性和成本。除了研究者自身认知错误的主观原因,抽样过程还受制于一些客观因素。那么如何消除这些客观因素的制约呢?比如,在住户调查过程中排除无住房群体(如流浪汉、无家可归者),以及居住在集体性住房的群体(如厂区集体宿舍、监狱、疗养院、军队等)。要想把所有这些"无家可归者"纳入抽样框,首先要知道有哪些人属于"无家可归者"等信息。这些信息的获知需要耗费很大的物力和财力,甚至可能需要开展独立的补充调查,这显然缺乏一定的可行性。同时,把所有这些居住在集体性住房的群体纳入抽样框中也存在很大困难,如监狱、军队等涉及保密性或行政特殊管制单位的人员,操作起来同样困难。所以可以采取一些替代方案来减少抽样不完整带来的抽样误差:一是针对这些特殊群体,通过小范围抽样来代表整体;二是在整体抽样前,考虑这些遗漏样本对抽样框抽样概率的影响;三是借用已有的较为完整的抽样框进行抽样。

作为相反的例子,我国政府每 10 年进行一次的人口普查样本框是目前国内全国性调查中相对最为完整的抽样框。以中国 2020 年人口普查(即第七次全国人口普查)为例,它以户为单位进行登记,既包括了学术机构主持开展的社会微观抽样调查中重点包含的家庭户,又涵盖了社会微观抽样调查中常常忽略的集体户的调查。调查对象不仅包括普查标准时点在中华人民共和国境内的自然人,还包括在中华人民共和国境外但未定居的中国公民。同时,还制定出相应的《第七次全国人口普查港澳台居民和外籍人员普查表》和《第七次全国人口普查死亡人口调查表》分别供在境内居住的港澳台和外籍人员、有死亡人口的家户登记填报。调查不仅要求现役军人及军队管理的离退休人员、武装警察部队、驻外外交机构人员、驻港澳机构人员、其他各驻外机构人员以及派往境外的专家、职工、劳务人员、留学生、实习生、进修人员等进行申报,还将判处徒刑、劳动教养的人员纳入样本框进行普查。这种考虑全面的抽样框,较好地避免了抽样不完整的问题,可以被较为广泛地采用。

2. 抽样非有效性的处理

抽样非有效性的处理要求研究者避免抽样过度覆盖问题。识别该问题要求研究者明晰目标样本的特征,在随后的预抽样框中剔除不满足条件的样本,以便进行合理有效的抽样。如前文提到的抽取儿童住户的问题,可以首先抽取一个包含各种住户类型的样本,确认这些住户类型中是否有儿童,然后把其中没有儿童个体的住户排除,最后再集中针对有儿童住户的家庭结构进行儿童样本抽样。

例如,在一些城市化的行政操作中,部分农民被划入了城市居民范畴,这时研究者在抽样时会很容易集中或部分地抽到农村居民（或流动人口）。所以研究者一方面可以通过政府相关机构提前了解该地的实际情况，确认其是否具有城市属性。另一方面也可以根据城市属性的特征设置一定的标准，统一进行区分操作（城市与农村），在具体抽样时再从以此标准界定出的城市居民中进行抽样。

3. 抽样非概率性的处理

抽样非概率性的处理要求研究者在抽取样本时使用概率抽样方法。在处理抽样非概率问题时，首先要确定所抽取样本是等额抽样还是非等额抽样。若是非等额抽样，就要计算并设定非等额抽样的概率，增加超比例抽样子群估计值的精确度。在上面利用就医记录进行抽样的例子中，针对有些患者在一年内不止一次就医的记录，研究者在抽样前首先需要界定出这些患者与仅就医一次患者的不同概率，然后再进行抽样。上面的男女性别抽样的例子也是如此，鉴于在实际中女性群体更可能被调查到的客观原因的存在，调查可以选取一定规模的样本来确定抽样框中男女的实际比例。在抽样时考虑不同性别下抽样概率不同的问题，给予男性和女性个体不同的概率设定，从而确保抽样的概率性。

4. 抽样样本规模的处理

在抽样样本规模的处理上，虽然通常情况下，样本规模越大，越可能接近总体真实情况，但是样本规模与经费是直接挂钩的。那么，多大的样本规模是合理的呢？这个问题很难有确定的结论。不过，一般情况下决定样本规模的关键通常不是总体的估计值，而是最小子群所能容纳的最小样本规模，这类似于管理学中的"木桶效应"（Cannikin's law）。例如，在全国层面的调查中采用省份分层抽样，与其继续增加某省份的抽样规模还不如将这部分增补抽样分配到还没有被包含（或还没有被很好地代表）的省份中。有研究表明，在简单随机抽样中，样本规模在150到200之间时，其精确度明显提高。随着样本规模继续扩大，虽然精确度也继续随之增长，但增速却放缓了许多（福勒，2009）。因为随着样本规模的增加，所能掌握的样本间的变异性会逐渐增强。当已抽样的样本所涵盖的总体中的个体变异性越强时，如果再继续增加同类样本的抽样，其所能提供的信息作用就不那么明显了。分层抽样方法正是基于这个原理，在不增加样本规模的前提下，分层聚类抽样可以提高样本精确度，降低抽样误差。

最后，明确样本规模。一般情况下应依据所要研究问题的复杂性确定样本规模，如果仅侧重于一个维度问题的研究（例如前面介绍的研究疫情期间某大学学生对于在线教学的偏好比例），则可以采用公式法进行计算。而对于一项综合性调查，需要重点研究的方面较多，可以采用经验方法预估确定样本规模，同时采用分层抽样的方法，重点关注最小子群所能容许的最小样本规模。国内常见的大型调查大都采用此法。

也有调查项目在对总体调查规模预估和定量后，再对各子群的规模进行研究。例如，中国流动人口动态监测调查数据在 2015 年的抽样设计方案中对调查规模进行了提前评估和定量要求，全国调查样本规模约 20 万人，调查范围涉及约 1 万个样本点。为了达到这一样本规模，调查允许了适度相对误差的存在，如将劳动年龄人口未婚比例、劳动年龄人口就业比例等调查指标的相对误差在 95% 置信度条件下控制在 3% 以内；各省相关指标相对误差控制在 5%—15%。

10.2 问卷设计中误差的成因与处理

在前文中，我们说明了抽样误差的成因及其处理方式。本部分主要介绍问卷设计相关环节可能产生的误差以及处理的方法。总体来看，与调查问卷相关的误差主要来源于调查问卷内容（如语言表述、问题次序、问题格式），载体（如纸质化问卷或通过手机、平板、电脑等加载的电子化问卷），以及辅助材料（如测量仪、专业知识小卡片以及音像资料等）三个方面。由调查问卷的载体和辅助材料引起的误差主要受到调查规模和经费的约束，所以本节着重探讨非抽样误差中的设计问卷误差。

10.2.1 问卷设计中误差的成因

社会调查需要对总体中抽取的个体进行某些方面的测度，而调查问卷是具体测度及记录的载体。问卷设计中的误差是非抽样误差中的重要组成部分，其设计的好坏严重影响着调查质量。

问卷设计的目的是研究者以问卷询问（测量的代理方式）来获取受访者的真实信息。弗洛德·J. 福勒（Floyd J. Fowler）在《调查问卷的设计与评估》（*Improving Survey Questions: Design and Evaluation*）中提出，一个好的测量过程主要有五个基本特征：①对问题的理解要一致；②对问题的管理要一致，或者说与受访者的沟通要一致；③对"什么是一个充分的答案"有一致的沟通；④除非问题的目标是测量知识，否则所有受访者都应该获得准确回答问题所需要的信息；⑤受访者必须愿意提供问题所需要的答案。简而言之，把问题设计成一个好的测量工具，就是要保证信度和效度的统一。问卷设计中的误差，主要来源于问题的措辞、结构和顺序三个方面。

1. 问题的措辞

问卷中问题的措辞至关重要，是影响问题信度的重要因素之一。不恰当的问题措辞往往会产生三种结果：①受访者不能理解问题；②同一个受访者对措辞有不同的理解；③不同的受访者对同一措辞的意义有不同的理解。不恰当的措辞主要表现在措辞不完备、选择性措辞、不可接受的选择性措辞、措辞不当、措辞重叠、诱导性措辞和术语定义不明或不当等方面。下面，我们举几个例子供读者参考体验。

① 措辞不完备

对年龄提问

错误的提问方式：年龄？

对年龄信息的询问仅仅表述成"年龄？"是常见的措辞不完备的例子。这样的表述容易引起受访者对回答内容的不同理解：是回答按照农历计算的年龄还是按照公历计算的年龄呢？是虚岁还是周岁呢？虚岁是虚一岁还是两岁呢？

正确的提问方式：请问您的出生日期？（公历）_____年_____月_____日。

② 选择性措辞

对同住居民家庭行为的询问

错误的提问方式：过去一年中，您（或和您住在一起的家人）曾遭受过犯罪行为侵害吗？

这种针对居住户遭受犯罪侵害行为询问的问题设计欠妥。因为访员在询问该问题时，假若访员已知悉受访者是独身居住，可能就不需要读出括号内的选项。但是在访问中回忆之前的受访者信息来决定是否读出的过程，则会拉长访问时长，影响访问效率和效果。若访员忘记受访者独身居住，继续读出则会一定程度上影响受访者情绪。

正确的提问方式：过去一年中，【前文回答独居，则加载：您】/【前文未回答独居，则加载：您或和您住在一起的家人】曾遭受过犯罪行为侵害吗？

③ 不可接受的选择性措辞

前面讲的选择性措辞设计欠妥之处，可以通过电脑的辅助手段进行解决，根据已获知的信息，选择性加载有关内容，提高访问效率和效果。而不可接受的选择性措辞是指在设计上明显不正确的、会严重影响到受访者做出准确判断的措辞。因此一旦出现不可接受的选择性措辞，就需要对问题措辞重新设计。

对父母态度的询问

错误的提问方式：您父母支持您大学毕业后考公务员吗？

1. 非常支持 2. 比较支持 3. 中立 4. 反对 5. 非常反对

类似询问父母态度的问题时，很容易将措辞定为"父母"。但事实上，有很多样本家庭中父亲和母亲的态度是不一样的，受访者在回答时往往需要考虑是以父亲为主还是以母亲为主来进行回答。这样会拉长访问时间，同时也会使得受访者产生抵触心理。

根据研究者目的的不同,正确的提问可有两种方式:

方式1 逐一询问:您父亲支持您大学毕业后考公务员吗?您母亲支持您大学毕业后考公务员吗?

方式2 复合询问且加注:您父母支持您大学毕业后考公务员吗?以家中具有话语权和决定权的家长意见为主。

对满意度的询问

错误的提问方式:请问您对政府提供的服务工作满意吗?(比如基本公共教育服务、基本社会保险服务、基本住房保障服务等)

1. 非常满意 2. 比较满意 3. 一般 4. 比较不满意 5. 非常不满意

针对类似政府服务工作满意度的询问,这种问题设计容易产生误差:一是受访者针对"政府"指代不明容易产生疑问,究竟指的是中央政府还是所在地的地区政府,具体涉及层次不清,容易干扰受访者;二是提供的选择性措辞容易干扰受访者,由于缺乏明确的定义标准,受访者回答满意度评价时容易局限于某一种公共服务,或不等问题读完或停留在第一个选择项时即做出偏颇性判断。

正确的提问方式:

请问您对省级政府提供的基本公共教育服务工作满意吗?

请问您对省级政府提供的基本社会保险服务工作满意吗?

请问您对省级政府提供的基本住房保障服务工作满意吗?

④ 措辞不当

对赋权问题的询问

错误的提问方式:请问您是否同意赋予地级市政府开征新税的权力?

1. 非常同意 2. 比较同意 3. 一般 4. 比较不同意 5. 非常不同意

研究者的研究目标是征求人民群众对国家权力机关将开征新税的权力下放到地级市政府层面的操作的意见,但这种问题设计如措辞不当,很可能引起受访者的误解,例如上题让受访者来决定该项决议是否执行,最终很可能难以取得一致的回答,并会遭到受访者的反问与质疑:我没这权力或不清楚。

正确的提问方式:请问您认为国家权力机关赋予地级市政府开征新税的权力是利是弊?

⑤ 措辞重叠

对数额范围的询问

错误的提问方式:去年,您的单位平均每个月给您补贴的现金收入为多少元?

1. 100 元以下   2. 100—500 元   3. 500—1000 元

4. 1 000—5 000 元　　5. 5 000 元及以上

在询问区间范围时，按照题目的设计逻辑，②—④选项应该属于左区间闭合、右区间开放的。但是在自填问卷中，受访者往往不会考虑那么仔细，易纠结"500 元"是属于②选项还是③选项的区间中。这样的措辞重叠可能会产生问卷误差。

正确的提问方式：去年，您的单位平均每个月给您补贴的现金收入为多少元？

1. 100 元以下　　2. 100—499 元　　3. 500—999 元

4. 1 000—4 999 元　　5. 5 000 元及以上

对频率的询问

错误的提问方式：请问您每个月的网购频率如何？

1. 从不　2. 不太经常　3. 经常　4. 相当经常　5. 非常经常

在询问频率时，上述问题设计容易造成受访者的误解，认为选项间差异不明显，存在重叠，较难做出真实且有针对性的应答。

正确的提问方式：请问您每个月的网购频率如何？

1. 0 次　　2. 1—2 次　　3. 3—5 次　　4. 6—10 次　　5. 10 次以上

⑥ 诱导性措辞

对意见的询问

错误的提问方式：大多数人认为征收房产税有利于合理调整房地产市场，请问您同意这种观点吗？

1. 非常同意　　2. 比较同意　　3. 一般　　4. 比较不同意　　5. 非常不同意

在询问同意与否的问题时，上述的问题设计很容易对受访者产生一定的诱导，致使其盲从问题描述中的"大多数人"的观点，做出同意的回答，影响回答的真实性，产生测量误差。

正确的提问方式：请问您同意"征收房产税有利于合理调整房地产市场"这种观点吗？

⑦ 术语定义不明或不当

术语定义不明或不当也会影响回答者对问题含义的理解一致性。具体可见如下例子：

对就诊频次的询问

错误的提问方式：过去一年，请问您去过几次医院？

对于类似询问就诊频次的问题，受访者的理解往往会产生两方面的歧义：一是"过去一年"所界定的时间段不太清晰，有些受访者在回答该问题时往往不会考虑到具体月份，可能随口说出一个不包含在"过去一年"的次数；二是

"去过几次医院"不知道具体所指,是指去医院看病,还是包括看望病人?去医院简单做个体检、挂个号拿个药算作一次,还是必须至少住院才算作一次呢?这样指代不明的情况,容易引起歧义,造成测量误差。

正确的提问方式:过去一年,请问您去过几次医院住院就诊?(注:过去一年指的是从调查时点开始的上一个年度。)

对家务劳动参与时间的询问

错误的提问方式:非假期期间,请问您平均每天做几个小时家务?

此种问题描述针对"非假期期间"和"做家务"两个术语定义不明:非假期是否包含周末公休呢?做家务具体涉及哪些项目,又如何具体计算时间?比如边等饭煮熟边工作的情形,该如何计算家务时间?等等。这些都很容易干扰或影响到受访者,造成误差。

正确的提问方式:非假期期间,请问您平均每天做家务几个小时?(注:非假期不包含周末公休;做家务指的是为自己和家人最终消费进行的准备食物、清理住所环境、整理衣物、购物以及为家人提供的无偿照料活动,家务时间为实际有效活动小时。)

对收入数额的询问

错误的提问方式:去年,请问您的收入是多少元?

此种问题设计也属于界定不清的情况。问题中的收入是仅仅为工资性收入,还是包含其他收入?其中,工资性收入是税前还是税后、收入中是否要把实物补偿进行折算等之类的界定均需要明确。

正确的提问方式:去年,请问您的税后工作收入是多少元?这里的收入不仅包含税后的货币工资收入,而且包含实物补偿折算的货币、津贴等收入。

2. 问题的结构

问卷中问题的结构也是影响问题信度的重要因素之一。问题结构设置造成的误差主要来源于问题的长度、封闭式和开放式问题种类、问题回答选项的备选数量及顺序、"不知道(不清楚)"选项、敏感问题的设置和回忆性问题的设置等。

问题的长度一般通过两方面的作用影响回答结果。一方面,问题描述越长,传达给受访者的信息越多,受访者就需要更多的考虑时间。另一方面,一旦一个很长的问题在快速传达信息量的过程中超出了受访者的记忆能力,那么多个信息点相互碰撞势必会使本来就很疲惫的受访者难以掌握调查者真实的问题意图,导致结果出现偏差。

封闭式和开放式问题种类主要涉及三种形式:封闭式问题、开放式问题和二者相结合的问题(比如,前几个选项为封闭式选项,最后一个选项为"其他(请注明)")。由于封闭式问题已经根据研究者的研究意图设计好了固定选项,因此一般情况下研究者设计问题回答选项的合理性与产生的误差息息相关。而开放式问题对受访者回答的范围不作规范和要求，只是事后需要研究者进行归类分析。归类分析的过程以及受访者回答的趋同性（或多元性）往往会影响研究者的研究目标，也会产生误差。在现实情境下，教育程度越高的受访者的发散性越强，提供的开放式回答更多元。整体而言，建议尽可能设置封闭式选项，使受访者的回答被包含在所给出的选项内，规避开放性所带来的发散问题。

问题回答选项的备选数量和顺序也会干扰受访者的应答选择，尤其是当问卷问题较多、时长较长时，受访者容易产生敷衍心理。访员还没来得及读完答案，受访者就可能提前做出选择，其选择可能更倾向于前面已读出的选项或者直接回答"不知道"。同时，备选数量会影响回答的收敛和发散情况，从而影响研究者的分析行为。如三级选项（满意、一般、不满意）的设计会更多地收敛于"一般"，而五级选项（非常满意、比较满意、一般、比较不满意、非常不满意）的设计相对而言较少收敛于"一般"。所以，研究者在设计问题回答选项时，要充分考虑研究需要，有针对性地设置备选数量，安排好选项顺序。一般而言，被受访者容易因敷衍而脱口而出的选项应放到后边。

出现"不知道（不清楚）"的选项回答可分为两种情形。一种为由于受访者自身知识水平及理解能力的局限，确实无法理解题干内容，或确实无法根据题干要求做出有关判断，比如针对农村居民询问"目前，您家这套住房值多少钱"时，较容易出现这种情况。在一些以家户为单位的大型社会调查中，对家户内个体的考察常常受到时间、经费以及其他条件的限制，需要主受访人替代其他家庭成员（未在场且不愿意电话联系）回答一些较为详细的个人信息（工作时间、收入、是否加班等），这时主受访人很可能无法回答。另一种为问卷涉及受访者的敏感信息或因外在环境干扰（如有他人在场）而使受访者采取回避态度，回答"不知道（不清楚）"选项。这两种情形都会产生样本估计偏误，影响研究目标的真实性。所以，为了减少该问题的出现，研究者需要转换思路，具体问题具体分析，根据客观情况对问卷进行合理设计。如针对前面所提到的农村住户对自有房子估值问题的不解与反感，可以选择询问房子的建造成本，从而间接获取有用的信息，提高有效回答率。

敏感问题的设置不仅容易造成访员访问过程的不自然，而且有可能碰触受访者的敏感神经，甚至影响到整个调查的进行。受访者可能做出拒绝回答或虚假应答等行为，甚至终止访问。比如"去年，您参与赌博的次数为？""您是否有酗酒行为？""目前，您家的资产总和为多少？"等，都属于较为敏感的问题。这种敏感问题的设置可以采用计算机辅助面访系统（CAPI）进行询问，由受访者自己填写。此外，还可以针对某些敏感问题，如资产、收入等敏感问题，采取范围追问式获取答案信息，逐步逼近真实答案。

回忆性问题的设置较为普遍，在通常所进行的社会调查中，除了客观人口统计学信息，大多数问题均需要受访者通过回忆做出应答，问卷中也常常出现"过去一周""过去一年""过去两年"等时间关键词。还有一种专门针对事件史的回忆性问题在大型社会调查中也较为普遍，这是因为事件史的回忆能够较好地反映事件发生次序及重要程度，避免信息遗漏，如中国家庭追踪调查（CFPS）2014 年开始采用的教育及工作史信息模块、中国综合社会调查（CGSS）2008 年对工作史的调查以及中国家庭金融调查（CHFS）2019 年对人口户籍变动历史的调查等，都采用了事件史的方式。所以，为了减少回忆性问题引致的误差，避免回答交叉重叠以及遗漏等造成的逻辑跳转错误，需要合理定义好回忆区间。

3. 问题的顺序

研究表明，长时间的访问需要耗费受访者和访员大量的时间和精力，致使临近结束时的问卷回答可能比开始时更容易产生测量误差，而问题的数量和问卷长度又关系着研究者所要研究问题的范围和深度。因此，在有限的时间和确定的问题数量的约束下，如何高效地安排问题顺序至关重要。

从经验来看，问题顺序设置造成的测量误差主要来源于开头问题的设计、主观/客观题的放置安排、敏感问题的放置以及问题间的重叠影响等方面。

（1）开头问题的设计关系着访问氛围的营造。问卷开头设置晦涩难懂的复杂问题或者难以回答的敏感隐私问题，会严重影响后续问题的进行。严重的话，甚至会中断调查访问。

（2）不合理的主观/客观题放置也会引起测量误差。一般情况下，客观题较多地放在问卷开始阶段，而主观题较多地放在问卷结尾阶段，但也需考虑到过多的堆积会造成访员的烦躁心理，从而影响回答效率等。

（3）把敏感问题放到开始部分容易引起受访者的反感，产生测量误差，甚至可能中断调查。而如果放到最后部分，虽然前面的问题已经完成，不用担忧中途拒访，但在一定程度上也会给受访者一种心有余悸、"上当"的感觉，影响后续追踪访问等。

（4）问题间的重叠影响指的是问题安排顺序不当致使回答问题出现类比效应，产生测量误差。比如前面问过"家庭房屋面积以及自估的房屋价值"，后面进而询问受访者针对房产税征收的问题时，受访者会回忆起前面的问题，由此难免引起警觉（如害怕、担忧等），干扰受访者的选择判断。比如，针对政府基本公共服务效果满意度的询问，如果连续设计"您对政府提供的基本公共教育服务满意吗？""您对政府提供的基本劳动就业创业服务满意吗？"及"您对政府提供的基本医疗卫生服务满意吗？"等涉及基本公共服务 9 个层面的服务满意度问题，就容易致使受访者不假思索地延续前面回答的满意程度，造成测量误差。

10.2.2 问卷设计中误差的处理

问卷设计的时长和复杂度是影响非抽样误差的重要因素。为了在保证研究目标完成的前提下最大化利用问卷，就需要十分重视问卷设计中的误差识别和处理工作。针对以上介绍的问卷设计误差的主要来源，可以考虑从以下几个方面着手处理：

1. 研究目标与预期效果的统一

设计者要明确研究目标以及问题设计所要达到的预期效果，要做到二者高度统一。研究者在设计问卷之初要明确研究的问题，在设计问卷的过程中要着重在问题的措辞、结构和顺序上做足功夫，力求措辞准确、结构合理、顺序优化。

具体来讲，在处理问题的措辞方面，要避免措辞的不完整，通过电子化加载问题方式减少选择性措辞，避免不可接受的选择性措辞、措辞不当和诱导性措辞出现，认真理清问题及选项间措辞的逻辑关系，避免措辞重叠引起的测量误差，深入掌握不同地区不同人群对术语的理解偏差问题，做到术语定义明确得当等。

在处理问题的结构方面，要合理控制单个题目的长度，做到简洁清晰。注意结合研究目标合理安排封闭式和开放式问题。掌握待设计回答选项的备选数量和顺序，可以尝试通过追问法来尽量降低"不知道（不清楚）"选项回答率，提高数据质量，或者通过访员在旁协助，由受访者合理自填来应对敏感问题的设置，再或通过随机化回答技术来降低误差等。

在处理问题的顺序方面，要合理安排好问卷各模块的问题布局。注意好开头问题的设计（简单、通俗易懂、易拉近心理距离的题目优先）、主观题/客观题的放置安排（客观题在前，主观题在后，且注意避免主观题堆积现象）、敏感问题的放置（不可放在最后和最前，中间偏后位置较佳）和问题间的重叠影响（插入其他问题或要求访员补充合理解释等）。

2. 专家小组讨论

专家小组讨论有利于问题更趋合理化和专业化，同时也更能反映课题的研究需要。设计问卷过程需要进行多轮专家小组讨论及问卷间对比工作。问卷设计不仅需要研究者自身具有较高的问卷设计知识和丰富的实践经验，还需要专家学者不断进行讨论完善。因为调查问卷，尤其是大规模调查使用的调查问卷，往往涉及很多方面，问题设置较为繁杂，所以不同模块需要与不同方面的专家进行讨论，确保问卷设计得更专业。在选择专家时，尤其要重视专家团队的内部构成。不仅需要包括相关理论知识丰富的学者，而且还需要邀请一些具有实际调查经历的访员，如果采用计算机辅助面访系统（CAPI）还需要相关技术人员，以便使问卷更专业，也更具有可操作性。在专家小组讨论过程中，不仅需要协调及统一不同的专家意见，而且还要在实际可操作性与理论设想高度之间做出权衡。

3. 问卷测试与预调查

要形成一份完整的问卷，前期的测试是必不可少的。具体测试方式包括研究团队内部互访以及实地预调查。研究团队内部互访是问卷测试的重要组成部分，实地预调查则是正式调查的有力补充。团队互访不仅能使团队内部成员熟悉问卷问题，而且还能够使内部成员以受访者的角度进行换位体验以及思考问题回答可能存在的理解偏误等，有利于进一步更新完善问卷。而实地预调查则是一次真切的实战，深入实地可以使研究团队更加拉近自身与受访者以及受访者与问卷的距离。所以说，不论是电子化问卷还是纸质化问卷，均需要进行多次问卷测试工作，对问卷中的问题措辞进行精准把握，也对问题跳转逻辑进行验证核实。

对逻辑跳转的验证核实需要重点考虑三个问题：第一，逻辑跳转是否考虑了整体；第二，跳转的个体是否均各自对应到需要跳转的部分；第三，电子化问卷在技术上或者纸质化问卷在实际操作中是否能够跳转成功。

如中国家庭追踪调查（CFPS）2018年问卷中关于退休与养老模块前的逻辑跳转情况：

若 age<16，跳至 F 部分（为下一个模块内容：与子女及父母的关系）；
若 16<=age<45，跳至 I3 部分（参保情况）；
若 age>=45 且 retire=1，跳至 I2 部分（领取养老保险情况）；
其他情况，继续提问 I1 部分（退休与退职）。

预调查的规模不必过大，但是要保证样本的代表性。这样一方面可以补充到后期的正式调查中，扩充样本；另一方面也可以提前预防和处理后期正式调查可能出现的困难。此外，预调查的目的不仅仅停留在是否能够获得有效数据层面，更重要的是探索依托问卷获取的数据能否满足研究需求，以用于后期的研究工作中。

10.3 调查中误差的成因与处理

10.3.1 调查中的误差成因

10.1 和 10.2 部分介绍了抽样误差和问卷设计误差，这两种误差可以被归为事前误差。本部分所介绍的调查误差主要产生于访员的调查过程中，属于事中误差，也是另一类非抽样误差。从其误差来源看，主要是指访员和受访者两个主体造成的误差。顾名思义，访员误差指的是在调查实施过程中由访员因素造成的误差，受访者误差则是指在调查实施过程中由受访者因素造成的误差。

1. 访员误差

访员会对调查的回答率、回答的准确性以及问题衡量的一致性和精确度具有重要的影响作用。一般而言，访员误差主要包括以下几种：

（1）接触误差

接触误差主要涉及两方面问题：一是由于访员自身工作失误接触到错误样本（不满足访问条件的样本或非抽样框中的样本）触发的接触误差，由此所形成的样本是无效样本，数据无法满足研究需要；二是访员与受访者接触时，由于访员沟通和互动能力欠佳，无法成功获得受访者信任，引起的回答率损失问题（损失样本）。

（2）引导语误差

引导语误差主要表现在以下两方面：①访员为节省时间或避免麻烦直接跳过引导语部分开始询问正题。如果没有引导语提示，部分受访者可能在回答上出现全局性错误。②访员对措辞的更改所引起的偏差，例如，访员自己的口语化表达和问卷标准的书面引导语表达有所出入，引导语如果使用不当就可能造成受访者理解上的偏误。

（3）询问误差

询问误差是指在询问过程中由于访员读题不明、解释不清、语速过快、跟进不够以及诱导回答等造成的误差。读题不明会引起受访者在理解上的偏误，解释不清和语速过快也易造成受访者配合进行敷衍回答。跟进不够则是指在受访者给出一个模糊性回答时，访员没有进一步追问。例如，受访者回答月工资时说"三千来块吧"，访员直接记录为 3 000。访员主观因素影响下的诱导回答造成的误差多出现在主观态度题上，如"您同意……吗"或"大多数人认为……，您认为如何"，受访者很可能会被先入为主的观念影响，或者是想快点结束询问，顺着访员态度进行回答——"同意""和大多数人一致"。

（4）访问工作量误差

访问工作量误差主要指的是访问时长和次数会影响访问质量。若访问时间过长，访员会不可避免地出现专注度不够、注意力不集中等情况，使得读题发送的信息和接收记录的信息与真实信息相违背；访问次数过多使得访员按问卷询问的规范性下降、询问过程的严肃性下降，机械性地重复询问还会造成访员身心疲惫，这些不良反应都会严重影响访问质量。

（5）记录误差

记录误差指的是访员在访问过程中记录的信息与受访者所回答的信息不一致所导致的误差。出现这种误差的原因主要有：①受到受访者因素影响，接收信息不准确；②接收信息后，访员自身理解上出现偏误；③访员自身笔误或手误。

(6) 理解误差

理解误差指的是调查询问中出现受访者给出的信息或答案没有直接出现在备选答案中，访员根据自身理解错误地对号入座所产生的误差。比如在很多实际调查中，访问经常会询问受访者从事工作的所属行业或职业类型，很多受访者由于知识不足与理解不当或者工种本身复杂性等因素，不能直接选择与内心表述（或客观事实）一致的选项，这就需要访员运用自身理解进行选择性记录。

(7) 欺骗误差

欺骗误差指的是访员在访问过程中造假造成的偏差，主要表现为：①访员有意或者无意跳过询问某部分题目而后私自填写；②访员伪装受访者填写整个问卷；③访员间串谋互相询问填写；④访员故意询问无效样本代替真实样本等。

2. 受访者误差

除了访员误差，受访者因素也会对调查的回答率以及回答的准确性造成重要的影响。一般而言，引起调查过程中受访者误差的因素可分为主观因素和客观因素。

(1) 主观因素

由受访者主观因素影响造成的误差主要体现在以下四个方面：①主观上不愿意或拒绝接受调查，从而影响样本应答率（或拒访率），并产生选择性偏差，比如在入户调查中将访员拒之门外；②主观上同意参与调查，但拒绝回答部分问题，如涉及敏感信息（家庭财产、消费及储蓄、犯罪与否等）或触及痛处（家人去世、被伤害等）之类的问题；③主观上同意参与调查，但在家庭存款、出国移民情况、房产数量等问题上可能刻意隐瞒或故意虚报，答案偏离真实值，影响整体估计；④主观上同意参与调查，并在调查过程中积极配合，但在某些问题上由于主观认知错误不能提供准确的信息，如在工资和收入等相似问题上混淆等。

(2) 客观因素

由受访者客观因素影响造成的误差主要表现为以下三方面：①入户时间，这在很大程度上影响着受访者接受调查的态度以及配合力度，若访员入户时间正处受访者休息（补觉、午休或晚间休息）、忙碌（做饭、吃饭以及工作）阶段，被拒绝的概率会很大；②在场他人的影响，受访者以外的人员在场会影响到受访者的自身决策，如村委会人员或社区人员在场时问及对村委会或社区工作的看法、邻居在场时问及家庭金融资产等敏感信息、家人在场时问及家庭关系问题等，都会影响到受访者回答问题的真实性；③访员能力的影响，如果访员态度良好、表达清晰流畅易懂、富有亲和力、具有较好的业务素质，那么会大大提高受访者配合调查的积极性和成功率。

10.3.2 调查中的误差处理

1. 访员误差处理

针对调查中由访员误差引起的调查误差问题，可以从以下三个方面着手改善：

第一，访员的选择。访员的素质会在很大程度上影响回答率和准确率。一般而言，较容易获得受访者合作的访员往往自信乐观，具有亲和力，同时具有良好的沟通交互能力，较易取得受访者的信任。经验丰富的访员能够更快速地掌握调查访问技能，但也更可能存在投机取巧的心理和行为。而新手可能更有激情，干劲更足，但也面临经验不足等问题。本书的第 5 章详细介绍了访员招募的相关内容。

第二，调查培训。调查前的访员培训是必不可少的环节，对降低访员误差具有重要作用。培训涉及的维度很广，研究者可针对具体的访员误差进行专项培训，以减少调查误差，如训练访员如何规范有效地锚定目标受访者、如何与目标受访者高效接触并取得信任等可减少接触误差；对问卷进行标准化、规范化培训可以减少访员工作过程中的引导语误差和询问误差；对问卷专业化、知识化的培训可以使得访员更好、更深入地理解所询问的问题，减少访员的理解误差。详细的调查培训内容同样可参见本书第 5 章。

第三，调查监督。进行调查监督主要是为了确保访谈的真实性、成本支出的针对性、访谈程序的正确性，从而有效减少访员误差。具体可以采取以下四种途径和措施开展调查监督：①配置一名陪访员从旁对主访员进行监督以便随时纠错，减少访员记录误差、理解误差和欺骗误差等，同时还可以确保调查的安全以及提高访员效率；②在小组团队中设置一名督导，带领及管理团队的同时进行团队内部监督，直接对项目组织者负责，可以有效减少团队内的欺骗误差；③使用录音装置全程录音，可以很好地打消访员的作弊投机念头，减少访员欺骗误差；④在实施过程中，安排专门的人员核查录音，一方面可以把复核过程中发现的问题（如询问误差、记录误差、理解误差、欺骗误差）及时反馈给访员本人或给其督导进行"敲打"提醒，另一方面可以通过录音把握访员的情绪波动（这可能造成访问工作量误差），以便更及时有效地对访员进行心理疏导。

2. 受访者误差处理

针对调查中由受访者误差引起的调查误差问题，可以从以下四个方面着手解决：

第一，取得信任，支持调查。取得受访者的信任是调查执行过程的第一步。如果得不到受访者的信任，访员很可能会被拒之门外，甚至即使受访者同意接受调查，其回答也是敷衍搪塞，效果很差，这样得到的问卷信息也毫无意义。以入户调查为例，可采取以下三种方式取得受访者信任：①通过积极诚恳的介绍以及个人证件、项目介绍信等从合法性、真实性上来获取受访者信任，如在以大学生为主要访员群体的调查中，学生证是一个取得信任的较好凭证。②请求社区居委会工作人员或村委会人员协助，通过帮打电话、开介绍信或直接带领入户等方式更容易取得受访者的信任。在入户调查实践中，由政府行政工作人员带领入户是取得城镇居民信任的一种不错的方法。③通过社区内或村内已接受访问的个体介绍或带领入户，取得受访者信任。

第二，运用有效的访问沟通技巧，提高应答率、降低缺失率。有些访问会涉及某些敏感信息，如果处理不当，可能会出现中途拒访的情况，这就需要访员保持理性和耐心，坦诚地与受访者进行沟通，打消他们的疑虑，争取他们配合调查。例如当询问家庭存款时，如果对方不愿意透露，可尝试追问"50万元有吗？""25万元呢？""比10万元多吗？"等来近似获取真实值，从而降低缺失率。

第三，诚实、周到、积极地进行访问。对入户时间等客观因素造成的受访者误差需要访员考虑周到，尽量避开饭点，以上午9点以后为宜。对于受访者关心的访问时长问题，访员应坦白告知，避免中途出现拒访或不耐烦情况的发生。若遇到受访者以时间不便或工作忙碌等理由推辞拒绝，也不要灰心泄气，而要积极地争取在不打扰对方的情况下寻求访问的机会。如果不被允许，则要积极追问以期预约到下次来访的机会。

第四，避免他人干扰，降低隐瞒率。在城镇的入户调查中，社区工作人员由于工作任务相对忙碌，一般带领访员入户后便会离开，较少地干扰受访者的回答。而在农村样本中，如果由村主任或村支书带领入户，更容易出现"陪访"的情况。这种情形需要向村主任或村支书阐明项目要求，争取对方的理解，礼貌地请求其回避。当邻居或家人在场时，同样也应尽量争取单独访问受访者，如果有涉及家庭其他成员的问题，还需要麻烦其他成员到场予以回答。

小结

调查误差不仅影响着整个调查的质量，而且关系着研究目标的实现程度。调查误差主要包括抽样误差和非抽样误差。常见的抽样误差的影响因素主要有抽样框问题、抽样方法和抽样规模。问卷设计和调查过程中的误差是重要的非抽样误差。其中问卷设计中的非抽样误差主要来源于问题的措辞、结构和顺序三个方面，是影响问题信度的重要因素。调查过程中的误差主要是由访员和受访者两个主体造成的。常见的访员误差主要有接触误差、引导语误差、询问误差、访问工作量误差、记录误差、理解误差和欺骗误差。而受访者因素引致的误差主要包括主观因素和客观因素。项目研究者需要在调查实施前，通过选择那些高质量和高素质的访员，在培训期间进一步规范访员行为，并采取一些必要的监督手段来督促访员。对受访者误差的规避主要还是要从访员角度出发，包括取得对方的信任，运用有效的访问沟通技巧，提高应答率，诚实、周到、积极地进行访问，以及避免他人干扰，降低隐瞒率。

参考文献

边燕杰、李路路、蔡禾，《社会调查方法与技术：中国实践》，北京：社会科学文献出版社，2006 年。

杜智敏，《抽样调查与 SPSS 应用》，北京：电子工业出版社，2010 年。

弗洛德·J. 福勒，《调查问卷的设计与评估》，蒋逸民等译，重庆：重庆大学出版社，2010 年。

弗洛德·J. 福勒，《调查研究方法（第 3 版）》，孙振东、龙藜、陈荟译，重庆：重庆大学出版社，2009 年。

侯典牧，《社会调查研究方法》，北京：北京大学出版社，2014 年。

金勇进，《抽样调查》，北京：高等教育出版社，2015 年。

林竹，"调查中的误差与偏差"，《中国统计》，2012 年第 7 期，第 30 - 32 页。

罗纳德·扎加、约翰尼·布莱尔，《抽样调查设计导论》，沈崇麟译，重庆：重庆大学出版社，2007 年。

孙山泽，《抽样调查》，北京：北京大学出版社，2004 年。

张晓琼，《社会调查研究方法教程》，济南：山东人民出版社，2011 年。

朱迪思·T. 莱斯勒、威廉·D. 卡尔斯贝克，《调查中的非抽样误差》，金勇进主译，北京：中国统计出版社，1997 年。

Bartlett, J. E., Kotrlik, J. W., Higgins, C. C., 2001, "Organizational Research: Determining Appropriate Sample Size in Survey Research", *Information Technology, Learning, and Performance Journal*, 19 (1), 43 – 50.

Basson, D., 2008, Questionnaire-Related Error, in Lavrakas P. ed,: *Encyclopedia of Survey Research Methods*, California: Sage Publications, Inc.

Cochran, W. G., 1977, *Sampling Techniques* (3rd ed.), New York: John Wiley & Sons.

Groves, R. M., 2005, *Survey Errors and Survey Costs*, New York: John Wiley & Sons.

Lee, G., Benoit-Bryan, J., Johnson, T. P., 2012, "Survey Research in Public Administration: Assessing Mainstream Journals with a Total Survey Error Framework", *Public Administration Review*, 72 (1), 87-97.

Turner, B. S., 2006, *The Cambridge Dictionary of Sociology*, Cambridge: Cambridge University Press.

第11章 国内外社会经济调查与数据

【本章导读】

社会调查的结果是以数值形式为主所呈现的各类信息。真实且详尽的数据是经验研究的基础，其质量好坏直接影响了研究结论的科学性、可靠性、创新性和可推广性。获取大规模的高质量调查数据已经成为高水平研究的基础，学者们也在对数据库的建设和利用进行不断的探索。一些由机构和研究者通过组织调查获取的数据可能存在抽样环节不够严谨科学、覆盖面小、缺乏调查组织经验等问题，由此导致调查数据的质量不高。因此，很多科研人员也利用公开的大中型调查数据进行研究。近年来，我国涌现出一批各有侧重、覆盖信息广泛的公开调查数据库，国际上也有大量的公开数据库供科研工作者使用，这些资源为相关研究提供了数据基础。

本章首先概述国内外数据库建设情况，包括发展历程及现状特征；其次介绍社会经济调查数据的类型；最后介绍国内外知名大型社会经济调查数据库，包括国内的政府调查数据库和高校调查数据库以及部分国外影响力较大的大中型社会经济调查数据库。这些介绍能够使读者初步了解国内外社会经济大型调查数据的现状，对将来展开调查项目具有一定借鉴意义。

11.1 社会经济调查数据概述

数据创新是衡量和评价一项研究的学术价值和贡献的重要切入点。它主要体现在通过使用最新或范围更广的调查数据对过去因缺乏数据而无法或没有进行检验的问题进行研究分析；或是在已有研究的基础上，利用更新的数据对问题进行更为深入和全面的探讨。

一些机构和学者通过抽样调查获得数据，但调查中往往受到经费不足的限制，导致样本覆盖面较小。政府统计部门掌握着很多全面且具有代表性的数据，但这些数据大多不对外开放，研究者很难获得。

回溯我国的数据库建设历程，较长时期内，社会经济调查的发展进程非常缓慢。除国家系统以官方形式搜集的宏微观数据外，只有部分小范围的调查，缺乏具有全国代表性的大规模调查数据库。伴随社会科学研究方法的发展，我国政府以及高校等科研机构越来越重视数据库的建设和管理，并于20世纪80年代中后期推出了多种层次和类别的抽样调查数据库，社会经济微观调查发展翻开了崭新的篇章。自2003年起，一些高校和科研院所先后设立了多个全国性的调查项目，如中国综合社会调查（CGSS）、中国家庭追踪调查（CFPS）等。这些大型调查主题丰富，搜集了大量有价值的微观数据，很大程度上推动了数据分析技术的发展，提升了社会研究的整体水平。

与小范围的调查相比，国内主要的大型综合微观调查数据库具有以下优点：

（1）数据覆盖范围较大，基本覆盖了社会经济发展的各个方面。教育、卫生、收支、养老、进出口、金融和人口等研究领域均有相应的数据库以供查询使用。

（2）数据质量较好，大型调查问卷的逻辑和指标设计更为科学合理，调查方法兼顾成本和效率。目前，我国部分社会经济调查在应答率和数据质量方面已经位居世界同类项目中的前列，相关的数据库在学界得到了广泛的认可和应用，为科学研究与政策制定奠定了数据基础。

（3）现有数据库资源标准化水平较高，使用方便快捷。下载的数据一般包括 Excel、SAS、Stata 等格式，并附有调查问卷和说明性文件，便于使用者了解数据概况。

（4）部分数据库或平台之间允许资源共享，或者支持用户上传共享文件，真正做到互通互惠。

随着国内微观数据库建设的迅猛发展，我国数据库资源逐步呈现出开放共享、严谨规范、主题鲜明以及商业化运作等特征。国内数据库的建设正逐步打破行业、地区限制，允许上网用户合法使用数据，通过合作逐步建立了高效、便捷、经济、实用的数据库存取和传递系统。可以预见，数据库的共享化发展必将成为一种趋势。从最新的国内数据库构建趋势来看，国内数据调查不仅在调研方法上正向国际标准靠拢，在研究主题上也体现出了区域特色和学科领域特色，逐步构建起具有针对性的学科数据库。同时，随着市场经济的进一步发展，数据库的建设也开始了商业化的运作，基于数据库的相关产业也逐步发展起来。

此外，国内学者高度关注建设对国家经济发展具有全局性、先导性影响的基础性战略资源数据库，并形成了国家哲学社会科学学术期刊数据库、中国期刊全文数据库和中国科学文献服务系统等一系列数据库，为相关领域发展提供了丰富的科研资源。

相较于国内而言,国外现代社会经济调查发展更快。20世纪中叶以后,随着电子计算机和互联网的发明及应用,抽样调查与数据统计分析成为社会经济调查领域中不可或缺的方法。自此,社会调查的研究方式、方法和程序发生重大变革,欧美等国家的电子化、数量化社会调查迅速发展,并率先步入了现代社会调查行列。

欧美各国的研究人员通过搜集民间及部分官方调查数据,搭建了大量社会调查数据库,如学术型社会调查、民意调查和市场调查等。这些社会调查数据库在课题选择、前期准备、调查实操、数据分析、实际应用、经验总结等方面均较为成熟,为相关研究领域提供了数据基础。

11.2 社会经济调查数据的类型

国内外微观调查数据库资源日益丰富,在不同维度下分类各异。按照主要执行单位可分为由政府机构主持、社会研究机构主持以及营利性企业参与的三大类社会调查。按照研究主题同样可分为三类,即综合学术调查、分领域学术调查以及非学术调查。

11.2.1 按主要执行单位划分的数据库资源

1. 政府机构主持的社会调查

政府主持开展调查的主要目的是了解国计民生中某些重大领域的建设情况和改革动态,获取系统详尽的实际资料,通过横纵向对比开展连续性的综合研究,为政策制定提供决策依据。一般来讲,这类调查覆盖面较广,权威性较强。

目前,我国政府主持开展的社会调查主要有以下三类:

(1) 国家统计局定期组织的各种普查。截至2020年年末,国家统计局已进行七次人口普查、四次经济普查、三次工业普查、三次农业普查、两次第三产业普查、两次基本单位普查。[①]

(2) 各级官方统计机构组织的抽样调查。如国家统计局各级调查队负责执行的住户收支与生活状况调查,测量了居民的收入分配、多维贫困和福祉状况。

---

① 七次人口普查年份分别为1953年、1964年、1982年、1990年、2000年、2010年和2020年;四次经济普查年份分别为2004年、2008年、2013年、2018年;三次工业普查年份分别为1950年、1986年和1995年;三次农业普查年份分别为1997年、2006年、2016年;两次第三产业普查年份分别为1993年、2003年;两次基本单位普查年份分别为1996年、2001年。

（3）国务院直属的部委及其他政府机构组织的专项调查。为满足自身工作需要，相关政府部门需要对所管辖区域或领域内的情况有深入细致的了解和掌握，为此开展了一系列具有较强针对性的社会调查，如国家卫生健康委定期组织的中国流动人口动态监测调查等。

总体而言，政府主持开展的调查具有针对性强、调查指标详细、样本充分、更具代表性、操作相对规范、数据准确性较高等优点。

2. 社会科研机构主持的社会调查

此类调查的主要实施方是以高校为主的研究机构。调查通常涵盖了人口、经济、社会等重要信息，包括人口学特征、家庭基本状况、公民收入、健康等主题，主要用于学术研究和政策建议，因此更注重学术性和规范性。例如中国健康与养老追踪调查（CHARLS）主要关注社会保障、健康老龄化、劳动力供给、人口、卫生经济等领域，为学界众多领域研究和政府政策制定提供了数据基础。

3. 营利性企业参与的数据调查

这类调查主要由营利性企业、高校等研究机构共同参与，主要包括企业战略、公司治理结构、创新、财务数据、社会责任、人力资源等主题。例如，由深圳希施玛数据科技有限公司开发的中国经济金融研究数据库（China Stock Market & Accounting Research Database，CSMAR）涵盖了中国证券、期货、外汇、宏观、行业等经济金融方面的数据信息。

11.2.2 按研究主题划分的数据库资源

1. 综合学术调查

综合学术调查所涉及的研究主题非常广泛，通常横跨人口学、心理学、社会学以及经济学等学科门类。以中国综合社会调查（CGSS）为例，该调查涵盖了文化、健康、家庭、劳动力、就业、消费和教育等板块，可供经济学、社会学以及人口学等领域的研究者使用。当前，从中国知网检索到该数据库的研究成果涵盖收入、健康、教育、就业、老龄化、性别平等以及工资溢价等多方面主题。综合学术调查从社会、家庭和个人层面进行数据搜集，有助于研究者加深对我国的社会、人口以及经济等发展规律的认识。

2. 分领域学术调查

分领域学术调查是针对特定的研究主题专门进行的学术性调查，研究主题相对聚焦，针对主题设计的调查指标也更为详细。以中国老年健康影响因素跟踪调查（CLHLS）为例，区别于综合学术调查中的健康调查模块，该调查是为了研究老龄化社会所面临的一系列问题以及卫生健康政策效果而开展的具体领域的专门调查。围绕老龄化社会，CLHLS深入访问了老年人口的成年子女，并采集了老年人口的健康和生活质量等数据。

3. 非学术调查

这类调查的应用范围非常广泛，比如社会问题调查试图找出各种社会问题的症结，为相关问题进行"社会诊断"。较为常见的是企业为了拓展某类产品或者服务的销路，针对其市场占有率、顾客购买情况、广告宣传效果等因素开展的市场调查。再如，围绕某些社会舆论的热点话题，对民众的意见、态度、意识等主观意向进行的民意调查。新冠疫情期间国务院调查群众对于当地政府防疫政策和民生政策的意见，以及各省统计部门通过计算机辅助电话访谈技术（CATI）开展的社情调查等都属于民意调查。

11.3 国内大型社会经济调查数据

数据是稀缺的学术资源。各级权威部门统计的数据公开性较低，研究者获取官方数据的渠道较为单一；大多数非官方调查数据同样处于封闭状态，只限于在以调查者为中心的狭小关系网内使用，且数据的利用往往是"一次性"的，在项目完成后就被束之高阁，造成物力和人力的极大浪费，缺乏可持续性。上述因素导致大量研究停留在低水平的重复阶段，不利于学科的积累和发展。

针对这一问题，国内高校等科研机构和政府越来越重视数据库的建设与共享工作。北京大学、中国人民大学、北京师范大学、中国社会科学院、西南财经大学以及暨南大学等高校已投入大量资源开展具有代表性的基础数据收集工作，建设了一批较为系统的研究数据库，并获得了较多研究成果。政府也积极完善社会经济调查，在指标体系、操作方法以及发布渠道等方面做出了改进，同时加强与高校等科研机构的合作，深度挖掘数据价值。

接下来，本章将依据不同调查执行主体，简要介绍我国现阶段部分重要的微观数据库资源。

11.3.1 政府调查数据

政府调查数据主要包括个体和企业数据，具有较强的权威性和代表性。这些数据可以通过行政记录、普查、抽样调查、重点调查以及典型调查等传统手段获取，也可以利用遥感、卫星照片和网络等技术获得。这些数据直接反映了基层民生某一重大领域的建设发展状况和改革新动态，研究者可通过横纵向对比进行有连续性的综合研究，为制定相应的政策提供依据。

从国际上看，充分开发、应用政府微观数据已是大势所趋。欧美和日本等发达国家对此进行了长期的探索和实践，由只发布宏观总体数据向开发应用政府微观数据逐步过渡，有效促进了科学研究的快速发展，创造了良好的经济和社会效益。

长期以来，由于国内法律法规尚未健全、商业机密以及个人隐私保护等原因，我国政府微观调查数据的开发和应用仍然相对滞后，不能满足日益增长的研究需求，这对我国社会科学的发展形成了制约。但是，近年来，我国政府部门正在努力有序推进微观数据的开发应用工作。本节将介绍部分我国政府调查数据的基本情况。

1. 中国人口普查

人口普查是世界各国广泛采用的一种搜集人口资料的最基本的科学方法，是国家基本人口数据的主要来源。我国的人口普查由国务院和地方各级政府的人口普查领导小组及其办公室负责领导并执行，是在国家统一规定的时间内，按照统一的方法、项目、调查表以及标准时间，对全国人口普遍地、逐户逐人地进行的一次性调查登记。人口普查数据由国家统计局在其官方网站公布。

自1949年至今，我国分别在1953年、1964年、1982年、1990年、2000年、2010年和2020年进行了7次人口普查，表11-1是对中国人口普查数据库的说明。我国人口普查采用长、短两种普查表。长表抽取了10%的住户进行填报，包括所有短表项目和人口的经济活动、婚姻家庭、生育和住房等项目。短表由其余的住户填报，包括反映人口基本状况的项目。港澳台和外籍人员在其居住地进行登记时，要填报港澳台和外籍人员使用的普查表短表。此外，对于在特定时间内有人口死亡的住户，也要填写相应的死亡人口调查表。普查数据被广泛应用于探讨劳动力迁移、人口老龄化、留守老人与儿童、房地产价格等问题。

我国的人口普查具有六个基本特征。一是普遍性。人口普查按地域性原则进行登记，某个地域范围内的全部人口都要参加普查登记。二是个别性。人口普查登记以人为单位，按照每个人的实际情况逐人逐项地填写普查表。三是标准性。人口普查必须以一个特定时间为标准，全国同时进行调查。不论普查员实际入户登记的时间在哪一天，登记的都是标准时间的人口状况。四是集中性。人口普查工作必须在中央集中领导下，按照中央一级普查机构的部署去组织实施。五是统一性。人口普查工作要求全国在普查方案、普查表、填写方法、分类标准以及工作步骤和进度等方面严格统一。六是定期性。根据国务院2010年颁布的《全国人口普查条例》规定，人口普查每10年进行一次，位数逢0的年份为普查年度，在两次人口普查之间开展一次较大规模的人口调查，也就是1%人口抽样调查，又称为"小普查"。

表 11-1 中国人口普查数据库说明

普查	时间	项目内容
第一次	1953 年 6 月 30 日 24 时	本户地址、姓名、性别、年龄、民族、与户主关系（6 项）
第二次	1964 年 6 月 30 日 24 时	除保留上次普查的 6 项外，增加了本人成分、文化程度、职业
第三次	1982 年 7 月 1 日 0 时	普查内容增加到 19 项，并第一次使用计算机处理数据
第四次	1990 年 7 月 1 日 0 时	在 1982 年普查基础上增加了五年前常住地状况和迁来本地原因两项
第五次	2000 年 11 月 1 日 0 时	（1）普查内容分为按户填报的项目和按人填报的项目，共计 49 项，比第四次普查增加了 28 项 （2）第一次采取长短表的技术 （3）改变了常住人口的标准 （4）增加了"暂住人口表" （5）首次采用光电录入技术 （6）建立了人口地理信息系统
第六次	2010 年 11 月 1 日 0 时	（1）普查表短表有 18 个项目，按户填报的有 6 项，按人填报的有 12 项。项目内容反映了人口基本状况、受教育程度和户的基本情况等 （2）供港澳台和外籍人员使用的普查表短表共有 11 个项目，包括人口基本情况、来大陆或来华目的、居住时间、受教育程度和职业等 （3）普查表长表共有 45 个项目，按户填报的有 17 项，按人填报的有 28 项。除了短表的项目内容，还反映了人口的迁移流动、身体健康状况、就业状况、妇女生育状况和住房情况等 （4）死亡人口调查表共有 8 个项目，反映了普查标准时间前一年内死亡人口的基本情况、受教育程度和婚姻状况等
第七次	2020 年 11 月 1 日 0 时	（1）主要调查人口和住户的基本情况，包括姓名、居民身份证号码、性别、年龄、民族、受教育程度、行业、职业、迁移流动、婚姻生育、死亡、住房等情况 （2）为了提高普查数据质量，此次人口普查首次采集普查对象的身份证号码。需要指出的是，公众对采集身份证号码极其敏感，身份证号信息将会保密处理，普查全流程加强对公民个人信息的保护，严禁向任何机构、单位、个人泄露公民个人信息

资料来源：根据国家统计局网站（http://www.stats.gov.cn/）整理得出。

2. 全国住户收支与生活状况调查

全国住户收支与生活状况调查①是由国家统计局组织实施的一项测量和分析居民收入分配、多维贫困和居民福祉状况的重要民生调查，主要收集城乡居民的

---

① 获取全国住户收支与生活状况调查数据的官方网址为 https://microdata.stats.gov.cn/。

收入、消费、就业、社会保障参与、住房状况、家庭经营和生产投资以及收入分配影响因素等信息。调查数据多用于研究教育回报率、收入不平等、家庭消费、家庭金融以及劳动力供给等社会问题。

全国住户收支与生活状况调查从 1978 年到 2001 年共进行了 6 轮，分别为 1978 年、1980 年、1985 年、1990 年、1995 年和 2000 年，2002 年以后每年进行一轮。调查以省为总体，对我国境内的住户采用分层多阶段概率抽样，其中包括以家庭或集体形式居住的住户。该调查为截面数据，不对住户进行追踪调查。

从 2012 年第四季度起，国家统计局调整了统计口径，统一了城乡居民收入指标的名称、分类和统计标准，建立了城乡统一的全国住户收支与生活状况调查体系。调查口径调整后，所有居民均以户为单位，在常住地而非户口登记地参与调查。从 2013 年开始，新口径的城镇和农村居民人均可支配收入等数据的覆盖面也发生了一些变化：一是计算城镇居民人均可支配收入时，分母中包括了在城镇地区常住的农民工，而农村居民的可支配收入计算中不包括这部分群体；二是将由本户供养的在外大学生视为常住人口。

3. 中国健康与营养调查

为了研究健康、营养和计划生育政策的效果，了解中国社会经济的转变如何作用于人口的健康和营养状况，同时研究和测量社区组织和计划的变化、家庭和个人经济状况的变化对个人营养和健康行为与结果产生的影响，北卡罗来纳大学人口研究中心和中国疾病与预防控制中心营养与健康所（原中国预防医学科学院营养与食品卫生研究所）自 1989 年开始合作开展了中国健康与营养调查（CHNS）项目。[①]

CHNS 项目先后于 1989 年、1991 年、1993 年、1997 年、2000 年、2004 年、2006 年、2009 年、2011 年、2015 年和 2018 年对同一人群进行了 11 次追踪调查。该调查采用多阶段随机抽样的方法抽取了大约 7 200 个家庭样本，30 000 多个个人样本，范围覆盖北京、重庆、广西、贵州、黑龙江、河南、湖北、湖南、江苏、辽宁、陕西、山东、上海、云南、浙江等 15 个省市。

CHNS 调查的内容十分广泛，涉及健康学、营养学、社会学、人口学、经济学、公共政策等多个学科。问卷结构包括社区调查、家庭户调查、个人调查、健康调查、营养和体质测验、食品市场调查以及健康和计划生育调查。其中，个人问卷内容涉及受访者的年龄、性别等人口学变量及其生活方式、健康状况、营养与体检等状况。家庭问卷收集了关于农业生产、家庭人口、收入与支出、居住情况、财产与消费、医疗费用等方面的信息。该调查还从社区管理服务人员处收集了社区中关于食品市场、卫生设施以及公共资源方面的数据。

[①] CHNS 的官方网址为 https：//www.cpc.unc.edu/projects/china/。

利用 CHNS 数据发表的期刊论文主要集中在医疗、卫生、健康、营养等领域，这些研究成果为我国及其他国家制定相关政策和修订膳食指南提供了科学依据。随着学科间的交叉发展，该项目也逐渐由传统的现场流行病学向分子流行病学等领域拓展。此外，该数据还可以被广泛地应用于健康与人口、社会经济和营养政策等方面的研究。

4. 中国私营企业调查

中国私营企业调查（CPES）[1] 是由中央统战部、全国工商联、国家市场监督管理总局、中国民营经济研究会四家单位主持，中国社会科学院私营企业主群体研究中心代管负责的一项全国性大型调查。调查每两年进行一次，已进行了 14 次调查[2]。

中国私营企业调查在全国范围内按一定比例（0.03%—0.05% 左右，每次比例略有差别）进行多阶段抽样，抽取 2 000—8 000 家私营企业。虽然每次抽样调查的内容有所不同，但关于企业主和企业的基本情况均为固定调查项目（企业主要出资人情况、企业情况和企业发展环境），以保证数据的连续性和可比性。CPES 数据主要被用于研究社会资本、慈善捐赠、公司管理、营商环境、社会分层、劳资关系、治理结构以及融资等主题。表 11-2 为对中国私营企业调查数据库的说明。

表 11-2 中国私营企业调查数据库说明

结构类型	内容
企业主要出资人情况	出资人基本信息，收入，互联网、新闻媒体和社交媒体使用情况，社会身份、阶层和政治特征
企业情况	企业类型、出资情况、资本构成、主营业务、生产经营情况、管理层结构、污染情况和社会捐赠等
企业发展环境	对营商环境、政府政策、制度改革等一系列问题的看法和态度

资料来源：CPES 调查问卷。

5. 中国工业企业数据库

中国工业企业数据库（China Industry Business Performance Database，CIBPD）是目前中国最全面的企业数据库。该数据库于 1999 年建成，每年度数据会在次年年底更新。[3] 样本企业将数据季报和年报提交给当地统计局，再由各省、自治区、直辖市统计局和国务院有关部门报送给国家统计局，最终数据由国家统计局

---

[1] 中国私营企业调查的官方网址为 https：//cpes.zkey.cc/index.jsp。
[2] 已调查年份为 1993 年、1995 年、1997 年、2000 年、2002 年、2004 年、2006 年、2008 年、2010 年、2012 年、2014 年、2016 年、2018 年和 2020 年。
[3] 目前可获得的中国工业企业数据库年份为 1998—2013 年，研究者可从各高校数据库入口申请使用，也可通过数据公司购买经过处理的成熟数据。

收集的"规模以上工业统计报表统计"整理得出。

CIBPD 的样本对象为中国大陆地区销售额 500 万元以上（2011 年起为 2 000 万元以上）的工业企业，这与《中国统计年鉴》的工业部分和《中国工业统计年鉴》中的覆盖范围一致。区别是中国工业企业数据库是企业层面的原始数据，而"年鉴"则是按不同维度得到的加总数据。数据库内的企业使用"法人代码"作为标志，覆盖了绝大部分企业的年度连续数据，同时也会存在部分新增企业和退出企业的数据。

CIBPD 的抽样方法为非随机抽样，统计范围主要包括企业基本情况、企业财务情况和企业生产销售情况。工业的统计口径包括"采掘业""制造业""电力燃气及水的生产与供应业"三个门类，涵盖工业制造业的 40 多个大产业、90 多个中类、600 多个子行业。数据库可用于探讨工业企业生产、投资、出口、工资与绩效、劳动力供给、创新与技术进步、融资等主题。

CIBPD 的特点是统计指标较多，统计范围较全，分类目录较细，准确程度要求较高。数据库指标大约有 130 个，主要分为基本信息和财务信息两类。特别地，2004 年为第一次全国经济普查年，当年数据库中的企业指标包括了不同学历和职称的男女职工数量、企业是否加入工会以及加入工会的人数等其他年份没有的信息。表 11-3 是对中国工业企业数据库的说明。

表 11-3 中国工业企业数据库说明

结构层次	内容
企业基本情况	法人代码、企业名称、法人代表、联系电话、邮政编码、具体地址、所属行业、注册类型（所有制）、隶属关系、开业年份和职工人数等
企业财务数据	流动资产、应收账款、长期投资、固定资产、累计折旧、无形资产、流动负债、长期负债、实收资本、主营业务收入、主营业务成本、营业费用、管理费用、财务费用、营业利润、利税总额、广告费、研究开发费、工资总额、福利费总额、增值税、工业中间投入、工业总产值和出口交货值等

资料来源：聂辉华、江艇、杨汝岱，"中国工业企业数据库的使用现状和潜在问题"，《世界经济》，2012 年第 5 期，第 142-158 页。

6. 中国流动人口动态监测

为了解和反映流动人口及公共卫生计生服务的基本情况，为各级政府制定政策和规划、开展卫生计生服务管理提供依据，国家卫生健康委自 2009 年起每年开展一次大规模全国性流动人口抽样调查——中国流动人口动态监测调查（China Migrants Dynamic Survey，CMDS）。[①] 调查内容涉及流动人口及家庭成员的人口

[①] 中国流动人口动态监测数据公布在国家卫生健康委流动人口数据平台，官方网址为 http://www.chinaldrk.org.cn。

基本信息、流动范围和趋向、就业和社会保障、收支和居住、基本公共卫生服务、婚育和计划生育服务管理、子女流动和教育以及心理文化等。此外，该项目还包括流动人口社会融合与心理健康、流出地卫生计生服务和流动老人医疗卫生服务等专题调查。

CMDS 的调查对象为调查前一个月及以上流入样本点中居住、非本区（县、市）户口且在调查期间年龄在 15 周岁以上的流入人口，有至少一个成员户口为本地户口的家庭户和在校学生不包括在调查范围内。调查的抽样框为流动人口全员信息系统上年的年报数据，采用分层多阶段与规模呈比例的概率比例规模抽样（PPS）方法，并由国家统一进行乡镇街道和村居的抽样。其中村居内个人的抽样采用上下结合的方式，基层依据上级随机分配的调查组别，根据流动人口的性别、年龄、进入流动人口日常管理系统的时间等信息编制出 100 名备选受访者名单，再从中抽取 20 人进行访问。样本具有全国和各省的代表性，同时也增强了对主要城市、重点联系城市的代表性。

CMDS 数据多用于流动人口生育水平、社会融入、农民工工资、区域人口特征、劳动力供给、城镇化、教育回报率、心理健康、医疗保险等方面的研究。值得一提的是，在新冠疫情期间，国家卫生健康委依托于 CMDS 搭建了流动人口疫情监测管理平台，实时查看流动人员流入/流出率、流动轨迹、健康打卡、确诊、疑似、治愈、死亡等数据，这类数据的收集有助于新冠疫情的防控和研究工作的开展。表 11-4 是对中国流动人口动态监测数据库的说明。

表 11-4 中国流动人口动态监测数据库说明

年份	问卷名称	问卷内容	调查地区	样本量
2009 年	个人问卷	个人基本信息	北京、太原、上海、深圳、成都（5 市）	87 084
		流动经历		
		就业状况		
		社会保险状况		
		生活居住状况		
		健康与计划生育服务情况		
		认知和评价		
	家庭问卷	家庭成员信息		21 771
		家庭基本情况		
2010 年（下半年）	A 卷流动人口问卷	基本情况	100 个城市	122 670
		就业状况		
		居住状况		
		子女与计划生育服务		
		社会参与及心理感受		

（续表）

年份	问卷名称	问卷内容	调查地区	样本量
2011年	流动人口调查问卷	基本情况		128 000
		就业状况		
		居住情况		
		子女与计划生育服务		
		社会参与及心理感受		
2012年	流动人口调查问卷	基本情况		158 556
		居住情况		
		子女与计划生育服务		
		社会参与及心理感受		
2013年	A卷流动人口调查问卷	基本情况		198 795
		就业与收入支出		
		公共服务与社会保障		
		婚育情况和计划生育服务		
2014年	A卷个人问卷	基本情况	31个省（区、市）和新疆生产建设兵团	200 938
		就业与收入支出		
		基本公共卫生和医疗服务		
		婚育情况和计划生育情况		
2015年	A卷流动人口问卷	家庭成员与收支情况		206 000
		就业情况		
		基本公共卫生和计划生育服务		
		老年医疗卫生服务		
2016年	A卷流动人口问卷	家庭成员与收支情况		158 460
		流动与就业		
		居留和落户意愿		
		婚育和卫生计生服务		
2017年	A卷流动人口问卷	家庭成员与收支情况		169 989
		就业情况		
		流动及居留意愿		
		健康与公共服务		
		社会融合		

资料来源：国家卫生健康委流动人口数据平台（http://www.chinaldrk.org.cn）。

7. 全国经济普查微观数据库

全国经济普查①是为建立健全基本单位名录库及其数据库系统，全面掌握我国第二、三产业的发展规模、结构和效益等情况，研究制定国民经济和社会发展规划所进行的全面性调查。该数据库常被用来进行劳动生产率、企业管理、工资收入、福利、产业聚集、创新等方面的研究。

全国经济普查由国务院全国经济普查领导小组负责领导监督，由地方各级政府负责辖区内普查的组织实施。国家机关、社会团体、企业事业单位和其他组织按照普查工作的统一要求，积极参与和密切配合经济普查工作。

根据国务院发布的《全国经济普查条例》第七条之规定，经济普查每5年进行一次，标准时点为普查年份的12月31日，以便采集当年全部的年度数据资料。除2004年《全国经济普查条例》发布开展了第一次经济普查外，以后末尾数逢3和逢8的年份为经济普查年。截至2019年年底，已开展4轮全国经济普查。普查的对象为境内（不含港澳台）从事第二、三产业活动的法人单位、产业活动单位和个体经营户，不包括金融业和铁路运输业单位。调查表有42种样式，1 000多个指标，具体包括行业代码、开业时间、从业人员期末人数、营业状态、营业收入、主营业务收入、R&D人员合计等。其中，第四次普查增加了对企业经济效益和资产负债状况的调查。表11-5是对全国经济普查微观数据库的说明。

表11-5 全国经济普查微观数据库说明

全国经济普查	时间	内容	数据质量
第一次	2004年12月31日	单位基本属性、就业人员、财务状况、生产经营情况、生产能力、原材料和能源消耗、科技活动情况等	采取分层随机等距整群抽样方法，对31个地区的数据质量进行抽查，共抽查152个普查小区的21 731个法人单位和产业活动单位（抽查比例约为3‰），个体经营户45 623个（抽查比例约为1.1‰）。抽查结果得出数据填报综合差错率为4.9‰
第二次	2008年12月31日	单位基本属性、从业人员、财务状况、生产经营情况、生产能力、能源消耗、科技活动情况等	采取分层随机等距整群抽样方法，对30个地区的数据质量进行了抽查，共抽查186个普查小区的21 843个法人单位和产业活动单位（抽查比例约为2.46‰），个体经营户24 263户（抽查比例约为0.48‰）。抽查结果得出数据填报综合差错率为3.5‰

---

① 获取全国经济普查数据的官方网址为https://microdata.stats.gov.cn/。

(续表)

全国经济普查	时间	内容	数据质量
第三次	2013年12月31日	我国第二、三产业的发展规模及布局，产业、结构、技术的现状以及各生产要素的构成以及服务业、战略性新兴产业、小微企业和高技术产业（制造业）的发展状况	31个地区的数据质量抽查得出数据填报综合差错率为3.3‰
第四次	2018年12月31日	我国第二、三产业的发展规模、布局和效益，产业组织、结构、技术、形态的现状、各生产要素的构成以及法人单位资产负债状况和新兴产业发展情况	经济普查史上规模最大的事后质量抽查，抽查方式用"重新调查式"取代"回访式"。抽查了31个省（区、市）的249个样本县（市、区、旗）、996个样本普查小区、21 808家单位。事后质量抽查结果表明普查数据填报综合差错率为1.09%

资料来源：全国经济普查主要数据公报。

8. 中国海关进出口数据库

中国海关进出口数据[①]是海关履行进出口贸易统计职能所产生的各项进出口统计数据，由企业主动上报汇总而成，主要关注企业进出口情况。海关统计的任务是对进出口货物进行统计调查、统计分析和统计监督，进行进出口监测预警，编制、管理和公布海关统计资料，提供统计服务。

中国海关进出口数据库的统计对象是规模以上进出口企业，数据库采用非随机抽样抽取了30余万家进出口企业，详细记录了企业每一笔外贸交易的月度数据、企业在各项产品交易记录上的详细信息以及海关口岸的商品进出口情况。具体指标包括HS编码、商品名称、金额、数量、单价、产销国、海关口岸、贸易方式、运输方式、中转国、企业编码、企业名称、企业性质、收发货地等。

海关进出口数据主要被用于对空间集聚、国际贸易、制度创新以及外贸产品市场等的分析研究。外贸企业是关注海关数据的主要群体之一，对海关数据进行挖掘和分析有助于外贸企业及时、全面掌握市场动向，了解海外市场供求变化状况，及时调整企业战略。

11.3.2 高校调查数据

国内高校开展调查的主要目的是进行学术研究和政策咨询，因此调查方案的

---

① 研究者可通过各高校数据库入口申请使用中国海关进出口数据，也可通过数据公司进行购买。

制定和问卷的设计会更加注重学术严谨性,调查主题也多集中在社会民生方面,如收入、婚姻、家庭、经济、人口流动、社区变迁、教育、健康、劳动力市场以及社会公平等。

近年来,国内高校陆续成立了独立的社会调查机构,旨在设计和开展调查项目。随着专业调查机构的建立和发展,调查技术和方法也不断改进,由此逐步建立了一系列社区、家庭和个人层面的高质量微观数据库和数据平台。

以北京大学中国社会科学调查中心和中国人民大学中国调查与数据中心等为代表的社会调查机构,在开展各类社会调查过程中收集整理数据资料,并在此基础上搭建服务于学术研究和政策咨询的数据平台。特别地,部分数据平台内部的数据库之间可以共享数据编码,使数据之间形成关联,扩大数据的适用范围,为科研工作提供支持。

除此之外,北京大学开放研究数据平台等还会吸纳其他独立的社会调查数据,丰富平台的数据库内容,在一定程度上打破了高校数据库之间的壁垒,促进资源、信息、技术共享,同时以最优的成本获取高质量的数据,实现高校合作的规模效应。通常情况下,这些数据平台还会定期向社会各界免费公开部分年份调查数据的使用权限。

下面我们将按照数据所属院校对一些典型的高校数据库及调查进行介绍。

1. 北京大学中国调查数据资料库

北京大学中国调查数据资料库(China Survey Data Archive,CSDA)是国家自然科学基金—北京大学管理科学数据中心根据国内管理科学量化研究对于调查数据的需求而设立的项目。项目成立于2015年,旨在收录整合国内科研调查微观数据资源,通过数据管理与监护,实现便捷的数据共享,为科学研究和决策管理提供数据服务,目前囊括了67个数据库(集)。该平台与北京大学生命科学学院生物信息学中心等开放型数据研究单位共同组建了有较高影响力的数据共享平台。其中,中国老年健康影响因素跟踪调查(CLHLS)、中国家庭追踪调查(CFPS)和中国健康与养老追踪调查(CHARLS)等数据在该平台中均实现了共享。

(1)中国老年健康影响因素跟踪调查

中国老年健康影响因素跟踪调查(CLHLS)[①] 是由北京大学健康老龄与发展研究中心与国家发展研究院组织的老年人追踪调查,旨在更好地理解影响人类健康长寿的社会、行为、环境与生物学因素。

CLHLS 在 1998 年开展基线调查,此后分别于 2000 年、2002 年、2005 年、

---

① 中国老年健康影响因素跟踪调查的数据发布平台网址为 https://opendata.pku.edu.cn/。

2008—2009年、2011—2012年、2014年和2017—2018年进行调查跟踪，样本规模最多超过20 000人。其中，2009年、2012年和2014年进行的8个健康长寿典型调研地区的调研对老年调查对象进行了健康体检，采集了7 334人的30多项生物医学指标。

调查问卷分为存活受访者问卷和死亡老人家属问卷，前者包括老人及家庭基本状况、社会经济背景及家庭结构、经济来源和经济状况、健康和生活质量自评、认知功能、性格心理特征、日常活动能力、生活方式、生活照料、疾病治疗和医疗费承担等信息；后者包括死亡时间、死因以及死前健康与生活自理能力等信息。

（2）中国家庭追踪调查

中国家庭追踪调查（CFPS）[①] 是由北京大学中国社会科学调查中心设计并实施的一项全国性家庭跟踪调查。CFPS定义的家庭成员指样本家户中经济上联系在一起的直系亲属，或经济上联系在一起，与该家庭有血缘/婚姻/领养关系且连续居住时间满3个月的非直系亲属。通过跟踪收集个体、家庭和社区三个层面的数据，CFPS反映了中国社会、经济、人口、教育和健康的变迁。该数据主要用于研究中国居民的经济与非经济福利，以及经济活动、教育成果、家庭关系与家庭动态、人口迁移、健康等主题。

CFPS于2008、2009年在北京、上海和广东分别开展了初访与追访的测试调查，在2010年正式开展基线调查。经2010年基线调查界定出来的所有基线家庭成员及其此后的血缘/领养子女将作为CFPS的基因成员，成为永久追踪对象，每两年进行一次追访。CFPS样本覆盖辽宁、上海、河南、广东、甘肃等大样本省及20个小样本省，小样本省的样本无法在省级层面进行推断，因此采用了内隐分层（implicit stratification）抽取多阶段等概率样本（multi-stage probability sample）。

CFPS调查问卷有社区/村居问卷、家庭成员问卷、家庭问卷、成人问卷和少儿问卷五种主体问卷类型，问卷内容包括三个方面：①在村/居层面上，CFPS通过村居问卷对各样本村/居进行整体访问，主要调查村/居基础设施概况、人口和劳动力资源概况、自身及周边环境、基层选举、财政收支，以及日常消费品价格等；②在家庭层面上，选择一位家庭成员回答一份关于家庭成员信息和成员间关系的家庭成员问卷以及一份反映家庭整体情况的家庭问卷，调查家庭结构、日常生活基本设施、社会交往、住房、家庭经济、农业生产与销售等内容；③在个人层面上，对于符合资格的个人，成人问卷适用于16岁及以上者，调查内容涉及教育、婚姻、职业、日常生活、健康、养老、社会保障以及社会交往等情况；少

---

① 中国家庭追踪调查的官方网址为 http：//www.isss.pku.edu.cn/cfps/。

儿问卷适用于16岁以下者，涉及学业情况、日常生活、健康、职业期望以及亲子关系等内容，其中，10岁以下少儿的问卷由其监护人代答，10—15岁之间的少儿问卷，部分问题由监护人代答，部分问题需要少儿自己完成。表11-6为对中国家庭追踪调查数据库的说明。

表11-6 中国家庭追踪调查数据库说明

年份	2010	2012	2014	2016
	完成访问样本量			
家庭层面	14 960	13 459	14 237	14 810
个人层面	42 590	44 693	45 738	45 319
社区层面	635	NA	621	NA
	跨轮追踪率			
家庭层面	—	85%	89%	89%
个人层面	—	81%	84%	82%
基线基因应答率	—	74%	72%	69%

资料来源：项目成果报告《中国家庭追踪调查用户手册（第三版）》，NA代表2012年和2016年未进行社区调查。

(3) 中国健康与养老追踪调查

中国健康与养老追踪调查（CHARLS）[①]是由北京大学国家发展研究院主持、北京大学中国社会科学调查中心与北京大学团委共同执行的大型跨学科调查项目，旨在收集中国45岁及以上中老年人家庭和个人的代表性微观数据，用以分析我国的人口老龄化问题，推动老龄化问题的跨学科研究。

CHARLS于2008年在浙江和甘肃开展预调查，共调查家庭1 570户，获得有效样本2 685个。[②] 2011年，项目组在全国28个省（自治区、直辖市）的150个县、450个社区（村）开展了全国基线调查，样本包括150个县级单位，450个村级单位，10 257户适龄家庭中年满45岁的一位成员及其配偶，共计17 708人。随后，2012年、2013年、2015年和2018年又分别开展了追踪调查，应答率（即追访成功率）为90%左右。

[①] 中国健康与养老追踪调查的官方网址为http://charls.pku.edu.cn/。
[②] CHARLS预调查的抽样程序如下：县级单位的选取是按区域以及城乡分层，然后依照PPS方法随机选取。在每个县级单位中，CHARLS再依照PPS方法随机抽取3个村级单位（或是一个城镇社区），在每一个村或社区中，再从地图上随机抽取25—36处住所；然后决定每个住所中家庭户的样本个数。CHARLS随机选取其中一个符合年龄条件的家庭，然后确定该家庭中符合年龄条件的家庭成员个数并随机抽取一人作为主要受访者。基于这样的随机抽样过程，每个村或社区会产生25—36个样本家庭，每户家庭产生的受访者有1名（单身、离婚或丧偶）或2名（主要受访者及其配偶）。

此外，CHARLS 还在 2014 年和 2016 年先后组织实施了"中国居民生命历程调查"和"共和国初期基层经济历史调查"两项全国性专项访问，也完全覆盖上述样本地区。2017 年在北京和天津开展的省级代表性抽样进一步将受访者扩大到家户中的全年龄样本，对原有的 CHARLS 样本进行了补充。

CHARLS 项目采取多阶段抽样方法，在县/区和村居抽样阶段均采取概率比例规模抽样（PPS）的抽样方法。在全国所有县级单位按区域、城乡和人均 GDP 分层抽取 150 个区县，并在每个县级单位中抽取 3 个村级单位，绘制村或社区的住宅地图，制作住户列表。从列表中随机抽取若干住所（具体户数根据适龄率和预估拒访率确定），如果住所中适龄家庭户不止一户，则随机抽取一户；如果一户中适龄受访者多于一人，随机抽取一位为主要受访者，样本自动包括主要受访者的配偶。另外，CHARLS 首创了电子绘图软件（CHARLS-GIS），用地图法制作村级抽样框。

CHARLS 的问卷设计参考了国际经验，如美国健康与退休调查（Health and Retirement Study，HRS）、英国老年追踪调查（English Longitudinal Study of Aging，ELSA）以及欧洲的健康、老年与退休调查（Survey of Health，Aging and Retirement in Europe，SHARE）等，共包含家户问卷、社区问卷和政策问卷三套问卷。其中，家户问卷内容涉及受访家庭所有成员的个人基本信息，包括家庭结构、健康状况、身体机能、医疗保健与保险、工作、退休与养老金状况以及家庭收支和资产状况等方面，与世界其他国家的老龄化系列问卷基本一致。此外，家户问卷还包括正式调查前的过滤问卷以及调查后访员自填的住房情况和访员观察部分。社区问卷问及了调查社区的基本信息、基础设施、人口劳动力状况、社区历史、流行病及自然灾害、移民、住房等。政策问卷主要针对民政、社保、计生等相关部门，收集区县层面的社会经济情况、养老保险、公共卫生医疗、教育以及历史变革等信息。同时，CHARLS 对受访者进行了体检，获取了身高、体重、血压和脉搏等信息，并收集了签署过知情同意书的受访者的血检数据。

（4）中国企业创新创业调查

中国企业创新创业调查[①]（Enterprise Survey for Innovation and Entrepreneurship in China，ESIEC）与 CFPS、CHARLS 一样，也是北京大学社会科学调查中心的核心调查项目。该项目旨在通过科学抽样和实地追踪调查，获得反映中国企业创新创业状况的微观数据，推动更高质量的学术和政策研究。调查数据可被用于企业管理、创新创业以及营商环境等方面的研究。

ESIEC 以 2010—2017 年注册的中国民营和外资企业及其创建者为调查对象，

[①] 中国企业创新创业调查的数据发布在北京大学开放研究数据平台（https：//opendata.pku.edu.cn/）。

围绕企业家的创业史和企业的创建过程，对全国多地的私营企业进行调查，调查内容主要包括企业家创业史、企业创建过程、企业基本信息、企业创新、企业间关系以及营商环境等七方面。

在 2017 年年底前，ESIEC 团队先后进行过四次预调研。2016 年 4 月和 7—8 月先后在广东省江门市和河南省夏邑县开展预调查，接触企业样本分别为 2 800 个和 350 个。2017 年暑期，ESIEC 在河南省内 16 个县（市、区）开展了较为全面的抽样调查，接触样本 6 400 多个，实际完成样本 1 619 个。2018 年，项目在辽宁、上海、浙江、河南、广东和甘肃 6 省（直辖市）117 个县抽取 58 500 个企业样本进行了基线调查。2019 年 7 月，项目联合上海对外经贸大学和哈尔滨工业大学（深圳）开展了面向北京、上海和深圳的调查活动，并对 2018 年抽样名单中未能成功访问的企业进行补访，完善 2018 年的基线调查。为了更好地了解民营经济的创新动力，2019 年的调查首次根据行业分类抽样访问了科技创新型企业。自 2019 年起，对基线调查的样本进行分季度的跟踪调查。

2020 年新冠疫情暴发后，ESIEC 项目联盟于同年 2 月开展了"新冠肺炎疫情下中小微企业生存状态专项调查"，共完成样本 2 701 份。其中，ESIEC 代表性样本 2 344 份，主动受访普通样本 357 份。5 月又发起了专项调查的追访，通过电话访问辅以网络问卷形式累计发放样本 8 750 份（包括 2017—2019 年全量 ESIEC 完访企业），访员接触样本 8 613 份，完访样本 2 519 份。

2. 中国人民大学中国国家调查数据平台

中国国家调查数据平台（Chinese National Survey Data Archive，CNSDA）[①] 是受中国国家自然科学基金重点项目资助，由中国人民大学中国调查与数据中心（National Survey Research Center，NSRC）负责执行的经济与社会数据共享平台。CNSDA 以我国首个社会调查数据库"中国社会调查开放数据资料库"（Chinese Social Survey Open Database，CSSOD）[②]、中国人民大学科学研究基金"数据高地项目"资助下的各项大型追踪项目和横断面调查项目数据为基础，广泛收集中国大陆进行的各类抽样调查的原始数据及相关资料，并按国际标准对其进行清洗、处理、档案化和标准化，通过建设在线数据共享平台实现科学研究数据的开放与共享。该平台向研究者提供内容广泛全面、可获性强、易用性高、质量可靠的数据，并在数据库建设过程中研发数据管理、存储和开发的新技术，发展适应中国特点且与国际接轨的调查数据存档协议，推动我国科学界数据开放共享。

CNSDA 数据平台内包括中国综合社会调查（CGSS）、中国宗教调查（CRS）、中国教育追踪调查（CEPS）以及中国老年社会追踪调查（CLASS）等

[①] 现已更名为中国学术调查数据资料库，官方网址为 www.cnsda.org。
[②] CSSOD 是一个包含众多数据库资源的数据资料平台。

多个调查项目微观数据库和相关问卷信息,除此之外,还加载有政府部门公布的主要宏观数据(中国发展指数,RUC China Development Index,RCDI)。

接下来介绍该平台的几项大型调查项目。

(1) 中国综合社会调查

中国综合社会调查(CGSS)[①]是我国最早的全国性、综合性、连续性的学术调查项目,项目使用多阶分层 PPS 随机抽样方法系统全面地收集了社会、社区、家庭和个人层面的数据,系统监测了社会结构和生活质量的多元互动和动态变化。

CGSS 项目主要关注中国社会在文化、健康、家庭、劳动力、就业、消费、教育、心理、个性等方面的变迁。调查问卷主要由核心模块、主题模块和附加模块三部分构成。其中,核心模块和主题模块主要服务于描述与解释社会变迁的宗旨,对全部样本进行调查。核心模块每年维持不变,平均调查用时约 30 分钟,基本功能在于为建立的分析模型提供必要的内生变量和外生变量,主要涵盖人口学特征、教育、职业经历、流动和迁移、社会经济活动、性格和态度信息等。主题模块每年轮换,每 5 年重复一次,两次调查内容的重合率要求超过 80%。历年的主题模块有家庭与劳动力市场(2003 年)、社会认同与老龄化(2004 年)、经济态度和行为评价及社会治理(2005 年)、企业改制与经济改革(2006 年)、社会不平等和全球化(2008 年)、社会分层(2010 年)、心理健康和住房(2011 年)、社会公益慈善和主观幸福感(2012 年)、公共服务满意度(2013 年)等。附加模块主要突出国际比较,仅调查 1/3 或 1/4 的随机样本,不确保重复周期和内容相同。

中国综合社会调查可分为两期。2003 年,中国人民大学社会学系与香港科技大学调查研究中心合作设计并启动了第一次中国社会调查及第一期项目。第一期起止时间为 2003—2008 年,其中 2007 年没有执行,共计完成 5 次年度调查。第二期项目起始于 2010 年,由中国人民大学中国调查与数据中心主持。截至 2019 年年底,两期项目共完成 12 次年度调查。不同于以往的综合调查,CGSS2014 是一项专题调查——中国老年社会追踪调查。

自 2003 年起,项目共计使用了 3 套抽样方案——2003—2006 年抽样方案、2008 年实验性抽样方案以及 2010 年抽样方案。三种方案在抽样框、分层变量以及抽样阶段上存在差异,其中,2003—2006 年抽样方案抽取了 125 个区县,500 个街道与乡镇,1 000 个居委会/村委会,约 10 000 名受访者,最终样本中城市样本与农村样本比例为 59∶41。2008 年抽样方案选取了 100 个区县,300 个街

[①] 中国综合社会调查的官方网址为 http://cgss.ruc.edu.cn/。为了获取数据,使用者需要通过 CNSDA 官方网站进行注册申请。

道/乡镇，600个居委会/村委会，约6 000名受访者。2010年抽样方案共抽取100个县级单位和5个大城市（北京、上海、天津、广州、深圳），480个居委会/村委会，约12 000名受访者。①

此外，在CGSS年度调查的基础上，中国人民大学调查与数据中心与全国多家高校和科研院所组成中国社会调查网络，构建了全国大规模调查的新形态。此外，中国综合社会调查于2006年联合日本综合社会调查（Japanese General Social Survey，JGSS）、韩国综合社会调查（Korean General Social Survey，KGSS）、中国台湾社会变迁调查（Taiwan Social Change Survey，TSCS）共同发起了东亚社会调查（East Asian Social Survey，EASS）计划，并于次年代表中国进入国际社会调查合作组织，成为我国在社会调查领域对外交流合作的窗口。

在研究成果方面，CGSS数据产出的学术期刊文章或著作已远超千篇，截至2018年年底，基于CGSS数据产出期刊论文2 115篇，国际英文期刊355篇，其中SCI和SSCI论文241篇；产出国内硕/博学位论文565篇，国际英文博士学位论文80篇；出版专著25本。成果主要集中在人口健康、劳动就业、消费储蓄、空间规划、社会流动、幸福感、社会信任、教育回报、宗教信仰、政治参与等研究领域。其中，发表于《中国社会科学》期刊的21篇文章偏重于探析中国社会结构趋势和影响因素，比如收入、职业和教育、法治上的行政纠纷和政治态度等。

（2）中国宗教调查

中国宗教调查（China Religion Survey，CRS）②作为中国人民大学中国调查与数据中心重要的常规调查项目之一，是我国首个严格按概率抽样原则执行，从个人、组织和区域层次全面反映我国宗教状况与发展趋势的学术性社会调查项目，旨在记录并解释我国宗教的现状与变迁。CRS数据可应用于宗教事务管理、宗教慈善公益、宗教信仰、宗教传播等方面的研究。

CRS自2012年正式启动，每五年调查一次，包括中国宗教场所状况调查和县区宗教状况调查。第一期调查把宗教活动场所作为主题，面向各县、市、区宗教主管部门和各宗教活动场所的负责人发放县（区）宗教状况问卷和宗教场所问卷。表11-7是对中国宗教调查数据库的说明。

---

① 每个抽中的县（区）中随机抽取4个居委会或村委会；在每个居委会或村委会计划调查25个家庭；在每个家庭中随机抽取1人进行访问。在5大城市共抽取80个居委会；在每个居委会计划调查25个家庭；在每个家庭中随机抽取1人进行访问。综上，在全国共调查480个村/居委会，每个村/居委会调查25个家庭，每个家庭随机调查1人，总样本量约为12 000。其中，在抽取初级抽样单元（县区）和二级抽样单元（村委会和居委会）时，利用人口统计资料进行纸上作业；而在村委会和居委会中抽取要调查的家庭时，则采用地图法进行实地抽样；在家庭中调查个人时，利用常用的KISH表进行实地抽样。

② 中国宗教调查的官方网址为http：//crs.ruc.edu.cn/。

表 11-7　中国宗教调查数据库说明

问卷类型	内容
县（区）宗教状况问卷	宗教活动场所信息、宗教教职人员及信徒情况、宗教管理部门情况等
宗教场所问卷	人员个人情况、场所基本情况、场所历史与变迁、组织概况、社会关系与社会服务、场所与政府关系等

资料来源：中国宗教调查官方网站（http://crs.ruc.edu.cn/）。

由于各宗教的区域性差异明显，CRS 采用 PPS 抽样方法，将汉族地区、少数民族地区、各大宗教高度发展地区作为独立的自抽样框（层），分别进行抽样和问卷调查。同时，以北京、上海、广州、深圳和天津为代表，对地区范围内的宗教活动场所进行普查。

中国宗教调查有以下四个突出特点：一是既面向国际又立足本土的问卷设计；二是覆盖中国十分之一的区/县，兼顾少数民族地区与宗教大县；三是聚焦宗教场所的四大特性——组织性、宗教性、社会性与政治性；四是开展多轮追踪调查，全面记录宗教场所的变迁。

（3）中国教育追踪调查

中国教育追踪调查（China Education Panel Survey，CEPS）[1] 是由中国人民大学中国调查与数据中心设计和实施的大型追踪调查项目，是我国第一个针对初中阶段学生群体的全国性、连续性大型社会调查项目。CEPS 旨在记录并解释青少年学生从低教育阶段向高教育阶段转变的教育过程，可用来研究我国的教育不平等、家庭对教育的影响、学生社会网络、学生学业成绩以及对学生的教育期望等问题。

CEPS 以 2013—2014 学年为基线，以初中一年级（七年级）和初中三年级（九年级）两个同期群[2]为调查起点，采取 PPS 抽样方法，以人口平均受教育水平和流动人口比例为分层变量，从全国随机抽取了 28 个县级单位（县、区、市）作为调查点。调查的执行以学校为基础，在入选的县级单位随机抽取了 112 所学校、438 个班级进行调查，被抽中班级的学生全体入样。2018 年新增加小学队列的调查，将调查起始点推至四年级（10 岁），以全国 40 个县 200 所小学的约 3 万名四年级小学生及其家长和老师为基线，进行时间跨度为 33 年共 12 轮的追踪调查，最大程度贯穿一个人受教育乃至成长的全过程，并在项目进行的第 10 年新建立一个从七年级开始的同期群。

---

[1] 中国教育追踪调查的官方网站为 https://ceps.ruc.edu.cn/。
[2] 所谓同期群，是指在相同时间内经历同种事件的人口群。

CEPS 主要采取问卷调查手段，对学生、家长或监护人、班主任老师、主课任课老师以及学校负责人进行调查，全面收集与教育过程相关的不同层次的基础数据，包括地方教育政策、学校课程结构、师生关系、学生朋辈关系、家庭环境、家庭教育过程、亲子关系以及家校关系等。问卷内容具体如表 11-8 所示。CEPS 还对学生进行综合认知能力测试和基本人格测试，并收集学生的重要考试（期中考试、中考、高考等）成绩。同时，CEPS 计划对学生的健康与体格进行检查，采集生物医学指标，综合利用各种技术和手段全面获取高质量数据。

表 11-8 中国教育追踪调查数据库说明

问卷类型	主要内容
学生问卷	学生的基本信息、户籍与流动、成长经历、身心健康、亲子互动、在校学习、课外活动、与老师/同学的关系、社会行为发展
家长问卷	教育期望、家庭成员基本信息、家长的基本信息、生活习惯、亲子互动、家庭教育环境、家庭教育投入、社区环境、对学校教育的看法、与老师的互动、对孩子的教育期望
班主任问卷	班主任老师对学生行为的评价、与学生家长的互动、对本地与外地户籍学生的比较、班级教师个人基本信息、教育理念、日常教学工作、工作压力与满意度
学校负责人问卷	负责人的基本信息、教育理念，学校的基本信息、教学设施、招生入学、在校师生情况以及日常教学管理

资料来源：中国教育追踪调查官方网站（https://ceps.ruc.edu.cn/）。

(4) 中国老年社会追踪调查

中国老年社会追踪调查（CLASS）[①] 是由中国人民大学调查与数据中心负责执行的全国性、连续性的大型社会调查项目。项目通过定期、系统地收集中国老年人群社会和经济背景数据，掌握其在衰老过程中面临的各种问题和挑战，评估各项社会政策措施在提高老年人生活质量方面所取得的实际效果，为中国老龄化问题的解决提供重要的理论和事实依据。

CLASS 项目分别于 2011 年和 2012 年进行了两次试调查，2014 年开展了第一次全国范围的基线调查，每两年追踪一次。调查采用多阶段分层的概率抽样方法，在 29 个省/自治区/直辖市中随机抽取 134 个县、区，462 个村、居，共获得 11 511 份有效样本个人问卷，462 份社区调查问卷。2016 年的第一轮追访访问到存活老年人 6 603 人，追访率为 57.4%，同时通过抽样补充访问社区 166 个，递补样本 4 892 人，样本容量达到 11 495 人。在 2014 年全国范围基线调查的实地

---

① 中国老年社会追踪调查的官方网址为 http://class.ruc.edu.cn/。

调查环节中，督导员带领访问小组到各个初级抽样单位（PSU）完成访问工作。以每个次级抽样单位（Secondary Sampling Unit，SSU）地图地址为抽样框，抽取相应的家庭户，在每个家庭户中再对 60 岁以上的老人进行户内抽样，选定一位受访者进行访问。此外，每个调查的次级抽样单位还会完成一份社区问卷。

CLASS 问卷由社区问卷和居民问卷两部分组成。社区问卷面向村/居委会主任、书记和其他主要工作人员，主要了解的是村/居委会的基本情况。居民问卷的受访者是随机抽中的居民，主要是为了了解受访者的基本情况。表 11-9 是对中国老年社会追踪调查数据库的说明。

表 11-9 中国老年社会追踪调查数据库说明

问卷类型	内容
社区问卷	基础设施和公共设备、社会经济情况、劳动力迁移、养老及医疗保险覆盖、物价水平、选举情况、社区组织和社区历史等
居民问卷	社会人口特征、健康和相关服务、个人经济状况、养老规划和安排、认知与老化态度、老人子女等

资料来源：中国老年社会追踪调查官方网站（http://class.ruc.edu.cn/）。

CLASS 项目的数据在进行清洗、权重计算、文档编写后会面向学术界免费公开，为老年相关领域的学术研究和政策制定提供了高质量的数据支持。

3. 中国家庭收入调查项目

中国家庭收入调查项目（CHIP）[①] 形成的数据库是中国收入分配与劳动力市场研究领域迄今最具权威性的基础数据资料。2008 年以前，CHIP 由国家统计局农调总队、中国社会科学院经济研究所以及国际学者共同开展调查。2008 年以后调查由北京师范大学中国收入分配研究院联合国内外专家共同完成。

CHIP 项目旨在收集家庭调查数据，用于分析收入不平等以及贫困等问题。起初 CHIP 数据仅包含针对城镇和农村住户的调查。鉴于农村向城镇迁移人口越来越多，而城镇和农村住户的子样本并不能完全覆盖所有流动人口，2002 年该调查在原来基础上增加了流动人口样本。因此，CHIP 调查包含三个子样本：农村住户样本、农村—城镇流动人口样本、城镇住户样本。

总体而言，CHIP 数据具有以下四点特色：

第一，跨期的微观住户调查数据。CHIP 采用随机抽样收集了 1988 年、1995 年、2002 年、2007 年、2013 年和 2018 年的住户收支信息以及其他家庭和个人信息。样本来自国家统计局城乡一体化常规住户调查大样本库，覆盖了 15 个省

---

① 中国家庭收入调查项目的官方网站为 http://www.ciidbnu.org/chip/。

(自治区、直辖市)①、126 城市和 234 个区县。六轮 CHIP 全国性调查的核心信息均考虑了纵向可比性,从而能够详细反映改革开放以来不同时期的收入分配改革、劳动力市场改革以及社会保障改革等重大问题的变迁历程及其对微观个体的影响。

第二,数据质量和代表性在国际上广受认可。CHIP 是国内最早在国际合作框架下进行的大型微观住户调查项目。1988 年,CHIP 第一轮调查与包括牛津大学在内的国际知名高校和科研机构合作,按照国际标准设计和实施调查项目,初步构建了 CHIP 项目的国际合作框架,并延续至今。在国际化框架下,CHIP 产出了较多的学术科研成果,获得了较为广泛的国际影响力。

第三,详细的家庭收入、支出和财产信息。围绕"居民收入分配"的核心主题,CHIP 每轮调查都收集了详细的居民收入、支出及其相关信息。自 1995 年(第二轮)开始,CHIP 调查了居民财产信息,并据此进行财产分布研究的项目。

第四,关注时代热点问题。在核心主题"居民收入分配"下,每轮调查围绕时代热点,对问卷内容进行更新和完善,使得整体问卷在保持基本框架的条件下更具有灵活性。比如,改革开放初期,农村居民税费负担较重,CHIP 收集了详细的农村税费信息;20 世纪 90 年代末,中国流动人口规模大幅增加,CHIP2002 开始了流动人口的专项调查,并保持至今;21 世纪城镇化进程中,拆迁及其相关问题得到重视,最近几轮的 CHIP 项目增加了相应内容。

4. 中国真实进步微观调查

中国真实进步微观调查(CGPiS)② 是由北京师范大学经济与资源管理研究院开展的一项全国性的大型综合调查项目,是国内首次针对测算中国真实进步指数而开展的全国性抽样调查。调查旨在通过建立关于微观家庭和个人的全面性、真实性和代表性的大型数据库,反映地区经济社会的真实进步情况,构建测度中国经济社会真实进步的指标体系,为改善我国经济发展、提高国民幸福感提供政策建议。

CGPiS 项目于 2015 年 12 月启动,于次年 8 月在四川和北京开展试调查,同时在 6 座城市开展志愿者网络调查,共收回志愿者个人问卷 5 655 份。2017 年 7 月,调查正式开展。CGPiS2017 调查范围覆盖 29 个省、自治区、直辖市,采用多阶段分层抽样的方法在全国各地区随机抽取超过 42 000 份样本数据。

CGPiS 调查问卷分为社区、家庭和个人三个层次,内容涉及就业、消费、时

---

① 15 个省(自治区、直辖市)分别为北京、山西、辽宁、江苏、安徽、山东、河南、湖北、湖南、广东、重庆、四川、云南、甘肃、新疆。

② 中国真实进步微观调查(暨北京师范大学创新发展研究院)的官方网站为 https://chinaiid.bnu.edu.cn/。

间利用、环境、健康、生育、社会网络和价值观、志愿服务、家务劳动等诸多方面。数据可被用来进行就业、消费、环保、健康、生育以及志愿服务等方面的研究。

5. 中国家庭金融调查

中国家庭金融调查（CHFS）[①] 是由西南财经大学中国家庭金融调查与研究中心在全国范围内开展的抽样调查项目，旨在收集家庭金融微观层次的相关信息，为学术研究和政府决策提供高质量的家庭微观金融数据。

该调查于 2011 年正式启动，每两年进行一次追踪调查。调查采用 PPS 抽样方法，进行了三阶段分层抽样，选取人均 GDP 作为分层变量，依次抽取县级单位、村（居）委会和受访家庭。与中西部省份相比，经济富裕地区（东部地区）的样本比重以及城镇地区的样本比重相对较大。总体而言，样本地理分布较为均匀。表 11-10 是对中国家庭金融调查数据库的说明。

表 11-10 中国家庭金融调查数据库说明

调查类型	时间	覆盖范围			
		省（自治区、直辖市）	县区	村（居）委会	家庭数
基线调查	2011	25	82	320	8 438
首轮跟踪调查	2013	29	267	1 048	28 141
第二轮跟踪调查	2015	29	351	1 396	37 289
第三轮跟踪调查	2017	29	355	1 428	40 011

资料来源：中国家庭金融调查官方网站（https://chfs.swufe.edu.cn）。

CHFS 主要关注微观家庭金融的相关信息，包括住房资产与金融财富、负债与信贷约束、收入与消费、社会保障与保险、代际转移支付、人口特征与就业以及支付习惯等内容。问卷内容涵盖了个人及家庭成员信息、工作、收入与消费、资产与负债、社会保障、商业保险、税收与政府工作评价等几大类。

CHFS 数据主要用于分析我国经济社会转型中微观家庭和个人经济与金融行为的变化、宏观经济变量的变化趋势、外部冲击对政策制度和微观家庭的影响、货币政策和金融稳定、居民消费和储蓄问题分析等。

6. 中国时间利用调查

时间分配和利用方式的变化能反映出经济发展、男女平等、儿童照料、交通运输、闲暇娱乐、养老保障、医疗健康以及城市建设等诸多领域的发展变化脉

[①] 中国家庭金融调查的官方网站为 https://chfs.swufe.edu.cn/。

络。时间利用调查是定量统计个人在给定时间内如何分配各类活动时间的重要工具之一。国内首次大规模时间利用调查由国家统计局于2008年在全国10个省份开展，共计调查了16 661户家庭的37 142名15—74岁的家庭成员。2017年，内蒙古大学和西南财经大学联合开展中国时间利用调查（China Time Use Survey，CTUS），在除新疆、西藏之外的29个省市内开展。

2017年中国时间利用调查的样本是从CHFS2017的约4万户样本中随机抽取的，具有全国代表性。调查主要采用入户访问的方式，要求访员尽可能与受访者面对面访问交流，每位受访者样本被要求填写一天的时间日志。如果受访者满足未满12岁、残疾、生病或年老等情况中的任意一个，则允许由其他家庭成员代答，对于那些在访问期间未能接触到的家庭成员样本，则采用计算机辅助电话访谈技术（CATI）进行补充访问。其中，对于农村家庭样本成员，主要访问其农闲时的时间利用情况。

2017年的中国时间利用调查日志的调查内容可总结为5W要素：谁（who）、何时（when）、何事（what）、何地（where）以及与何人（with whom）。在"何事"要素中，调研通过11大类、58个中类以及300个小类完全覆盖所有人类活动，并且同类之间并无交叉，具体如表11-11所示。这次调查系统地记录了人们在何时何地与何人一起从事何种类型的活动的信息。

表11-11　中国时间利用调查数据库说明

大类代码	大类名称	包含的中类数	包含的小类数
1	睡眠、个人卫生活动、秘密活动	3	12
2	吃饭及其他饮食活动	2	6
3	工作或工作相关活动	4	26
4	受教育	6	28
5	家庭生产经营活动	4	34
6	做家务	9	19
7	照顾家人和对外提供帮助	6	37
8	购物、修车、理发、医疗、去银行、办业务等	8	37
9	体育锻炼与健身活动	5	24
10	娱乐休闲	8	54
11	社会交往和宗教活动	3	23

资料来源：杜凤莲，《时间都去哪儿了？——中国时间利用调查研究报告》，北京：中国社会科学出版社，2018年。

7. 中国乡城人口流动调查

中国乡城人口流动调查（RUMiC）是 2008 年由澳大利亚国立大学、昆士兰大学和北京师范大学联合发起的一项主要针对人口流动背景的住户追踪调查，旨在通过长期搜集住户追踪数据研究中国人口流动的模式及其影响。RUMiC2012—2015 由澳大利亚国立大学单独进行，RUMiC2016 由澳大利亚国立大学和暨南大学共同合作完成，后由暨南大学独立开展 RUMiC2017 面访调查和 RUMiC2018 电访追踪调查。①

RUMiC 主要关注流动人口的福利状况，譬如受访者的工作、收入、身心健康、子女教育和健康以及他们融入城市社区的程度。RUMiC 问卷涉及个人和家庭层面的信息。个人层面的内容主要包括家庭构成、成人教育、成人就业以及儿童四个方面；家庭层面的问题涉及受访者的社交网络、生命中各时期的重要事件、家庭收入和资产、住房条件、在农村老家的信息等方面。

RUMiC 样本涵盖了 15 个城市，5 000 多户流动人口。调查的抽样设计基于国家统计局的住户收支与生活状况调查，具体来说是根据每个样本点农民工的出生月份随机选取的简单随机样本。调查划分为城镇住户调查、农村住户调查和流动人口住户调查，分别对应 3 类人群的追踪数据，即城镇居民、有迁移经历/没有迁移经历的农村居民、在城市务工的农村流动人口。该调查主要在人口流出或流入的大省进行，每轮采集的农村样本户约 8 000 户，流动人口和城镇居民调查样本户均约有 5 000 户。其中，城镇住户调查数据和农村住户调查数据由国家统计局收集并在 4 轮调查后停止收集，而流动人口住户调查由专业的调查机构收集。

11.4 国外大中型社会经济调查数据

相比于国内，国外社会经济调查的建设更为系统规范，主要具备以下四点特征：一是发布更早。世界上发布最早的微观数据是美国 1960 年的人口普查数据。二是发布渠道更为多样开放。国外微观数据的发布并不局限于最初的普查数据，其他类型的微观数据也可以通过各种渠道发布出来，比如调查项目的官方网站、数据供应商等。三是调查覆盖范围广泛。在科学实证主义的指引下，国外学科研究重视调查数据的价值，数据覆盖到社会、经济、政治、文化和生态的方方面面。四是数据调查机构丰富。除了美国人口普查局（U. S. Census Bureau）、加拿大统计局（Statistics Canada）、澳大利亚统计局（Australian Bureau of Statistics）、

---

① 2016—2018 年中国乡城人口流动调查数据由暨南大学社会调查中心（https://sdc-iesr.jnu.edu.cn/）公布。

英国国家统计办公室（Office for National Statistics，UK）等官方统计机构，还有相当多的非官方机构或平台发布了微观数据，其中较为著名的有密歇根大学的大学间政治社会研究协会（Inter-University Consortium for Political and Social Research，ICPSR）、澳大利亚国立大学的社会科学数据档案中心（Social Science Data Archive，SSDA）、埃塞克斯大学的英国数据档案中心（UK Data Archive，UKDA）等。本节将对欧美国家中部分具有典型代表性的微观调查数据库进行简要介绍。

11.4.1 美国收入动态追踪调查

美国收入动态追踪调查（Panel Study of Income Dynamics，PSID）[①] 是世界上最早的家户追踪调查，由美国密歇根大学社会调查研究中心负责。它创立的初衷是了解美国家庭和个人的经济福祉，试图以个人的社会经历条件与心理特质来解释贫困现象。调查源于1968年美国总统林登·约翰逊（Lyndon Johnson）倡导的"对贫困作战"社会经济状况调查，用于评估"对贫困作战"政策的效果。1999年以前，PSID每年进行一次调查，之后改为每两年进行一次调查，并对调查内容进行了变革，调查主题从关注美国家庭的经济状况扩展到了同时关注社会、心理、健康、教育等多个领域。调查数据服务于全球的政策分析师、科研工作者和学生，用于探讨收入分配、贫困、教育、老龄化、就业、社会福利、健康、代际传递等多方面的主题。

PSID采用面访、电话和CATI的方法，追踪了65 000名个体在36年间的生活和经济活动信息，包括就业、收入、财富、支出、健康、婚姻、生育、儿童发展、慈善事业、教育和其他主题的数据。

除此之外，为完善PSID的调查主题，项目进行了补充调查——儿童发展补编（The Child Development Supplement，CDS），用于收集PSID家庭中有关儿童、青少年及其主要看护人的信息。第一组CDS于1997年启动，每5年进行一次追踪。

PSID家庭中所有符合年龄要求（出生至17岁）的儿童均可成为CDS的追踪对象。2014年，PSID开始关注新一批的儿童，问卷内容与上一次保持一致。调查收集了主要看护人和儿童、青少年的唾液样本，以及儿童和青少年的时间利用信息、媒体访问和使用技能、与宠物的互动、亲社会行为等。年满18岁的CDS受访孩子将会进入成人过渡期补编（Transition into Adulthood Supplement，TAS），TAS调查始于2005年，每两年追踪一次。

---

① PSID数据公布的官方网站为https：//psidonline.isr.umich.edu/。

从 2001 年起，来自 PSID 家庭的子孙形成的小家庭进入 PSID 家庭样本中，形成了 PSID 的家谱。此外，PSID 的追踪调查还形成了大量的代际关系数据：约 5 000 个"父母—成年子女"对、3 600 个"同胞"对、4 500 个"表兄弟"对、1 300 个"祖父母—父母—成年子女"三重代际关系对，为世代和生命历程研究提供了独特的数据库。

11.4.2 美国综合社会调查

美国综合社会调查（General Social Survey，GSS）[①] 是由芝加哥大学的国家民意研究中心（National Opinion Research Center，NORC）负责定期开展的大型社会调查项目。该调查始于 20 世纪 70 年代，以年度为单位推行，至今已有近半个世纪的历史。美国 GSS 作为描述美国社会变迁与趋势的基本晴雨表，其宗旨是通过采集当代美国的社会数据，对美国民众在态度、行为以及社会属性方面的现状进行解释，并监测变化趋势，从总体上探讨社会的结构与功能以及社会各子群体所扮演的角色。美国 GSS 数据可结合中国综合社会调查进行社会态度、价值观、劳动就业、人口健康等主题的跨国比较。

美国 GSS 主要是关于新受访者的横截面调查（cross-sectional survey），2006—2014 年的调查中加入了对部分上一轮受访者进行的追踪调查。1972—2020 年，美国 GSS 已进行了 32 次调查。其中 1972—1993 年基本上每年组织一次调查[②]，每轮样本约 1 500 个；自 1994 年起，美国 GSS 改为每两年组织一次调查，每次样本为 2 000—3 000 个。1972—2004 年，美国 GSS 的调查对象为居住在美国境内以英语为母语的 18 周岁及以上的居民；自 2006 年起，以西班牙语为母语的居民也被纳入调查范围。1974 年以前的调查样本和 1975 年、1976 年的一半调查样本均采取配额抽样（quota sampling）方法抽取，其余年份的调查（包括 1975 年和 1976 年的另一半样本）采取全概率抽样方法进行样本抽样。

除受访者的基本社会背景资料这一固定模块外，美国 GSS 的调查内容可分为两类模块，一类模块是被国际社会调查项目（International Social Survey Programme，ISSP）认可的国际标准化模块，具体内容为政府角色、社会支持与网络、社会不平等、妇女与工作、工作取向、宗教信仰、民族认同等方面；另一类模块是美国 GSS 自定义的标准化模块，具体内容为种族、堕胎、女权主义、军队态度、社会政治参与、群体关系、工作组织、文化、家庭迁移、文化多元化、心理健康、医疗卫生与伦理等。美国 GSS 每年除了在年度调查中包含由 ISSP 理事会决定的当年调查模块，还包括新增加的调查模块以及对现有模块进行的循环

[①] 美国综合社会调查官方网址为 http://gss.norc.org/。
[②] 调查在 1979 年、1981 年、1992 年未进行。

调查。

11.4.3 世界价值观调查

世界价值观调查（World Values Survey，WVS）[①] 是由世界社会科学网络联盟的成员单位共同执行的一项全球性调查项目。项目旨在研究公众的价值取向，并探索其如何随时间与社会政策变迁而变化，目前已覆盖全球超过 120 个国家和地区、94.5% 左右的人口。

WVS 启动于 1981 年，并于 1990 年将项目正式更名为"世界价值观调查"。两次调查结果均显示受访国家居民在政治、家庭、宗教以及性别等价值观上存在差异，并且呈现出世代交替（intergenerational alternation）的现象。

为了验证和研究价值观在时空上的变化，WVS 建立了连续滚动调查机制，每 5 年执行一次，同时将中国、印度等纳入调查中。截至 2020 年，WVS 已完成 7 轮全球性调查，是目前世界上规模最大的价值观调查项目。表 11-12 是对 WVS 数据库的说明。

表 11-12 世界价值观调查数据库说明

	调查时间	覆盖国家/地区	有效样本数
第一次	1981—1984 年	10	13 586
第二次	1990—1994 年	42	24 558
第三次	1995—1998 年	55	77 129
第四次	1999—2004 年	65	60 045
第五次	2005—2009 年	54	83 975
第六次	2010—2014 年	97	90 350
第七次	2017—2020 年	77	129 000

资料来源：韩广华，"世界价值观调查（World Values Survey）的介绍"，《实证社会科学》，2017 年第 2 期，第 109-118 页。

WVS 主要采用全概率抽样方法（根据不同国情，也可能采用分层概率抽样）抽取 18 周岁以上的居民进行面对面调查。第 7 轮的 WVS 问卷有 290 个问题、100 多个指标，问题包括基本的人口统计学特征、社会价值观和态度、社会福祉、社会资本、信任和组织成员资格、腐败、迁移、安全、宗教价值观、道德规范价值观、政治利益和政治参与、政治文化和政治制度等。

WVS 具有丰富的价值观内涵，调查主题包括工作时间、劳工组织、社会问

---

① 世界价值观调查的官方网站为 http://www.worldvaluessurvey.org/wvs.jsp。

题、社会规范、政治价值观、社会距离、就业问题、环境问题、家庭与教育问题、政治态度、国家民主、性别以及婚姻等方面。同时，WVS 具有很好的开放性，调查向各国家和地区提供了全球统一的问卷版本，各个国家和地区可在得到执行委员会认可后，根据本土特点对问卷进行部分修改或调整。

11.4.4 美国时间利用调查

美国时间利用调查（The American Time Use Survey，ATUS）[①] 是由美国劳工统计局（Bureau of Labor Statistics，BLS）发起，由美国人口普查局实施的一项衡量人们如何利用时间的调查。ATUS 始于 1991 年，之后每 5 年开展一次。在开始调查前，相关机构会提前给随机抽取的受访者样本发送邮件，告知其受访时间、调查目的和性质等一系列与调查相关的问题。所有的调查访问都在美国人口普查局电话调查中心进行。

美国时间利用调查是结构性问题和对话式访问的综合，主要包括受访者花名册、时间利用记录、概要性问题以及人口调查信息等。除了时间利用记录簿，调查均采用 CATI 方法，一边读出计算机屏幕上的文本信息，一边输入答案记录。在受访者花名册部分，访员确认并更新受访者的基本信息，包括姓名、性别、生日等；时间利用登记簿中主要搜集 24 小时内应答受访者的详细活动清单，了解受访者每个活动的地点、持续时间以及陪伴者；在概要部分，访员对受访者的工作等问题进行追问，比如其工作状态、是否照顾老人等。此外，为计算出受访者一周的工资总额，受访者还需回答经常性收入问题。

11.4.5 美国健康和退休研究

美国健康和退休研究（Health and Retirement Study，HRS）[②] 是由美国国家老龄化研究所资助，美国密歇根大学社会研究所执行的一项具有全美代表性的调查项目，目的是收集由个人和社会老龄化所带来的健康和经济状况方面变化的数据。HRS 可被用于人口老龄化问题、劳动经济学、社会保障、人口经济学以及卫生经济学等领域的讨论及跨国比较。

HRS 调查始于 1992 年，主要针对的是美国出生于 1931—1941 年（即在当时 51—61 岁的人群）具有全国代表性的样本群体，并在 1994 年、1996 年和 1998 年进行追踪调查。1998 年，HRS 与"调查 70 岁以上老年群体的资产与健康动态研究"（The Study of Assets and Health Dynamics Among the Oldest Old，AHEAD）

[①] 美国时间利用调查数据公布在美国密歇根大学官方网站（https://www.icpsr.umich.edu/web/ICPSR）上。

[②] 美国健康和退休研究数据公布在美国密歇根大学官方网站（https://hrs.isr.umich.edu/）上。

项目合并，之后每两年组织一次追踪调查。在随后的调查中，HRS 陆续加入了一些不同的出生队列，包括大萧条时期儿童队列（出生于 1924—1930 年）、战争时期婴儿队列（出生于 1942—1947 年）、婴儿潮早期出生队列（出生于 1948—1953 年）、婴儿潮中期出生队列（出生于 1954—1959 年）、婴儿潮晚期出生队列（出生于 1960—1965 年），数据样本规模超过 26 000 个。截至 2020 年，HRS 已产生了 14 次调查数据。

HRS 采用多阶段概率抽样设计的方法抽取样本，这一抽样方法涉及地理分层（geographic stratification）和对特定人群进行聚类过采样（clustering and oversampling）。为了确定受访者，访员对每个采样住户单元进行简短的筛选访问，列出该家庭成年人（18 岁及以上）及其伴侣的状况，然后从所有符合年龄要求的家庭成员中随机选择一名受访者，并将受访者的配偶或伴侣纳入样本中。

该项目主要侧重于收入和财富、对健康的认知和医疗服务的使用、工作和退休以及家庭联系四个主题，具体涉及社会人口学变量、身体健康和机能、住房和流动性、家庭结构、工作经历、退休计划、认知和期望、资产、收入、保险和上次调查后的重要事件等。

11.4.6 欧洲社会调查

欧洲社会调查（The European Social Survey，ESS）[①] 是一项学术驱动的多国调查，由代表欧洲各参与国政府的 ESS 欧洲研究基础设施联盟（ESS European Research Infrastructure Consortium，ESSERIC）负责执行。调查旨在监测和解释欧洲公众态度和价值观的改变，推进和巩固跨国调查测量方法的改进，开发一系列欧洲社会指标。

ESS 测量了 30 多个国家不同人群的态度、信仰和行为模式，调查对象为每个调查国家和地区私人家庭中年龄 15 周岁及以上的居民。样本的选择坚持以下四点原则：一是每阶段均采取严格的随机概率抽样；二是可使用个人、家庭和地址作为抽样框；三是人口少于 200 万的国家可将"有效实现样本量"（effective achieved sample）的最低目标定位为 1 500 或 800；四是任何阶段均不允许采用配额抽样。

自 2001 年成立以来，ESS 于 2002 年开展了第一轮调查，其后每 2 年在欧洲各国组织一轮新的调查，选取最新的具有代表性的跨地区的样本。截至 2020 年，ESS 已经组织了 9 轮调查，前后调查过英国、德国以及法国等 38 个国家，2018 年调查样本量达到了 47 086 人。

[①] 欧洲社会调查的官方网站为 http://www.europeansocialsurvey.org/。

ESS 关注信任、政治、社会价值、社会排斥、歧视、宗教、国家认同、生命历程以及公平和正义等主题，包括社会信任、政治利益和参与、社会政治方向、社会排斥、民族、种族、宗教、关键事件时间、分配、程序正义和公平、人类价值观以及人口和社会经济情况等内容。此外，第 9 轮 ESS 调查开发了欧洲的公平和正义以及生命时间安排两个新模块。

11.4.7 英国数据档案库

与以上数据库不同，英国数据档案库（UK Data Archive，UKDA）[①] 是英国多个大中型社会调查数据的集合，也是社会人文学科获取研究数据的一个国际公认平台。英国数据档案库于 1967 年成立于英国埃塞克斯大学，其数据主要来源于大型政府调查，如劳动力调查，以及一些英国主要的调查项目，如家庭小组调查、环境研究调查等。因此，该数据库覆盖的研究领域十分广泛，关注劳动力市场、人口老龄化、教育、健康、贫困、种族与社会歧视和能源与环境等主题。但该数据库目前仅对会员开放，并未面向大众公开，主要为英国研究人员、大学学者与学生使用。

小结

对于社会科学而言，数据在开展学术研究和制定国家政策中具有重要价值。国内外经济社会调查数据纷繁复杂，种类万千。本章通过介绍国内外社会经济调查数据的概况，并梳理社会经济调查数据的类型，帮助读者大致了解社会经济调查数据。此外，本章还分类介绍了国内外学术研究中常用的大中型微观数据库。对这些数据库的了解有助于读者加深对前面章节所介绍的调查组织方法的理解，同时也有利于读者选择和利用数据库。

参考文献

陈光金、吕鹏、林泽炎等，"中国私营企业调查 25 周年：现状与展望"，《南开管理评论》，2018 年第 6 期，第 17 - 27 页。

陈婉清，"中国人口普查的改革与发展研究"，《调研世界》，2012 年第 11

[①] 英国数据档案库的官方网站为 http://www.data-archive.ac.uk/。

期，第 48 - 52 页。

邓永智，"加强科研领域数据库建设　实现数据资源共享"，《科技进步与对策》，1999 年第 3 期，第 12 - 13 页。

杜江勤，"中国综合社会调查数据库介绍"，《实证社会科学》，2016 年第 2 期，第 143 - 152 页。

风笑天，"社会学方法二十年：应用与研究"，《社会学研究》，2000 年第 1 期，第 1 - 11 页。

风笑天，"我国社会学恢复以来的社会调查分析"，《社会学研究》，1989 年第 4 期，第 12 - 18 页。

甘犁、冯帅章，"以微观数据库建设助推中国经济学发展——第二届微观经济数据与经济学理论创新论坛综述"，《经济研究》，2019 年第 4 期，第 204 - 208 页。

国家统计局天津调查总队课题组等，"城乡住户调查数据质量控制方法研究"，《天津经济》，2014 年第 4 期，第 36 - 41 页。

韩广华，"世界价值观调查（World Values Survey）的介绍"，《实证社会科学》，2017 年第 2 期，第 109 - 118 页。

何建新，"对高校特色数据库建设的探讨"，《现代情报》，2005 年第 9 期，第 77 - 79 页。

焦豪、赖德胜，"经济管理学科微观数据库建设与利用：国际视野与中国经验"，《管理世界》，2018 年第 3 期，第 167 - 171 页。

李丁、马双、何欣等，"中国经济问题与微观数据研究——首届微观经济数据与经济学理论创新论坛综述"，《经济研究》，2018 年第 5 期，第 205 - 208 页。

李丽、白雪梅、刘永久，"国外微观数据发布的进展与启示"，《统计研究》，2010 年第 8 期，第 14 - 20 页。

林竹，"民意调查在中国的发展和应用"，《社科纵横》，2007 年第 8 期，第 6 - 7 页。

刘子夜，"国内主要微观数据库简介及启示"，《中国统计》，2018 年第 7 期，第 35 - 37 页。

罗楚亮、李实，"中国住户调查数据收入变量的比较"，《管理世界》，2019 年第 1 期，第 24 - 35 页。

聂辉华、江艇、杨汝岱，"中国工业企业数据库的使用现状和潜在问题"，《世界经济》，2012 年第 5 期，第 142 - 158 页。

王广州，"对第五次人口普查数据重报问题的分析"，《中国人口科学》，2003 年第 1 期，第 65 - 68 页。

王卫东,"美国综合社会调查(GSS)综述",《社会科学家》,2006年第3期,第146-148页。

许庆红,"家庭收入测量方法的比较与借鉴",《统计与决策》,2012年第11期,第4-7页。

许宪春、叶银丹、余航,"中国政府微观数据开发应用:现状、挑战与建议",《经济学动态》,2018年第2期,第88-98页。

许宪春、余航、杨业伟,"政府微观调查数据开发应用的国际经验和建议",《统计研究》,2017年第12期,第3-14页。

杨帆,"中国健康与养老追踪调查数据库介绍",《实证社会科学》,2017年第1期,第115-122页。

曾毅,"中国老年健康影响因素跟踪调查(1998—2012)及相关政策研究综述(上)",《老龄科学研究》,2013年第1期,第65-72页。

曾毅,"中国老年健康影响因素跟踪调查(1998—2012)及相关政策研究综述(下)",《老龄科学研究》,2013年第2期,第63-71页。

张红侠,"保证中小工业企业调查数据质量的思考",《统计与咨询》,2010年第4期,第43页。

张计龙、朱勤、殷沈琴,"美国社会科学数据的共享与服务",《大学图书馆学报》,2013年第5期,第13-17页。

赵联飞,"中国社会学研究方法70年",《社会学研究》,2019年第6期,第14-26页。

甄峰,"欧盟企业创新调查与数据开发的经验和启示",《科学学研究》,2014年第7期,第1114-1120页。

郑雪瑾,"关于外贸业务统计工作中使用海关统计数据的指导意义",《黑龙江对外经贸》,1999年第6期,第3-5页。

周皓,"两种调查视角下流动人口结构的对比分析",《人口研究》,2019年第5期,第81-95页。

Sonnega, A., et al., 2014, "Cohort Profile: the Health and Retirement Study (HRS)", *International Journal of Epidemiology*, 43 (2), 576-585.

Stoiko, R. R., 2014, "The Health and Retirement Study", *International Journal of Aging and Human Development*, 79 (4), 339-341.

第 12 章 从数据到问题：
如何用调查数据做实证研究

【本章导读】

数据的获取不是研究的终点，探讨数据背后的故事才是研究者的最终目标。社会科学框架下的实证研究并非易事，除了要理清各种相关关系，还要探究因果关系。社会科学的研究对象是复杂的人类社会，其中"原因"与各种"噪声"交织在一起。欲理清问题的因果关系，不仅需要理论支撑，还需要掌握详实的数据和专业的分析方法。

本部分建立在读者已经拥有（或可使用）一套或几套较好调查数据的基础上，希望给读者提供一份扼要的实证研究指南。本章将从科学分析范式讲起，引导读者理解实证研究的要义，实现用调查数据做实证研究的目的。

12.1 科学方法与实证分析

本章所指的科学研究方法（scientific research），是科研人员为保证其研究成果的效度和信度[①]，利用观察到的证据，按照一定步骤开展科学研究的各类手段。读者可以回忆本书第 8 章提到的"效度"和"信度"概念："效度"和"信度"意味着准确、可靠，以及具备内在逻辑性和可重复性。坚持科学性方法论不仅是问卷设计和数据获取科学性的保障，也是严谨的理论论证与实证研究的核心。

从方法论上看，研究可分为理论研究（theoretical research）和实证研究（empirical research）。理论研究以概念化推理为主体，遵循"概念—判断—推理"系统框架，其特点是观点性强，兼具严谨性和创新性。此外，经济学问题研究中的数据证明或逻辑推理（例如博弈论）也是理论研究的常用手段。相对地，实

[①] 这里对科学研究方法的界定综合参考了徐云杰（2011，第 4 页）以及赫文和多纳（2013，第 27 页）。

证研究以"实证主义"(positivism)① 为研究范式,用逻辑与实证来保证结论的可靠性。实证研究有两类。一类是结合数据来进行理论验证,即从经验资料中总结理论并用经验资料验证理论的过程(彭玉生,2010),例如通过搜集劳动力的工资和受教育年限验证人力资本理论。还有一类是探索性质的实证研究,即研究人员在提出假说的基础上将研究重点放在对现实数据结果的考量上。此类研究的重点不在于构建和验证理论模型,而在于对现实世界的观察、描述和解读。例如,考察中国改革开放以来的收入分配格局和收入结构的变动问题。

实证研究一般有一套严谨的分析路径,研究人员在此基础上按照科学性原则搜集数据,并使用恰当的分析方法对理论或假说进行验证。其中,实证研究的一个重要特点是"可重复性",即科学研究人员之间可重复数据搜集过程来验证同一套推理或假说。可重复性的相关内容具体可参见专栏 12-1。

专栏 12-1　不同数据库下贫困率的比较

2010 年以来,以学术机构为独立主体所开展的大型社会调查进入繁盛期。在贫困问题成为全社会关注焦点的背景下,国内若干大型全国性问卷调查均为估计我国贫困程度提供了数据支持。结合前文所提到的可信性原则,各家调查机构的公开数据在测算贫困程度上是否会得到趋于一致的结论呢?在此摘录张春泥等(2012)的报告结论供读者参考。

报告使用中国家庭追踪调查(CFPS)、中国综合社会调查(CGSS)、中国家庭金融调查(CHFS)和中国家庭收入调查项目(CHIP)四个数据库中的家庭收入和支出数据,参照多个贫困标准计算了中国全国及城乡的贫困率(参见表 12-1)。结果显示,CFPS、CGSS 和 CHFS 三个彼此独立的调查得到的结果基本一致。

表 12-1　各类贫困线下的农村贫困率

基于家庭人均年纯收入											
	1 美元 1 天			1.5 美元 1 天			调查当年贫困线			最新贫困线 (2 300 元)		
	P0	P1	P2	P0	P1	P2	P0	P1	P2	P0	P1	P2
CHIP	4.55	1.83	3.37	13.00	4.01	3.09	2.35	1.36	4.52	11.84	3.70	2.97
CGSS	16.96	6.94	4.06	29.37	12.38	7.25	10.06	4.25	2.52	26.36	11.19	6.48

---

① 实证主义起源和发展于欧洲文艺复兴时期,是现代实证主义哲学家发起的一种哲学研究方法论,其基本特征是将哲学的任务归结为现象研究,力图将哲学科学化。孔德、穆勒和斯宾塞是现代实证主义哲学的主要代表人物。

(续表)

	基于家庭人均年纯收入											
	1美元1天			1.5美元1天			调查当年贫困线			最新贫困线（2 300元）		
CFPS	13.96	6.06	3.61	23.38	10.27	6.20	9.46	3.97	2.32	21.62	9.52	5.71
CHFS	36.85	21.32	16.24	48.24	28.57	21.27	29.45	17.48	13.76	45.46	26.66	19.89
	基于家庭人均年支出											
	1美元1天			1.5美元1天			调查当年贫困线			最新贫困线（2 300元）		
	P0	P1	P2	P0	P1	P2	P0	P1	P2	P0	P1	P2
CHIP	2.35	0.42	0.13	10.69	2.22	0.74	0.67	0.12	0.03	9.78	1.98	0.65
CGSS	13.16	4.72	2.40	26.88	9.73	5.10	7.18	2.39	1.17	23.58	8.41	4.31
CFPS	10.24	3.23	1.49	21.22	7.33	3.63	5.4	1.62	0.72	19.29	6.64	3.23
CHFS	12.68	4.36	2.23	25.27	9.21	4.8	7.73	2.61	1.37	21.57	7.8	4.10

注：P0为贫困发生率（poverty ratio），指生活在贫困标准以下的人口占全部人口的比重；P1为贫困距（poverty-gap），是指贫困人口收入与贫困线之间的差距的总和，可用于度量扶贫资金缺口；P2为平方贫困距（squared poverty-gap），收入越低的人会被赋以更高的权重，可用于度量贫困的强度。

数据来源：张春泥、许琪、周翔等，"CFPS、CGSS、CHIP、CHFS贫困率比较"，CFPS技术报告-19，2012年12月。

12.2 数据：实证研究的关键

在实证研究中，可以毫不夸张地说，数据处于关键性地位。因为"它一头连接着形而上的理论——确定性；另一头连着形而下的经验现象——随机性"（赵泉和吴要武，2015）。洪永森（2007）对实证分析做了两个公理性假定：一是任何经济系统都可以看作服从一定概率分布的随机过程；二是任何经济现象（经济数据）都可以看作这个随机数据生成过程的实现。在实证研究中，要求我们使用接近随机的高质量数据，确保数据的总体代表性和可信性[①]。因此，在拿到一套数据后，研究人员首先要分析数据并反复确认：研究主题是否对应有效的数据支撑？数据结构是什么样的？数据中有哪些变量？数据代表性如何？等等。下面具体从两个方面展开介绍，首先是微观数据的类别，其次是如何讲好数据背后的故事。

---

① 所谓代表性，是指数据是否能够满足对特定研究对象的分析，例如具有全国代表性的数据能够就全国问题展开分析，但区域调查的结论则无法简单地推广至全国。所谓可信性，是指不同的学者遵循同样的随机抽样获取的数据集合，其结论应该是趋于一致的。

12.2.1 认识微观数据

微观数据主要指具有一定规模的住户或个体样本量的数据，有时概念也外延到社区、农场和学校等其他单元。结合第 2 章的介绍，微观个体样本来自"总体"（population），通过概率机制（probability mechanism）确保抽样或普查样本对总体的代表性。根据数据结构的不同，可分为横截面数据（cross-sectional dataset）、时间序列数据（time series dataset）、混合截面数据（pooled cross sectional dataset）和面板数据（panel dataset）。

1. 横截面数据

横截面数据，或称"截面数据"，是指在给定时间点①，采集个体单元样本所构成的数据集。在实证分析中，截面数据对理论检验、假说验证、政策分析等评估有着至关重要的价值，被广泛应用于经济学、人口学、心理学、社会学以及教育学等社会学科领域。表 12-2 展示了截面数据电子化储存的形式，变量包括个体代码（识别个体的唯一排序编号）、家庭人均可支配收入、家庭年均消费性支出以及个体性别（二值变量：1 是女性，0 是男性）。

表 12-2 横截面数据示例

个体代码	家庭人均可支配收入（元/人）	家庭年均消费性支出（元/户）	性别
110 108 551	47 200	466 350	1
110 043 104	26 666	116 960	0
110 060 601	78 000	295 000	1
…	…	…	…
533 728 521	38 333	222 300	0
110 120 601	62 500	217 760	1
530 123 106	12 500	57 524	0
171 071 551	80 000	260 360	0

回顾第 11 章中介绍的国内各类大型社会经济调查（CGSS、CHIP、CFPS、CHFS 等），这些大型调查均具有全国代表性。但所谓"全国代表性"，并不意味着数据库内所有变量均具有全国代表性，而是在人口学特征上的代表性以及与调查主题变量相关信息的代表性。如中国家庭收入调查项目（CHIP）在居民收入

---

① 有必要对"给定时间点"这个概念做补充说明。一个小规模调查团队要开展较大规模的社会调查，对受访者的调查极大可能在不同的时间点上进行，这种"时间不一致"的情况经常出现在横截面数据中，一般分析中可以忽略这种较小的调查时间差距。

相关信息上具有全国代表性,中国家庭金融调查(CHFS)在家庭金融资产上具有全国代表性,但我们不能预期其他变量在准确性、全国代表性方面具有同等效力。例如,当调查居民家庭财产时,受我国居民"财不外露"传统思想或其他因素的影响,一部分样本可能会拒绝或虚假报告其财富和财产信息,因此,即便问卷中设置了相关问题,我们也应该有所预期,由此得到的财富分布不一定具有全国代表性。①

2. 时间序列数据

与横截面数据不同,时间序列数据由一个或多个变量在不同时点的观测值构成,是不同时间点上收集到的数据。这类数据可以反映出某一事物、某类现象随时间的变化状态或程度。例如,股票价格、消费价格指数、国内生产总值和年度贫困发生率等均为时间序列数据。表12-3给出了国家统计局公布的2000—2019年国内生产总值指数和三次产业增加值指数的年度变动情况。可以看到,时间序列数据的重要特点是时间序列长度要多于变量个数,且核心变量是时间。

表12-3 时间序列数据示例

指标	国内生产总值指数(上年=100)	第一产业增加值指数(上年=100)	第二产业增加值指数(上年=100)	第三产业增加值指数(上年=100)
2019年	106.1	103.1	105.7	106.9
2018年	106.7	103.5	105.8	108.0
2017年	106.9	104.0	105.9	108.3
2016年	106.8	103.3	106.0	108.1
2015年	107.0	103.9	105.9	108.8
…	…	…	…	…
2003年	110.0	102.4	112.7	109.5
2002年	109.1	102.7	109.9	110.5
2001年	108.3	102.6	108.5	110.3
2000年	108.5	102.6	109.5	109.8

可以说,"时间"是时间序列数据中非常关键的维度。时间序列数据可用于分析滞后期对当期的影响,还可以从长时序数据中找寻事件发生规律,形成对未来的预测。依托于"时间"概念,时间序列数据有两个较强的特征:一是数据频次(data frequency),即搜集同一变量的频率。根据变量的不同特性,数据发

---

① 这涉及样本选择偏差的问题,感兴趣的读者可以参考计量经济学的相关书籍,在此不再延伸。

布频次从每分钟（如股票行情）、每小时（如气象报告）、每天（如新冠患者的统计）、每周（如区块链数据统计）、每月（如物价指数）、每个季度（如城镇失业率）、每年（如婴儿出生率）甚至每十年（如特定年份的普查）均有可能。二是周期性（或特定时期政策冲击）特征。例如，农业生产的季节性特征；南北地区家庭"装修黄金月"的不同与地方气温变化和中国春节返乡过年习俗有强相关性；以及与《中华人民共和国义务教育法》规定的入学时间相关的不同月份新生儿出生率差距（刘德寰和李雪莲，2015；谢宇和张春泥，2017），等等。

3. 混合截面数据

混合截面数据兼顾时间序列与截面数据的信息特性。比如，某研究机构分别在 2013 年和 2018 年对我国居民收入状况进行了调查，这两个年份的调查采集了相同的核心变量（时间序列），但不同年份调查的家庭不同（截面数据）。出于扩大样本容量的目的，研究人员可以将上述两个年份的数据进行合并，于是形成了一份混合截面数据。

混合截面数据通常应用于政策评估。混合截面数据的关键优势是可以从分析中理解因果或相关关系是如何伴随时间（或政策冲击）发生变化的。例如，拥有 2013 年和 2018 年的中国农村家户调查截面数据，且这两年数据中含有与收入、支出、生活状况等相关的变量，则可形成一个研究题目："十四五"规划以来中国政府的精准扶贫政策对改善贫困和低收入群体福利效用的影响。

表 12-4 给出了混合截面数据的基本结构，其中，调查时点分别为 1988 年和 1990 年，每个年份均调查了个体的年龄、受教育年限、对数收入和周工作时间等信息。但不同的是个人代码并不一致，即不同年份的调查对象有差别。

表 12-4 混合截面数据示例

个人代码	年龄	受教育年限	对数收入	周工作时间	调查时间
1	37	12	11.739 13	48	1988
2	37	12	6.400 963	40	1988
3	42	12	5.016 723	40	1988
4	43	17	9.033 813	42	1988
…	…	…	…	…	…
47	35	12	3.526 568	40	1990
48	35	15	5.852 843	40	1990
50	36	16	35.731 62	45	1990
51	38	12	4.428 341	18	1990

4. 面板数据

面板数据是对同一受访群体,在相同或类似的研究主题下连续追踪调查一段时间所形成的数据集合,是横截面数据在时间序列方向上的扩展。例如,每两年访问一次同一群体所形成的数据就是一种面板数据。

表 12-5 给出了面板数据范例。从个人代码与调查时间的关系可以看出,面板数据与表 12-3 的显著差异在于个体是被重复追踪的,这展现出面板数据的一些优势:

(1) 面板数据能够部分解决遗漏变量问题。遗漏变量通常由不可观察的个体差异(异质性)导致,面板数据能够很好地解决不随时间变化的遗漏变量问题,这是截面数据所不具备的优势。

(2) 面板数据提供了个体的动态行为信息。面板数据兼具横截面和时间两个维度,形成了对个体行为的动态追踪。

(3) 多时点的观测使单纯在截面数据下难以做出的因果推断变得更为可行。

(4) 决策行为可能具有滞后性,跨期面板数据有助于提高我们对个体行为反应的研究精度。

(5) 多个时间维度的数据集合能够扩大面板样本容量,进一步提高估计精确度。

表 12-5 面板数据示例

个人代码	调查时间	受教育年限	出生年份	对数收入	周工作时间
1	1971	12	1951	1.028 682	44
1	1972	12	1951	1.589 977	40
1	1973	12	1951	1.780 273	40
2	1971	12	1951	1.360 348	40
2	1972	12	1951	1.206 198	40
2	1973	12	1951	1.549 883	40
…	…	…	…	…	…
4	1971	17	1945	2.375 578	35
4	1972	17	1945	2.413 923	35
4	1973	17	1945	2.280 939	40
5	1971	12	1945	1.858 522	40
5	1972	12	1945	1.979 301	40
5	1973	12	1945	1.990 412	40

至此,我们共介绍了四类数据。与前三类数据相比,面板数据是对横截面数

据内部的微观个体的连续跨期追踪；不同于面板数据对同一样本群的跨期追踪，混合截面数据是对不同个体的分期信息采集；与时间序列数据相比，面板数据库的追踪时限未必在时间维度上胜出，但在其他维度上的变量信息一定更为丰富。表12-6整理了四类数据的定义、特性以及注意事项，并列举了国内数据供读者参考。

表 12-6　四类微观数据的比较

数据类型	定义	特性	国内数据举例	注意事项
横截面数据	在给定时间点上，对个体单位采集样本所构成的数据集	横截面数据对特定时期内的整体有代表性	CHIP	可忽略较小的调查时间差距
时间序列数据	由一个或几个变量在不同时间点的观测值构成	一是数据频次特性，二是周期性明显	季度 CPI 年度 GDP	"时间"是时间序列数据中非常关键的维度
混合截面数据	融合了时间序列数据与截面数据的特点	对变量在不同时间上的差异做出解释，通常用于政策评估	CHIP 1988 CHIP 1995 …… CHIP 2013 CHIP 2018	混合截面数据是两个或多个横截面数据的混合
面板数据	对同一部分受访群体，在相同或类似的研究主题下连续追踪调查一段时间所形成的数据集合	对同一个体的跨期追踪	CFPS CHFS CHNS	部分解决遗漏变量问题；提供了个体的动态行为信息；因果推断变得更为可行

12.2.2　如何讲好数据背后的故事

数据结果与经验事实往往是一枚硬币的两面。拿到一套数据后，重要的是读出数据里的故事。首先，要对数据的一些基本结构性特征做统计性描述，理解数据背后的逻辑和背景。例如，一个不了解中国历史的外国人在中国人口普查数据中发现 1959—1961 年出生队列的人口比例呈现下降态势，可能会好奇甚至质疑数据质量。但对了解"三年困难时期"历史的群体而言，上述数据形态的产生源于其特殊的历史背景。再如，党的十八大以来，我国创造了年均减贫 1 000 万以上的"中国奇迹"，尽管这对世界上其他国家来讲几乎是不可能完成的任务，但对中国发展历程与发展目标熟悉的群体而言，这种奇迹充分展现了中国特色社会主义制度的优越性，有据可依。

其次，要梳理出一个富有逻辑的故事。例如你拥有一份具有城镇代表性的成年人数据，其中包含月工资、身高、体重、年龄以及他/她们母亲在哺乳期的营养状况、饮食习惯以及是否酗酒、抽烟等信息。利用这些变量信息，你可以结合健康经济学的相关理论尝试研究：母亲哺乳期的不良习惯（及其健康状况）是否会影响其子女的人力资本？当然，梳理一个带有研究性质的故事要注重考虑其内部的因果关系（causality），并且要理解因对果的相对独立性（isolated）、因与果的相关性（association）以及因对果影响的方向性（direction）等方面的问题（Bollen，1989）。

讲述故事的过程可以遵循三种不同的路径（赵泉和吴要武，2015）：

（1）问题—结果—过程。在这条思路下，问题与结果是既定的，关键点是论证过程，要构建出证据链条，形成连接问题和结果的桥梁。例如，Benjamin 和 Brandt（1999）考察了中国 20 世纪 30 年代和 90 年代农村居民的收入不平等现象，测算结果显示 1935 年农村居民基尼系数为 0.42，到了 1995 年变为 0.38。于是，在既定结果的基础上，作者的目标是论证分析中国农村地区的收入差别出现变化的原因。

（2）问题—推论—结果。在这种路径下，我们并不知道结果，而是要通过层层推理逐渐找寻最终答案。例如，印度经济学家阿玛蒂亚·森（Amartya Sen）通过细致观察发现了一个值得关注的重要问题：如果发展中国家的性别比和发达国家相同，那么全球预计会多出超过 1 亿的女性。但现在这些女性在统计上不存在，这些"失踪的女性"去哪儿了？延续这条研究路径，学者们的主要任务是针对这一现象展开分析，解读现象背后的机制和原因。森通过研究指出，东亚传统文化中存在严重的性别歧视是导致这一结果的重要原因。后续一系列经验研究的文献验证了森的推论（Qian，2008；梁若冰，2019）。

（3）现象—事实—假说。这条路径的研究逻辑是立足于现象和事实，通过经验梳理和分析，从"现象"中找寻"真理"，推演假说。举例来看，20 世纪 50 年代，经济学家沿着人力资本理论探寻收入的决定因素。结合对经济现象的观察，现代劳动经济学的先驱者之一雅克布·明瑟（Jacob Mincer）使用美国数据研究发现，劳动者的收入与其所受教育程度和工作经验高度相关（现象与事实），且劳动者的收入与受教育程度正相关，与工作经验呈倒 U 形关系。基于现象和事实的描述，1974 年，明瑟创立了教育和经验如何影响收入决定的"明瑟方程"（Mincerian equation），后续的经验结论也支撑了他的假说。

当然，现实世界的复杂性使得实证研究过程几乎不可能获取到完美的证据。我们希望读者在能够"接受一个达到某种'精度'的证据"（Friedman，1953）的同时，坚守"宁可接受不完美的证据，也绝不接受拷打得到的证据"的底线原则（赵泉和吴要武，2015）。

12.3 一份扼要的实证研究指南

最后的部分,我们为读者提供一份扼要的从确定研究主题到撰写实证文章的研究指南。参照图12-1的流程顺序,共分为六个步骤。第一步,要明确研究主题;第二步,论证与改进研究模型;第三步,设计实证研究策略;第四步,开展实证研究;第五步,检验数据分析结果与模型;第六步,在得到稳健性结论后进行研究论文的撰写。

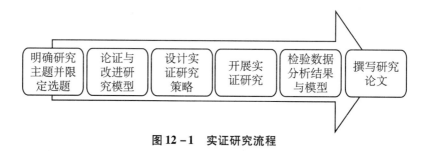

图12-1 实证研究流程

12.3.1 立题:选取合宜的研究题目

翻开论文写作的教科书,经验丰富的研究者会告诉你,将研究题目限定在有意义且可操作的范围内尤为重要。在《研究是一门艺术》一书中,作者提出确定研究问题的重要意义(或贡献)的三个步骤①:

1. 题目:我正在研究_____。
2. 问题:因为我想要找出什么(what)/为什么(why)/如何(how)____。
3. 重要意义:为了帮助读者了解_____。

无独有偶,《社会科学研究:从思维开始》也建立了如下思维方式来确定研究主题②:

按照事物在脑海中出现的样子记下它们,然后追问:

"我为什么对它们感兴趣?我究竟想要什么?"

在明确研究意义后,依据"重要、新颖、科学上可识别"等扼要的选题原则(赵泉和吴要武,2015),通过文献搜集、概念梳理、关键变量提取、关系网构建和

---

① 参见韦恩·C. 布斯、格雷戈里·G. 卡洛姆、约瑟夫·M. 威廉姆斯,《研究是一门艺术》,陈美霞、徐毕卿、许甘霖译,北京:新华出版社,2009年。

② 参见肯尼斯·赫文、托德·多纳,《社会科学研究:从思维开始》,李涤非、潘磊译,重庆:重庆大学出版社,2013年。

假定设定来确定合宜的研究题目（research question）。其中，"重要"是指研究问题要有社会关注度；"新颖"是指问题切入点要独到；"科学上可识别"是指结论可进行经验数据检验。更进一步，好的问题往往比正确的答案更加重要（彭玉生，2010）。

那么，具体应该如何提出好的问题呢？有"三原则""一视角"可供读者参考。

第一个原则是提出具体问题。社会科学系统错综复杂，好的研究要做到抽丝剥茧，找出轴心，聚焦研究变量进行分析，不被庞杂的系统扰乱思路。例如，研究互联网发展对个体求职网络的影响，就比研究互联网发展对个体生活状态、就业方式、心理冲击或子女教育等方面的影响更加具有吸引力和集中度。再如，以"中国社会保障问题研究"为标题的论文命题过于宽泛，相比较而言，"农村低保的瞄准效率研究"要更加具体，分析视角也更加集中精准。

第二个原则是强调研究贡献。研究贡献分为理论贡献和实践贡献（或应用贡献）。理论贡献的衡量标准是对前人研究的扩展程度、对尚未被解答问题的解释程度以及对未来研究的指导意义。理论贡献要求提炼出能广泛应用到较大领域的一般性因果模型（徐云杰，2011）或透过现象提炼出背后所蕴含的理论或规律。实践贡献强调科研成果对业界的影响，重点在实践和政策指导层面。一篇有价值的研究要具有思想启迪性、理论创造性与政策参考性，兼具理论与政策价值。正如习近平总书记2016年对国内学者所提出的要求："科学研究既要追求知识和真理，也要服务于经济社会发展和广大人民群众。广大科技工作者要把论文写在祖国的大地上，把科技成果应用在实现现代化的伟大事业中"。读者还可以参考林毅夫1995年对中国社会科学工作者研究工作提出的要求。林毅夫指出，做研究要兼顾"本土化、规范化和国际化"，规范化是"使我国经济学研究成为科学研究的最起码条件"，本土化是"研究成果国际化的一条主要渠道"，"要推动经济学理论的发展，首先必须把要解释的现象理解透彻……吃透所要解释的经济现象是经济科学理论创新的第一步"（林毅夫，1995）。

第三个原则是注重原创性。无论哪种研究都应注重原创性，要求有独立的思考和学术加工与付出，而不是简单的复制。原创性强调引领性、基础性和不可剽窃性。比如高校要求博士论文有原创工作，主要是指研究成果要对既有知识做出适当水平的贡献；同时还要严格遵守著作权法和学术规范，不得存在抄袭、剽窃他人学术成果、侵害知识产权等问题，不得包含任何违法违规或违反学术道德的内容。[①]

[①] 结合我们日常的科研生活，人们常常会不经意使用原创性、创造性和创新性等词语来形容研究价值，但实际上三者是有差别的。创造性主要涉及将发明转化为实际应用的过程（Marsh，2010），多发生在自然科学领域，并非本书讨论的主要主题；创新性要求研究同时具有原创性和应用性（Tesch，2015），是对研究的更高要求。读者可以简单理解为对新现象的解读被称为原创性，但不具有创新性，除非对新现象有新的认识；用新资料研究老问题可以被称为具有原创性，但同样不等于创新。

"一视角"是指用新视角去解释一个谜团或者意外。例如，李约瑟在《中国科学技术史》中提出一个问题："中国古代技术水平到了如此之高的地步，但为何近代的工业革命没有发生在中国？"这个看似无法在逻辑上走通的问题其实就是一个很好的研究视角。再如，张五常在《中国的经济制度》一书中提出了一个著名的问题："在有那么多不利的困境下，中国的高速增长持续了那么久，历史上从来没有出现过。中国一定是做了非常对的事才产生了我们见到的经济奇迹。那是什么呢？"除了上面的谜团，也可以是意外的问题。例如，经济学理论提到，需求会随着价格的上升而减少。但英国人罗伯特·吉芬（Robert Giffen）于19世纪发现，爱尔兰在1845年发生灾荒期间，土豆价格上升，需求量反而增加。这一现象在当时被称为"吉芬难题"。这类需求量与价格同方向变动的特殊商品也因此被称作"吉芬物品"。总而言之，能够发现一个类似谜团或者意外的内容，并对此进行合理性分析和论证，研究意义往往较为重大。

那么，如何确保主题或论证的合理性呢？一种方式是从理论出发去推导结果。例如，利用适应性预期（adaptive expectation）理论预测房价。如果去年房价比前年上升了5%，根据适应性预期理论，今年房价可能会继续上升5%。另一种方式是直接从数据中找寻答案。这种方式看似取巧，实际上也可发现一些简单推理中易被忽视且难以观测的因素，是理解现实世界的一种有效方法。读者可结合描述性研究来体会其作用。

12.3.2　论证：研究的推敲打磨过程

确立研究题目后，应重点解决"是什么""怎么样"和"为什么"三个问题。对应地，可采用描述性研究（descriptive research）、探索性研究（exploratory research，或称相关性研究）和验证性研究（confirmatory research）三类研究方法对假设、结论及其与研究主题之间的关系做反复的推敲打磨，最终为研究模型的论证和改进、实证研究策略的设计及开展提供支撑。

描述性研究主要搜集与状态相关的信息，对"是什么"的研究主题进行论证和改进。在宏观和历史分析中，描述性命题占据着重要地位。描述性研究的优点在于既能为关系性分析提供先验知识，又有助于倒推特征化事实（stylized fact）[①]。

探索性研究是变量之间关系的分析，用来回答"怎么样"的问题。探索性研究的基本目标是协助认识和理解所面对的问题。探索性研究多用于研究者不了解研究题目的范围和概念、不熟悉研究对象的内在联系、不能确定研究假设和研

---

① 在本章中，特征化事实指那些用可信大样本数据检验出来的事实。

究方向、缺乏前人的研究基础或无法提出具体方法等情况。常用的策略有三种：参阅文献、调查与访问有实际经验的人、分析具有启发性的事例或进行局部的试点研究。在论文写作中，探索性研究一般是在描述性统计参数的基础上报告变量之间的相关性，比如相关系数（correlation coefficient）、因子分析等。

验证性研究侧重检验事物之间的联系，基本形式是探索两个变量的因果（或相关）关系，用于解决"为什么"的问题。验证性研究是因果分析的基础，可以抽象回归到"哪些自变量影响了因变量"上。其中，因变量（dependent variable）决定着课题的研究方向；自变量（independent variable）决定着研究模型的框架。①

12.3.3 写作：撰写实证研究文章

好的实证研究文章往往兼顾了重要的选题、严谨的论证、新颖的故事，并遵循规范的学术范式。实证研究文章的撰写要重视规范的学术范式（林毅夫，1995）。在《"洋八股"与社会科学规范》一文中，作者将实证研究分析脉络戏称为"洋八股"（彭玉生，2010），包括问题、文献、假设、测量、数据、方法、分析和结论八个程序部分。本小节借鉴这一脉络为读者提供一套扼要的实证分析写作程序。

第一步，提出问题。在引言的写作过程中，首先，强调研究价值和意义，包括理论层面和现实层面；其次，高度概括以往的相关研究并指出其不足；再次，尽量用一两句话明确文章的研究主题；然后，说明文章的主要理论依据或方法；最后，给出文章结构。

第二步，文献综述回顾。一是围绕核心研究变量，梳理总结既有文献所做的工作及其遵循的规律。其中，文献总结要突出创新和贡献，补充研究的相关不足和弥补举措。二是给出文章的理论分析视角，明确研究的理论（组合）基础以及与文章相关联的主要理论观点。在论证的过程中，要把理论的基本观点与假设之间的关系解释清楚。

第三步，构建假设。本步骤要求提出文章的理论模型，做出综述，并论证假设。假设是从现有理论和文献或学者创新的理论中演绎来的。②

第四步，分析资料描述。介绍研究中使用的资料和数据。研究分析既可以使用社会调查中搜集的一手数据，也可以使用公开数据库的二手数据。但无论是哪

---

① 徐云杰（2011）对假设关系做了很好的总结，感兴趣的读者可以参考该书第 2 章 "研究模型与实证研究"。

② 具体来说，构建假设有应用普遍理论、间接演绎法和直接演绎法三种方式。对三种构建方式的介绍和举例，读者可参见彭玉生，"社会科学中的因果分析"，《社会学研究》，2011 年第 3 期，第 1 - 32 页。

类数据，都要尽可能详细地说明资料来源和内容，评估分析资料的可靠性，介绍研究过程中的预处理环节。

第五步，变量的讨论。重点讨论因变量、核心自变量和控制变量的测量，同时也可以汇报上述变量中关键变量的描述性统计结果，如人口学特征等。

第六步，研究策略。解释技术策略，若研究采取的是案例比较法，则重点解释研究设计；若研究属于统计（计量）类型，则汇报统计（计量）分析方法，写出测度方程，明晰测度模型与关系模型。

第七步，经验与政策含义分析。对数据分析结果进行总结。一要呈现测算结果，对主要发现进行归纳和解释；二要提出研究的理论意义和政策价值，分析研究在哪些方面拓展了前期的理论框架，以及文章的哪些结论可供业界人士在实践中借鉴。

第八步，得出结论。对研究主题的再次回顾，总结主要理论和实证结果，强调理论与实践意义，有些学者还会选择在本部分指出研究所存在的局限性等。

小结

作为全书的最后一章，本章希望在读者拥有可靠数据的基础上，为其提供一份实证研究论文写作的实操指南。

首先，我们从科学的研究方法讲起，引出了实证分析和实证主义方法论。需要指出的是，本章所指的科学研究方法的重点是实证研究，具体是指在社会调查研究方法的基础上，基于统计方法的实证主义研究。其次，我们讨论了拿到一套微观数据之后需要把握哪些基本信息。其一，要了解数据的可信性；其二，要掌握不同数据结构的定义和特点；其三，要正确解读数据信息，并依据不同的途径讲好数据的故事。最后，我们探讨了从问题提出到主题确定，直至实证研究文章撰写的整体过程。

参考文献

洪永淼，"计量经济学的地位、作用和局限"，《经济研究》，2007年第5期，第139–153页。

杰弗里·M. 伍德里奇，《计量经济学导论：现代观点》，费剑平、林相森译，北京：清华大学出版社，2014年。

肯尼斯·赫文、托德·多纳，《社会科学研究：从思维开始》，李涤非、潘磊译，重庆：重庆大学出版社，2013年。

李约瑟，《中国科学技术史》，北京、上海：科学出版社、上海古籍出版社，1990年。

梁若冰，"财政激励与消失的女性"，《经济学（季刊）》，2019年第18期，第461－482页。

林毅夫，"本土化、规范化、国际化：庆祝《经济研究》创刊40周年"，《经济研究》，1995年第10期，第13－17页。

刘德寰、李雪莲，"'七八月'的孩子们——小学入学年龄限制与青少年教育获得及发展"，《社会学研究》，2015年第6期，第169－192＋245页。

彭玉生，"社会科学中的因果分析"，《社会学研究》，2011年第3期，第1－32页。

彭玉生，"'洋八股'与社会科学规范"，《社会学研究》，2010年第2期，第180－210页。

韦恩·C. 布斯、格雷戈里·G. 卡洛姆、约瑟夫·M. 威廉姆斯，《研究是一门艺术》，陈美霞、徐毕卿、许甘霖译，北京：新华出版社，2009年。

谢宇、张春泥，"入学年龄限制真的造成了'七八月陷阱'吗？——兼评刘德寰、李雪莲《"七八月"的孩子们》"，《社会学研究》，2017年第1期，第54－77页。

徐云杰，《社会调查设计与数据分析——从立题到发表》，重庆：重庆大学出版社，2011年。

张春泥、许琪、周翔等，"CFPS、CGSS、CHIP、CHFS贫困率比较"，CFPS技术报告－19，2012年12月。

张五常，《中国的经济制度》，北京：中信出版社，2009年。

赵泉、吴要武，"经验研究的过程：一个方法论角度的探讨"，《学术研究》，2015年第11期，第74－84页。

Benjamin, D., Brandt, L., 1999, "Markets and Inequality in Rural China: Parallels with the Past", *American Economic Review*, 89 (2), 292－295.

Bollen, K. A., 1989, *Structural Equations with Latent Variables*, New York: Wiley.

Chen, Y., Fan, Z., Gu, X., et al., 2020, "Arrival of Young Talent: The Send-down Movement and Rural Education in China", *American Economic Review*, 110 (11), 3393－3430.

Friedman, M., 1953, *The Methodology of Positive Economics*, Cambridge:

Cambridge University Press.

Heckman, J., Becker G., 2015, "Model Economic Scientist", *IZA Discussion Paper*.

Leamer, E. E., 1983, "Let's Take the Con Out of Econometrics", *American Economic Review*, 73 (1), 31 – 43.

Marsh, I., 2010, *Innovation and Public Policy: The Challenge of an Emerging Paradigm*, Canberra: Australian Innovation Research Centre.

Qian, N., 2008, "Missing Women and the Price of Tea in China: The Effect of Sex-specific Earnings on Sex Imbalance", *The Quarterly Journal of Economics*, 123 (3), 1251 – 1285.

Sen, A., 1990, "More Than 100 Million Women Are Missing", *New York Review of Books*, 37 (20).

Tesch, J., Baptista, A., Frick, L., et al., 2015, "The Doctorate as an Original Contribution to Knowledge: Considering Relationships between Originality, Creativity, and Innovation", *Frontline Learning Research*, 3 (3), 51 – 63.

附　录

附录1：CGPiS 2016/2017 调查实录

1-1　项目简介

"中国真实进步微观调查"（China Genuine Progress indicator Survey，CGPiS）是由北京师范大学创新发展研究院开展的一项全国性大型综合调查项目，是首个在国内开展的测算中国真实进步指数的全国性抽样调查。

项目 LOGO 的主体形态为人的眼睛，眼部轮廓恰似一个字母 C，即 CGPiS 的首字母 China 的缩写，而瞳孔部分则是由中国地图组成。下方的英文字母 i 中有个仰望星空的人物剪影，寓意是人类应该敬畏自然，在经济、社会和环境的和谐发展中获得"真实"的进步。

CGPiS 于 2016 年在成都和北京进行第一轮调查，获得 3 000 户代表性样本，并在全国 6 个城市进行志愿服务网络调查，获得 6 000 余人的调查样本。2017 年，CGPiS 与高校数据联盟共出动 2 400 余名调查员，走访了 29 个省市中的 307 个区县，包括 611 个社区、567 个村镇，共获得具有全国、省级、副省级城市代表性样本 40 000 余户。在 30 多个日夜中，访员们行走边陲乡镇，穿梭繁华都市，实践着"用双脚丈量中国，用无悔书写青春"的誓言，发现数据背后的故事，记录中国真实的进步。

可以用手机扫描下方的二维码，观看官网上 CGPiS2017 调查的项目介绍视频以及对调查员的寄语视频。

官网视频

致 CGPiSer

1-2 项目掠影

1-3 访员心声

心声（一）

你可知，我寻你不易？
——给受访户的一封信①

如若拾到你越过时光的声音
我的视线会为你
越过最美的风景
但是，我最担心
我们无奈错过

按着地图
我找到你家门口
他们说你在远游
我坐在门前的石头
一坐就是两个钟头
我好像在哪里见过你
或许是在苞米地里
抬头仰望点点余晖
或许是在松花江边
看小船点缀炊烟
或许是在绵延的公路

望见蝴蝶轻舞草间
我用手撑着头
盼你打开家门
莫让我的愿望落空
你可知，我还在原地

若看到你的微笑
我就高兴极了
那将会是我们之间
即将开启的交流

也最怕看到你警惕的眼神

---

① 作者是梁晓林（时为西华大学本科生，后考取电子科技大学研究生）。

像是有些生气
对我避而不及
甚至摇头或者摆臂

我知道你可能会拒绝我
你不想让我了解那么多
你也不想让我接近你
觉得我不怀好意

但是
你可知，我为了你筋疲力尽
只为和你聊聊将来和过去
你可知，我想为你排难解忧
但无奈看你家，铁门严立

我曾幻想过一些场景
我能和你一起坐在屋檐下
四目相视，唠唠闲常
或者在三下敲门后
笑脸相迎

我多么想和你见一面
看看你最近改变
多希望
你能为我驻足停留
满足我对你的渴求

我对你，时间它知道
你可知，我一直在寻求
跨过嘶吼的江水
你的回眸一瞥
足够我倾其所有

历经万水千山
我的书包里
装满了我和你的种种
一切开心抑或忧愁
这些足够让我在望向窗外的时候

沉思良久

　　伴随点点星光
　　我又进入梦乡
　　梦里你我微笑相遇
　　我对你说
　　"你可知，我寻你不易？"

一步一个脚印，我们用双脚丈量中国

心声（二）

夜空中的星[①]

　　东北的天空如同这儿的人，敦实、安稳、韧劲十足，我永远不会忘记我们访过的 194 户家庭。他们的耐心让问卷完成，他们的真诚让数据有效，他们的叙述让我窥得人生的另一半球。我的第一次实战在跃进村，早上八点到下午两点，在生人面前的扭捏以及长时间精力集中的疲惫让我手足无措。好在我遇见了那么善良的受访者，他们牺牲回家吃饭的时间，详细讲述自家工商业经营情况，鼓励我一点点完成访问。随着经验的累积，我们对问卷愈加熟悉，配合愈加默契，实现了"眼作相机，对话作笔"。"用双脚丈量中国"不再是缥缈的字眼：受访者的收成开支、生活点滴以及喜怒哀乐，在询问与叙述中变得立体，拼凑起这片土地的真实样子。

[①] 作者是谢心荻（时为南开大学硕士研究生，后考取南开大学博士研究生）。

结束最后一村扶余的访问已是傍晚七点，面包车疾驰在树木夹道的小路上，伙伴惊呼："看！前面有月亮！"。黄澄澄的圆盘从地平线缓缓升起，盘上隐约勾勒出仙女的影子。月凉如水，我心生恍惚，走过六个村如同做了场梦。愤愤不平的眼泪，交谈里相视的大笑，皱起的眉头，带路村民深深浅浅的脚印，访户洗净剥皮递到嘴前的柿子，一望无垠绿油油的苞米地，排队散步的小鸡小鸭，回程车里叽叽喳喳的争执声和大笑……一切像画面一帧帧闪过，永远印在心里。

后来去到社区又是另一番风景了。比起和村民的热络相处，访问城镇居民好像吃巧克力，你永远不知道下一颗是什么口味。敲门的瞬间，你不知道门后是空户，是大腹便便暴怒的中年人，是洗涮聊天置敲门若罔闻的夫妻，还是理解我们并将我们迎进门的热心人。

我们只能勇敢地敲门。

访户拒绝开门，我们强行开唠，相隔着冰冷的防盗门，不闻不识不眼神相触，一问一答里流淌出的数据竟也有温度。问答过程中门"砰"一声打开，里面递出两把椅子，"坐，你们坐着问！"。东北人的待客精髓在于绝不让客人没地儿坐，我等陌生尴尬的"客"也不见外就坐下了。我们都笑了。

有时门里传来嬉笑声却无人应门，我们只能在楼梯口苦苦地等，天光一点点变暗，伙伴的脸沉在夜色里。在哭唧唧对着门絮叨了一刻钟后，门猛地一开，露出光秃秃的脑袋："求求你们不要打扰我的生活了！"语气哪有恳求，分明带着刀子，我们灰溜溜如丧家之犬地走了。

然而以上叙述不尽的种种辛苦，与遇见的温暖、访问时碰撞的火花相比便不值一提。受访者讲述精彩的一生，让我感受到在剧烈变迁的大环境下个人渺如辰星，但每颗星都有大脑，有思索，会倔强地发光。

"昨天我闺女还说，这么大年纪，话都说不清还参加什么采访。我说，孩子大老远来不易啊，我愿意把我知道的反馈给国家。"

"抽到我，我有点愧疚，害怕我家情况拉高了整体数据。"

"昨天我看到你俩蓝衣服在街上走，就知道你们今年又来了。"

"我们这地儿，楼盖起来了，也就泥瓦匠挣点钱。楼房没人买，还占用着黑土地，我怕影响收成，对子孙后代没法交代。"

"农村殡葬不火化，埋在自家田里也是占用土地，这是很大的资源浪费问题。"

"政策是好的，关键看执行怎么样。扶贫是好的，关键看能否精准到户。"

……

问卷的问题像针脚，他们的回答是走线，一丝一缕都带着对时事、对生活的慎重思考，最后绘成一幅众生百态图。与后期美化过的图片不同，我们记录的是存留了每一丝呼吸、每一副表情、每一种语气的最本真的生活画面。

"你最喜欢的时刻是什么?"——"我最爱每晚完成访问,驶在路上,车里欢声笑语。"

每日超过 12 小时在外奔波,经受暴晒、雷雨、泥汤子、土路的多重夹击,我们难免身心俱疲,这时队员间的交流磨合就尤为重要。我有幸遇见了最好的督导,不计个人得失帮我们入户,认真听取每个人的意见,照顾所有情绪,付出再多也不说辛苦。我还遇见了最好的队友,他们温和,包容,互相支援体谅。在我因一顿麦当劳而肠胃不适、发烧起不来床时,是他们一边急慌慌跑样本户,一边给我送药买饭。当我在社区里大喊大叫、忍不住毒舌吐槽、失态得不像成年人的时候,他们都在鼓励我、帮助我。督导说我们每个人身上都有她曾经的影子。我说,是你们让我发现了不完整的自己,你们身上的每一个发光点,都是我努力的方向。整整一个月的朝夕相处,经历了多少欢笑眼泪,我们早已缔结了特殊的缘分。未来,我们也许会像相交的直线愈分愈远,远到长镜头也看不见,但永不相忘。

我还要谢谢所有为大调查辛勤付出的老师和工作人员。我现在拥有的力图减少 bias 的一点点倔强,和对微观数据发自内心的珍视,都源于他们。老师们几乎全天都在群里高效答疑:手绘图看不清、发票开不出来、家庭成员看不准、数据回传不上、问卷跳转不了……"遇见问题找组织",他们总能消息秒回,电话秒接。

当我们焦头烂额情绪难控时,却没有考虑到解决问题是否比发现问题更辛苦,老师是否比我们更疲惫,承受更多压力;当我们为自己提问的合理性据理力争时,却忘了质控人员要每天面对繁杂的录音数据,审核到头晕眼花,他们的付出只为得到一份更稳妥有效的数据。我不知道是什么激励所有人尽职尽责,拼劲力气站好每班岗,但我相信,这其中一定有对真实数据的执着。

在此般正向影响下,我们也在改变。为了得到精确的数字,一定要将答案分类计算再加总;为了找到信息缺失的新访户,不惜暴晒一小时在手绘图中搜寻;为了珍惜每一份追踪样本,若非失联绝不换样……我们像长在大调查这片土壤里的庄稼,青涩,成熟,一茬茬收割,而老师们是坚守于斯的守路人,有更远的明天。

一个月的见闻太多,一路上的情绪太满,我不知用怎样的字句才能不遗漏不打折扣地把它们表达出来。我会永远想念东北怎么也看不够的天空,好吃的大份饭菜,热情淳朴的人儿,吵吵嚷嚷的伙伴。

谢谢我的队友,大家互相支援和体谅,见证成长。

谢谢为大调查付出的老师,他们为我们排忧解难,推动调查圆满完成。

谢谢热情真诚的村民，他们是我相信"真善美"尚存的最有力证明。

谢谢愿意给我们开门的社区访户，你们对陌生人的信任让沟通成本不再高昂，希望日后选择相信的每个瞬间，对方也都回报以善意而非欺骗。

谢谢每一位受访者，他们摊开自己的悲喜供我收藏，他们可知自己用力生活的韧劲儿有多强。

东北，再会，也许此生一期一会的地界儿，却留下不可或缺的回忆。

Just let time go on

Your kneeling now stand

With no fear in my heart

Love comes into my mind.

后记：当我们一起走过

回家后，身边没有了"嗯哪""咋地"大碴子味的东北话，不必再六点起床坐小面包车颠一路进村，没有了完不成的样本，催促带来的焦虑……好似从时间那儿偷来的一个月，让我们暂且与日常生活隔离，进入另外一个世界。因为目标明确，每天都过得充实而且元气满满；因为英雄不问出处，大家的相处透明简单。关于"太累""压力好大"的抱怨在分别时消失殆尽，留在心里的只有一起走过的美好瞬间。

这一切，有光影记得。

要向社区进发喽！进发前一晚，大家在房间紧张模拟着入户场景。一名优雅的女子头戴小帽扮演访户

村中晚归已是九点,整条街竟然全停电了,在"幸福烤肉拌饭"店,老板摸黑用气炉子给我们做饭,拿蜡烛打手电纪念这个特殊时刻,现在看还是觉得好温暖

在受访户家中,和热情的大妈做电子问卷访谈

宁静的乡村,从排队散步的小鸭子身上找回一种气定神闲

心声（三）

在路上[1]

还记得大家得知分组时的紧张羞涩，
还记得大家第一次独立完成寻找任务时的欢愉，
还记得大家一起安排出行计划时的跃跃欲试，
还记得大家一起开会交流心得体会时的欢声笑语，
还记得那一年那一个夏天那一个七月和八月我们辗转万里，
只为了同一个梦想同一份欣慰不畏艰难不畏酷暑。
奔波在每一个巷口守在每一个窗口，
看同一片湛蓝的天和缥缈的云，
也不曾悔过。

当我不断穿梭在沈阳和抚顺的街头巷尾时，我还能想起培训第一天老师说过的话："用双脚丈量中国，用无悔书写青春""让中国了解自己，让世界认识中国"。这句话我每天都在想，我也在想自己参加这个"中国真实进步微观调查"的目的是什么，我做这些事情有什么意义，我从中能收获到些什么。我不断地穿越在大街小巷，不断地走访着民情民意，我渐渐明白，中国的真实情况没有《新闻联播》那般美好，而我们青年一代需要不断地探索、不断地认知，才会明白坚持这条路的意义！

一生也许只有一次这样的机会，不畏将来，不念过去，心心念念地只为达成一个小小的梦想，大家齐心努力，一点点地了解中国的现状，为每一个弱小发声！我们还年轻，我们还走在路上！

每一次在夜深人静时想起自己第一次被拒访的时候，我都有着深深的无奈感、罪恶感和内疚感。我还清楚记得他们家的地址和门牌号，我还记得那天他不断答题持续近三小时的委屈与无奈，我还记得那天他狠心拒绝我时的坚决。他们家是一个老访户，不仅有家庭追踪问卷还有时间利用问卷。而且他有高血压，在两个小时之后，老人实在是坚持不下去，决然地拒绝我们，并将我们赶出家门。而后，我们这些学生便打着居委会的旗号各种上门麻烦老人家，希望他能帮我们继续完成问卷。老人不胜其烦，手机关机，敲门不应答。于是，我们便待在老人家门口，写留言条，打电话，时不时地去敲敲门，希冀着老人能够可怜可怜我们。大约一小时之后，老人开门让我们进去，不要求我们换鞋或者套脚套，只求我们抓紧时间问完赶紧走。我们用最快的时间问完老人的相关情况，对多次叨扰老人致上歉意，签完签收单，给了老人误工费之后，老人还是一脸无可奈何，我

---

[1] 作者是崔茜苗（时为燕山大学本科生，后考取天津大学硕士研究生）。

们能做的也只是再次给老人道歉……

　　从活动一开始，我一直以为自己在做一件拯救世界感天动地的伟大事件，我一直以为自己悲天悯人，我一直以这件事为荣。柴静在《看见》里说："我们终将浑然难分，就像水溶于水中。"慢慢地，我觉察到这个问卷内容的残酷性，觉察到我的访问并没有给受访者的生活带来改善。我的自以为是和一心想要完成任务只是换了一种看似温和的方式再次揭开他人的伤疤，我们给的误工费相比他们贫困的境况只是杯水车薪，他们还挣扎在温饱线上，他们真的没有多余的精力来关心那些遥远的国家大事。我并不是尖酸地批评受访者的政治冷漠，而是感受到他们面对世事不公后深入骨子里的无可奈何，不公平让他们只能选择一种卑微的方式，活在这个快速变化又人情冷漠的世界上。有一句话叫"仓廪实而知礼节"，这也许就是现实生活的真实写照。我不能说当代的所有富贵人士都有"先天下之忧而忧"的情怀，但我也不能否认富贵人士中不乏存在一些爱心人士，同时我也不能忽略贫穷家庭也有人愿意贡献自己的力量。而我们能做的也就是，让大家认识到现实生活中真实存在差距，然后在自己有能力的情况下为其他人做点儿什么，不求事情大小，但求人人心里都能够有他人存在！

　　我也感受到了自己对受访者的"道德绑架"。我为了完成任务多次叨扰老人家，在老人明确拒绝后还不厌其烦地多次上门叨扰，我觉得我仿佛做错了什么事，我在滥用老人们的同情心。我很内疚，甚至开始怀疑自己做这件事的动机，逐渐为自己的无能为力而难过。我开始明白，这也许就是现实中的中国。我们以为国泰民安岁月安好，可实际上还有很多人在为了生活而奔波。但我们可以在慢慢明白了中国现状的不公平后，选择寻找一种方式，去发现，去了解，去企图弄清楚这些不公平背后的原因，去为那些弱小的群体奔走呼告，去为他们表达和发声。"让中国了解自己，让世界了解中国"，时至今日，我才明白这句话的深刻含义，让中国知道民生的艰苦，让中国知道差距的存在，让中国知道自己该怎么做，让世界知道中国有能力自知，有能力改进，有希望超越！我们这些青年人也奔波在路上，为中国的崛起而努力奋斗！我们脚下的每一寸土地，都是中国真实的模样！

　　这一个多月里，我不仅仅考察和了解了中国的现状，还收获了更多的体悟。这是一段关于人性、爱和成长的旅程。

　　一直以来，我都认为人性是有针对性的。简单说就是善恶是因人而异的。比如说你在路上向陌生人借手机打电话，不一定会有人想要借给你，但如果这时你碰巧碰到了同学，同学可能会借给你，但同学不一定会借给其他人。所以那些受访户对我们不那么温和友好也是可以理解的。这里我想举几个例子来简单谈谈。

　　我们的受访户中不乏这样的一些人：下岗在家的中年大叔坚决不收我们的误

工费，认为我们这些学生特别辛苦，给我们钱让我们去买水喝；肿瘤科的护士小姐姐因为我们的访问耽误了吃饭时间，临走时还要坚持送我们雪碧喝；警察小哥哥一边执勤一边认真回答我们的问题，还耐心地告诉我们回去应该坐哪一路车；开地铁的小哥哥在倒班睡觉时接到我们接二连三的电话后也没有责怪，耐心地回答了问题后追出来送给我们水喝；居委会的工作人员耐心地给我们找电话、打电话，还送给我们雪糕吃……这样的例子太多，每一次回想起来，都能感受到来自陌生人的关爱和温暖，让我们明白世界上还是有很多好人存在的，世界还是温暖的。

但也存在着这样一些情景：某一社区的某栋房子发生火灾时，我们距离太远，以为是受访户的房子，便打电话过去表示关怀，在楼下碰到时，受访户一句"你们怎么又来了，我都已经拒绝了，你们还要怎样"，此时我们才发现发生火灾的是受访户邻居的房子，而我们听到这样的一句责怪，不免生出了"我只是关心你，而你却这样想我们"的看法，心里不免受伤；一个东北大汉对两个小姑娘叫嚣着要报警；还有大妈们在访问快要结束时面色不悦，二话不说摔上了门，留下两个小姑娘面面相觑；预约了时间，到了时间联系不上人，好不容易联系上了，又以各种各样的借口拒绝；还有各种各样的"放鸽子"形式；也有人在背后说我们是搞传销的、卖保险的……

在这段充满了汗水和心酸的路上，我们真的遇见了许多千奇百怪的事情，各种各样拒绝的理由，各式各样奇葩的人，也许我们不该在背后议论他人所选择的行为方式，但是我们真的看到了人与人之间存在的无法跨越的鸿沟。我们不仅要看到这些差距的存在，还要慢慢摸索存在这些问题背后的深刻原因，然后选择一种方式来进行表达，坚持在路上，期望有朝一日能够有所改善。我们这些年轻人所要做的，就是抱持希望，怀揣感恩之情，保持同情心，充满动力，然后一直在路上！

愿炎热的暑季过后，我们还能一直在路上！

辽宁5组的情深义重

附录 2：2009 年在京进城务工人员经济和社会调查问卷

北京大学 北京大学经济学院"发展经济学"课程调查

2009 年在京进城务工人员经济和社会调查

时间：2009 年 11 月＿＿＿日＿＿＿时＿＿＿　　地点：＿＿＿＿＿区＿＿＿＿＿

组长：＿＿＿＿＿＿　调查人：＿＿＿＿＿＿　问卷编号：＿＿＿＿＿＿

您好！感谢您接受我们的不记名调查。调查结果仅用于学术研究，我们会对您的个人信息严格保密，请您放心。

选择题每题只选一个答案！

基本信息

1. 您本人的户口是：□1 农业　□0 因征地或移民搬迁农转非（只调查有工作的这两种对象！）

   目前家庭承包田地＿＿＿亩，其中自家未耕种（转包/撂荒）的有＿＿＿亩。

2. 您的性别：□1 男　□0 女；　　　　　您出生在公元＿＿＿年；

   婚姻状况：□1 未婚　□2 已婚　□3 离婚；来源地：＿＿＿省＿＿＿市（县）。

3. 您从＿＿＿＿年开始（离开本乡镇）外出打工，曾经在＿＿＿＿个城市工作。

   在北京工作的时间，前后加起来一共有＿＿＿＿年＿＿＿＿个月。

4. 您目前从事的具体工作：＿＿＿＿＿＿＿，您是党员吗：□1 是　□0 否

   如果是党员，那么党龄有＿＿＿＿＿＿年。

5. 你接受的教育是：

   □0 未受教育　□1 小学　□2 初中　□3 高中教育（普高/职高/中专）

   □4 专科教育（高职/大专）　□5 本科及以上

   你目前的职业层次是：

   代码：□1 = 一般工作人员（如：工人、服务员、初级厨师、保姆、保安、小商贩、护工）

   □2 = 初级管理、技术人员（如：领班、主管厨师、业务员、保安队长、技术人员、护士）

   □3 = 中/高级管理、技术人员（如：高级领班、大厨师、职业经理、策划人、技术骨干、护士长）

□4 = 自我雇佣（个体开店或私营企业主）

6. 家庭人数共_____人，其中15岁以下_____人，65岁以上_____人，目前在农村有_____人。

   和您在京一起生活（住在一起）的有_____人，你（们）在北京的每月消费（一共）是_____元，其中：

   饮食（不含请客）_____元，住宿_____元，其他支出_____元。

7. 您自己每月收入总共_____元，构成：基本工资_____元，奖金_____元，加班费_____元，其他收入_____元

   其他在北京一起生活的家人的收入每月总共_____元。

   社会、经济交往状况

8. 您在北京的亲戚、朋友和熟人中，在工作或生意上实际帮过您的忙、起过作用的有_____人，其中，您曾经自费送过礼（钱/物）的有_____人。（帮忙：指帮找工作、换工作、处理麻烦、提供工作、生意信息、提供挣钱便利）

   您在北京的亲戚、朋友和熟人中，常在一起聚会、聊天或游玩交流情感的有_____人。

9. 目前，您在北京的亲戚、朋友和（能帮忙的）熟人，分布在以下哪些类别？该类别有的话就填1，没有的话就填0。

   含配偶、父母、子女！请每个类别都要问到（类似的也算上），不能留空白。

类型	有/无	类型	有/无	类型	有/无	类型	有/无
科学研究人员		政府机关负责人员		会计		厨师、炊事员	
大学教师		中小学教师		行政办事人员		产业工人	
工程技术人员		党群组织负责人		民警		营销人员	
法律工作人员		企事业负责人（老总）		护士		餐饮服务员	
医生		商业人士（经理）		司机		保姆、保洁员	

10. 上一题中，您在北京的亲朋和熟人在以下类别中的人数是（不含配偶、父母、子女！）

类型	北京人			外地人		
	亲戚	同学、老乡	朋友、熟人	亲戚	同学、老乡	朋友、熟人
来京前已认识	___人	___人	___人	___人	___人	___人
来京后新认识	——	___人	___人	——	___人	___人

11. 您在北京工作期间，前后一共换了_____次工作。（从第一次来北京时开

12. 过去的一年中，您在北京为庆祝别人（结婚/过生日/生孩子等方面）的"随礼"有＿＿＿＿次，花费一共＿＿＿＿元。

    因托人办事，送礼有＿＿＿＿次，花费一共＿＿＿＿元。

13. 过去的一年中，您在北京自费请人吃饭的次数和支出分别是

	自费请人吃饭次数（次）	自费请人吃饭共支出（元）
和来京前认识的老乡、同事、朋友		
和来京后认识的老乡、同事、朋友		

14. 上次回家拜年，除了父母和岳父母，您去拜年的有＿＿＿＿家，礼品礼金花销共有＿＿＿＿元。（包括给亲戚、朋友的礼物、礼金，以及给他们小孩的压岁钱）

    在北京，上次春节前后您去拜年的亲戚、朋友和熟人有＿＿＿＿家，礼品礼金花销共有＿＿＿＿元。

    （拜年包括送礼、请或被请吃饭、到家里玩，客户不算）

培训、就业、迁移

15. 您一共进行了＿＿＿＿次职业技术培训？其中自费培训＿＿＿＿次，自费培训花费＿＿＿＿元。

16. 您平均每天工作＿＿＿＿小时，每月工作＿＿＿＿天。

    您的工作包含有以下待遇：□1 包吃　□2 包住　□3 包吃包住
    　　　　　　　　　　　　□4 不包吃不包住

    目前工作所在的行业：

    □1 生产、制造业　　　　□2 运输、建筑业　　　　□3 住宿和餐饮业

    □4 营销、批发和零售业　□5 居民服务和其他服务业　□6 研发和信息行业

    □7 创意、广告设计　　　□8 其他行业

    您目前所在单位的性质是：

    □1 国有企事业　□2 私人企业　□3 合资企业　□4 外资企业

    □5 自有企业（包括个体经营）

17. 您对自己在京生活状态的满意程度是：□1 非常不满意　□2 不太满意

    □3 将就　□4 较满意　□5 非常满意

18. 您单位是否为您办理了社会保险？　□1 是　□0 否

    您单位是否和您签订了劳动合同？　□1 是　□0 否（如自己当老板，则选0）

    您的工资是否经常有拖欠的情况？　□1 是　□0 否（如自己当老板，则选0）

（拖欠一个月以上才算）

19. 您在外的第一份工作是怎么找到的？　　☐1 亲友介绍　☐2 劳务市场/中介　☐3 广告媒体　☐4 政府/技校　☐5 其他

    目前在北京的工作是怎么找到的？　　☐1 亲友介绍　☐2 劳务市场/中介　☐3 广告媒体　☐4 政府/技校　☐5 其他

    您帮忙过_____人次在城里找到工作。（帮忙：指提供关键的就业信息、牵线介绍、提供担保等）

20. 您未来的打算是：

    ☐1 再干几年就回家乡，不再出来打工

    ☐2 干到老了，就回家乡养老

    ☐3 看情况再说，找机会在城里定居

    ☐4 有很强的信心一直干下去，并在城里定居/购房

    ☐5 已经购房或正在为在北京购房存钱

　　　　　请检查是否有遗漏的问题。谢谢您的参与！

附录3：2011年在京进城务工人员就业与健康状况调查问卷

北京大学 北京大学经济学院"发展经济学"课程调查

2011年在京进城务工人员就业与健康状况调查

时间：2011年10月__日__时 地点：___区_____ 组长：_____
调查人：_____ 问卷编号：_____

您好！感谢您接受我们的不记名调查。调查结果仅用于学术研究，我们会对您的个人信息严格保密，请您放心。

基本信息

1. 您本人的户口是：□1 农业 □2 因征地或移民搬迁农转非（只调查有工作的这两种对象）
   目前家庭承包田地_____亩，其中自家未耕种（转包/撂荒）的有_____亩；
   您在地里干过活吗？□0 没有 □1 有，干过_____年，每年大概_____个月。

2. 您的性别 □1 男 □2 女；民族 □1 汉 □2 少数民族；年龄___周岁；
   原居住地：_____省_____市/县
   婚姻状况：□1 未婚 □2 已婚 □3 离婚 □4 丧偶；
   配偶在：□1 北京 □2 老家 □3 其他_____省/市

3. 您从_____年开始（离开老家）外出打工，外出打工前是否曾在城市生活过？□0 没有 □1 有，生活过_____个月；曾经在__个城市工作；在北京工作的时间前后加起来一共有__年__个月，目前的工作已经做了__年__个月。

4. 您接受的教育是：□0 未受教育 □1 小学 □2 初中 □3 高中（普高/职高/中专） □4 专科（高职/大专） □5 大学本科及以上；
   您有小孩在北京读中小学吗？□0 没有 □1 有，已经读了_____年。

5. 您家庭人数共___人，其中15岁以下___人，60岁以上___人，目前在农村的有___人；您有___个兄弟姊妹。

6. 您自己目前每月收入总共_____元，与您在北京一起生活的家人有___人，他们每月收入总共_____元。
   您（及您的家人）在北京每月平均消费_____元，其中：饮食（不含请客）＿＿＿＿＿＿元，住宿＿＿＿＿＿＿元，医疗＿＿＿＿＿＿元，子女教育＿＿＿＿＿＿元，日常娱乐＿＿＿＿＿＿元，往家里寄钱＿＿＿＿＿＿元，积蓄＿＿＿＿＿＿元。

健康与医疗

7. 您的身高是＿＿＿＿＿＿厘米（公分）；体重＿＿＿＿＿＿千克（公斤）；您参加体育锻炼或健身活动平均每周＿＿＿＿＿＿次，每次平均＿＿＿＿＿＿分钟；过去一年您做过＿＿＿＿＿＿次健康体检；您是否经常主动了解保健知识？□1 是　□2 否

8. 请为您目前的健康状况打分：100 代表您心目中最好的状况，0 代表您心目中最差的状况，您的分数为：＿＿＿＿＿＿
   行动能力：□1 可以四处走动无任何困难　□2 行动有些不方便
   　　　　　□3 不能下床活动
   自理能力：□1 能自我照顾，无任何困难
   　　　　　□2 在洗脸、刷牙、洗澡或穿衣方面有些困难
   　　　　　□3 无法照顾自己
   日常活动能力：□1 进行日常活动无困难
   　　　　　　　□2 做家务、工作等日常活动时有些困难
   　　　　　　　□3 无法进行日常活动
   疼痛或不适：□1 无任何疼痛或不舒服　□2 有中度疼痛或不舒服
   　　　　　　□3 有严重疼痛或不舒服
   心理健康：□1 没有焦虑或抑郁　□2 有中度焦虑或抑郁
   　　　　　□3 有严重焦虑或抑郁
   目前的工作环境：□1 不影响健康　□2 有轻微的空气或噪声等污染
   　　　　　　　　□3 有严重污染，对健康不利

9. 您吸烟吗？□1 吸烟，平均每天＿＿＿＿＿＿支　□2 从未吸过烟
   　　　　　□3 以前吸过，但已戒烟
   您饮酒吗？□1 从不饮酒　□2 偶尔饮酒
   　　　　　□3 经常少量饮酒　□4 经常大量饮酒

10. 您是否患有以下慢性病（可多选）？
    □1 高血压　　　　　　□2 高血脂　　　　□3 糖尿病　　　　□4 心血管疾病
    □5 中风或脑血管疾病　□6 慢性鼻炎　　　□7 慢性支气管炎　□8 哮喘
    □9 关节炎或风湿病　　□10 慢性胃炎或胃溃疡
    □11 其他慢性疾病

11. 您生病时最可能会：□1 拖着不管　□2 自己买药治疗　□3 去社区卫生院
    　　　　　　　　　□4 去综合大医院　□5 等回家乡时再治

12. 若生病不去看医生，最主要原因是：□1 自感病轻　□2 经济困难
　　□3 医疗机构价格高　□4 医疗机构服务差
　　□5 没时间看病　□6 医院手续麻烦　□7 其他（请注明）_____
13. 您一年内最近一次去医院看门诊的情况：医院名称_____；
　　主要诊断_____
　　医院所在地：□1 北京　□2 家乡　□3 其他地方；此次就医共花费_____
　　元，其中自己支付_____元
　　这次看病给家庭造成的经济负担严重吗？　□1 非常严重　□2 比较严重
　　　　　　　　　　　　　　　　　　　　　□3 不严重　　□4 不知道
　　选此医院的首要原因是：□1 服务态度好　□2 交通便利　　□3 有熟人
　　　　　　　　　　　　　□4 收费低　　　□5 医疗设备佳　□6 医院名气
　　　　　　　　　　　　　□7 医术高明　　□8 医疗保险定点　□9 其他
14. 您一年内最近一次住院的情况：医院名称_____；主要诊断____
　　_____；住院时间约_____天。
　　医院所在地：□1 北京　□2 家乡　□3 其他地方；此次住院共花费_____
　　元，其中自己支付_____元
　　这次住院给家庭造成的经济负担严重吗？　□1 非常严重　□2 比较严重
　　　　　　　　　　　　　　　　　　　　　□3 不严重　　□4 不知道
　　选此医院的首要原因是：□1 服务态度好　□2 交通便利　　□3 有熟人
　　　　　　　　　　　　　□4 收费低　　　□5 医疗设备佳　□6 医院名气
　　　　　　　　　　　　　□7 医术高明　　□8 医疗保险定点　□9 其他____
　　出院的主要原因是：□1 治愈或好转　□2 久病不愈　□3 支付不起
　　　　　　　　　　　□4 转院治疗　　□5 床位紧张　□6 其他_____
15. 您目前拥有的医疗保险有（可多选）：
　　□1 城镇职工基本医疗保险　　□2 城镇居民基本医疗保险
　　□3 新型农村合作医疗　　　　□4 公费医疗　　　　□5 工伤保险
　　□6 商业保险　　　　　　　　□7 其他医疗保险　　□8 无任何保险
16. 您参加医疗保险后医药费用是否要自己垫付？□1 是　□0 否
　　是否要回家乡报销？□1 是　□0 否
　　报销的难易程度：□1 非常方便　□2 比较方便　□3 一般
　　　　　　　　　　□4 不太方便　□5 非常困难

培训、就业、迁移

17. 您工作以来一共参加过____次职业技术培训，平均每次培训时间 ____天，其

中自费培训____次，培训费_____元；您是否获得了国家职业资格（从业资格和执业资格）认证的职业资格证书？□1 是　□0 否

18. 您目前的从业状况：□1 正式员工　□2 临时工　□3 钟点工
　　　　　　　　　　　□4 个体经营或自由职业者　□5 自有企业

平均每天工作____小时，每周工作____天；感觉工作压力大吗？
□1 非常大　□2 有压力但能承受　□3 不觉得有压力

平时有缓解工作压力的途径吗？
□1 有，主要途径是_____　□0 无

您的工作包有以下待遇（可多选）：□1 包吃　□2 包住　□3 在职培训
□4 失业保险　□5 工伤保险　□6 生育保险　□7 养老保险　□8 医疗保险
□9 住房公积金　□10 签订劳动合同　□11 无以上任何一项

您目前工作所在的行业：
□1 制造业　□2 运输、建筑业　□3 住宿和餐饮业　□4 销售、批发和零售业
□5 居民服务和其他服务业　□6 研发和信息产业　□7 创意、广告设计
□8 其他行业_____

您目前单位的性质是：
□1 国有企业　□2 集体企业　□3 私营企业　□4 合资或外资企业
□5 政府机关　□6 事业单位

您目前的职业层次是：□1 一般工作人员　□2 中级管理或技术人员
□3 高级管理或技术人员　□4 企业老板

19. 您认为外出打工应具备的最重要的个人品质是：
□1 勤奋踏实　□2 诚实守信　□3 自尊自信　　□4 积极进取
□5 任劳任怨　□6 开朗乐观　□7 灵活、适应性强　□8 其他_____

20. 您认为外出打工应具备的最重要的职业能力是：
□1 职业资格　□2 工作经验　□3 团队合作　□4 人际关系
□5 商业意识　□6 其他_____

21. 您认为对您找工作影响最大的因素是：
□1 职业搜寻渠道　　□2 职业搜寻技能　□3 人际关系和社会资源
□4 自身能力和经验　□5 其他_____

22. 您是否很清楚自身在就业上的优势和劣势？□1 是　□0 否
您是否有明确的工作目标？□1 是　□0 否

23. 您是否对目前的工作满意？□1 是　□0 否；若（不）满意，对哪一方面最（不）满意：

□1 工作报酬　　□2 工作环境　　□3 社会保障　　□4 人际关系
　　□5 劳动时间安排　　□6 自身发展

24. 您喜欢工作上的变化和挑战吗？□1 是　　□0 否
    您担心被辞退吗？□1 是　　□0 否

25. 您在过去一年内有没有辞职过？□1 有　　□0 没有。
    如果有，最主要的原因是：
    □1 不获所在单位重用或尊重　　□2 因健康、家庭等个人原因
    □3 工资太低　　□4 其他原因_____

26. 您在未来半年内有没有辞职打算？□1 有　　□0 没有。如果有，最主要的原因是：
    □1 不获所在单位重用或尊重　　□2 因健康、家庭等个人原因
    □3 工资太低　　□4 其他原因_____

27. 您进城最主要是为了：□1 较高的收入　　□2 更好的发展空间
    □3 留在城市　　□4 积累回乡发展的资本和经验　　□5 子女教育

28. 您未来关于返乡的打算是：
    □1 决不回乡，要在城里定居　　□2 等干到老了再回家乡养老
    □3 再干几年就回家乡生活　　□4 准备一两年内返乡
    □5 目前已经在做返乡准备

29. 您的家庭在农村的家乡具有怎样的社会地位？□1 较高　　□2 中等　　□3 较低

30. 您觉得目前来自家庭的经济压力大吗？□1 是　　□0 否
    您觉得照顾家人的心理压力大吗？□1 是　　□0 否

31. 您进行创业或拓展事业的主要资金来源是：
    □1 家庭积蓄　　□2 银行贷款　　□3 向亲友借钱　　□4 高利贷
    □5 政府或单位资助

32. 您参加工会了吗？□1 是　　□0 否
    除了工会，您是否还参加了单位的其他社团组织？□1 是　　□0 否

33. 您参加过社区（街道或居委会）活动吗？□1 是　　□0 否
    您参加过社区（街道或居委会）组织吗？□1 是　　□0 否

附录4：研究型大学教师创新行为调查问卷

学校名称：_____ 所在院系：_____

尊敬的老师：您好！

　　这是一份国家自然科学基金项目（项目号：xxxxxxx）的学术调查问卷，旨在分析研究型大学教师科研行为，非常需要您拨冗填答。问卷已力求精简，仅需占用您10分钟左右时间，非常感谢您的大力支持。

　　我们慎重承诺：您所填答的各项资料仅用于学术研究，分析结果绝不反映您个人及机构任何独有信息，请您放心。如有疑问，请联系课题组联络人：xxxxxx@bnu.edu.cn。

北京师范大学教育学部"研究型大学教师创新行为"课题组
20xx 年 xx 月

一、基本信息

1.1　性别：［0］男　　［1］女

1.2　出生年份：____年

1.3　您进本校工作时间：____年

1.4　除了当前大学，您过去曾在____个大学或科研机构从事科研工作

1.5　您是否为博导：［0］否　［1］是，当前所带在读博士生____名

1.6　您是否为硕导：［0］否　［1］是，当前所带在读硕士生____名

1.7　请您估算最近一学年的教学工作量：____学时/学年

1.8　请您估算最近一年您工作时间在以下四项工作中的分配【四项加总为100%】：
　　　教学__%；科研__%；行政管理__%；社会活动与事务性工作__%。

1.9　您现在（曾经）在学校担任的行政职务/级别【可多选】：
　　　［0］无　［1］系/所副主任/副所长　　［2］系/所主任/所长
　　　　　　　［3］学院/学部副院长/副部长　［4］学院/学部院长/部长
　　　　　　　［5］学校行政职能机构副处长　［6］学校行政职能机构正处长
　　　　　　　［7］学校校级领导

1.10　职称情况

	中级	副高	正高
是否获得该职称	［0］否 ［1］是	［0］否 ［1］是	［0］否 ［1］是
晋升该职称的年份	____年	____年	____年

1.11 受教育/科研工作经历

	有无该经历	学校名称[a]	专业	起始年份
博士后[b]	[0] 无, [1] 有			___—___年
博士[b]	[0] 无, [1] 有			___—___年
硕士[b]	[0] 无, [1] 有			___—___年
本科/专科[b]	[0] 无, [1] 有			___—___年

a-学校请填写全称,如果学校曾经有过合并或者更改校名请填写当前所用名称
b-如果有多项经历,请选择您认为对您目前科研工作最重要的一次填写

1.12 您一共有___次出境访学经历,请回忆您认为最重要的三次访学经历(没有不填答)

	国家/地区	学校名称	持续长度(月)	返回时间(年)
出境访学 1				
出境访学 2				
出境访学 3				

二、家庭信息

2.1 您婚姻状况是 [0] 未婚 [1] 已婚
  [2] 其他(离异或丧偶等) [3] 不方便告知
2.2 您配偶的教育程度 [0] 无配偶 [1] 高中及以下
  [2] 专科/本科 [3] 硕士 [4] 博士
2.3 您配偶是否从事科研相关工作 [0] 不是 [1] 是
2.4 您当前子女个数是___个,请填写子女出生信息(没有不填答):

	第1个孩子	第2个孩子	第3个孩子
出生年份	年	年	年

2.5 请估计您个人最近三年(2011—2013年)年均总收入(含工资外所有税后收入)
  [1] 收入<5万 [2] 5万≤收入<6万 [3] 6万≤收入<7万
  [4] 7万≤收入<8万 [5] 8万≤收入<9万 [6] 9万≤收入<10万
  [7] 10万≤收入<15万 [8] 15万≤收入<20万 [9] 20万≤收入<30万
  [10] 收入≥30万 [11] 不方便告知/不清楚
2.6 请您估计您家庭最近三年(2011—2013年)年均总收入(含工资外所有税

后收入）

  ［1］收入＜5 万　　　　［2］5 万≤收入＜7 万　　［3］7 万≤收入＜10 万

  ［4］10 万≤收入＜15 万　［5］15 万≤收入＜20 万　［6］20 万≤收入＜30 万

  ［7］30 万≤收入＜50 万　［8］收入≥50 万　　　　　［9］不方便告知/不清楚

2.7 在学校所在城市，您家是否购买商品房？［0］没有购买　［1］有购买

2.8 您是否享受学校为教师提供的安置房或周转房？［0］没有　　［1］有

2.9 从家到学校，您最常用的交通方式有以下____种？

  ［1］步行　　　［2］自行车　　　　［3］电动车/摩托车

  ［4］公共交通（含公共汽车、地铁等）

  ［5］私家车（含打车、拼车等）　　　［6］班车

  请估算：采用以上所选交通方式，您从家到学校单程约需____分钟。

三、科研行为相关信息

3.1 科研出版和项目信息（以下信息没有请填0）

  （1）从事科研工作至今，您共出版专著____部，发表 SSCI 论文____篇，发表 SCI 论文____篇；

  （2）从事科研工作至今，您共主持教育部人文社科基金课题____项，国家社会科学基金____项，国家自然科学基金____项；

  （3）最近 5 年（2009—2014 年），您一共发表 CSSCI 论文____篇，中文核心（非 CSSCI 论文）____篇，一般期刊论文____篇。

3.2 境外科研合作信息

  迄今为止，如果您与境外科研人员有过学术合作，您认为最重要的三位科研合作伙伴是（请从 A-J 类中选择作答，没有不填答）：

  第一位是：_____　第二位是：_____　第三位是：_____

A 硕/博导师本人	B 通过硕/博导师关系认识的科研人员
C 硕博士阶段师门内部同学	D 通过师门内部同学关系认识的科研人员
E 硕博士阶段师门外部同学	F 通过师门外部同学关系认识的科研人员
G 通过同事关系认识的科研人员	H 参加学术会议认识的科研人员
I 在国外读书、访学、工作期间认识的科研人员	J 其他渠道

3.3 境内科研合作信息

  迄今为止，如果您与境内科研人员有过学术合作，您认为最重要的三位科研合作伙伴是（请从 A-O 类中选择作答，没有不填答）：

  第一位是：_____　第二位是：_____　第三位是：_____

A 硕/博导师本人	B 通过硕/博导师关系认识的科研人员
C 师门内部同学	D 通过师门内部同学认识的科研人员
E 硕博士阶段师门外部同学	F 通过师门外部同学认识的科研人员
G 自己所带研究生	H 院系内其他同事所带研究生
I 院系内同事	J 通过院系内同事关系认识的科研人员
K 院系外同事	L 通过院系外同事关系认识的科研人员
M 参加学术会议认识的科研人员	N 学习进修期间（如访学、做博士后等）认识的科研人员
O 其他渠道	

3.4 请根据您选择合作伙伴时对以下六类因素考虑的重要性因素排序：_____

A. 对方是否拥有我没有的知识/技术
B. 对方是否拥有我没有的科研资源/数据/设备
C. 对方能否为我提供科研资金支持
D. 对方能否很好地配合我的科研设计规划
E. 对方在学术界的影响力有利于成果发表
F. 对方愿意指导并帮助提升我的科研水平

3.5 其他信息

（1）对于以下说法，请根据您的实际认同度进行选择。

	非常不符	不太符合	大致符合	比较符合	非常符合
3.5.1 当我在科研中遇到问题时，通常能找到本院（所）同事提供帮助	[1]	[2]	[3]	[4]	[5]
3.5.2 我了解本院（所）大多数同事正在开展的研究活动	[1]	[2]	[3]	[4]	[5]
3.5.3 本院（所）同事经常交流分享知识、技术和科研经验	[1]	[2]	[3]	[4]	[5]
3.5.4 本院（所）经常举行科研相关的学术讨论会/午餐会/报告会	[1]	[2]	[3]	[4]	[5]
3.5.5 我在同他人开展科研合作时经常担心他人损害我的利益	[1]	[2]	[3]	[4]	[5]
3.5.6 我和本院（所）同事分享科研进展和过程性发现	[1]	[2]	[3]	[4]	[5]
3.5.7 我将自己未公开发表的论文给本院（所）同事阅读或讨论	[1]	[2]	[3]	[4]	[5]

（2）根据您的实际感受，您是否同意以下观点。

	非常不同意	不太同意	大致同意	比较同意	非常同意
3.5.8 你所在大学里大多数人都是诚实且可以信任的	[1]	[2]	[3]	[4]	[5]
3.5.9 你所在大学里的人更关心他们自己的利益	[1]	[2]	[3]	[4]	[5]
3.5.10 在你所在的大学，你必须时刻小心，否则就会有人利用你	[1]	[2]	[3]	[4]	[5]
3.5.11 如果你遇到麻烦，你所在大学的其他人会主动帮助你	[1]	[2]	[3]	[4]	[5]
3.5.12 我与其他人合作时，我感觉很好	[1]	[2]	[3]	[4]	[5]
3.5.13 照顾家庭是我的职责，即使牺牲我自己想要的东西	[1]	[2]	[3]	[4]	[5]
3.5.14 在组织中，我会尊重大多数成员的意见	[1]	[2]	[3]	[4]	[5]
3.5.15 如果我自己独立开展工作，我会更容易达成目标	[1]	[2]	[3]	[4]	[5]

（3）请根据您和下列几类人员进行科研合作交流的实际发生频次进行选择。

	基本没有合作	每年1—2次合作	每年3—6次合作	每月1—2次合作	每周1—2次合作
3.5.16 我和自己导师科研合作	[1]	[2]	[3]	[4]	[5]
3.5.17 我和自己所带研究生（在读和已毕业）科研合作	[1]	[2]	[3]	[4]	[5]
3.5.18 我和本院（所）同事中的科研合作伙伴科研合作	[1]	[2]	[3]	[4]	[5]
3.5.19 我和本校的其他院（所）同事中的科研合作伙伴科研合作	[1]	[2]	[3]	[4]	[5]
3.5.20 我和境内其他大学/科研机构中的合作伙伴科研合作	[1]	[2]	[3]	[4]	[5]
3.5.21 我和境外大学/科研机构中的合作伙伴科研合作	[1]	[2]	[3]	[4]	[5]

问卷填答到此结束，请您检查是否有漏填之处
再次感谢您的辛苦填答！

附录5：流动儿童调查的家长问卷（精简版）

家长问卷

家长您好！为促进学龄儿童的长期发展，北京师范大学现采集学龄儿童教育投入及家庭看护方面的信息，请各位家长认真填答，填写问卷将占用您宝贵的15—20分钟时间，感谢您的配合。问卷内的所有信息均会进行严格保密。

如您在填答中有任何疑问，请致电北京师范大学，电话：010-xxxxxxxx。

【1】您是_____的家长。
（请填写学生姓名，仅用于学生问卷与家长问卷的匹配）

【2】学生所在学校班级是：（略。原文为选项）

【3】您是学生的：
□1. 父亲　□2. 母亲　□3. 继父　□4. 继母　□5. 爷爷　□6. 奶奶
□7. 外公　□8. 外婆　□9. 其他

【4】现在照顾学生最多的是（主要看护人）：
□1. 父亲　□2. 母亲　□3. 继父　□4. 继母　□5. 爷爷　□6. 奶奶
□7. 外公　□8. 外婆　□9. 其他

【5】现在照顾学生第二多的是（次要看护人）：
□1. 父亲　□2. 母亲　□3. 继父　□4. 继母　□5. 爷爷　□6. 奶奶
□7. 外公　□8. 外婆　□9. 其他

【6】学生父亲的年龄是：_____周岁。

【7】学生父亲的民族是：
□1. 汉族　□2. 壮族　□3. 回族　□4. 满族　□5. 藏族　□6. 维吾尔族
□7. 蒙古族　□8. 其他少数民族

【8】目前，学生父亲的户口类型是：
□1. 农业　□2. 非农业　□3. 统一居民户口　□4. 其他（"统一居民户口"指的是某些地方实行户口制度改革后，不再区分农业和非农业户口，而是统一为"居民户口"）

【9】学生父亲户口所在地是：
□1. 本市（珠海）　　　　　　□2. 广东省其他城市
□3. 外省（非广东省，包括港澳台地区）　□4. 外籍

【10】学生父亲是否在广东出生：
☐1. 是 ☐2. 否

【11】学生父亲的学历是：
☐1. 没上过学 ☐2. 小学 ☐3. 初中 ☐4. 高中或中专 ☐5. 大专
☐6. 本科 ☐7. 研究生及以上

【12】学生母亲的年龄是：_____周岁。

【13】学生母亲的民族是：
☐1. 汉族 ☐2. 壮族 ☐3. 回族 ☐4. 满族 ☐5. 藏族
☐6. 维吾尔族 ☐7. 蒙古族 ☐8. 其他少数民族

【14】目前，学生母亲的户口类型是：
☐1. 农业 ☐2. 非农业 ☐3. 统一居民户口 ☐4. 其他

【15】学生母亲户口所在地是：
☐1. 本市（珠海） ☐2. 广东省其他城市
☐3. 外省（非广东省，包括港澳台地区） ☐4. 外籍

【16】学生母亲是否在广东出生：
☐1. 是 ☐2. 否

【17】学生母亲的学历是：
☐1. 没上过学 ☐2. 小学 ☐3. 初中 ☐4. 高中或中专 ☐5. 大专
☐6. 本科 ☐7. 研究生及以上

【18】学生户口随谁：
☐1. 父亲 ☐2. 母亲 ☐3. 父母户口一样

【19】学生亲生父母现在的婚姻状态是：
☐1. 已婚 ☐2. 离婚 ☐3. 一方或双方去世

【20】学生父亲周一至周五平均每天用于照顾这个学生饮食起居的时间大约是：
☐1. 10 分钟以内 ☐2. 10 分钟至半小时
☐3. 超过半小时至 1 小时 ☐4. 超过 1 小时至 1.5 小时
☐5. 超过 1.5 小时至 2 小时 ☐6. 2 小时以上

【21】学生父亲周一至周五平均每天用于这个学生教育（接送学生上下学、辅导学生功课等）的时间大约是：
☐1. 10 分钟以内 ☐2. 10 分钟至半小时
☐3. 超过半小时至 1 小时 ☐4. 超过 1 小时至 1.5 小时
☐5. 超过 1.5 小时至 2 小时 ☐6. 2 小时以上

【22】学生父亲周一至周五平均每天陪伴这个学生娱乐活动的时间大约是：
☐1. 10 分钟以内 ☐2. 10 分钟至半小时

□3. 超过半小时至 1 小时　　　□4. 超过 1 小时至 1.5 小时

□5. 超过 1.5 小时至 2 小时　　□6. 2 小时以上

【23】学生母亲周一至周五平均每天用于照顾这个学生饮食起居的时间大约是：

□1. 10 分钟以内　　　　　　　□2. 10 分钟至半小时

□3. 超过半小时至 1 小时　　　□4. 超过 1 小时至 1.5 小时

□5. 超过 1.5 小时至 2 小时　　□6. 2 小时以上

【24】学生母亲周一至周五平均每天用于这个学生教育（接送学生上下学、辅导学生功课等）的时间大约是：

□1. 10 分钟以内　　　　　　　□2. 10 分钟至半小时

□3. 超过半小时至 1 小时　　　□4. 超过 1 小时至 1.5 小时

□5. 超过 1.5 小时至 2 小时　　□6. 2 小时以上

【25】学生母亲周一至周五平均每天陪伴这个学生娱乐活动的时间大约是：

□1. 10 分钟以内　　　　　　　□2. 10 分钟至半小时

□3. 超过半小时至 1 小时　　　□4. 超过 1 小时至 1.5 小时

□5. 超过 1.5 小时至 2 小时　　□6. 2 小时以上

【26】学生父母希望这个学生读到什么程度：

□1. 小学　□2. 初中　□3. 高中或中专　□4. 大学　□5. 研究生及以上

【27】学生和父母在家主要讲什么方言：

□1. 当地语言（粤语）□2. 普通话　□3. 家乡话（非粤语）

□4. 其他方言

【28】过去 12 个月，家庭对这个学生在学校支付的学杂费（不包括住宿费、吃饭钱等支出），大概是_____元。（没有填 0，请勿空着）

【29】过去 12 个月，家庭对这个学生补课的支出大概是_____元。（没有填 0，请勿空着）

【30】对于这个学生，除语文、数学、外语之外的兴趣班，过去 12 个月家庭为他（她）花费的支出大概是_____元。（没有填 0，请勿空着）

【31】这个学生参加过几次出国游学（出国参加夏令营、冬令营、国际插班）项目：

□1. 0 次　　□2. 1 次　　□3. 2 次　　□4. 3 次　　□5. 4 次

□6. 5 次　　□7. 5 次以上

【32】这个学生参加过几次去外地（国内）的游学项目：

□1. 0 次　　□2. 1 次　　□3. 2 次　　□4. 3 次　　□5. 4 次

□6. 5 次　　□7. 5 次以上

【33】家庭一共为他（她）的游学项目支付_____万元。（没有填 0，请勿空着）

【34】您和您认识的学生家长平时主要交流什么？
□1. 学生教育　　　　　□2. 家庭日常生活　　□3. 工作
□4. 个人兴趣爱好和娱乐　□5. 其他

【35】学生在本市（珠海）生活的时间长度是____年。

【36】您家在本市（珠海）居住了多久？____年。

【37】离开老家后，学生父母一共流动过多少个城市？
□1. 0 个（老家在本地）　□2. 1 个　□3. 2 个　□4. 3 个　□5. 4 个
□6. 5 个　　　　　　　　□7. 5 个以上

【38】您交了多少年社保？
□1. 不到 1 年　　□2. 1—2 年　　□3. 3—5 年
□4. 6—10 年　　 □5. 10 年以上

【39】您的社保交在哪里？
□1. 广东省内　　□2. 省外（非广东省）　　□3. 没有交过社保

【40】您认为自己目前的身份为：
□1. 本地人　　□2. 外地人　　□3. 不确定

【41】您对本地（珠海）饮食习惯的适应程度：
□1. 非常不适应　　□2. 较不适应　　□3. 一般
□4. 较适应　　　　□5. 非常适应

【42】过去一年，您家所有家庭成员的税后总收入（包括津贴、奖金和福利等）为多少元？
□1. 1 万以下　　　　　　　　□2. 1 万以上到 2 万
□3. 2 万以上到 4 万　　　　　□4. 4 万以上到 7 万
□5. 7 万以上到 10 万　　　　 □6. 10 万以上到 15 万
□7. 15 万以上到 20 万　　　　□8. 20 万以上到 30 万
□9. 30 万以上到 50 万　　　　□10. 50 万以上到 100 万
□11. 100 万以上到 200 万　　 □12. 200 万以上到 500 万
□13. 500 万以上

【43】您家在本地（珠海）的家庭住房属于以下哪种状况？
□1. 自购房屋　□2. 租房　□3. 宿舍　□4. 借住亲戚、朋友的住房
□5. 其他

【44】您家里有几口人共享收入？
□1. 2 人　□2. 3 人　□3. 4 人　□4. 5 人　□5. 6 人　□7. 6 人以上

【45】您的手机号码：_____
（因校对信息需要，请家长真实填写）

附录6：合作与社会规范田野实验相关材料

这是一个田野实验使用的材料，研究社会规范对合作的影响。该项调查的研究成果见：Vollan, B., Landmann, A., Zhou, Y., et al., 2017, "Cooperation and Authoritarian Values: An Experimental Study in China", *European Economic Review*, 93, 90-105. 详细的实验指导书可参见论文附录。

海报是关于公共品贡献游戏的说明图示，目的是在实验进行中便于实验被试更容易地理解游戏规则。在实验经济学中，公共品实验常用来研究合作水平。

6-1 实验说明海报①（加法法则）

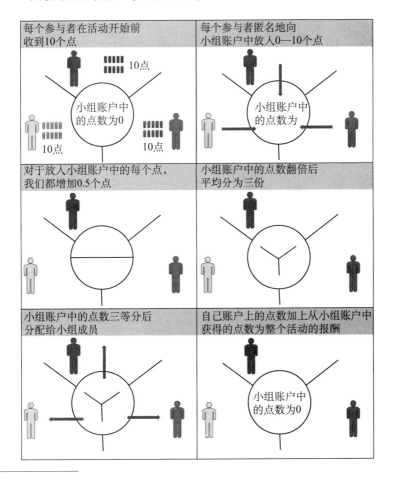

---

① 原图为彩色，以便被试视觉上容易区分。

6-2　实验说明海报（减法法则）

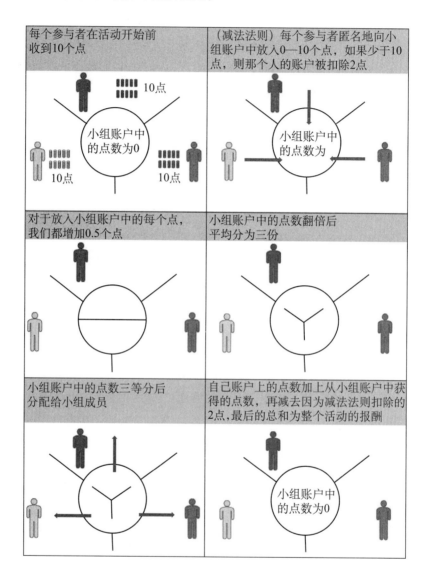

6-3　实验后工人被试调查问卷

日期：_____　　　编号：_____

1. 做完这个活动后，你感觉对这次活动了解多少？
　　1 完全了解　　□　　　　2 大部分都了解　　□
　　3 只了解一些　□　　　　4 不了解　　□

2. 你觉得这个实验怎样（多项选择）?
   很有意思　□
   比较轻松　□
   令人沮丧　□
   比较困难　□
   使人困惑　□
   感觉无聊　□
   有些麻烦　□
   其他（请注明）　□＿＿＿＿＿＿＿＿＿＿＿＿＿
3. 这次活动是否让你想起了生活中你遇到或听到的类似场景? 是□　　否□
4. 你会跟别人分享你在活动中获得的报酬吗? 是□　　否□
5. 在今天的活动参与者中，有多少是你亲近的朋友? ＿＿＿＿＿＿
   （请填估计的具体数字，请不要填写"很多""很少""几乎没有"等）
6. 在今天的活动参与者中，有多少参与者是你不喜欢的（或你们之间曾经有过不愉快）? ＿＿＿＿＿＿
   （请填估计的具体数字，请不要填写"很多""很少""几乎没有"等）
7. 基本情况

7.1　年龄（岁）（请填整数）	
7.2　性别（男/女）（男＝1，女＝2）	
7.3　受教育程度 1＝小学，2＝初中，3＝高中，4＝成人教育，5＝大专（全日制），6＝本科生（全日制），7＝研究生（全日制）	
7.4　是否为户主（1＝户主，2＝户主配偶，3＝其他）	
7.5　当前婚姻状况（1＝未婚，2＝已婚，3＝离异，4＝丧偶）	
7.6　在这个工厂工作了多少年?（请填估计的大致数字，如"1年5个月"可填"1.5年"，如"1年3个月"可填"1.25年"）	
7.7　是否为党员?（是＝1，否＝0）	
7.8　有无宗教信仰（1＝佛教，2＝道教，3＝基督教，4＝天主教，5＝伊斯兰教，0＝其他，9＝没有）	
7.9　是否有固定收入?（0＝无，1＝有）	
7.9.1　如果有固定收入，月收入多少?（单位：元）	
7.10　平时是否有结余?（0＝无，1＝有）	
7.10.1　如果有，选择以下哪种方式?（1＝储蓄存款，2＝现金，3＝其他途径）	
7.11　您欠钱、欠工或欠其他东西的总价值是否超过1 000元?（0＝否，1＝是）	

| 7.11.1　如果是，通过以下哪种途径？（1＝银行/小额信贷机构/贷款公司，2＝朋友，3＝亲戚，9＝其他） | |

8. 与其他工人相比，您觉得您目前的经济状况如何？_____
   - □1　比工厂里大部分工人要好
   - □2　比工厂里大部分工人要差
   - □3　跟大多数人差不多
9. 在这个村子里，你总共有多少老乡、朋友和同学？_____
   （请填估计的具体数字，请不要填写"很多""很少""几乎没有"等）
10. 假设存在一个从数字1到数字9的梯子，数字1代表最坏，数字9代表最好。请在你认为最适合的数字上画圈。

10.1　总体来讲，您是否感觉到幸福？

1	2	3	4	5	6	7	8	9
一点都不幸福								非常幸福

10.2　生活存在着不同的可能。有最好的可能，也有最坏的可能，您认为您现在处于哪个阶段？

1	2	3	4	5	6	7	8	9
最糟糕的生活								最好的生活

10.3　总体来讲，您愿意承担风险还是选择规避风险？

1	2	3	4	5	6	7	8	9
非常不愿意承担风险								非常愿意冒险

11. 一般而言，你是否同意以下观点？

	强烈同意	同意	不同意	强烈不同意
11.1　工厂里的大多数人都是诚实且可以信任的。	1□	2□	3□	4□
11.2　工厂里的人更关心他们自己的利益。	1□	2□	3□	4□
11.3　在工厂里，你必须时刻小心，否则就会有人利用你。	1□	2□	3□	4□

| 11.4 如果你有了麻烦，工厂里的其他人会帮助你。 | 1☐ 2☐ 3☐ 4☐ |

12. 以下哪句话最适合描述工厂里的人们的行为特点？（单项选择）

人们都很忙，且不会互帮互助太多	1☐
当对方需要帮助的时候，人们首先会帮助自己的家人和朋友	2☐
人们只帮助那些他们知道会帮助自己的人	3☐
在需要的时候，人们总是相互帮助	4☐
不清楚	9☐

13. 在这个打工的村里，你有多少个亲近的朋友、亲戚、老同学？（"亲近"指的是你们相处得很轻松、可以聊一些隐私的话题或者可以互相帮助）_____
（请填估计的具体数字，请不要填写"很多""很少""几乎没有"等）

14. 在过去的12个月里面，你参加了多少次"聚会活动"（包括亲属、邻居和村民的婚礼、葬礼以及宗教节目等）？

1次及以下	1 ☐
2—5次	2 ☐
5—10次	3 ☐
10次以上	4 ☐
不清楚	9 ☐

15. 在最近的3个月里，你是否全力帮助过你的邻居？

是	1☐
否	2☐
不清楚	9☐

16. 一般而言，你是否同意以下观点？

	强烈同意	同意	不同意	强烈不同意
（1）触犯了法律的人应该受到比现在法律规定的惩罚更严厉的惩罚。	1☐	2☐	3☐	4☐
（2）学校应该教育孩子服从权威。	1☐	2☐	3☐	4☐
（3）现在的年轻人对传统的价值观不够重视。	1☐	2☐	3☐	4☐

(4) 现在的人们已经分不清对与错的区别了。　　1☐　2☐　3☐　4☐

(5) 我们的领导知道什么对我们是最有益的。　　1☐　2☐　3☐　4☐

(6) 服从和尊重权威是孩子最应该学习的价值观。　1☐　2☐　3☐　4☐

(7) 努力工作和持之以恒是获得职位提升的条件，而不仅仅依靠你认识谁。　　1☐　2☐　3☐　4☐

(8) 没有人生来就是领袖，大多数人都可以通过学习积累成为领袖。　　1☐　2☐　3☐　4☐

(9) 我是一个持之以恒的人，我通常会完成我要做的事情。　　1☐　2☐　3☐　4☐

(10) 没有人可以预知未来，所以做计划几乎没有什么意义。　　1☐　2☐　3☐　4☐

(11) 应该不惜一切取得成功。　　1☐　2☐　3☐　4☐

(12) 当别人做得比我好的时候，我会觉得紧张并会受到鼓舞。　　1☐　2☐　3☐　4☐

(13) 如果没有竞争，就不可能有一个美好的社会。　　1☐　2☐　3☐　4☐

(14) 当我与其他人合作的时候，我感觉很好。　　1☐　2☐　3☐　4☐

(15) 照顾我的家庭是我的职责，即使牺牲我自己想要的东西。　　1☐　2☐　3☐　4☐

(16) 在组织中，我会尊重大多数成员的意见。　　1☐　2☐　3☐　4☐

(17) 如果我自己工作，我会更容易达成目标。　　1☐　2☐　3☐　4☐

再次感谢您的参与！！！！

6-4　实验后学生被试调查问卷[①]

日期：_____　　编号：_____

7. 基本情况

7.1　年龄（岁）（请填整数）	
7.2　性别（男/女）（男=1，女=2）	
7.3　受教育程度 1=成人教育，2=大专（全日制），3=本科生（全日制），4=硕士生	
7.4　请问你的专业是什么？	
7.5　当前婚姻状况（1=未婚，2=已婚，3=离异，4=丧偶）	
7.6　在北师大学习了多少年？	
7.7　是否为党员？（是=1，否=0）	

---

① 仅节选与5-3工人被试问卷不同之处。

7.8 有无宗教信仰（1 = 佛教，2 = 道教，3 = 基督教，4 = 天主教，5 = 伊斯兰教，0 = 其他，9 = 没有）

8. 与其他同学相比，你觉得你目前的经济状况如何？_____
   - □ 1　比学校里大部分同学要好
   - □ 2　比学校里大部分同学要差
   - □ 3　跟大多数人差不多

9. 在这个大学里，你总共有多少老乡、朋友和老同学？（请填估计的具体数字）_____

10. 假设存在一个从数字1到数字9的梯子，数字1代表最坏，数字9代表最好。请在你认为最适合的数字上画圈。

10.1　总体来讲，您是否感觉到幸福？

1	2	3	4	5	6	7	8	9
一点都不幸福								非常幸福

10.2　生活存在着不同的可能。有最好的可能，也有最坏的可能，您认为您现在处于哪个阶段？

1	2	3	4	5	6	7	8	9
最糟糕的生活								最好的生活

10.3　总体来讲，您愿意承担风险还是选择规避风险？

1	2	3	4	5	6	7	8	9
非常不愿意承担风险								非常愿意冒险

11. 一般而言，你是否同意以下观点：

	强烈同意	同意	不同意	强烈不同意
11.1　这个大学里的大多数人都是诚实且可以信任的。	1□	2□	3□	4□
11.2　这个大学里的人更关心他们自己的利益。	1□	2□	3□	4□

11.3 在这个大学里,你必须时刻小心,否则就会有人利用你。　　1☐　2☐　3☐　4☐

11.4 如果你有了麻烦,这个大学里的其他人会帮助你。　　1☐　2☐　3☐　4☐

12. 以下哪句话最适合描述这个大学里人们的行为特点?(单项选择)

  人们都很忙,且不会互帮互助太多。   1 ☐

  当对方需要帮助的时候,人们首先会帮助自己的家人和朋友。 2 ☐

  人们只帮助那些他们知道会帮助自己的人。   3 ☐

  在需要的时候,人们总是相互帮助。   4 ☐

  不清楚。   9 ☐

13. 你有多少个亲近的朋友、亲戚、老同学?("亲近"指的是你们相处得很轻松、可以聊一些隐私的话题或者可以互相帮助)(请填估计的具体数字)＿

14. 在过去的 12 个月里面,你在学校参加了多少次聚会和节日活动(包括同学的婚礼、学校的大型活动等)?

           1 次及以下   1☐

          2—4 次   2☐

          5—10 次   3☐

          10 次以上   4☐

          不清楚   9☐

15. 在最近的 3 个月里,你是否全力帮助过你的同学或朋友?

  是   1☐

  否   2☐

  不清楚   9☐

附录7：留守儿童调查的家长问卷

北京大学　北京大学经济学院"发展经济学"课程调查

您好！感谢您接受这份问卷调查。我们会对您的信息严格保密，仅用于学术研究，请您放心。选择题只选一个答案！

【1】学生的姓名：_____
【2】您是学生的：□1. 母亲　　□2. 父亲　　□3. 继母　　□4. 继父
　　　　　　　　□5. 爷爷奶奶/外公外婆　　□6. 其他
【3】现在学生主要由谁照顾？□1. 仅母亲　　□2. 仅父亲　　□3. 父母同时
　　　　　　　　　　　　　□4. 爷爷奶奶/外公外婆　　□5. 其他
【4-1】一年前学生主要由谁照顾？□1. 仅母亲　　□2. 仅父亲
　　　　　　　　　　　　　　　□3. 父母同时　　□4. 爷爷奶奶/外公外婆
　　　　　　　　　　　　　　　□5. 其他
【4-2】两年前学生主要由谁照顾？□1. 仅母亲　　□2. 仅父亲
　　　　　　　　　　　　　　　□3. 父母同时　　□4. 爷爷奶奶/外公外婆
　　　　　　　　　　　　　　　□5. 其他
【4-3】五年前学生主要由谁照顾？□1. 仅母亲　　□2. 仅父亲
　　　　　　　　　　　　　　　□3. 父母同时　　□4. 爷爷奶奶/外公外婆
　　　　　　　　　　　　　　　□5. 其他
【5】学生平均每周看电视_____小时，平均每周玩手机_____小时。
【6】学生父亲的年龄：_____岁，民族_____。
【7】学生母亲的年龄：_____岁，民族_____。
【8】学生父亲的户口是：□1. 农村户口　　□2. 城镇户口
【9】学生母亲的户口是：□1. 农村户口　　□2. 城镇户口
【10】学生父亲的学历是：□1. 没上过学　　□2. 小学　　□3. 初中
　　　　　　　　　　　□4. 高中或中专　　□5. 大专　　□6. 本科
　　　　　　　　　　　□7. 研究生及以上
【11】学生母亲的学历是：□1. 没上过学　　□2. 小学　　□3. 初中
　　　　　　　　　　　□4. 高中或中专　　□5. 大专　　□6. 本科
　　　　　　　　　　　□7. 研究生及以上

【12】学生的父亲有_____个亲兄弟，_____个亲姐妹。

【13】学生的母亲有_____个亲兄弟，_____个亲姐妹。

【14】学生父母所在的村委会（大队）/居委会（社区）的劳动力人口中，大约有多大比例的人外出（本县以外）务工？

　　　□1. 低于 10%　　　□2. 10%～25%　　　□3. 26%～50%

　　　□4. 51%～75%　　　□5. 高于 75%

【15】学生家的姓在当地是大姓（姓这个的人比较多）吗？□1. 是　□2. 不是

【16】学生的家里是否有生活无法自理的老人需要照顾？　□1. 没有　□2. 有

【17】学生家庭过去一年的收入与本镇家庭的平均收入相比怎么样？

　　　□1. 高很多　□2. 比较高　□3. 平均水平　□4. 比较低　□5. 低很多

【18-1】学生父亲目前的工作类型主要是：

　　　□1. 主要务农　　　　□2. 务农并主要打零工　　　□3. 只打零工

　　　□4. 全职的非农业工作　□5. 没有工作

【18-2】学生父亲目前的工作地点主要在：□1. 本县　□2. 四川省内其他城市

　　　　　　　　　　　　　　　　　　　□3. 四川省外

【18-3】过去 10 年间学生父亲外出工作（本县以外，不能每天回家，持续三月以上）的时间总计约多久？（没有则不答！）

　　　□1. 少于一年　□2. 一年　□3. 二年　□4. 三年　□5. 四年

　　　□6. 五年　　　□7. 超过五年

【18-4】过去 10 年间学生父亲外出工作的工作地主要在：□1. 四川省内其他城市

　　　　　　　　　　　　　　　　　　　　　　　　　　□2. 四川省外

【18-5】过去 10 年间学生父亲外出持续时间最久的一次外出工作：

　　多长时间？___年___个月。何时结束？_____年_____月。

　　工作地点：□1. 四川省内其他城市　□2. 四川省外

　　平均多久回家一次？　　□一周一次　□一月一次　□一季度一次

　　　　　　　　　　　　　□半年一次　□一年一次　□超过一年一次

　　每次回家平均在家待多久？　□0～3 天　□4～7 天　□8～14 天

　　　　　　　　　　　　　　　□15～30 天　□超过一个月

【19-1】学生母亲目前的工作类型主要是：

　　　□1. 主要务农　　　　□2. 务农并主要打零工　　　□3. 只打零工

　　　□4. 全职的非农业工作　□5. 没有工作

【19-2】学生母亲目前的工作地点主要在：□1. 本县　□2. 四川省内其他城市

　　　　　　　　　　　　　　　　　　　□3. 四川省外

【19-3】过去 10 年间学生母亲外出工作（本县以外，不能每天回家，持续三月以

上）的时间总计约多久？（没有则不答！）
　　□1. 少于一年　　□2. 一年　　□3. 二年　　□4. 三年　　□5. 四年
　　□6. 五年　　　　□7. 超过五年

【19-4】过去10年间学生母亲外出工作的工作地主要在：□1. 四川省内其他城市
　　　　　　　　　　　　　　　　　　　　　　　　　□2. 四川省外

【19-5】过去10年间学生母亲外出持续时间最久的一次外出工作：
多长时间？＿＿＿年＿＿＿个月。何时结束？＿＿＿＿＿＿＿年＿＿＿＿＿＿＿月。
工作地点：□1. 四川省内其他城市　□2. 四川省外
平均多久回家一次？　□一周一次　□一月一次　□一季度一次　□半年一次　□一年一次　□超过一年一次
每次回家平均在家待多久？　□0～3 天　□4～7 天　□8～14 天
　　　　　　　　　　　　　□15～30 天　□超过一个月

【20】学生亲生父母的婚姻状况（两人是否在婚？）：□1. 在婚　□2. 离异
　　　　　　　　　　　　　　　　　　　　　　　　□3. 丧偶

【21】现在学生跟谁？（指学生的抚养权在哪一方，上一题答在婚不填！）
　　□1. 仅亲生父亲　　□2. 仅亲生母亲　　□3. 亲生父亲、继母
　　□4. 亲生母亲、继父　□5. 丧失亲生父母

以下说法哪一项与学生的情况最符合？

【22-1】喜欢与他人相处（例如：喜欢与同学结伴，有要好的朋友）
　　□1. 非常准确　□2. 比较准确　□3. 不太准确　□4. 非常不准确
　　□5. 不清楚

【22-2】胆小（例如：不敢主动跟人交往，不敢与老师交流）
　　□1. 非常准确　□2. 比较准确　□3. 不太准确　□4. 非常不准确
　　□5. 不清楚

【22-3】喜欢结识新的学生（例如：主动与新同学新朋友交流）
　　□1. 非常准确　□2. 比较准确　□3. 不太准确　□4. 非常不准确
　　□5. 不清楚

【22-4】自信（例如：相信自己；上课主动举手回答问题，敢于表达自己的观点）
　　□1. 非常准确　□2. 比较准确　□3. 不太准确　□4. 非常不准确
　　□5. 不清楚

【22-5】合群（例如：很少和同学发生冲突）
　　□1. 非常准确　□2. 比较准确　□3. 不太准确　□4. 非常不准确
　　□5. 不清楚

以下说法哪一项最符合实际情况？如果您是学生父亲，请按自己的情况打√。如果不是，请就您对学生父亲的了解打√。

【23-1】学生的父亲在生活中非常关心他人（例如：邻居或他人有困难时愿意提供帮助）

□1. 非常符合　□2. 比较符合　□3. 一般　□4. 不太符合
□5. 基本不符合

【23-2】学生的父亲喜欢公平（例如：更认同多劳多得）

□1. 非常符合　□2. 比较符合　□3. 一般　□4. 不太符合
□5. 基本不符合

【23-3】学生的父亲喜欢平等（例如：喜欢搞平均主义，不是完全按劳分配；同意组里能力差与能力强的人获得同样的收入）

□1. 非常符合　□2. 比较符合　□3. 一般　□4. 不太符合
□5. 基本不符合

【23-4】学生的父亲是一个愿意冒险的人（例如：同意"人就应该闯一闯"的观念）

□1. 非常符合　□2. 比较符合　□3. 一般　□4. 不太符合
□5. 基本不符合

【23-5】学生的父亲是一个很看重将来的人（例如：会为了以后的生活做储蓄和做打算）

□1. 非常符合　□2. 比较符合　□3. 一般　□4. 不太符合
□5. 基本不符合

【23-6】学生的父亲信任周围的人（例如：相信身边的人说的话；认为自己的亲朋好友愿意帮助自己）

□1. 非常符合　□2. 比较符合　□3. 一般　□4. 不太符合
□5. 基本不符合

【23-7】学生的父亲喜欢跟别人竞争（例如：在工作或生活中希望比他人更加努力；在工作或生活中喜欢争强好胜）

□1. 非常符合　□2. 比较符合　□3. 一般　□4. 不太符合
□5. 基本不符合

以下说法哪一项最符合实际情况？如果您是学生母亲，请按自己的情况打√。如果不是，请就您对学生母亲的了解打√。

【24-1】学生的母亲在生活中非常关心他人（例如：邻居或他人有困难时愿意提供帮助）

□1. 非常符合　□2. 比较符合　□3. 一般　□4. 不太符合

□5. 基本不符合

【24-2】学生的母亲喜欢公平（例如：更认同多劳多得）
　　　□1. 非常符合　□2. 比较符合　□3. 一般　□4. 不太符合
　　　□5. 基本不符合

【24-3】学生的母亲喜欢平等（例如：喜欢搞平均主义，不是完全按劳分配；同意组里能力差与能力强的人获得同样的收入）
　　　□1. 非常符合　□2. 比较符合　□3. 一般　□4. 不太符合
　　　□5. 基本不符合

【24-4】学生的母亲是一个愿意冒险的人（例如：同意"人就应该闯一闯"的观念）
　　　□1. 非常符合　□2. 比较符合　□3. 一般　□4. 不太符合
　　　□5. 基本不符合

【24-5】学生的母亲是一个很看重将来的人（例如：会为了以后的生活做储蓄和做打算）
　　　□1. 非常符合　□2. 比较符合　□3. 一般　□4. 不太符合
　　　□5. 基本不符合

【24-6】学生的母亲信任周围的人（例如：相信身边的人说的话；认为自己的亲朋好友愿意帮助自己）
　　　□1. 非常符合　□2. 比较符合　□3. 一般　□4. 不太符合
　　　□5. 基本不符合

【24-7】学生的母亲喜欢跟别人竞争（例如：在工作或生活中希望比他人更加努力；在工作或生活中喜欢争强好胜）
　　　□1. 非常符合　□2. 比较符合　□3. 一般　□4. 不太符合
　　　□5. 基本不符合

如果学生的主要看护人不是父母，请继续回答主要看护人的情况。（主要看护人是父母则不填！）

【25-1】主要看护人的年龄：_____岁。

【25-2】主要看护人的性别：　□1. 男　□2. 女

【25-3】主要看护人是否有工作？（选择最符合的情况！）
　　　□1. 主要务农　　　　　□2. 务农并主要打零工　□3. 只打零工
　　　□4. 全职的非农业工作　□5. 没有工作　　　　　□6. 退休

【25-4】主要看护人的学历是：
　　　□1. 没上过学　□2. 小学　□3. 初中　□4. 高中或中专　□5. 大专
　　　□6. 本科　　　□7. 研究生及以上

如果您（问卷填写人）是主要看护人，您对于下面的观点的态度是什么？请单选打√。（不是主要看护人则不填!）

【26-1】学校应该教育孩子服从权威。

　　　　□1. 非常同意　□2. 同意　□3. 一般　□4. 不同意　□5. 非常不同意

【26-2】我们的领导知道什么才是对我们最好的。

　　　　□1. 非常同意　□2. 同意　□3. 一般　□4. 不同意　□5. 非常不同意

【26-3】服从和尊重权威是孩子最应该学习的价值观。

　　　　□1. 非常同意　□2. 同意　□3. 一般　□4. 不同意　□5. 非常不同意

【26-4】应该不惜一切取得成功。

　　　　□1. 非常同意　□2. 同意　□3. 一般　□4. 不同意　□5. 非常不同意

【26-5】当别人做得比我好时，我会紧张并行动起来。

　　　　□1. 非常同意　□2. 同意　□3. 一般　□4. 不同意　□5. 非常不同意

【26-6】如果没有竞争，就不可能有一个美好的社会。

　　　　□1. 非常同意　□2. 同意　□3. 一般　□4. 不同意　□5. 非常不同意

【26-7】当我与其他人合作的时候，我感觉很好。

　　　　□1. 非常同意　□2. 同意　□3. 一般　□4. 不同意　□5. 非常不同意

【26-8】即使会让我牺牲我想要的，照顾家人也是我的职责。

　　　　□1. 非常同意　□2. 同意　□3. 一般　□4. 不同意　□5. 非常不同意

【26-9】在组织中，我会尊重多数人的意见。

　　　　□1. 非常同意　□2. 同意　□3. 一般　□4. 不同意　□5. 非常不同意

【26-10】如果我独自工作，我会更容易达成目标。

　　　　□1. 非常同意　□2. 同意　□3. 一般　□4. 不同意　□5. 非常不同意

　　　　　　　　感谢您参与我们的问卷!

重要术语

高校近亲繁殖	academic inbreeding
偶遇抽样	accidental sampling
适应性预期	adaptive expectation
噪声因子	adding noise
锚定效应	anchoring effect
人为田野实验	artefactual field experiment
相关性	association
中途退出	attrition
计算机辅助语音自主访谈技术	Audio Computer Assisted Self Interview (ACASI)
被试间设计	between-subjects design
大数据	big data
分组	blocking
取整体配额抽样	block quota sampling
内置冗余	built-in redundancy
木桶效应	Cannikin's law
个案调查	case survey
因果关系	causality
人口普查	census
经济研究中心	Center for Economic Studies (CES)
中国大学生学习与发展追踪研究	China College Student Survey (CCSS)
中国教育追踪调查	China Education Panel Survey (CEPS)
中国家庭追踪调查	China Family Panel Studies (CFPS)
中国真实进步微观调查	China Genuine Progress indicator Survey (CGPiS)

中国健康与营养调查	China Health and Nutrition Survey（CHNS）
中国健康与养老追踪调查	China Health and Retirement Longitudinal Study（CHARLS）
中国家庭金融调查	China Household Finance Survey（CHFS）
中国工业企业数据库	China Industry Business Performance Database（CIBPD）
中国收入分配研究院	China Institute for Income Distribution（CIID）
中国互联网络信息中心	China Internet Network Information Center（CNNIC）
中国老年社会追踪调查	China Longitudinal Aging Social Survey（CLASS）
中国流动人口动态监测调查	China Migrants Dynamic Survey（CMDS）
中国宗教调查	China Religion Survey（CRS）
北京大学中国调查数据资料库	China Survey Data Archive（CSDA）
中国时间利用调查	China Time Use Survey（CTUS）
中国综合社会调查	Chinese General Social Survey（CGSS）
中国家庭收入调查项目	Chinese Household Income Project（CHIP）
中国老年健康影响因素跟踪调查	Chinese Longitudinal Healthy Longevity Survey（CLHLS）
中国国家调查数据平台	Chinese National Survey Data Archive（CNSDA）
中国私营企业调查	Chinese Private Enterprise Survey（CPES）
中国社会状况综合调查	Chinese Social Survey（CSS）
中国社会调查开放数据资料库	Chinese Social Survey Open Database（CSSOD）
封闭式问题	close-ended question
聚类过采样	clustering and oversampling
整群抽样	cluster sampling
编码	coding
商品流动调查	Commodity Flow Survey（CFS）
竞争激励	competitive incentives
计算机辅助调查技术	Computer Assisted Interviewing（CAI）

计算机辅助面访系统	Computer Assisted Personal Interviewing (CAPI)
计算机辅助自主访谈技术	Computer Assisted Self Interviewing (CASI)
计算机辅助电话访谈技术	Computer Assisted Telephone Interviewing (CATI)
置信区间	confidence intervals
证实偏差	confirmation bias
验证性研究	confirmatory research
控制组	control group
便利抽样	convenience sampling
横截面数据	cross-sectional dataset
横截面调查	cross-sectional survey
当前人口调查	Current Population Survey (CPS)
数据清洗	data cleaning
录入误差	data entry error
数据录入	data entry
数据频次	data frequency
数据整合误差	data integration error
数据管理	data management
登记误差	data recording error
数据安全	data security
数据互换	data swapping
描述性研究	descriptive research
脱敏	desensitization
方向性	direction
双盲实验	double-blind experiment
双录对比	double-input comparison
东亚社会调查	East Asian Social Survey (EASS)
有效实现样本量	effective achieved sample size
元素	element
经验研究	empirical research
经验主义	empiricism

中国创新创业调查	Enterprise Survey for Innovation and Entrepreneurship in China (ESIEC)
欧洲社会调查	European Social Survey (ESS)
欧洲研究基础设施联盟	European Research Infrastructure Consortium (ESSERIC)
精确值	exact values
实验组	experimental group
探索性研究	exploratory research
田野实验	field experiment
有限总体纠正因子	finite population correction factor
第一阶段比例调整加权	first-stage ratio adjustment weight
框架田野实验	framed field experiment
综合社会调查	General Social Survey (GSS)
普遍调查	general survey
地理分层	geographic stratification
霍桑效应	Hawthorne effect
美国健康和退休研究	Health and Retirement Study (HRS)
返乡调查	home-returning survey
个人编码	ID code
内隐分层	implicit stratification
不完整	incomplete
个体效应	individual effect
价值诱导理论	induced value theory
知情同意	informed consent
中国社会科学调查中心	Institute of Social Science Survey (ISSS)
制度约束	institutional constraints
综合纵向商业数据库	Integrated Longitudinal Business Database (ILBD)
世代交替	intergenerational alternation
国际社会调查项目	International Social Survey Programme (ISSP)
间距偏倚	interval biases
侵入性	intrusive

非有效性	invalidity
独立性	isolated
日本综合社会调查	Japanese General Social Survey（JGSS）
判断抽样	judgmental sampling
韩国综合社会调查	Korean General Social Survey（KGSS）
许可协议	licensing agreements
纵贯式调查	longitudinal survey
市场调查	marketing research
测量误差	measurement error
多阶段概率抽样设计	multi-stage probability design
多阶段等概率样本	multi-stage probability sample
多段抽样	multi-stage sampling
国家统计局	National Bureau of Statistics（NBS）
美国国家民意研究中心	National Opinion Research Center（NORC）
全美药物使用和健康调查	National Survey on Drug Use and Health（NSDUH）
中国人民大学中国调查与数据中心	National Survey Research Center（NSRC）
自然实验	natural experiment
自然田野实验	natural field experiment
非概率性	non-probabilistic
样本的非代表性	non-representative sample
无应答加权	nonresponse weight
非抽样误差	non-sampling error
一次性	one-shot
在线田野实验	online field experiments
在线申请系统	online query system
网络调查	online survey
开放式问题	open-ended question
次序效应	order effect
过度覆盖	over coverage
过度采样/过采样	oversampling
面板数据	panel dataset

纸笔面访调查	Paper-and-Pencil Interviewing (PAPI)
参数值	parameter values
预调查	pilot survey
安慰剂	placebo
民意调查	poll, public opinion poll
混合截面数据	pooled cross sectional dataset
总体	population/universe
实证主义	positivism
事后编码	post-coding
贫困距	poverty-gap
贫困发生率	poverty ratio
事前编码	pre-coding
初级抽样单元	primary sampling unit (PSU)
概率机制	probability mechanism
概率比例规模抽样	probability proportional to size (PPS)
处理误差	processing error
立意抽样	purposive sampling
质量控制标准	quality control standard
问卷设计	questionnaire design
定额抽样	quota sampling
随机偏误	randomization bias
随机化	randomization
随机控制实验	randomized controlled trial (RCT)
范围偏倚	range biases
可复制	reproducibility
研究数据中心	Research Data Centers (RDC)
科研生产力之谜	research productivity puzzle
研究题目	research question
回答过程	response process
奖励激励	reward incentives
中国乡城人口流动调查	Rural-Urban Migration in China (RUMiC)
样本选择	sample selection

样本规模	sample size
抽样单位	sample unit
样本	sample
抽样误差	sampling error
抽样框	sampling frame
抽样调查	sampling survey
抽样	sampling
科学研究方法	scientific research
甄别	screening
次级抽样单位	secondary sampling unit（SSU）
自填式问卷	self-administered questionnaires
自选择效应	self-selection effect
简单随机抽样	simple random sampling
单盲实验	single-blind experiment
雪球抽样	snowball sampling
社会调查研究	social survey
溢出效应	spillover effect
平方贫困距	squared poverty-gap
统计值	statistics
分层抽样	stratified sampling
结构式访问	structured interview
特征化事实	stylized fact
调查误差	survey error
调查简介/问卷说明	survey introduction
企业主调查	Survey of Business Owners（SBO）
系统抽样	systematic sampling
中国台湾社会变迁调查	Taiwan Social Change Survey（TSCS）
计算机辅助电话语音自主访谈技术	Telephone Audio Computer Assisted Self Interview（T-ACASI）
美国时间利用调查	The American Time Use Survey（ATUS）
儿童发展补编	The Child Development Supplement（CDS）
精确度	the level of precision

理论研究	theoretical research
美国收支动态长期追踪调查	The Panel Study of Income Dynamics (PSID)
调查70岁以上老年群体的资产与健康动态研究项目	The Study of Assets and Health Dynamics Among the Oldest Old (AHEAD)
广东千村调查	Thousand-Village Survey in Guangdong
时间序列数据	time series dataset
缩尾	top/bottom coding
成人过渡期补编	Transition into Adulthood Supplement (TAS)
典型调查	typical survey
英国数据档案库	UK Data Archive (UKDA)
欠缺抽样/欠采样	undersampling
全民基本收入	universal basic income
单个问题的效用	utility of individual questions
方差	variance
公共品自愿供给机制	voluntary contributions mechanism (VCM)
计算机网络爬虫技术	web spider
被试内设计	within-subjects design
世界价值观调查	World Values Survey (WVS)

后 记

  光阴荏苒,岁月如梭。回首我第一次参与社会调查,那时还在读博。这些年,从小型调查的调查员起步,到大型调查的总执行,一路走来,我已主持和参与了大大小小十几个社会调查项目。在这个过程中,我还阅读了各种相关专著、论文和教材,逐步感到如果能基于一定理论框架和深度编著一本重视操作的调查方法教材,不仅是对自己相关经验的一次总结和升华,也能为社会调查事业贡献一点小小的力量。

  这些年我主持或参与过多项调查,主要包括"流动少年儿童行为实验与调查"(2019)、"留守少年儿童行为实验与追踪调查"(2018/2019)、"中国真实进步微观调查"(CGPiS2016/2017)、"合作与社会规范"工人被试人为现场实验(2011)、"农村公共品供给"乡镇政府问卷调查和农户入户调查(2011)、"(花旗银行)中国农村金融调查"(2009)、"在京进城务工人员经济和社会调查"(2009)、"在京农民工收入和社会网络状况调查"(2008),等等。在多年的调研实践中,我逐步积累了丰富的经验,也为本书的编写积蓄了大量素材。

  书稿完成,掩卷回望,感激之情油然而生。

  首先我要特别感谢我的北京大学博士生导师叶静怡教授,是她带我进入了微观调查之门。我的社会调查经历始自2008年和2009年北京大学发展经济学课程调查,那时我参与了问卷设计,还硬着头皮在农民工群体中开始做问卷调查。叶老师亲自领我入调查之门,她的言传身教至今记忆犹新。在进行2009年"中国农村金融调查"的过程中,部分不属于按照户口等距抽样的农民为了获得一点调研报酬,在隐瞒了个人户口信息的情况下"主动"来参加问卷调查,造成了该村一定程度的样本自选择偏误。叶老师发现问题后,连夜开会清查这些调查问卷,最终将其作为废卷处理——要知道,每一份作废的问卷都是大家花费几小时在口干舌燥的状态下才完成的心血啊!叶老师这种严谨治学的态度对我触动很大,对我形成严谨的作风也影响深远。

  2011年我与德国马堡大学的Björn Vollan教授合作,先后在北京师范大学进行学生实验室实验、在湖北省进行工人被试田野实验。这次经历为我开启了田野实验这个新领域的大门,而实验的顺利进行则有赖于胡必亮教授的大力支持,我在此对胡老师深表谢意!

  多年来,李实教授对我的研究与调查项目提供了各种精神和物质支持,并推荐我去牛津大学贫困与人类发展中心访问，我在那里有机会深入学习了解多维贫困理论与政策研究。李老师的支持对本书的顺利完成起到了非常重要的作用，我在此对李老师深表谢意！

我还要特别感谢关成华院长对我的信任与指导，给我组织"中国真实进步微观调查"（CGPiS）这一大型社会调查的难得机会。这一经历促使我加速完善了与调查相关的知识结构，从多方面获得锻炼和提升，让我认识到自己的不足和未来改进的方向。更重要的是，这一经历对本书的形成起了直接的促进作用。感谢甘犁教授、涂勤教授在 CGPiS 项目中对调查设计、组织管理方面给予的指导。我们 CGPiS 项目组能够获得大型调查项目的宝贵管理经验并成为一支"能打胜仗"的调查团队，也非常感谢中国家庭金融调查与研究中心的何欣教授及其他各位同事对我们的指导。

本书的完成离不开团队的努力与合作，在此特别感谢每一位成员的付出。各章主要撰写人为：第一章，陈思玮、周晔馨；第二章，李昕宇、周晔馨；第三章，沈扬扬；第四章，彭玉珏、金生学；第五章，周晔馨；第六章，蒲刚清；第七章，李晓凡、周晔馨；第八章，周晔馨、陈思玮；第九章，周晔馨、邢菀祯；第十章，郭赛赛；第十一章，陈茹、赵艳红；第十二章，沈扬扬。

周晔馨组织了教材的编写和讨论，设计了全书框架和每一章的结构，并对全书各章进行了多次材料收集整理、修改、润色和校对。沈扬扬副教授参与了前期部分讨论以及部分章节的前期修改与润色工作。陈茹、金生学、陈思玮等博士生参与了后期的修订、统稿与校对工作，王志敏、赵钰祥等参与了部分材料的搜集、整理工作，宋鸿柯、李华龙、李蕊茜、黄小佩、吴静怡、张哲、伍云云等参与了校对工作。

本书作者均参与过大型调查或中小型田野实验的组织管理，具有较丰富的实践经验，并在问卷设计、组织管理、调查沟通、田野实验、数据录入与清洗等方面各有所长。在此，谨对各位参与人对本书的贡献表示由衷的感谢！还要特别感谢北京师范大学研究生院研究生方法课程建设项目"社会调查方法与微观数据处理"的支持，以及研究生院给我开设课程"社会调查方法与微观数据处理"（校级研究生方法课程）的机会，这为本书的写作提供了直接的动力。这次编撰工作凝聚了各方智慧，本身就是一次教学相长、协同共进的有益尝试。

感谢北京大学出版社的王晶编辑等为本书出版所做的大量工作！

虽经四年撰写和修改本书，本人仍深感水平有限，希望能够抛砖引玉。还请学界同仁对书中不足与缺漏不吝赐教，多多批评指正！请将您的宝贵意见和建议发送到邮箱 zhouyexin@163.com，我们将不胜感激！

周晔馨
2023 年 2 月 8 日

教辅申请说明

　　北京大学出版社本着"教材优先、学术为本"的出版宗旨,竭诚为广大高等院校师生服务。为更有针对性地提供服务,请您按照以下步骤在微信后台提交教辅申请,我们会在1～2个工作日内将配套教辅资料,发送到您的邮箱。

◎ 手机扫描下方二维码,或直接微信搜索公众号"北京大学经管书苑",进行关注;

◎ 点击菜单栏"在线申请"—"教辅申请",出现如右下界面:
◎ 将表格上的信息填写准确、完整后,点击提交;

◎ 信息核对无误后,教辅资源会及时发送给您;如果填写有问题,工作人员会同您联系。

温馨提示: 如果您不使用微信,您可以通过下方的联系方式(任选其一),将您的姓名、院校、邮箱及教材使用信息反馈给我们,工作人员会同您进一步联系。

我们的联系方式:

北京大学出版社经济与管理图书事业部
通信地址: 北京市海淀区成府路205号,100871
电子邮件: em@pup.cn
电　　话: 010-62767312 / 62757146
微　　信: 北京大学经管书苑(pupembook)
网　　址: www.pup.cn